教育部人文社会科学重点研究基地刊物
中文社会科学引文索引（CSSCI）来源集刊

藏学学刊

བོད་རིག་པའི་དུས་དེབ།

JOURNAL OF TIBETOLOGY

第15辑

四川大学中国藏学研究所　编

中国藏学出版社

བོད་རིག་པའི་དུས་དེབ།

藏 学 学 刊

Journal of Tibetology

བོད་རིག་པའི་དུས་དེབ།
藏 学 学 刊
Journal of Tibetology

目　录

Table of Contents

佛传叙事演变略探

——从四相成道到十二宏化事迹

萨尔吉

内容摘要：关于释迦牟尼生平事迹的描绘，在佛教文献和艺术史上经历了一个发展演变的过程，从早期的不表现佛陀的形象，到释迦牟尼一生四大事件的描绘，再到佛陀的八相成道，乃至藏传佛教所认可的十二宏化事迹。本文拟以相关的梵、藏、汉文献为基础，辅之以相应的图像学资料，初步探讨佛传叙事、尤其是释迦牟尼十二宏化事迹的形成，以此说明这一观念的逐渐演进过程及其在佛教图像学上的不同表现方式。文中所利用到的文献主要有《十地经》、《究竟一乘宝性论》、题名为龙树的《十二宏化事迹赞》等印度文本，以及布顿的《佛教史大宝藏论》等藏文文献。通过文献的钩沉，图像学上的比照，以图文互证的方式增进我们对佛传叙事及其表现的了解。

一、早期佛传叙事的记载

我们知道，释迦牟尼作为佛教的创始人，其生平一直是僧团非常关注的话题，经典文献中除了讲述佛陀最后生（本行）的故事，还有众多佛的前生（本生）故事集成。此处的讨论仅限于佛的本行，也就是对释迦牟尼最后一生行迹的叙事。

从现有文本而言，早期的佛传叙事并没有着重突出某个或某几个主题，对佛一生行迹描述的起始和结束的处理也不尽相同，例如，巴利语的《中部尼柯耶》初篇第26经《圣求经》（*Ariyapariyesanāsutta*）中，叙述了佛从出家到成正觉的历程。文中佛陀以第一人称的口吻叙述自己观察生老病死的过程，然后出家求道，先后前往阿罗罗迦摩罗、郁多迦摩罗仙人处，皆不满意，前往摩揭陀优楼频螺附近的丛林结跏趺坐，悟道后梵天请佛讲法，佛开初打算为自己的两位老师讲法，得知他们已经离世后，准备前往鹿野苑为最初跟随自己的五人讲法，路遇邪命外道郁婆迦，佛陀告知其计划，经文以佛陀抵达波罗奈斯鹿野苑，为五比丘讲法结束。如果以后来定型的佛传来比照，上述文本中最重要的场景是成道和转法轮，其他的次要场景可以视作成道和转法轮的因缘。

德国吐鲁番考察队的第三次考察中曾在新疆发现一部名为《四众经》（*Catuṣpariṣatsūtra*）的梵文佛典，其中也叙述了佛陀行迹。根据瓦尔德斯米特的校勘，可以分为28个场景，根据故事的发生地点，始于佛陀在菩提树下悟道，历经佛陀在波罗奈斯的弘化，返回优楼频螺，终于佛陀在王舍城的教化。这些场景中，不乏佛传中脍炙人口的故事，例如，二商主供食，四天王奉钵，目真邻陀龙王遮雨、调伏迦叶三兄弟等等。可以看出，其叙事的中心是落在佛陀悟道后的收摄教化弟子方面，也就是宽泛意义上的转法轮方面，整个叙事比较平实，没有刻意突出某几个事件的倾向。

上述两部经典主要处理的是释迦牟尼成道，以及成道后的事迹，对释尊的出生和最后的涅槃并没有提及。佛教文献中有专门讲述佛陀最后行迹的经典，称之为《大般涅槃经》（*Mahāparinirvāṇasūtra*），经文讲述了佛陀从王舍城到拘尸那揭罗的最后行程，以及佛陀圆寂后毗荼、起塔供养的情形。值得注意的是，文中有两处涉及到了佛陀一生重要行迹的追忆，一是佛陀告诉阿难大地震动的八种因缘时，其中六种因缘与佛相关，即从兜率天下凡入胎、出胎、成正觉、转法轮、欲舍寿、入涅槃[1]。一是阿难问佛当其圆寂后，僧众如何追忆供养佛陀时，释迦牟尼指示说应当参访四大圣地，即佛陀的诞生地蓝毘尼、成道地菩提迦耶、初转法轮地鹿野苑，以及涅槃地拘尸那揭罗。前一处记载中增加的场景是兜率天下凡入胎和如来欲舍寿的记述，从兜率天下凡入胎的记述后来成为佛陀本行的重要场景之一[2]，如来欲舍寿的所在地吠舍离也成为佛教的圣地之一。

部分律藏文献也有释迦牟尼生平的记载，例如，汉译《五分律》提及释迦牟尼年轻

---

1 参见汉译《大般涅槃经》（T. 1, no. 7, 191c28-192a5），以及《长阿含·游行经》（T. 1, no. 1, 16a4-14）。

2 关于这一场景的研究，可以参看 Christian Luczanits, "Prior to Birth, The Tuṣita Episodes in Indian Buddhist Literature and Art", in Christoph Cueppers, Max Deeg and Hubert Durt eds., *The Birth of the Buddha: Proceedings of the Seminar Held in Lumbini*, Nepal, October 2004, Lumbini: Lumbini International Research Institute, 2010: 41-91.

时巡游睹见老、病、死，后见沙门，逾城出家，至菩提树下成道，收摄徒众。汉译《四分律》的叙事与《四众经》较为接近，文中虽然提到了释迦牟尼的诞生，但是并没有详细介绍。《根本说一切有部·破僧事》中的佛陀行迹始于释迦牟尼处兜率天宫，然后依次提到了入胎、诞生、出家、降魔、转法轮等事迹，整个叙事的核心还是在于成道以后的事迹。

关于佛陀的诞生，早期经典涉及得较少，汉译《长阿含》的第一篇经文《大本经》介绍了在释迦牟尼之前的过去六佛的基本情况，尤其介绍了毗婆尸佛的生平，其中提到毗婆尸菩萨从兜率天下降母胎，住胎，从右胁出生，巡游睹见老、病、死，后见沙门，出家修道，观缘起而得道。这里虽然描述的是毗婆尸佛的生平，但是释迦牟尼的生平亦与此一致。需要注意的是，其中没有降魔的记述。

至少从阿育王的时代开始，过去七佛信仰的崇拜，以及对释迦牟尼诞生地的供养已经形成。根据阿育王的法敕铭文，他在灌顶后第十四年（约公元前254年）增固了位于尼泊尔Nīgālīsāgar的拘那含牟尼佛塔（拘那含牟尼是过去七佛中的第五佛），在其灌顶后第二十年（约公元前248年），阿育王参访了蓝毗尼佛陀诞生处，并再次顶礼拘那含牟尼佛塔。另外，法敕铭文还提到阿育王灌顶后第十年（约公元前258年）已经成为优婆塞一年半，对佛教的信心增长，开始法巡，历256天，虽然这里没有点出法巡的具体目的地，但想必应该包括佛教的一些重要圣地。根据汉译《阿育王传》，阿育王建立八万四千佛塔后，谘问优波崛多，请其指示佛陀说法游行之处，以作供养。优波崛多引领阿育王参访了蓝毗尼佛陀诞生地、迦毘罗卫佛陀年轻时学习游戏、踰城出家之处、菩提伽耶佛陀六年苦行、终成正觉之处、波罗奈斯佛陀初转法轮处、舍卫城佛陀示现神变之处、桑迦尸（曲女城）佛陀上升三十三天为母说法后下降人间处、拘尸那揭罗如来涅槃处，其间穿插了许多佛陀收摄弟子的事迹。阿育王在上述地方都广兴供养，设立塔庙。

从上面的讨论来看，逻辑上早期佛教对佛陀生平关注的重点是佛陀成道后的游方传教，前人也早已指出，佛教圣地的形成与佛传的叙事有着密不可分的关系，因此也不难理解八大圣地中，与佛陀成道后的圣迹相关的场所占据了四处（舍卫城佛陀示现神变之处、桑迦尸国佛陀从三十三天下降之处、吠舍离神变处、王舍城息净处）。这四处圣地，加上佛陀本行中最重要的诞生、成道、初转法轮、涅槃之处，共同构成了八大圣地，在这些地方建立的佛塔也成为后世藏传佛教以绘画雕塑形式表现的八大佛塔的肇始。

二、佛传叙事专门文学的兴起

此处所说的佛传叙事专门文学，主要指的是以佛传为叙事主题的文献，这些佛传的文学性非常强，其中夹杂有众多的佛陀本生故事，根据叙事内容的完整与否，我们可以将此类文献分为部分叙述佛传的文本和完整叙述佛传的文本。

从部分叙述佛传的梵文文本而言，我们现在能找到的有《神通游戏经》（*Lalitavistara*）和《大事》（*Mahāvastu*），前者始于释迦牟尼从兜率天入胎，终于初转法轮，后者始于燃灯佛授记，终于释迦牟尼收摄迦叶三兄弟。

约译于公元2世纪末的《修行本起经》对佛陀生平的叙事始于燃灯佛授记，终于释迦牟尼在菩提树下降魔悟道，全经分为五品，即《现变品》、《菩萨降生品》、《试艺品》、《游观品》、《出家品》，这约略可以视为释迦牟尼成道之前的故事，从经品而言，我们可以归纳出从兜率天下降、诞生（包括入胎）、学艺、游观、出家（包括苦行、降魔等）这些在后世佛传叙事中非常重要的主题，虽然有些主题在经品中并未独立出来，但是我们可以看到经文对其中一些大主题下的情节，例如降魔，有生动的描写。约译于公元3世纪初的《中本起经》可以视作《修行本起经》的接续，始于释迦牟尼的悟道，终于佛食马麦的故事，全经十三品，内容主要是释尊的游方摄徒，与《四众经》类似，重点在于转法轮。

支谦译《太子瑞应本起经》始于燃灯佛授记，结束于释迦牟尼收摄迦叶三兄弟，全经不分品，但是也提到了菩萨从兜率天降生和降魔。刘宋求那跋陀罗译《过去现在因果经》与此一致。

聂道真译《异出菩萨本起经》以简短的篇幅叙述了燃灯佛授记到释迦牟尼成道的事迹，其中有菩萨从兜率天降生的记述，但是没有降魔的叙事。

竺法护译《普曜经》始于菩萨从兜率天降生，终于释迦牟尼收摄舍利弗和目犍连，阇那崛多译《佛本行集经》始于燃灯佛授记，终于释迦牟尼初次返回迦毘罗卫。两经对释迦牟尼在兜率天的事迹大为扩展，成为佛陀给天众讲法的专门一品，苦行有单独的一品，而且关于降魔的叙事均有两品，说明二者对降魔事件的重视。

完整叙述佛陀行迹的经典，有偈颂体形式的《佛所行赞》和《佛本行经》。昙无谶译《佛所行赞》始于释迦牟尼的诞生，终于分舍利，全文二十八品，苦行、降魔、成道成为单独的品目。4世纪末译出的《僧伽罗刹所集经》，始于佛陀的种种本生故事，终于阿育王起塔奉佛，但对菩萨的入胎，以及成长叙述至为简略，更多是的是用佛传为纲，宣讲佛教义理。

从以上的叙述来看，佛传叙事中的佛陀行迹有如下几点值得关注：

1. 对于佛陀行迹的起始，各个经典并不一致。关于起点，有的以燃灯佛授记为始，有的以从兜率天降生为始，有的以菩萨入胎为始；对于结尾而言，有的终于初转法轮，有的终于收摄徒众，有的则终于涅槃后分舍利。

2. 佛陀本行大致经历了从关注成道以后的事迹到平衡成道以前和成道以后事迹的发展。也就是说对释迦牟尼的诞生，以及宫中生活，乃至成道前夕的描写施以浓墨重彩，使学艺、游乐、苦行、降魔也成为叙事的重点。但我们也要注意到部分经典缺乏降魔的记载，这需要进一步的解释。

3. 对佛陀行迹进行主题化简略概括的倾向没有出现。经典对释迦牟尼的重要行迹均有所涉及，但并没有对其进行凝练总结，这一倾向的产生恐怕与大乘佛教的兴起相关。

4. 部分主题的扩展，可能一方面是为了适应佛教义理的发展，例如兜率天宫的事迹；另一方面可能也是为了呼应佛传故事在图像上的表现，例如入胎、苦行、降魔等脍炙人口的场景在图像上的表现。当然，文献和图像的相互影响是一个非常复杂的过程，尤其是在文献和图像的断代都不是十分明朗的情况下，我们更要小心对待。

三、考古资料所见早期佛传故事的记载

关于佛传故事的图像表现，我们可以区分为单独的佛传场景和连续性的佛传故事，早期的考古资料所展现的往往是单独的佛传场景，我们很难从中发现叙事的逻辑性，相应地，图像的比定也有一定的困难。就现有的考古材料而言，在早期佛传故事的具象化表现中，佛陀的形象一般不出现，而往往用象征手法表达。对如何处理佛陀的前生和今生事迹，似乎也经历了一个从重视今生事迹到逐渐重视本生事迹的发展。例如，据拉莫特叙述[3]，在桑奇大塔的浮雕中，释迦牟尼的今生故事明显多于本生故事，目前比定的至多有 5 个本生故事，即著名的六牙白象、大猕猴、独角仙人、睒子、须达拏本生，而释迦牟尼的今生行迹则有着丰富的表现，从释迦牟尼的入胎到涅槃毗荼，重要场景出现了 34 个，除了上面已经提到的一些场景，此处值得关注的是出现了释迦牟尼成道前夕，魔军诱惑和降魔的场景，我们会看到后世这成为释迦牟尼行迹中非常重要的一个场景。34 个场景中包括佛陀一生中最重要的诞生、成道、初转法轮、涅槃，这四处场景在桑奇大

3 Etienne Lamotte, *Histoire du Bouddhisme indien, des origines à l'ère Saka*, Louvain: Publications Universities, 1958. Sara Webb-Boin trans., *History of Indian Buddhism*, Louvain-Paris: Peeters Press, 1988: 404ff.

塔的浮雕中出现了不下 53 次，说明释迦牟尼的这四大行迹已经成为艺术家着力表现的主题。另外，34 个场景中还包括吠舍离猴子供蜜、舍卫城神变、桑迦尸国从三十三天下降，加上上述四大行迹，从中可以看出传统八塔中七塔的建立动因已初具规模。

在菩提伽耶的浮雕中，释迦牟尼的本生故事和今生故事基本持平。在巴尔胡特的浮雕中，可以看出释迦牟尼的本生故事明显多于今生故事，目前已经比定出的本生故事有近 40 个，相较之下，释迦牟尼的今生故事仅有十余个，包括入胎、比武、削发出家、觉悟、初转法轮、接受祇园、帝释造访、伊罗钵龙王造访、Pārileyyaka 象群供养、三十三天下降、涅槃、阿阇世王供养。

释迦牟尼仅仅在其前生故事中以人类或动物的形象出现，在今生故事中，释迦牟尼以象征的手法表达，比如足迹。空着的座位、撑举的伞盖、空着鞍具的马匹等等。释迦牟尼诞生、成道、初转法轮、涅槃四大行迹也是分别以莲花、菩提树、法轮、佛塔来表现。

因此，我们可以说，早期的佛传叙事一方面重点在于描述释迦牟尼成道后的游方宣教，另一方面并没有着力突出其中的重要场景，其中释迦牟尼的悟道和宣教成为叙事的核心，这也容易理解，从教法的角度而言，从人类认识的角度而言，对真理的体证和对真理的宣讲无疑是我们认识世界的重要手段，而释迦牟尼的行为无疑代表了佛教徒认识世界的标准和范式，即追随佛陀，深入经藏，自力自证的学习和修行。如果从释迦牟尼本身而言，虽然他的悟道和宣教是他一生的核心行迹，但是他是以世俗的人身，经历了从普通人到觉悟者的转变，因此，从人的履历而言，必然包括其从生到死的完整历程，就像舞台表演一样，虽然演员的台上表演是观众关注的核心，但只有加上开幕（生）和谢幕（死），才能构成完整的一幕，观众可以由此更深切地体会佛教所讲的“有命咸归死”的真理。由此出发，释迦牟尼的诞生、成道、初转法轮、涅槃四大行迹成为佛传叙事最重要的四个时刻也就顺理成章。

从叙事到图像，读者关注的重点会不尽一致，从图像上而言，在相对有限的空间之内，如何将释迦牟尼的最后一生表现出来，是艺术家需要考虑的问题之一。拉合尔博物馆保存有一座出土于马尔丹地区（Mardan）西克里（Sikri）的佛塔，断代约为公元 2 世纪，塔的平头四面分别雕刻有释迦牟尼诞生、降魔、初转法轮、涅槃的场景[4]。这里我们需要注意的是释尊的成道是用降魔来表现的，换句话说，降魔也就代表了释尊的成道，

4　笔者曾参访拉合尔博物馆，据该馆的文字介绍，平头和塔身原本不属于一座佛塔，但是都来自于西克里，平头部分因为过高，无法拍照，内容判定根据该馆的文字介绍。我认为虽然二者属于不同的佛塔，但是从图像上考虑，将二者理解为一座佛塔可能更好。

这也可以解释部分经典缺乏降魔记载的原因。从图像角度而言，降魔变给人带来的视觉冲击特别明显，或许正因为如此，在文本叙事中，降魔逐渐从成道这一大主题下分离出来，单独成为佛传叙事的重要主题之一。同样的道理或许也可以用在苦行这一主题上，犍陀罗有一尊著名的佛陀苦行相，佛陀瘦骨嶙峋、筋骨毕露的形象是这一主题淋漓尽致的展现。

西克里佛塔的覆钵外有一圈浮雕，表现的是佛陀的生平，一共有 13 幅，始于燃灯佛授记，终于吠舍离猴子奉蜜。从图像的比定来说，其中没有出现太子学艺、出家的场景，而且佛陀成道后的事迹占了绝大部分，达 11 幅之多，这或许说明此时的艺术家和观众的关注点主要还是聚焦于佛陀成道后的事迹。在这一连续构图中，其中的第 2 幅被比定为菩萨身处兜率天的场景，如果这一比定属实[5]，联系上面的平头，我们可以说 17 幅画面中，有 5 幅与后来的佛陀主要行迹相关，即从兜率天降、诞生、降魔、初转法轮、涅槃。

就我所知，上述西克里佛塔的连续性佛传叙事的图像资料是一个特例，更多的情况下，我们所获得的只是连续性佛传叙事图像资料的断片，要将它们逻辑地组合起来非常困难，一方面因为部分场景——例如从兜率天宫下降、学艺、后宫生活、成道等——非常容易与其他场景相混淆，另一方面也因为我们极度缺乏连续性佛传叙事的图像资料，从而导致我们对这些主题在佛传图像中的特殊表现并不清楚。但是佛陀诞生之前的事迹，以及成道之前的事迹中，有几个重要的场景不断出现，例如入胎、踰城出家、苦行、降魔等，这些图像的特征非常鲜明，以至于即使它们出现在单幅构图中，我们也相对容易辨识。

如果说苦行和降魔行迹的凸显是基于图像表现方式的激发，那么菩萨从兜率天宫下降的说法恐怕与佛教义理的发展相关，这方面卢恰尼茨曾有一些论述，认为其与弥勒信仰相关[6]。我想要说的是，除了与弥勒信仰相关，恐怕还与过去七佛和轮回观念有关，我们知道，《长阿含·大本经》中讲述毗婆尸佛生平时，已经说明菩萨从兜率天下降，而且阿育王曾参访过去佛拘那含牟尼的佛塔，可能是出于强化释迦牟尼与过去佛的联系，同时也出于从轮回角度而言，抬高释迦牟尼诞生前所处地位的考虑，佛陀行迹中加入了从兜率天下降这一情节。

5　卢恰尼茨（Luczanits）认为菩萨处在兜率天的图象只有到了 3 世纪才能被清楚比定，因此，他将西克里的佛塔断代在 5 世纪。见 Christian Luczanits, "Prior to Birth, The Tuṣita Episodes in Indian Buddhist Literature and Art", 2010: 76-77.

6　Christian Luczanits, "Prior to Birth, The Tuṣita Episodes in Indian Buddhist Literature and Art", 2010: 77.

四、大乘经典中对释迦牟尼行迹的略叙

随着大乘佛教的兴起，对释迦牟尼一生行迹的概括性描述也出现在大乘经典的叙事中。这种叙事往往与论述释迦牟尼化身的示现相关，这说明对于佛陀行迹进行主题化简略概括的倾向已经出现，但是对于主题的数量，有八、九、十一、十二、十三、十四种等说法，其具体内容，各个经典的记载也完全不一致。

例如，北凉昙无谶所译《悲华经》中说“为是众生故，于娑婆世界、诸四天下，一时之中，从兜术下，现处母胎，乃至童子，学诸伎艺，出家苦行，破坏诸魔，成无上道，转正法轮，般涅槃后，流布舍利。”[7] 单从汉译我们看不出释迦牟尼的行迹究竟有几个场景，参考相应的梵藏文本[8]，释迦牟尼的行迹似乎分为三大示现，即从兜率天入胎、在世事业、涅槃，其中在世事业部分又分为童子嬉戏、习诸技艺、行苦行、降魔、成道、转法轮。如果按照这样的分法，释迦牟尼的行迹刚好是八种。

我们再来看北魏昙摩流支所译《信力入印法门经》中对释迦牟尼行迹的概述：“依彼刹那，诸佛如来，一切世界，一切住处，一一世界，一一阎浮提，于一时间，非前后时，从兜率天退、生、出家，行于苦行，坐于道场，降伏魔怨，现证正觉，转于法轮，示大涅槃，住持佛法，示诸法灭。”[9] 一共有九种行迹，《信力入印法门经》的藏译也列出了九

7 T. 3, no. 157, 208c29-209a3.

8 Isshi Yamada, *Mahākaruṇāpuṇḍarīka Sūtra*, London: School of Oriental and African Studies, 1968: 249: teṣām sattvānām arthe 'haṃ yāvat tasmin samaye sahe lokadhātau cāturdvīpikā bhaveyuḥ, sarvatra ca cāturdvīpikāyāṃ saṃtuṣitabhavanāvataraṇaṃ mātur garbhe cāhaṃ jātum upadarśayeyaṃ, vistareṇa kumārakrīḍā-śilpakarma-sthāna-duṣkaracaryā-māradharṣaṇa-bodhyabhisaṃbudhyana-dharmacakrapravartanaṃ, sarvatra ca cāturdvīpikāsu sakalaṃ buddhakāryam upadarśayeyaṃ, parinirvāṇaṃ yāvac charīravibhāgam upadarśayeyaṃ. D 112 230a3-5: སེམས་ཅན་དེ་དག་གི་དོན་དུ་བདག་དེའི་ཚེ་ན་འཇིག་རྟེན་གྱི་ཁམས་མི་མཇེད་ཀྱི་གླིང་བཞི་པ་ཇི་སྙེད་མཆིས་པར་གྱུར་པའི་གླིང་བཞི་པ་ཐམས་ཅད་དུ་ཡོངས་སུ་དགའ་ལྡན་གྱི་གནས་ནས་འཕབ་ཅིང་མའི་མངལ་དུ་སྐྱེ་བསྟོན་པར་གྱུར་ཅིག །རྒྱ་ཆེར་བགྱིན་གཞོན་ནུ་རྩེ་བ་དང་། བཟོ་དང་ལས་ཀྱི་གནས་དང་། །དཀའ་བ་སྤྱོད་པ་དང་། བདུད་འདུལ་བ་དང་། བྱང་ཆུབ་མངོན་པར་རྫོགས་པར་འཚང་རྒྱ་བ་དང་། ཆོས་ཀྱི་འཁོར་ལོ་བསྐོར་བ་དང་གླིང་བཞི་པ་ཐམས་ཅད་དུ་སངས་རྒྱས་ཀྱི་མཛད་པ་མཐའ་དག་ཉེ་བར་སྟོན་པར་ཡང་གྱུར་ཅིག །ཡོངས་སུ་མྱ་ངན་ལས་འདའ་བ་དང་། སྐུ་གདུང་འགོད་པའི་བར་དག་ཉེ་བར་སྟོན་པར་ཡང་གྱུར་ཅིག །

9 T. 10, no. 305, 952b4-9.

种行迹[10]，但如果我们从出生算起，释迦牟尼的行迹也刚好是八种。

《信力入印法门经》的相关语句在题名为龙树所写的《大乘宝要义论》中也有引用，但在涉及到佛陀一时示现诸种行迹的部分，《大乘宝要义论》的提法远远比《信力入印法门经》多，说明在《大乘宝要义论》中，释迦牟尼的行迹并没有一个趋于标准的说法。兹引宋代施护的汉译本为例："实时如来于十方法界，最上自在，越虚空际。普遍一切世界海，一一世界，一一洲渚，一一凡夫道中，示现从兜率天宫没、下降人间；入胎；住胎；出胎；梵王帝释承接沐浴庄严；周行七步，观察十方，作师子吼；习学一切工巧伎艺明论事业；现处太子之位，于王宫中嬉戏娱乐游赏园林；出家苦行；食乳糜粥已、诣菩提场；坐成正觉；摧伏魔军；观树经行；大梵天王请转法轮；入忉利天宫等……"[11]

唐代地婆诃罗所译《方广大庄严经》中也有对释迦牟尼行迹的略叙："从兜率天下生、入胎、初生、出家、苦行，诣菩提场、降魔、成佛，转正法轮、起大神通，从忉利天下、

10 D 201 49b3-5: དེ་བཞིན་གཤེགས་པས་ཕྱོགས་བཅུའི་འཇིག་རྟེན་གྱི་ཁམས་རབ་འབྱམ་ཐམས་ཅད་ཀྱི་གླིང་རེ་རེ་དགའ་ལྡན་གྱི་གནས་ན་གནས་པ་ལས་འཕོ་བ་དང་། སྐྱེ་བ་དང་། མངོན་པར་འབྱུང་བ་དང་། དཀའ་བ་སྤྱོད་པ་དང་། སྦྱོར་བ་དང་། བྱང་ཆུབ་ཀྱི་སྙིང་པོར་བཞུད་པ་དང་། བདུད་འདུལ་བ་དང་། མངོན་པར་རྫོགས་པར་བྱང་ཆུབ་པ་དང་། ཆོས་ཀྱི་འཁོར་ལོ་བསྐོར་བ་དང་། མྱ་ངན་ལས་འདའ་བ་ཆེན་པོ་དང་། ཆོས་གནས་པ་དང་། ཆོས་ནུབ་པ་དུས་གཅིག་ཏུ་སྟོན་ཏོ།། 需要注意的是，此处的语境描述的是佛能以其神通，于一刹那示现种种本生，汉藏译本在这一语境中，在涅槃后都增加有"住持佛法、示诸法灭"的说法，这样一来，佛陀的行迹成为十一种。进一步，从藏译来看，在苦行和住菩提树之间有"加行"（སྦྱོར་བ）一词，而且译者显然将其当作释尊的行迹之一来处理，因为缺乏相应的梵文本，我们并不清楚这一词汇在佛陀行迹中的含义。根据密教的说法，释迦牟尼在修行苦行后，十方佛将其引往密严刹土，授予灌顶，现证菩提，在密严刹土获得受用身，成佛后行四神变，即在须弥山顶宣说瑜伽续；降临人间，入异熟身；降魔；讲法。此处的"结合"不知是否与密教的说法有关。如按照藏译的处理，释迦牟尼的行迹刚好是十二种，虽然其中的部分内容与后世流行的十二宏化不一致。这段文字在法友的《现观庄严论注疏》中也有引用，其中苦行的事迹被译作 དཀའ་བ་སྤྱོད་པའི་སྦྱོར་བ（D 3796 104a2），若如此，སྦྱོར་བ 应该和 དཀའ་བ་སྤྱོད་པ 合在一起读，我们的文本可能应该读作 དཀའ་བ་སྤྱོད་པ་དང་སྦྱོར་བ。

11 T. 32, no. 1635, 74b24-c4. 藏译参见 D 3934 213b3-7: དེ་བཞིན་གཤེགས་པས་ཕྱོགས་བཅུའི་འཇིག་རྟེན་གྱི་ཁམས་ཆོས་ཀྱི་དབྱིངས་ཀྱིས་ཀླས་པ། ནམ་མཁའི་ཁམས་ཀྱི་མཐས་གཏུགས་པ་དང་། རབ་འབྱམ་རྒྱ་མཚོ་ཐམས་ཅད་དུ་འཇིག་རྟེན་གྱི་ཁམས་རེ་རེ་དང་། གླིང་རེ་རེ་དང་། སྐྲའི་ཕྲེན་ཙམ་རེ་རེ་ཡང་དགའ་ལྡན་གྱི་གནས་ནས་འཆི་འཕོ་བ་དང་། ལྷུམས་སུ་འཇུག་པ་དང་། བཞུགས་པ་དང་། བལྟམས་པ་དང་། བརྒྱ་བྱིན་དང་། ཚངས་པས་ བླངས་པ་དང་། གནས་བཀོད་པ་དང་། གོམ་པ་བདུན་འདོར་བ་དང་། ཕྱོགས་བཅུར་རྣམ་པར་གཟིགས་པ་དང་། སེང་གེའི་སྒྲ་ཆེན་པོ་སྒྲོགས་པ་དང་། ལས་དང་། བཟོ་དང་། སྒྱུ་རྩལ་དང་། རིག་པའི་གནས་ཐམས་ཅད་སློབ་པ་དང་། གཞོན་ནུའི་ས་ཀུན་ཏུ་སྟོན་པ་དང་། བཙུན་མོའི་འཁོར་གྱི་ནང་ན་རྣམ་པར་རོལ་པ་དང་། སྐྱིད་མོས་ཚལ་གྱི་སར་འབྱུང་བ་དང་། ཐམས་ཅད་མཁྱེན་པ་ཉིད་ལ་ཕྱོགས་པ་དང་། མངོན་པར་འབྱུང་བ་དང་། རབ་ཏུ་འབྱུང་བ་དང་། དཀའ་བ་སྤྱད་པ་སྤྱོད་པ་དང་། ཞལ་ཟས་གསོལ་བ་དང་། བྱང་ཆུབ་ཀྱི་སྙིང་པོར་བཞུད་པ་དང་། བཞུགས་པ་དང་། བདུད་བཏུལ་བ་དང་། བྱང་ཆུབ་མངོན་པར་སངས་རྒྱས་པ་དང་། བྱང་ཆུབ་ཀྱི་ཤིང་ལ་སྤྱན་མི་འཛུམས་པར་གཟིགས་པ་དང་། ཚངས་པ་ཆེན་པོས་གསོལ་བ་བཏབ་པ་དང་། ཆོས་ཀྱི་འཁོར་ལོ་རབ་ཏུ་བསྐོར་བ་དང་། ལྷའི་གནས་སུ་གཤེགས་པ་དང་། ……

现入涅槃故。”[12] 根据汉译，释迦牟尼的行迹有十二种，但从梵藏文本来看[13]，此处的如来行迹应为九种，缺汉译的从兜率天下生、起大神通和从忉利天下[14]。

《方广大庄严经》中还有一处对释迦牟尼行迹的略叙：“谁能堪任侍卫菩萨下阎浮提，从初入胎及以出胎，童子盛年，游戏受欲，出家苦行，诣菩提座，降伏魔军，转正法轮，现大神力，下忉利天，入般涅槃，常能奉事终不舍离？”[15] 与前引文句相校，此处增加了对释迦牟尼年轻时代的描述，即“童子盛年，游戏受欲”，如此，释迦牟尼的行迹有十三种。根据梵藏文本[16]，如来的行迹亦可分为三大部分，第一部分包括入胎、住胎、出生；第二部分是主体，包括童年、嬉戏、住后宫、观伎乐、出家、苦行、诣菩提座、降魔、成道、转法轮，第三部分则是涅槃，三个部分总共有十四种。与汉译相较，如来年轻时的行迹有四种，汉译则以两种概括，而且汉译同样增加了大神通和从忉利天下两种行迹，但缺成道[17]。

刘宋求那跋陀罗译《相续解脱如来所作随顺处了义经》中提到了佛陀化身的示现，包括入胎、出胎、生长、受五欲、出家、苦行、往诣道场、菩提树下降魔、成佛、转法轮、

---

12 T. 3, no. 187, 545a24-26.

13 Salomon Lefmann, *Lalita Vistara: Leben und Lehre des Çākya Buddha*, Halle: Verlag der Buchhandlung des Waisenhauses, 1902: 36:（abhiṣekabhūmi dharmālokamukham）avakramaṇa-janma-abhiniṣkramaṇa-duṣkara-caryā-bodhimaṇḍopasaṃkramaṇa-māradhvaṃsana-bodhivibodhana-dharmacakrapravartana-mahāparinirvāṇa-saṃdarśanatāyai saṃvartate. D 95 22b3-5: (དབང་བསྐུར་བའི་ས་ནི་ཆོས་སྣང་བའི་སྒོ་སྟེ། །) མངལ་དུ་འཇུག་པ་དང་། བཙས་པ་དང་། མངོན་པར་འབྱུང་བ་དང་། དཀའ་བ་སྤྱད་པ་དང་། བྱང་ཆུབ་ཀྱི་སྙིང་པོར་འགྲོ་བ་དང་། བདུད་འདུལ་བ་དང་། བྱང་ཆུབ་རྣམ་པར་འཚང་རྒྱ་བ་དང་། ཆོས་ཀྱི་འཁོར་ལོ་བསྐོར་བ་དང་། ཡོངས་སུ་མྱ་ངན་ལས་འདས་པ་ཆེན་པོ་སྟོན་པར་འགྱུར་རོ། །

14 我们需要注意的是，这段话出现在菩萨处兜率天宫，即将下凡入胎时为天众所讲法门中的最后一种法门，说明菩萨在兜率天宫讲法已经成为佛传叙事的重要主题之一；这一主题在《方广大庄严经》的同本异译、竺法护所译《普曜经》中已经出现，但《普曜经》的相应之处只有“处胎出家、诣佛树下”八个字（T. 3, no. 186, 487c16-17），暗示《方广大庄严经》的文本可能在此处有所增补。《方广大庄严经》梵藏汉文本中将此法门称之为“灌顶法门”，这是菩萨十地最后一地法云地的别称。

15 T. 3, no. 187, 546b28-c3.

16 *Lalita Vistara*, 1902: 44: ko 'smākaṃ mārṣā utsahate bodhisattvaṃ satatasamitam anubaddhum avakramaṇa-garbhasthāna-janma-yauvanabhūmi-dārakakrīḍa-antaḥpura-nāṭakasaṃdarśana-abhiniṣkramaṇa-duṣkaracaryā-bodhimaṇḍopasaṃkramaṇa-māradharṣaṇa-bodhyabhisaṃbodhana-dharmacakra-pravartanaṃ yāvan mahāpari-nirvāṇād dhitacittatayā snigdhacittatayā priyacittatayā maitracittatayā saumyacittatayā? D 95 26b3-6: གྲོགས་པོ་དག་ཁྱེད་ཀྱི་ནང་ནས་བྱང་ཆུབ་སེམས་དཔའ་ཐོག་མ་ཡུམ་གྱི་ལྟུམས་སུ་གཤེགས་པ་དང་། ལྟུམས་ན་བཞུགས་པ་དང་། བལྟམ་པ་དང་། ཐོར་བུ་དང་། བྱིས་པའི་ནང་ན་རོལ་པ་དང་། བཙུན་མོའི་འཁོར་གྱི་ནང་ན་བཞུགས་པ་དང་། རོལ་མོ་གཟིགས་པ་དང་། མངོན་པར་འབྱུང་བ་དང་། དཀའ་བ་སྤྱོད་པ་དང་། བྱང་ཆུབ་ཀྱི་སྙིང་པོར་གཤེགས་པ་དང་། བདུད་འདུལ་བ་དང་། བྱང་ཆུབ་ཏུ་མངོན་པར་རྫོགས་པར་འཚང་རྒྱ་བ་དང་། ཆོས་ཀྱི་འཁོར་ལོ་བསྐོར་བ་དང་། །མྱ་ངན་ལས་འདས་པ་ཆེན་པོ་བསྟན་གྱི་བར་དུ་ཕན་པའི་སེམས་དང་། དགའ་བའི་སེམས་དང་། ཕངས་པའི་སེམས་དང་། བྱམས་པའི་སེམས་དང་། གཉེན་པའི་སེམས་ཀྱིས་རྟག་པར་རྒྱུན་དུ་བྱང་ཆུབ་སེམས་དཔའི་ཞབས་འབྲིང་ན་འཁོད་པར་སུ་དག་སྤྲོ། །

17 《方广大庄严经》的同本异译、竺法护所译《普曜经》的相应之处仅有“入胎、成佛、降魔、转法轮、涅槃”五种事迹（T. 3, no. 186, 489a26-28）：“谁能堪任，侍卫菩萨，降神入胎，不离其侧，如影随形，乃至成佛；降伏魔官，而转法轮，和慈四等，至大灭度，以怀慈心，欢喜悦心，调和其心，而奉事焉；未曾远离，不违要誓？”

现般涅槃十一种[18]。该经相应的文句也出现在菩提流支译《深密解脱经》和玄奘译《解深密经》中，虽然菩提流支译本中佛陀的化现也是十一种，但是内容不尽一致，缺乏诣道场和降魔的场景，而增加了住胎一说[19]，玄奘译本则仅仅列出了入胎、诞生、长大、受欲、出家、示行苦行、舍苦行已成等正觉七种[20]，缺乏出胎、诣道场、降魔、转法轮、入涅槃五个场景。玄奘译本与藏译一致[21]。

真谛译《无上依经》提到了释迦牟尼的十四种事业："于秽佛土示现种种本生之事，或复示现升兜率天，或复示现从彼天下，或复示现降神母胎，或现初生出胎，或现俱摩罗位，或现受学十八明处，或现诸戏游于后园，或现出家，或现苦行，或诣道场，或成佛道，或波罗捺转妙法轮，或坚固林般涅槃那，示现如是种种之事，乃至尽于生死后际。"[22]十四种事业的说法也出现在题名为世亲所造、真谛译的《佛性论》中，在讲到化身时提到了释迦牟尼的十四种事业[23]，但内容同样与《无上依经》不一致，增加了降魔一事，而将童子和游戏两种事业合为一种计算。

圆测在其《解深密经疏》中引《相续解脱如来所作随顺处了义经》和《无上依经》为据，提到了十一种和十三种释迦牟尼行迹的不同算法，他没有将《无上依经》中的"示现种种本生之事"视作释迦牟尼的行迹之一[24]。

无著在《摄大乘论》中讲到佛陀化身时，提到了释迦牟尼的九种行迹，即从兜率天降、

---

18 T. 16, no. 679, 718b14-16.

19 T. 16, no. 675, 685b2-4: 入胎、住胎、出胎，生已增长，受五欲乐，而行大舍出家，苦行、证菩提、转法轮、入涅槃。

20 T. 16, no. 676, 708c6-7.

21 D 106 49a7-b2: བཅོམ་ལྡན་འདས་སྤྲུལ་པའི་སྐུ་སྟོན་པའི་ཐབས་ལ་མཁས་པ་ནི་སྟོང་གསུམ་གྱི་སྟོང་ཆེན་པོའི་སངས་རྒྱས་ཀྱི་ཞིང་ཐམས་ཅད་དུ་བདག་པོར་གྲགས་པའམ། སྤྲིན་གནས་སུ་གྲགས་པའི་ཁྱིམ་དུ་མངལ་དུ་འཇུག་པ་དང་། བཙས་པ་དང་། སྐྱེ་བ་དང་། འདོད་པ་ལ་ལོངས་སྤྱོད་པ་དང་། མངོན་པར་འབྱུང་བ་དང་། དཀའ་བ་སྤྱད་པ་ཅིག་ཅར་ཀུན་དུ་སྟོན་པ་དང་། དེ་གཏོང་བ་དང་། མངོན་པར་རྫོགས་པར་བྱང་ཆུབ་པའི་རིམ་པ་ཀུན་དུ་སྟོན་པ་ཡིན་པར་བལྟ་བར་བྱའོ། །

22 T. 16, no. 669, 473a14-21.

23 T. 31, no. 1610, 810c24-28: 一现本生事，二现生兜率天，三从天下处中阴，四入胎，五出胎，六学技能，七童子游戏，八出家，九苦行，十诣菩提树，十一破魔军，十二成佛，十三转法轮，十四般涅槃。

24 《续藏经》第21册，经号369，第403页上栏第23行至中栏第5行：然此化相，多少差别，诸教不同。《无上依经》有十三相。一示升兜率，二示下彼天，三现降胎，四现出胎，五现童子位，六现受学，七现游戏后园，八现出家，九现苦行，十现往诣道场，十一现成佛，十二现转法轮，十三现般涅槃。依《相续经》，为十一相。一入胎，二出胎，三生长，四受欲，五出家，六苦行，七往诣道场，八降魔，九成佛，十转法轮，十一入涅槃。

出生、享受诸欲、出家、去外道处、苦行、成正觉、转法轮，入涅槃[25]。与常见的事迹相比，这里多出了去外道处一项。若参考真谛汉译，此处的去外道处应该与苦行连在一起，成为去外道处苦行[26]，这样一来，释迦牟尼行迹刚好成为八种[27]。

从上述引文来看，部分经典在释迦牟尼的行迹中已经列出了学艺和游戏的主题。而汉译《方广大庄严经》所增加的起大神通和从忉利天下的主题不见于其他文本，很值得怀疑。从这些文本中我们并不能看出释迦牟尼行迹主题增删变化的情况，但有一部经典，则给我们观察这种状况提供了很好的范例，这就是《华严经》。

《华严经》中有多处地方略叙了释迦牟尼的行迹，此处我们以其中的《十地品》(《十地经》)为例说明。《十地经》分别在初地欢喜地和第十地法云地出现了释迦牟尼行迹的略叙。《十地经》在历史上有多个汉译本，兹以译经年代为序，辅之以梵藏文本，作一比较：

1. 西晋竺法护译《渐备一切智德经》

(1) 辄得出生在兜术天上，从天来下，入母腹中，处在胎藏，从母腹出，随行七步，举手自赞，三界最尊，释梵稽首，诸龙浴体，学书手博，游观所覩，出家入山，成佛降魔，释梵劝助，转大法轮，现大灭度，供养舍利[28]。

(2) 至兜率天、大灭度地[29]。

25 D 4048 37a5-7: སྤྲུལ་པའི་སྐུ་ནི་གང་ཆོས་ཀྱི་སྐུ་ལ་བརྟེན་པ་ཉིད་དེ་དགའ་ལྡན་གྱི་གནས་ན་བཞུགས་པ་ནས་བཟུང་སྟེ། འཕོ་བ་དང་། བལྟམས་པ་དང་། འདོད་པ་ལ་སྤྱོད་པ་དང་། མངོན་པར་འབྱུང་བ་དང་། མུ་སྟེགས་ཅན་གྱི་གན་དུ་གཤེགས་པ་དང་། དཀའ་བ་སྤྱོད་པ་དང་། མངོན་པར་རྫོགས་པར་བྱང་ཆུབ་པ་དང་། ཆོས་ཀྱི་འཁོར་ལོ་བསྐོར་བ་དང་། ཡོངས་སུ་མྱ་ངན་ལས་འདས་པ་ཆེན་པོ་ཀུན་ཏུ་སྟོན་པའི་ཕྱིར་རོ། ། 参考后魏佛陀扇多译《摄大乘论》(T. 31, no. 1592, 109c26-28)：所有依法身者，从兜率天中托身、生、受欲、出家、亲近外道、苦行、成道、转法轮、示大涅槃。

26 真谛译《摄大乘论》(T. 31, no. 1593, 129c7-10)：变化身者，以法身为依止，从住兜率陀天及退、受生、受学、受欲尘、出家、往外道所修苦行、得无上菩提、转法轮、大般涅槃等事，所显现故。同样是真谛所译《摄大乘论释》中，他把上述事迹分为四个意群来解释，一是从住兜率陀天及退、受生；二是受学、受欲尘，此处说明了太子学艺和纳妃的事迹；三是出家、往外道所修苦行；四是得无上菩提、转法轮、大般涅槃等事 (T. 31, no. 1595, 250a25-b12)。

27 虽然玄奘译本在相应处也翻译为“往外道所修诸苦行”，但是从玄奘译《摄大乘论释》来看，应该分为两项事迹处理，参考玄奘译《摄大乘论》(T. 31, no. 1594, 149a23-26)：变化身者，亦依法身，从覩史多天宫现没、受生、受欲、踰城出家、往外道所修诸苦行、证大菩提、转大法轮、入大涅槃故。以及玄奘译《摄大乘论释》(T. 31, no. 1597, 378c27-379a1)：又诸菩萨从久远来，已知恶说善说法教，往外道所不应道理；又诸菩萨从久远来，已能善知三乘正道，修邪苦行不应道理。

佛陀扇多译本中相应处为“亲近外道”，显然也是把亲近外道和苦行视为两项事迹，参考后魏佛陀扇多译《摄大乘论》(T. 31, no. 1592, 109c26-28)：所有依法身者，从兜率天中托身、生、受欲、出家、亲近外道、苦行、成道、转法轮、示大涅槃。

28 T. 10, no. 285, 462a27-b3.

29 T. 10, no. 285, 492a21-22.

2. 姚秦鸠摩罗什译《十住经》

（1）从兜率天来下、入胎，及在胎中、初生时、出家时、成佛道时，悉当劝请转大法轮、示入大涅槃[30]。

（2）从兜率天上来下，乃至示大涅槃[31]。

3. 东晋佛驮跋陀罗译《六十华严 · 十地品》

（1）从兜率天下、入胎、处胎、初生、出家、成佛道时，劝请转大法轮，示入大涅槃[32]。

（2）从兜率天来下，乃至示大涅槃[33]。

4. 唐实叉难陀译《八十华严 · 十地品》

（1）从兜率天宫没、入胎、住胎、初生、出家、成道、说法、示现涅槃[34]。

（2）从兜率天下，乃至涅槃[35]。

5. 唐尸罗达摩译《十地经》

（1）住睹史多天宫为首降下、入胎、住胎、生长、出家、成道、受梵王请转大法轮、示大涅槃[36]。

（2）睹史多天宫为首降下、入胎、住、生、出家、成道、受请转大法轮、归大涅槃[37]。

6．梵文本

（1）tuṣitabhavanavāsam ādiṃ kṛtvā cyavana-caṃkramaṇa-garbhasthiti-janma-kumārakrīḍa-antaḥpuravāsa-abhiniṣkramaṇa-duṣkaracaryā-bodhimaṇḍopasaṃkramaṇa-māragharṣaṇa-

---

30 T. 10, no. 286, 501a22-24.

31 T. 10, no. 286, 530b8-9.

32 T. 9, no. 278, 545b20-22.

33 T. 9, no. 278, 573b15-16.

34 T. 10, no. 279, 181c19-20.

35 T. 10, no. 279, 207b3.

36 T. 10, no. 287, 538c19-20.

37 T. 10, no. 287, 570a13-14.

abhisaṃbodhy-adhyeṣaṇamahādharmacakrapravartana-mahāparinirvāṇopasaṃkramaṇāya[38]

（2）tuṣitavarabhavanavāsam upādāya cyavana-avaṃkramaṇa-garbhasthiti-janma-abhiniṣkramaṇa-abhisaṃbodhana-adhyeṣaṇamahādharmacakrapravartana-mahāparinirvāṇa-bhūmir iti[39]

7．梵译汉

（1）始于住兜率天宫，（从兜率天）退、入（胎）、住胎、出生、童子嬉戏、住后宫、出家、行苦行、趋菩提场、降魔、成正觉、应请转大法轮、示现大涅槃。

（2）始于住兜率天宫，（从兜率天）退、入（胎）、住胎、出生、出家、成正觉、应请转大法轮、示现大涅槃。

8．藏译

（1）དགའ་ལྡན་གྱི་ཕོ་བྲང་དམ་པར་བཞུགས་པ་ལ་སྩོགས་ཏེ། འཕོ་བ་དང་གཤེགས་པ་དང་། ལྷུ་ན་བཞུགས་པ་དང་། སྐྱེ་བ་དང་། གཞོན་ནུའི་རོལ་པ་དང་། བཙུན་མོའི་འཁོར་གྱི་ནང་ན་བཞུགས་པ་དང་། མངོན་པར་འབྱུང་བ་དང་། དཀའ་བ་སྤྱད་པ་དང་། སྙིང་པོ་བྱང་ཆུབ་ཏུ་གཤེགས་པ་དང་། བདུད་གདུལ་བ་དང་། མངོན་པར་འཚང་རྒྱ་བ་དང་། གསོལ་བ་གདབ་པ་དང་། ཆོས་ཀྱི་འཁོར་ལོ་ཆེན་པོ་བསྐོར་བ་དང་། མྱ་ངན་ལས་འདས་པ་ཆེན་པོ་སྟོན་པ།།[40]

（2）དགའ་ལྡན་གྱི་གནས་ན་བཞུགས་པ་ནས་བཟུང་སྟེ། འཕོ་བ་དང་ཡུམ་གྱི་སྐྱར་བཞུད་པ་དང་། ལྷུ་ན་བཞུགས་པ་དང་། ཚེ་[41]དང་མངོན་པར་འབྱུང་བ་དང་། མངོན་པར་འཚང་རྒྱ་བ་དང་། གསོལ་བ་གདབ་པ་དང་། ཆོས་ཀྱི་འཁོར་ལོ་ཆེན་པོ་བསྐོར་བ་དང་། མྱ་ངན་ལས་འདས་པ་ཆེན་པོ་བསྟན་པ།།[42]

---

38 近藤隆晃：《梵文大方廣佛華嚴經十地品》，東京：1936 年。[Ryūkō Kondō, *Daśabhūmīśvaro nāma Mahāyānasūtram*, Tokyo: 1936.] 京都：臨川書店，1983: 19.11-13. 在对《十二宏化事迹赞》的英译中，Skorupski 也用到了这条资料，但是他把梵文的 caṃkramaṇa-garbhasthiti（入 [胎]、住胎）视为一项事迹处理，从而使整个事迹成为十二种，他这样的处理这显然是受到了十二宏化事迹的影响，但是这既不符合梵文复合词的拆分，而且与汉藏译本也不一致。参见 Tadeusz Skorupski, "Eulogy of the Twelve Deeds of the Buddha", *The Buddhist Forum: Volume VI*, Tring: The Institute of Buddhist Studies, 2001: 31.

39 《梵文大方廣佛華嚴經十地品》，1983: 191.7-8.

40 D 44 ཁ, 177a5-7.

41 ཚེ: 此处的 ཚེ（寿命）非常难解，参照梵文，似乎应该是 སྐྱེ（出生）。中国藏学研究中心的《甘珠尔（对勘本）》在此处没有给出任何校勘信息，参见中国藏学研究中心《大藏经》对勘局对勘、编辑：《甘珠尔（对勘本）》，北京：中国藏学出版社，第 36 卷，2007: 575。保存在朵宫版的《十地经》的一个单独译本，在相应之处译作 བལྟམས་པ，参见朵宫版《甘珠尔》，经部，ག 函，第 136 叶背面第 6 行。

42 D 44 ཁ, 269b3-4.

9．藏译汉

（1）安住兜率天宫等，（从兜率天）退、入（胎）、住胎、出生、童子嬉戏、住嫔妃眷属中、出家、行苦行、趋菩提场、降魔、成正觉、应请转大法轮、示现大涅槃。

（2）始于住兜率天宫，（从兜率天）退、入（胎）、住胎、出生、出家、成正觉、应请转大法轮、示现大涅槃。

上述两处释迦牟尼行迹的略叙很具有代表性。就初地欢喜地所提及而言，竺法护的译本没有明显的八种或十二种事迹的分类，其中的学书手博，游观所覩，入山（趣菩提座）、以及降魔四种行迹不见于后来的《十地经》汉译本，但可以由梵藏文本证实。及至鸠摩罗什译本，释迦牟尼的行迹已经成为八种，《十地经》的其他汉译亦是如此。鸠摩罗什还翻译过龙树对《十地经》的注释《十住毗婆沙论》，其中相应的地方提到了从兜率天退、入胎、出生、出家、趣道场、降魔、成佛、转法轮、入涅槃[43]，一共九种行迹。龙树大约活跃于公元150 － 250年前后，竺法护的译本译于西晋元康七年（297年），因此我们可以推测，至少在公元3世纪时，关于释迦牟尼的行迹的归纳还未完全定型。

《十住经》和《十住毗婆沙论》同为鸠摩罗什所译，但二者关于释迦牟尼行迹的说法并不一致，造成此种差异的原因可能是《十地经》文本的复杂情况所致[44]，还有一种可能就是鸠摩罗什在此对经文有所改订，而他的改订为后世的《十地经》诸汉译本所遵从[45]。

关于第十地法云地所提及的释迦牟尼行迹，从竺法护译本，直到实叉难陀译本，均只列出了一头一尾两种行迹，并未展开，只是到了尸罗达摩的译本才有了对释迦牟尼行迹的完整叙述。实叉难陀译本大约译于公元695 － 699年，尸罗达摩译本译于公元790年，这说明在这约百年的时间段中，《十地经》的文本发生了一些微妙的变化，更有意思的是，尸罗达摩译本和现存梵文本一致，反映了释迦牟尼的八种行迹。换句话说，虽然尸罗达摩译本前后两处描述释迦牟尼的行迹均为八种，但梵文本两处描述释迦牟尼的行迹并不一致，前一处为十三种，多出了童子嬉戏、身处后宫、苦行、趋菩提座、降魔五种行迹。

世亲曾为《十地经》作注，其注释汉译为后魏菩提流支等译《十地经论》，彼处引证《十

43 《十住毗婆沙论》（T. 26, no. 1521, 30c5-14）。

44 关于《十地经》文本的复杂性，笔者在《敦煌写本〈十地经〉研究》（待刊）中有说明，此不赘述。

45 考虑到早期的竺法护译本，以及晚期的梵藏文本中都出现了释迦牟尼年轻学艺、身处后宫的叙述，鸠摩罗什译本所缺失的这部分叙事很可能是他为了适应中国传统文化，尤其是儒家伦理所作的删除。当然，现有条件下，我们无法圆满证实此种猜测，而且，这也无法解释苦行和降魔叙事的缺失。

地经》时，所列举的也是释迦牟尼的八种行迹[46]。世亲对《十地经》的注释亦有吐蕃时期的藏译本，但在列举释迦牟尼行迹时则分别对应于藏译《十地经》两处译文[47]。若排除所依底本不一致的情况，现有条件下，我们无法解释造成藏汉译本差异的原因[48]。

五、汉传佛教中的八相成道

如前所述，鸠摩罗什所译《十住经》虽然没有明确提出八相成道的说法，但是其中将释迦牟尼的行迹分为八种，联系到《华严经》讲习在汉地的兴盛，恐怕这是后世从八个方面概括释迦牟尼行迹的肇始。至于说选择八这个数字作为释迦牟尼行迹的概述，恐怕与八大圣地的说法亦有一定的关系。

梁代僧祐所撰的《释迦谱》可谓汉地最早的佛传撰著，按略本而言，《释迦谱》的"释迦降生释种成佛缘"部分着重描写了释迦牟尼以六牙白象从兜率天而降，乃至降魔成正觉的事迹；若按广本而言，该部分则止于释迦牟尼收摄舍利弗和目犍连，虽然僧祐在《释迦谱》序言中说他的叙述始于降胎，终于起塔供养，但其中并没有将佛陀行迹从八个方面进行概括的痕迹。相较而言，唐代道宣的《释迦氏谱》不仅在行文上较《释迦谱》简略，而且在文本的编排上也更有次第。《释迦氏谱》将佛陀的行迹从八个方面予以叙述，分别是处兜率天、降阎浮洲、现生灵诞、集艺举能、出家寻教、乘时成佛、转法悟物、迁神化掩。虽然这里的八个方面与通常的八相成道的说法不尽一致，但是道宣在书中明确提出"经传八相"，说明八相成道的说法在当时已经产生流行。

《大乘起信论》中提到菩萨发心之际，能随愿力现八种事，即从兜率天宫下降、入胎、住胎、出胎、出家、成道、转法轮、入涅槃[49]，这不仅和鸠摩罗什译《十住经》一致，也

---

46 T. 26, no. 1522, 138c20-22；197c24-25.

47 D 3993 138b6-139a1；255b6-7.

48 除了上述差异，藏汉译本的主要差异在于如何计算释迦牟尼出生之前的事迹，汉译本将释迦牟尼出生前的事迹分为三种，即从兜率天宫下降、入胎、住胎，而藏译似乎有将兜率天宫下降和入胎合并为一类事迹处理的倾向，如果按照藏译的处理，释迦牟尼的行迹则为十二种，即从兜率天下降入胎、住胎、出生、童子嬉戏、身处后宫、出家、苦行、趋菩提座、降魔、成正觉、转法轮、涅槃。但这样一来第二处法云地所提及的释迦牟尼行迹在藏译中就成了七种，也不合适。目前这一问题无法得到合理解决。我们需要注意，后世常见的十二宏化事迹中并没有住胎一说，这或许是因为住胎的场景在图像上很难表现所致。

49 T. 32, no. 1666, 581a6-8.

和传为龙树所造的《菩提资粮论》的说法是一致的[50]。

隋代智顗的《四教义》提出了八相成道的另外一种说法，即从兜率天宫下降、托胎、出生、出家、降魔、成道、转法轮、入涅槃[51]。与上述说法相比，去掉了住胎，增加了降魔。

唐窥基在《妙法莲华经玄赞》中也提到了八相成道，并且依据玄奘译《大般若经》第五百六十八卷，概括八相成道为"一从兜率天没即入胎相，二婴儿，三童子，四苦行，五成道，六降魔，七转法轮，八入般涅槃。"[52]

隋唐之际汉传佛教提出的八相成道的说法，虽然对八相的具体所指彼此稍有差异，但是用八相成道指称释迦牟尼的行迹已经深入人心，甚至影响到了印度僧人。例如，汉译《大乘庄严经论》中讲到发心的譬喻时，明确提到了"八相成道"的说法[53]，《大乘庄严经论》有梵本存世，亦有藏译本，考诸梵藏文本，我们可以发现，汉译译为"八相成道"之处，原文应是"示现住兜率天宫等"[54]，也就是说，原文只是提到了佛陀行迹的初始之事，汉译则概括以"八相成道"。《大乘庄严经论》由印度僧人波颇蜜多罗译于唐贞观四年（630年），这之后不空所译的密法典籍《金刚顶经瑜伽十八会指归》、以及《大乐金刚不空眞实三昧耶经般若波罗蜜多理趣释》中也明确出现了"八相成道"的说法[55]，这说明此种说法在唐代已经非常流行，以至于影响了印度僧人对经典的汉译。

六、藏传佛教中的十二宏化事迹

藏传佛教中对释迦牟尼十二宏化事迹进行详细剖判的当属布顿（1290 – 1364 年）

50 T. 32, no. 1660, 523c27-28: 诸世界中诸佛出兴，始从住兜率宫，乃至退堕，入胎、住胎、初生、出家、证正觉、请转法轮、入大涅槃，皆往其所，受行供养，初不舍离，是第三大愿。这段话出现的语境是讲十波罗蜜中的愿波罗蜜时的第三大愿。文中讲到最后一愿时，也提到了佛的事迹："为于诸世界中正觉阿耨多罗三藐三菩提故，为于一毛道中及余一切毛道中，皆现出生、坐道场、转法轮、大般涅槃故。"（524a25-28）这里提到了佛的四大行迹。

51 T. 46, no. 1929, 745c5-7.

52 T. 34, no. 698c14-16.

53 T. 31, no. 1604, 596c20-21: 譬如大云能成世界，方便相应发心亦如是，示现八相成道，化众生故。

54 Sylvain Lévi, ed., *Mahāyāna Sūtrālaṅkāra, Exposé de la doctrine du Grand véhicule*, Paris: Champion, 1907: 17.6-8: upāyakauśalyasahagato megha-upamaḥ sarvasatvārthakriyā tad adhīnatvāt tuṣitabhavanavāsādi-saṃdarśanataḥ | yathā meghāt sarvabhājanalokasaṃpattayaḥ, 藏译与梵本一致，D 4026 141b5: ཐབས་ལ་མཁས་པ་དང་ལྡན་པ་ནི་སྤྲིན་ལྟ་བུ་སྟེ། ཇི་ལྟར་སྣོད་ཀྱི་འཇིག་རྟེན་གྱི་འབྱོར་བ་ཐམས་ཅད་སྤྲིན་ལས་འབྱུང་བ་ལྟར། དགའ་ལྡན་གྱི་གནས་ན་བཞུགས་པ་ལ་སོགས་པ་སྟོན་པའི་སྒོ་ནས་སེམས་ཅན་ཐམས་ཅད་ཀྱི་དོན་བྱ་བ་རྣམས་དེ་ལ་རག་ལས་པའི་ཕྱིར་རོ།།（具足善巧方便，喻如云；犹如器世间一切圆满从云而出，通过住于兜率天宫等的示现来实施利益一切有情依凭于此[善巧方便]故。）

55 T. 18, no. 869, 286a3；T. 19, no. 1003, 611b10-11, 615c23.

的《佛教史大宝藏论》。布顿在该书中首先引经据典，说明十二宏化事迹的说法源自印度，一是莲花戒的《入瑜伽修习》[56]，一是法友的《现观庄严论注疏》[57]。《入瑜伽修习》中仅仅出现了十二宏化这一名词，并没有展开，出现的语境是在修禅时如果遇到昏沉的情况，需要观想如来色身或十二宏化事迹。《现观庄严论注疏》中十二宏化的说法出现了三次，一次与《十地经》的初地相关，讲到发愿时思维十二宏化，此处没有展开；另一处讲到佛的化身时连续两次提到了十二宏化，第二次还引用了《信力入印法门经》[58]。前述我们提及该经时，说其中只提到了释迦牟尼的九种行迹，即使加上宣说法住、法灭，也才是十一种，法友的引文中缺乏法住的说法，或许是文本传抄或翻译中的失误，但是他把这段文字作为十二宏化的说明，唯一可能的解释就是他把释迦牟尼身处兜率天宫也视为行迹之一，无论如何，法友虽然用了十二宏化这一名词，但是其内容却与传统的说法不尽一致。

布顿在书中还提到了题名为龙树所造的《菩提心释》中的说法，其中释迦牟尼的行迹被列为九种：入胎、出生、游戏、出家、苦行、降魔、转法轮、从忉利天而降、示现涅槃[59]。布顿引述该段文字的目的是为了说明印度也有把从忉利天而降视为释迦牟尼行迹之一的说法，但是他没有解释为何《菩提心释》中只列出了九种行迹。

在具体讲述释迦牟尼十二宏化事迹时，布顿引用了《究竟一乘宝性论》的说法：

56 རྣལ་འབྱོར་བསྒོམ་པ་ལ་འཇུག་པ། D 3918 70a5.

57 ཤེས་རབ་ཀྱི་ཕ་རོལ་ཏུ་ཕྱིན་པའི་མན་ངག་གི་བསྟན་བཅོས་མངོན་པར་རྟོགས་པའི་རྒྱན་གྱི་ཚིག་ལེའུར་བྱས་པའི་འགྲེལ་བཤད་ཚིག་རབ་ཏུ་གསལ་བ། D 3796 55a1; 104a1.

58 D 3796 103b7–104a4: ཤཱཀྱ་ཐུབ་པ་ལ་སོགས་པའི་གཟུགས་གང་གིས་ཞེས་བྱ་བ་ལ། དགའ་ལྡན་ནས་བབས་པ་ལ་སོགས་པ་དོན། །མཛད་པ་རྣམས་པར་བཅུ་གཉིས་ཀྱིས་གདུལ་བྱ་ཡོངས་སུ་སྨིན་པར་མཛད་པ་ནི་རྣམ་པར་སྨིན་པའི་སྤྲུལ་པའི་སྐུ་སྟེ། དེ་ལ་དོན་གྱི་མཛད་པ་བཅུ་གཉིས་ནི་འཕགས་པ་དད་པའི་སྟོབས་བསྐྱེད་པ་ལ་འཇུག་པའི་ཕྱག་རྒྱའི་མདོ་ལས། ཇི་སྐད་དུ་དུས་གཅིག་ཏུ་ཕྱོགས་བཅུའི་འཇིག་རྟེན་གྱི་ཁམས་རབ་འབྱམས་ཐམས་ཅད་དུ་དགའ་ལྡན་གྱི་གནས་མཆོག་ན་བཞུགས་པ་དང་། འཆི་འཕོ་བ་དང་། སྐྱེ་བ་དང་། མངོན་པར་འབྱུང་བ་དང་། དཀའ་བ་སྤྱོད་པའི་སྦྱོར་བ་དང་། བྱང་ཆུབ་ཀྱི་སྙིང་པོར་གཤེགས་པ་དང་། བདུད་བཅོམ་པ་དང་། མངོན་པར་རྫོགས་པར་བྱང་ཆུབ་པ་དང་། ཆོས་ཀྱི་འཁོར་ལོ་རབ་ཏུ་བསྐོར་བ་དང་། ཡོངས་སུ་མྱ་ངན་ལས་འདའ་བ་དང་། ཆོས་ནུབ་པར་སྟོན་པ་ལ་མཁས་པ་ཞེས་གསུངས་པ་རྣམས་ཏེ། འདིར་ཆོས་ནུབ་པར་སྟོན་པ་ཡང་། གདུལ་བྱ་རབ་ཏུ་མ་གུས་པ་དག་གིས་ཆོས་དང་ཆོས་སྨྲ་བ་ལ་བརྟེན་པའི་སྡིག་པ་མི་འབྱུང་བར་བྱ་བའི་ཕྱིར་སངས་རྒྱས་ཀྱི་མཛད་པ་ཆེན་པོ་སྟེ……

59 D 1800 41b6-7: སྙིང་རྗེའི་དབང་དུ་གྱུར་པ་རྣམས། །གཤེགས་པ་དང་བལྟམས་པ་དང་རོལ་པ་དང་། །ཁབ་ནས་འབྱུང་དང་དཀའ་བ་སྤྱོད། །བྱང་ཆུབ་ཆེ་དང་བདུད་སྡེ་འཇོམས། །ཆོས་ཀྱི་འཁོར་ལོ་བསྐོར་བ་དང་། །ལྷ་རྣམས་ཀུན་ལ་ཞུགས་པ་དང་། །དེ་བཞིན་དུ་ནི་མྱ་ངན་ལས། །འདས་པ་སྟོན་པར་མཛད་པ་ཡིན། ། 布顿书中将论书的题名写作《宝鬘论》(རིན་ཆེན་ཕྲེང་བ།)。

编号	梵文[59]	藏文[60]	汉文[61]
1	tuṣiteṣu cyutiṃ	དགའ་ལྡན་ནས་ནི་འཕོ་བ།	从兜率天退
2	garbhāvakramaṇaṃ	ལྷུམས་སུ་འཇུག	次第入胎
3	janma	བལྟམས་པ།	生
4	śilpasthānāni kauśalam	བཟོ་ཡི་གནས་ལ་མཁས་པ།	习学诸伎艺
5	antaḥpuraratikrīḍāṃ	བཙུན་མོའི་འཁོར་གྱིས་དགྱེས་རོལ།	厌离诸欲相
6	naiṣkramyaṃ	ངེས་འབྱུང་།	出家
7	duḥkhacārikām	དཀའ་བ་སྤྱོད་པ།	行苦行，推问诸外道
8	bodhimaṇḍopasaṃkrāntiṃ	བྱང་ཆུབ་སྙིང་པོར་གཤེགས་པ།	往诣于道场
9	mārasainyapramardanam	བདུད་སྡེ་འཇོམས།	降伏诸魔众
10	saṃbodhi	རྫོགས་པར་བྱང་ཆུབ།	成大妙觉尊
11	dharmacakraṃ	ཆོས་ཀྱི་འཁོར་ལོ།	转无上法轮
12	nirvāṇādhigamakriyām	མྱ་ངན་འདས་པར་གཤེགས་མཛད།	入无余涅槃

布顿根据《究竟一乘宝性论》所述释迦牟尼十二宏化事迹成为了日后藏传佛教佛传叙事的基本主题，例如，博东班禅（1375 – 1451 年）曾撰著《释迦牟尼十二宏化事迹传》，其文集目录部分提及该作品就是依据《究竟一乘宝性论》的次第而展开[63]。再如，格桑确吉嘉措（约 15 世纪）撰写的《释迦牟尼大传》，其十二个主题亦与布顿所述一致[64]。

除了布顿已经提及的十二宏化事迹的来源，我们还可以加上清辨的说法，在其《中观宝灯》的论著中，清辨也提到了佛陀的种种化现，虽然他没有将其归纳为十二宏化，但从他列举的内容看，就是我们上表中的内容[65]。

与汉传佛教通常的八相成道相比较，十二宏化事迹多出了太子学艺、后宫游戏、苦

60 E.H. Johnston, ed., *The Ratnagotravibhāga Mahāyānottara tantraśāstra*, Patna: Bihar Research Society, 1950: 87.17-88.4.

61 D 4025 118b6-7.

62 T. 31, no. 1611, 843a27-b2.

63 བོ་དོང་པཎ་ཆེན་ཕྱོགས་ལས་རྣམ་རྒྱལ། སྟོན་པ་ཤཱཀྱའི་དབང་པོའི་མཛད་པ་བཅུ་གཉིས་ཀྱི་རྣམ་ཐར་[སྙན་དངགས་ཆེན་པོ]། Published in his Collected Works [Encyclopaedia Tibetica], vol. 12, 317-602.

64 སྐལ་བཟང་ཆོས་ཀྱི་རྒྱ་མཚོ་བསོད་ནམས་དབང་པོ། སྟོན་པའི་རྣམ་ཐར་ཆེན་མོ། ཟི་ལིང་། མཚོ་སྔོན་མི་རིགས་དཔེ་སྐྲུན་ཁང་། 1994.

65 D 3854, 285b7-286a2: དེ་བཞིན་གཤེགས་པའི་སྐུ་རྣམ་པར་མི་རྟོག་པ་དེ་ལས་གཞན་ཡང་ཕན་པ་བསྒྲུབ་པའི་ཚུལ་ཁྲིམས་ཀྱིས་ཡོངས་སུ་བསྒོམས་པའི་སྨོན་ལམ་གྱི་ཤུགས་ཀྱི་དབང་གིས་སྤྲུལ་པའི་སྐུས་ཐམས་ཅད་ལ་ཕན་འདོགས་པར་མཛད་པ། འཛམ་བུའི་གླིང་བྱེ་བ་ཕྲག་བརྒྱ་དག་ཏུ། དགའ་ལྡན་གྱི་ཕོ་བྲང་ན་བཞུགས་པ་ཐོག་མར་མཛད་དེ། འཕོ་བ་དང་། ལྷུམས་སུ་ཞུགས་པ་དང་། བལྟམས་པ་དང་། གཞོན་ནུའི་རོལ་པ་དང་། བཙུན་མོའི་འཁོར་གྱི་ནང་ན་བཞུགས་པ་དང་། མངོན་པར་འབྱུང་བ་དང་། དཀའ་བ་སྤྱོད་པ་དང་། བྱང་ཆུབ་ཀྱི་སྙིང་པོར་གཤེགས་པ་དང་། བདུད་འདུལ་བ་དང་། མངོན་པར་བྱང་ཆུབ་པ་དང་། ཆོས་ཀྱི་འཁོར་ལོ་བསྐོར་བ་དང་། ཡོངས་སུ་མྱ་ངན་ལས་འདས་པ་ཆེན་པོ་ལ་སོགས་པ་སངས་རྒྱས་ཀྱི་མཛད་པ་ཀུན་སྟོན་པ་ཉིད་འབྱུང་ངོ་།།

行、诣菩提场四个情节，太子学艺和后宫游戏场景的缺失可能是适应中国传统儒家伦理的需求而产生，我们可以看到，上表中的第五个场景，梵藏文本为“与后宫眷属嬉戏”，而汉译则改成了“厌离诸欲相”。

上述十二宏化事迹的内容是藏传佛教在进行佛传叙事时采取的标准模式，但是在日常的课诵仪轨中，藏传佛教似乎还有另一套模式，即遵循《丹珠尔》中保存的题名为龙树的《十二宏化事迹赞》的叙述，其中列举的十二事迹与布顿的说法有所不同：

编号	藏文[65]	笔者汉译	编号	藏文	笔者汉译
1	ལྷུམས་སུ་ཞུགས་པ།	入胎	7	མངོན་པར་སངས་རྒྱས།	成佛
2	བལྟམས་པ།	出生	8	ཆོས་ཀྱི་འཁོར་ལོ་བསྐོར།	转法轮
3	སྒྱུ་རྩལ་བསྟན།	学艺	9	བདུད་རྣམས་བཏུལ།	摧伏外道魔鬼
4	འཁོར་དང་ལྡན།	眷属	10	ཆོ་འཕྲུལ་ཆེན་པོ་བསྟན།	现大神变
5	ཁྱིམ་ནས་བྱུང་།	出家	11	མྱ་ངན་འདའ་བ།	涅槃
6	དཀའ་བ་སྤྱད།	苦行	12	ཆ་བརྒྱད་སྐུ་གདུང་།	八分舍利

两相比较，可以发现，《十二宏化事迹赞》中缺从兜率天退和趋菩提座，增加了现大神变和八分舍利，并且将摧伏外道魔鬼置于转法轮之后，这显然指的不是释迦牟尼成道前的降魔场景，而是成道后的摧伏外道的场景。龙树的《十二宏化事迹赞》日后成为宁玛派[67]、萨迦派[68]、噶举派[69]、格鲁派[70]共同念诵的经文。

七、余论

现有的研究表明，释迦牟尼的行迹从其一生最重要的成道、转法轮的叙事，逐渐演进出诞生、成道、转法轮、涅槃四大行迹，随后的发展则较为错综复杂，一方面增加了

---

66 མཛད་པ་བཅུ་གཉིས་ཀྱི་ཚུལ་ལ་བསྟོད་པ།D 1135.

67 ནོར་བྲང་ཨོ་རྒྱན། གསང་སྔགས་སྔ་འགྱུར་རྙིང་མ་པའི་ལུགས་ཀྱི་ཞལ་འདོན་ཕྱོགས་བསྒྲིགས་དགོས་པ་ཀུན་ཚང་། ལྷ་ས། བོད་ལྗོངས་མི་དམངས་དཔེ་སྐྲུན་ཁང་། 1997: 268-270，第 81 号：ཐུབ་པའི་བསྟོད་པ་ཐབས་མཁས་ཐུགས་རྗེ་མ།

68 ནོར་བྲང་ཨོ་རྒྱན། དཔལ་ལྡན་ས་སྐྱ་པའི་ལུགས་ཀྱི་ཞལ་འདོན་ཕྱོགས་བསྒྲིགས་དགོས་པ་ཀུན་ཚང་། ལྷ་ས། བོད་ལྗོངས་མི་དམངས་དཔེ་སྐྲུན་ཁང་། 2003: 27-29，第 11 号：ཐུབ་པའི་བསྟོད་པ་ཐབས་མཁས་ཐུགས་རྗེ་མ།

69 ནོར་བྲང་ཨོ་རྒྱན། དཔལ་བཀའ་བརྒྱུད་པའི་ལུགས་ཀྱི་ཞལ་འདོན་ཕྱོགས་བསྒྲིགས་དགོས་པ་ཀུན་ཚང་། ལྷ་ས། བོད་ལྗོངས་མི་དམངས་དཔེ་སྐྲུན་ཁང་། 2004: 116-117，第 37 号：ཤཱཀྱའི་རྒྱལ་པོ་ལ་མཛད་པ་བཅུ་གཉིས་ཀྱི་སྒོ་ནས་བསྟོད་པ།

70 ནོར་བྲང་ཨོ་རྒྱན། དཔལ་མཉམ་མེད་རི་བོ་དགའ་ལྡན་པའི་ལུགས་ཀྱི་ཞལ་འདོན་ཕྱོགས་བསྒྲིགས་དགོས་པ་ཀུན་ཚང་། ལྷ་ས། བོད་ལྗོངས་མི་དམངས་དཔེ་སྐྲུན་ཁང་། 2011: 53-55，第 12 号：ཐུབ་པའི་བསྟོད་པ་ཐབས་མཁས་ཐུགས་རྗེ་མ།

释迦牟尼在兜率天的事迹，为了衔接，发展出从兜率天而降、入胎、住胎等叙事，一方面则关注释迦牟尼成道前后的事迹，并且与释迦牟尼的一些神变纠缠在一切，发展出对释迦牟尼行迹的各种表述，其中《十地经》的说法可能代表了对释迦牟尼行迹进行概括的一个节点，由此出发，汉传佛教逐渐发展出八相成道的说法，虽然八相成道的具体内容无论是在文本上，还是图像上都并未完全定型，但这种说法却在汉传佛教中广为流行，甚至影响到了印度僧人对原典的传译。至迟在8世纪时，印度僧人已有了十二宏化事迹的说法，这不仅深深地影响了藏传佛教的佛传叙事传统，也影响了藏传佛教的佛传图像表现。仔细考察藏传佛教以壁画、唐卡等形式表现的释迦牟尼行迹，探讨其文本来源，图文互证，进而深入了解藏传佛教的佛传叙事策略，以及从文本到图像，从图像到文本的双向互动，乃是今后的研究任务之一。

◆萨尔吉　北京大学外国语学院南亚学系副教授

《唐蕃会盟碑》唐朝官员题名分析

梁晓强

内容摘要：《唐蕃会盟碑》唐朝官员题名分为三个版块，每个版块参与会盟的职司及题名的内涵是不同的。为了便于参与会盟，之前对部分官员的职务进行了调整；除后加上的首相李逢吉外，官员的职务是按与盟时的职务题款，与后来的变动没有任何关系。通过对《唐蕃会盟碑》唐朝官员题名顺序的分析，可知这个题名位序是按照皇帝个人好恶来排列的，而不是按照实际职务顺位排列，体现的是唐穆宗的意志。

《唐蕃会盟碑》现存于拉萨大昭寺前，为唐朝与吐蕃长庆会盟的产物。

唐长庆元年（821 年），吐蕃派使臣论讷罗到长安请盟，唐穆宗同意以后，命宰相和大臣共十七人于十月十日与蕃使会盟于京师长安西郊。接着，又派大理卿刘元鼎为会盟专使，随论讷罗入藏，于次年五月六日在拉萨与吐蕃大臣再次盟誓。唐长庆三年二月十四日，《唐蕃会盟碑》竖碑，唐朝使臣太仆寺少卿杜载参加了隆重的落成典礼。

《唐蕃会盟碑》南北两侧分别刻有唐蕃参与会盟官员的汉藏两种文字题名，本文就南侧唐朝官员题名的情况进行分析，并求教于学术界。

一、题名的版块分类

王尧先生的《唐蕃会盟碑疏释》一文，对碑文进行了很好的释读与补正，本文沿用其文。同时该文中对唐朝与盟官员的职务已做了详细的考释，本文从略。

《唐蕃会盟碑》唐朝官员题名文字（汉文部分）如下：

大唐宰相等和好登坛立盟官寮名位[1]
大唐宰相同平章事名位
正议大夫门下侍郎同平章事〔李逢吉〕
〔正议〕大夫中书侍郎同平章事〔崔植〕
太中大夫中书侍郎同平章事王播
中大夫（守）尚书户部侍郎同平章事杜元颖
正议大夫兵部尚书萧俛
大唐诸寮寀登坛者名位
金紫光禄大夫尚书左仆射韩皋
朝议郎御史中丞牛僧孺
太中大夫尚书右仆射兼吏部尚书李绛
银青光禄大夫户部尚书杨于陵
通议大夫礼部尚书韦绶
银青光禄大夫尚书右仆射兼太常卿赵宗儒
太中大夫礼部尚书兼司农卿裴武
正议大夫京兆尹兼御史大夫柳公绰
银青光禄大夫工部尚书兼右金吾卫大将军郭鏦
朝政大夫大理卿兼御史大夫刘元鼎
朝议郎守尚书左司郎中兼御史中丞刘师老
□□郎□□□□〔尚舍奉御兼〕监察御史骁骑尉李武
朝散郎〔京兆府奉先县丞兼监察御史李公度〕

题名职衔部分一般由两至三个官衔构成：散官、名义任职、实际任职，只是李武多

1　王尧：《唐蕃会盟碑疏释》，《历史研究》，1980（4）：95。

一骁骑尉勋衔。所有的题衔都是唐朝朝廷当时执行的制度规定的正式官衔，无一例外之处。

整个职官题名从结构上分为了三个版块：

宰相版块，前五人，题榜上已经标明，并单独列出；

与盟官员版块，共九人，史料记录完整，与题名一致；

会盟使者版块，即后四人，史料记录亦完整，与题名一模一样。

按照常制，职官题名为按官品大小及官位顺序排列，虽未见诸典章记载，但无论是历史还是现实，皆不言而喻，为顺理成章的事情。

由于唐朝实行严格的官员品阶制度，官场等级森严，秩序井然。按照《旧唐书 · 卷四十二 · 职官志一》所记[2]，各个职官的对应品级如下：

宰相版块：

正议大夫（正四品上）门下侍郎（正四品上）同平章事（正三品）李逢吉

正议大夫（正四品上）中书侍郎（正四品上）同平章事（正三品）崔植

太中大夫（从四品上）中书侍郎（正四品上）同平章事（正三品）王播

中大夫（从四品下）守尚书户部侍郎（正四品下）同平章事（正三品）杜元颖

正议大夫（正四品上）兵部尚书（正三品）萧俛

与盟官员版块：

金紫光禄大夫（正三品）尚书左仆射（从二品）韩皋

朝议郎（正六品上）御史中丞（正五品上）牛僧孺

太中大夫（从四品上）尚书右仆射（从二品）兼吏部尚书（正三品）李绛

银青光禄大夫（从三品）户部尚书（正三品）杨于陵

通议大夫（正四品下）礼部尚书（正三品）韦绶

银青光禄大夫（从三品）尚书右仆射（从二品）兼太常卿（正三品）赵宗儒

太中大夫（从四品上）礼部尚书（正三品）兼司农卿（从三品）裴武

正议大夫（正四品上）京兆尹（从三品）兼御史大夫（从三品）柳公绰

银青光禄大夫（从三品）工部尚书（正三品）兼右金吾卫大将军（正三品）郭鏦

2　（后晋）刘昫：《旧唐书 · 职官志》，北京：中华书局，1975：1791-1796。

会盟使者版块：

朝政大夫（正五品下）大理卿（从三品）兼御史大夫（从三品）刘元鼎

朝议郎（正六品下）守尚书左司郎中（从五品上）兼御史中丞（正五品上）刘师老

□□郎通事舍人尚舍奉御（从五品上）兼监察御史（正八品上）骁骑尉（正六品上）李武

朝散郎（从七品上）京兆府奉先县丞（从七品上）兼监察御史（正八品上）李公度

前面宰相版块的五人与后面会盟使者版块的四人，全部按照官员的品级大小及官位顺序排列，没有出现打破顺位关系的情况。

宰相版块，按照《新唐书·卷八·穆宗本纪》所记[3]，穆宗朝担任宰相职务的人员变化如下：

元和十五年正月闰月丁未，贬皇甫镈为崖州司户参军。辛亥，御史中丞萧俛、中书舍人翰林学士段文昌为中书侍郎、同中书门下平章事。……六月丁丑，韩弘罢。……七月丁卯，令狐楚罢。……八月戊戌，御史中丞崔植为中书侍郎、同中书门下平章事。

长庆元年二月壬戌，萧俛罢。壬午，段文昌罢。翰林学士、户部侍郎杜元颖同中书门下平章事。……十月丙寅，诸道盐铁转运使、刑部尚书王播为中书侍郎、同中书门下平章事。

二年二月辛巳，崔植罢。工部侍郎元稹同中书门下平章事。……三月戊午，守司徒、淮南节度使裴度同中书门下平章事。王播罢。……六月甲子，裴度、元稹罢。兵部尚书李逢吉为门下侍郎、同中书门下平章事。

三年三月壬戌，御史中丞牛僧孺为户部侍郎、同中书门下平章事。

穆宗朝宰相						
罢黜的旧相	皇甫镈	韩弘	令狐楚			
起用后解职	萧俛	段文昌	崔植	王播	裴度	元稹
起用并留任	杜元颖	李逢吉	牛僧孺			

3 （宋）欧阳修、宋祁：《新唐书·卷八·穆宗本纪》，北京：中华书局，1975：221-223。

元和十五年，唐穆宗即位以后，罢黜了宪宗时的三名旧相，起用萧俛、段文昌、崔植三人接替，三人本也是宪宗时的旧相。唐穆宗起用的九名宰相中，有五人为唐宪宗时旧相，只有王播、元稹、杜元颖、牛僧孺四人是新提拔的宰相。

长庆元年十月与吐蕃会盟时，唐朝在任宰相为崔植、王播、杜元颖三人，全部被命参与会盟仪式。“穆宗长庆元年九月，吐蕃请盟，帝许之。……是年十月，命宰臣崔植、王播、杜元颖并赴与吐蕃誓坛所。”[4]

唐盟使刘元鼎《与吐蕃使盟文》亦有：“癸丑冬十月癸酉，文武孝德皇帝诏丞相臣植、臣播、臣元颖等，与大蕃和使刑部尚书讷罗论，会盟于京师，坛于城之西郊，坎于坛北。”[5]唐廷的三名宰相，作为唐朝皇帝的代表，与吐蕃赞普的代表盟使、刑部尚书论讷罗，共同参与了在长安西郊的会盟仪式。

那么为什么《唐蕃会盟碑》唐相题名中，又出现了没有参与会盟仪式的李逢吉与已不担任宰相职务的萧俛两人呢?

按照史料记载，萧俛就是以兵部尚书身份与盟，并依唐制规定的位序，名列在吏部尚书之后的六部尚书中的第二位。而不是碑刻中的位于宰相版块，名列在诸部尚书之前。

长庆元年，唐穆宗欲起用王播为相，萧俛坚决反对，无效，遂辞去宰相。《资治通鉴·卷243·唐穆宗上》记：“长庆元年春正月，门下侍郎、同平章事萧俛，介洁疾恶，为相，重惜官职，少所引拔。西川节度使王播大修贡奉，且以赂结宦官，求为相，段文昌复左右之；诏征播诣京师。俛屡于延英力争，言：‘播纤邪，物论沸腾，不可以污台司。’上不听，俛遂辞位。己未，播至京师。壬戌，俛罢为右仆射。俛固辞仆射，二月，癸酉，改吏部尚书。”[6]同时免去段文昌相职，起用杜元颖。

唐穆宗起用王播以后，发现确如萧俛所言，王播奸邪，不配为臣表，不堪重用，由此重视萧俛，并将任职不到半年的王播罢相。《旧唐书·卷172·萧俛传》记在萧俛辞右仆射后，诏曰：“萧俛以勤事国，以疾退身，本末初终，不失其道，既罢枢务，俾居端揆。……其年十月，改兵部尚书。二年，以疾表求分司，不许。三月，改太子少保，寻授同州刺史。”[7]尚书右仆射与太子少保均为从二品官衔，品级高于正三品的中书门下平章事。

萧俛为唐穆宗重视的旧相，会盟过程中虽已不在相位，唐穆宗仍然以宰相待之。因

4 （宋）王钦若：《册府元龟·卷981·外臣部·盟誓》，北京：中华书局，1960影印本：11531。

5 （清）董诰等：《全唐文·卷716》，北京：中华书局，1983影印本：页10下。

6 （宋）司马光：《资治通鉴·卷243·唐穆宗上》，北京：中华书局，1956：7788。

7 （后晋）刘昫：《旧唐书·萧俛传》，北京：中华书局，1975：4479。

其公正无私维护社稷，打动了唐穆宗，以至于会盟之后，特别将其名列在宰相版块，有抚慰的性质。

至于李逢吉，原本是唐穆宗东宫旧人，唐穆宗诏书《李逢吉平章事制》有："往以青宫齿学，导我典坟。"[8]由此得宠。"穆宗即位，逢吉于帝有侍读之恩，遣人密结幸臣，求还京师。长庆二年三月，召为兵部尚书。时裴度亦自太原入朝。以度招怀河朔功，复留度，与工部侍郎元稹相次拜平章事。度在太原时，尝上表论稹奸邪。及同居相位，逢吉以为势必相倾，乃遣人告和王傅于方结客，欲为元稹刺裴度。及捕于方，鞫之无状，稹、度俱罢相位，逢吉代度为门下侍郎平章事。"[9]然而李逢吉"性忌刻，险谲多端。"嫉贤妒能，且善于争权夺利，排除异己，故能屡得信任，久固权柄。

在长庆元年十月十日至二年五月六日两次仪式之间，参与会盟的宰相中，崔植、王播已经罢相。《唐蕃会盟碑》刻碑之时，长庆元年十月会盟后起用的宰相裴度、元稹也已经罢相。长庆三年二月十四日，《唐蕃会盟碑》立碑之前，李逢吉早已再任宰相，大权在握，故其虽未参与会盟，仍然以当朝首相而名列在唐官之首。

长庆二年八月，盟使刘元鼎自吐蕃回到长安，唐穆宗得知吐蕃与盟官员十七人中，名列在宰相版块中的，有九人之多。[10]唐朝在宰相版块中增加两人，不排除增加分量与之抗衡的因素。

又《旧唐书·卷147·杜载传》记："杜载为太子仆，长庆中，迁太仆少卿兼御史中丞，充入吐蕃使。"[11]长庆二年"八月，吐蕃使论悉诺息等随元鼎来谢。十月，命太仆少卿兼御史中丞杜载，持节充答吐蕃谢会盟使。"[12]蕃使论悉诺息本人也参加了在逻些的会盟仪式。

宰相版块中增加了两人，说明这个题名是长庆二年十月以后，杜载受命出使吐蕃时，带去的唐朝皇帝的意见。杜载以御史中丞身份监督了《唐蕃会盟碑》的刻制，"树碑之日，观察使为唐之御史中丞杜载"[13]，参加典礼之后才返回长安。

会盟使者版块中的四人，《旧唐书·卷196·吐蕃传下》中有明确记载："长庆元年九月，吐蕃遣使请盟，上许之。……乃命大理卿兼御史大夫刘元鼎充西蕃盟会使，以兵部郎中兼御史中丞刘师老为副，尚舍奉御兼监察御史李武、京兆府奉先县丞兼监察御史李公度

8 （宋）宋敏求：《唐大诏令集·卷47》，北京：商务印书馆，1959：239。
9 （后晋）刘昫：《旧唐书·李逢吉传》，北京：中华书局，1975：4366。
10 王尧：《唐蕃会盟碑疏释》，《历史研究》，1980（4）：94。
11 （后晋）刘昫：《旧唐书·杜载传》，北京：中华书局，1975：3975。
12 （宋）王溥：《唐会要·卷九十七·吐蕃》，北京：中华书局，1955：1739。
13 王尧：《唐蕃会盟碑疏释》，《历史研究》，1980（4）：96。

为判官。”[14]

白居易奉命执笔的委任大唐盟使诏书亦有：“太子詹事刘元鼎可大理卿兼御史大夫充西蕃盟会使，刘师老可守本官充盟会副使，通事舍人太仆丞李武可守本官兼监察御史充盟会判官，三人同制。”[15] 刘元鼎和李武都是临时调整职务，专门任命参与会盟的。

四人全部兼有御史台的官衔，正使为御史大夫，副使为御史中丞，两判官为监察御史。唐朝御史台的职责之一即是：“凡国有大礼，则乘辂车以为之导。”[16]有主导会盟的使命。并且“大夫、中丞之职，掌持邦国刑宪典章，以肃正朝廷。”[17] 因此，唐廷之六部尚书中，只派有五部尚书参与会盟仪式，没有刑部尚书参与。而吐蕃参与会盟的盟使，则恰恰是以唐朝职官为名的刑部尚书，即使是在会盟仪式中，双方都还在较量。

四人后来做为唐朝的使者，代表唐朝进入吐蕃，盟使刘元鼎做为唐朝皇帝的代表，与吐蕃赞普的代表宰相大臣们，共同登坛参与了长庆二年五月六日在逻些（拉萨）城东举行的会盟仪式。这也是会盟使者版块成员当时的职司。

二、题名位序的分析

位于中间部分的与盟官员版块，共有九人，则不完全按照顺位原则排列，出现了打破顺位关系的情形。

重新按职务高低顺位排列的位序如下：

1. 1 金紫光禄大夫（正三品）尚书左仆射（从二品）韩皋
2. 6 银青光禄大夫（从三品）尚书右仆射（从二品）兼太常卿（正三品）赵宗儒
3. 3 太中大夫（从四品上）尚书右仆射（从二品）兼吏部尚书（正三品）李绛
4. 9 银青光禄大夫（从三品）工部尚书（正三品）兼右金吾卫大将军（正三品）郭鏦
5. 4 银青光禄大夫（从三品）户部尚书（正三品）杨于陵
6. 5 通议大夫（正四品下）礼部尚书（正三品）韦绶
7. 7 太中大夫（从四品上）礼部尚书（正三品）兼司农卿（从三品）裴武

14 （后晋）刘昫：《旧唐书 · 卷 196 · 吐蕃传下》，北京：中华书局，1975：5263-5264。
15 （唐）白居易：《长庆集 · 卷四十九 · 中书制诰二》，《白居易集》，北京：中华书局，1979：1028。
16 （后晋）刘昫：《旧唐书 · 职官志》，北京：中华书局，1975：1862。
17 （后晋）刘昫：《旧唐书 · 职官志》，北京：中华书局，1975：1862。

8.8 正议大夫（正四品上）京兆尹（从三品）兼御史大夫（从三品）柳公绰

9.2 朝议郎（正六品上）御史中丞（正五品上）牛僧孺

尚书左右仆射为从二品，品级高于宰相。“大唐侍中、中书令是真宰相。其余以他官参掌者，无定员，但加同中书门下三品、及平章事、知政事、参知机务、参与政事及平章军国重事之名者，并为宰相。”[18]但是由于唐朝的宰相执掌朝政，并不在意品级的高低。宰相的名义地位低于三师三公、太子六傅，与六部尚书平级。

《旧唐书 · 卷 129 · 韩皋传》记：“长庆元年正月，正拜尚书右仆射。二年四月，转左仆射。”[19]韩皋的尚书左右仆射为其实领职务，故能够排列在与盟官员版块的首位。

与盟官员版块中九人的位序，赵宗儒由第二降到了第六，郭鏦则由第四降到了最末，而牛僧孺则由最末提到了第二。

牛僧孺为御史中丞，本为御史台的佐贰官员，官阶本不高，在与盟官员版块中，品级是最低的，但其位序甚至排在了御史台的主官御史大夫及诸部尚书之前，为不次超擢。

《旧唐书 · 卷 120 · 郭鏦传》记：“穆宗即位，鏦为叔舅，改右金吾卫大将军、兼御史大夫，……俄加检校工部尚书，兼太子詹事，……长庆二年十月卒，赠尚书左仆射。”[20]郭鏦为皇太后之弟，唐穆宗的亲舅舅，地位虽然不低，但是为了照顾群臣的情绪，故以皇亲国戚身份排列在最后。

《旧唐书 · 卷 168 · 赵宗儒传》记：“穆宗即位，……复拜太子少傅，判太常卿事。长庆元年二月，检校右仆射，守太常卿。”[21]赵宗儒由于兼任太常卿，按照唐制度规定，太常卿位序本在六部尚书之后，故排名在其后。

与盟官员版块除牛僧孺不次拔擢外，赵宗儒、郭鏦以兼官及皇亲低就等原因，其余仍然按照顺位原则排列。

会盟使者版块官员由于官阶太低，史料记录不明外，按《旧唐书·卷十六·穆宗本纪》所记[22]与盟官员会盟前后职务升降情况如下表：

18 （唐）杜佑：《通典 · 卷二十一 · 职官典三》，北京：中华书局，1988：540。

19 （后晋）刘昫：《旧唐书 · 韩皋传》，北京：中华书局，1975：3604。

20 （后晋）刘昫：《旧唐书 · 郭鏦传》，北京：中华书局，1975：3472。

21 （后晋）刘昫：《旧唐书 · 赵宗儒传》，北京：中华书局，1975：4362。

22 （后晋）《旧唐书 · 卷十六 · 穆宗本纪》，北京：中华书局，1975：478-486。

	姓名	会盟时职务	会盟后职务（任命时间）		升降情况		
宰相版块	李逢吉	兵部尚书	宰相	二年六月	升		
	崔植	宰相	刑部尚书	二年二月			降
	王播	宰相	淮南节度使	二年三月			降
	杜元颖	宰相	宰相			原职	
	萧俛	兵部尚书	太子少保	二年三月	升		
与盟官员版块	韩皋	尚书右仆射	尚书左仆射	二年三月		平	
	牛僧孺	御史中丞	户部侍郎	二年正月	升		
	李绛	吏部尚书	东都留守	元年十月	升		
	杨于陵	户部尚书	太常卿	二年十月		平	
	韦绶	礼部尚书	兴元节度使	二年十月	升		
	赵宗儒	太常卿	吏部尚书	二年十月		平	
	裴武	司农卿	司农卿			原职	
	柳公绰	京兆尹	吏部侍郎	元年十月			降
	郭鏦	右金吾大将军	尚书左仆射	二年十月	升		

参与会盟以后，除杜元颖、裴武两人外，其他大臣的职务都发生了变动，甚至会盟仪式刚结束，李绛、柳公绰即被调职。除萧俛属于荣誉性的虚升外，李绛已升东都留守、牛僧孺已升户部侍郎，崔植、王播则已罢相，杨于陵已改任太常卿，柳公绰已改任吏部侍郎。刻碑之时均保留参加会盟时的职衔，并未予以更改。

韩皋的尚书右仆射与尚书左仆射为平行职务，改不改本无关紧要。只是与盟官员中有两位已经兼有尚书右仆射职衔，于是才将韩皋的题名职务改为尚书左仆射，是唯一进行了职务更改的与盟官员。

《唐蕃会盟碑》唐朝官员的题名，除韩皋外，是严格按照会盟时的职务书写的，与后来的职务升降变动情况没有任何关系。

然而未参与会盟活动的李逢吉，却高居宰相版块第一。牛僧孺则尚未居高位，却以朝议郎高居银青光禄大夫及其他大夫、以御史中丞高居尚书右仆射、诸部尚书及本人的主官御史大夫之前，的确别具一格，必然是事出有因。

与盟官员的排名顺序，按照《册府元龟》记为：太常礼院奏：应赴会盟官：尚书右仆射韩皋、御史中丞牛僧孺、吏部尚书李绛、兵部尚书萧俛、户部尚书杨于陵、礼部尚书韦绶、太常卿赵宗儒、司农卿裴武、京兆尹柳公绰、右金吾卫将军郭鏦，并令赴坛所[23]。

《新唐书》则明确记录为皇帝诏令：诏宰相与尚书右仆射韩皋、御史中丞牛僧孺、吏部尚书李绛、兵部尚书萧俛、户部尚书杨于陵、礼部尚书韦绶、太常卿赵宗儒、司农卿裴武、京兆尹柳公绰、右金吾将军郭鏦及吐蕃使者论讷罗，盟京师西郊[24]。

二者所记与盟官员题名顺序一模一样，为出自同一原始资料——大唐皇帝诏书。因此参与会盟的官员的位序，是以当时朝廷的统一安排、并以皇帝发布的诏令来排列。

而《旧唐书》则略记为：长庆元年“十月十日，与吐蕃使盟，宰臣及右仆射、六曹尚书、中执法、太常、司农卿、京兆尹、金吾大将军皆预焉。”[25]只有牛僧孺的身份变成了“中执法”，其以朝廷执法者的身份介入会盟活动，并且诏书排名明确指定其名列诸部尚书之前，其地位之特殊、肩负皇帝赋予的监督者之使命，已昭然若揭。这与牛僧孺受唐穆宗的赏识不无关系，《旧唐书·卷172·牛僧孺传》记：“穆宗即位，以库部郎中知制诰。其年十一月，改御史中丞。以州府刑狱淹滞，人多冤抑，僧孺条疏奏请，按劾相继，中外肃然。长庆元年，宿州刺史李直臣坐赃当死，直臣赂中贵人为之申理，僧孺坚执不回。穆宗面喻之曰：‘直臣事虽僭失，然此人有经度才，可委之边任，朕欲贷其法。’僧孺对曰：‘凡人不才，止于持禄取容耳。帝王立法，束缚奸雄，正为才多者。禄山、朱泚以才过人，浊乱天下，况直臣小才，又何屈法哉？’上嘉其守法，面赐金紫。二年正月，拜户部侍郎。三年三月，以本官同平章事。……议命相，帝首可僧孺之名。”[26]

由此缘故，“户部侍郎牛僧孺，素为上所厚。……（长庆三年）三月，壬戌，以僧孺为中书侍郎、同平章事。”[27]唐穆宗在提拔牛僧孺为宰相的《牛僧孺平章事制》中有极高的评语：“朕若涉之心，浩然增畏，垂衣瑞巩，期在股肱。……方直秉心，诚敬由己。”[28]

正是由于牛僧孺刚正不阿，敢于直谏，为唐穆宗所赏识，参与会盟时被赋予特殊使命——监督群臣及会盟过程，会盟后年余即被拔为宰相。

所有史料记录参与会盟的唐朝官员为十七人，因此后来吐蕃方面派出的参与会盟的官员也是十七人。

《资治通鉴·卷242·唐穆宗上》记：长庆元年冬十月癸酉，命宰相及大臣凡十七人

23（宋）王钦若：《册府元龟·卷981·外臣部·盟誓》，北京：中华书局，1960影印本：11531。

24（宋）欧阳修、宋祁：《新唐书·卷216·吐蕃传下》，北京：中华书局，1975：6102。

25（后晋）刘昫：《旧唐书·卷196·吐蕃传下》，北京：中华书局，1975：5264。

26（后晋）刘昫：《旧唐书·牛僧孺传》，北京：中华书局，1975：4470。

27（宋）司马光：《资治通鉴·卷243·唐穆宗上》，北京：中华书局，1956：7824。

28（宋）宋敏求：《唐大诏令集·卷48》，北京：商务印书馆，1959：241。

与吐蕃论讷罗盟于城西。遣刘元鼎与讷罗入吐蕃，亦与其宰相以下盟[29]。

《旧唐书·卷196·吐蕃传下》记：预盟之官十七人，皆列名焉。其刘元鼎等与论讷罗同赴吐蕃本国就盟，仍敕元鼎到彼，令宰相已下各于盟文后自书名。二年八月，刘元鼎自吐蕃使回，奏云：去四月二十四日到吐蕃牙帐，以五月六日会盟讫[30]。

《册府元龟·卷981·外臣部·盟誓》记：预盟之官十七人皆列名焉。是月，刘元鼎等与论讷罗同赴吐蕃本国就盟。仍敕元鼎到彼，令宰相已下各于盟文后自书名。

《唐蕃会盟碑》唐朝官员题名中却为十八人，所多一人为排名第一的李逢吉，而李并没有参与会盟活动。

未参加会盟活动的李逢吉，居然能够名列题名职官之首，为刻碑之时，其已经恢复宰相职务，并受皇帝的信任，而担任首相的缘故，“李逢吉为相，内结知枢密王守澄，势倾朝野。”故特别加以炫耀，“反映出唐廷的政治变动而已。”

另一值得考虑的因素，唐蕃参与会盟的官员都是十七人，是对等的，表示双方处于平等地位。加上李逢吉，大唐一方即变成了十八人，以彰显大邦上朝的地位，亦是一种暗争的手段。因此李逢吉在碑上的汉藏文名字后均被人为凿去，与此不无关系。

受唐穆宗尊敬与宠信的李逢吉、萧俛、牛僧孺，不仅在朝廷日常政治活动中的地位特殊，为能够左右皇帝意见的重臣。更由于会盟本就是一种非常重要的国事活动，在《唐蕃会盟碑》题名中，尤其要彰显他们的与众不同，因此特别打破惯例地进行拔擢，使他们处于出人意料的显赫位置。其余官员则按照个人实际地位，以及诏书指定的顺序排列。

《唐蕃会盟碑》参与会盟的一部分官员职务，是为了参与会盟活动而临时调整的，不是原来的职务。参与会盟以后，大部分官员职务也出现了变动，特别是领头的两位宰相均已经罢职，仍然按照原职题名，并补上了未参与会盟仪式，在刻碑时担任首相的李逢吉。

唐朝官员的题名顺序，是按照皇帝的个人好恶来排列的，而不是按照实际担任的职务来顺位排列。这个位序是按照皇帝的诏令之列名顺序来排定、甚至破格加增的，体现的是唐穆宗的意志。

总之，《唐蕃会盟碑》唐朝官员题名为既尊重历史事实，客观记录会盟时的真实情况，又反映了立碑时唐朝朝廷现实政治关系的产物。

◆梁晓强　曲靖师范学院中国铜商文化研究院研究员

29 （宋）司马光：《资治通鉴·卷243·唐穆宗上》，北京：中华书局，1956：7800。

30 （后晋）刘昫：《旧唐书·诸臣传》，北京：中华书局，1975：5265。

唐蕃和平与文化交流的使者

——吐蕃僧团*

张延清（华青道尔杰）杨本加

内容摘要：作为与唐朝同时兴起的吐蕃政权，在长达二百多年的历史中，与周边民族和政权，特别是强大的唐王朝进行了广泛而深入的政治、经济、宗教、文化等交往，对吐蕃的经济增长和文化繁荣产生了深远的影响。公元八世纪末、九世纪初，吐蕃僧团作为吐蕃政权中的新兴势力，登上历史舞台，活跃在丝绸之路上，担负起了唐蕃和盟和文化交流的角色，也为引进域外文明和先进文化作出了巨大贡献。在吐蕃僧团的不懈努力下，终于促成了唐蕃长庆会盟，树立了唐蕃友谊和文化交流的丰碑。敦煌作为丝绸之路上的宗教圣地和历史、文化名城，吸引了大批的吐蕃僧侣；他们远赴敦煌，将中原及世界先进文化和文明成果翻译成藏文，源源不断地输送到了吐蕃本土，使封闭的青藏高原，紧跟世界文明的节拍。他们不愧是唐蕃和平和文化交流的使者，也曾是青藏高原走向文明的引领者。

* 本文是四川大学中央高校基本科研业务费——青年学术人才基金项目《公元8-10世纪藏文在河西及西域的传播及其影响》(skqx201201)、国家社科基金西部项目《吐蕃对丝绸之路文明的建构与传播研究》(15XZS017)及国家社科基金重大招标项目《文物考古中西藏与中原关系资料整理与研究》（11&ZD121）中期成果。

一、八至九世纪的唐蕃关系

随着唐朝的兴起，同时代在亚洲还有两个强大的势力正在迅速崛起，其一是青藏高原上有史以来最强大的政权——吐蕃王朝，另一强大的势力就是中东崛起的阿拉伯帝国。公元 7–9 世纪曾雄霸于中国西部、面积几乎占半个中国的吐蕃政权，其祖先悉补野氏（སྤུ་རྒྱལ），起源于西藏南部的雅隆河谷（ཡར་ལུང་སོག་ཁ）一带。到吐蕃政权开国君主松赞干布时期，征服象雄、苏毗，将骁勇善战的象雄、苏毗骑兵收编驱驰，称雄于亚洲腹地。公元 663 年，吐蕃攻灭唐属国吐谷浑政权，将整个青藏高原纳入治下，从此开始了与大唐帝国近 200 年的直接政治、经济、军事、宗教、文化交往，还从丝绸之路引进和吸收域外先进文明成果。

吐蕃赞普墀松德赞（ཁྲི་སྲོང་ལྡེ་བཙན། 娑悉笼腊赞，755–797 年）在位期间，唐朝爆发了安史之乱，为了平息叛乱，唐军西域精锐东调勤王，吐蕃趁机向西推进。广德二年（764 年），吐蕃攻占河西重镇、河西节度使治所凉州。进而，吐蕃以凉州为据点，一路西进，大历十一年（776 年），攻陷瓜州，并于当年八、九月间包围了沙州城。至贞元二年（786 年）和平占领沙州。贞元六年（790 年），吐蕃攻陷北庭，八年（792 年），西州也被吐蕃占领。

正是墀松德赞时期，吐蕃王朝东与唐朝相接，大体以陇山为界，北接回纥，西连大食，南并南诏，吐蕃王朝臻于全盛。《新唐书 · 吐蕃传》赞曰：

> 唐兴，四夷有弗率者，皆利兵移之，蹷其牙，犁其廷而后已。惟吐蕃、回鹘号强雄，为中国患最久。赞普遂尽盗河湟，薄王畿为东境，犯京师，掠近辅，残馘华人。谋夫虓帅，圜视共计，卒不得要领。[1]

在连年的唐蕃战争中，唐朝损兵折将，损失惨重。值此内忧外患的艰难时刻，唐朝中央政府采纳了谋臣李泌“结回纥、大食、云南与共图吐蕃，令吐蕃所备者多”[2] 的谋略，由此吐蕃西与大食交恶，在与大食的争夺中失利，元气大伤；北方，回纥也卷入了与吐蕃的战争，吐蕃在西域节节失利。“八年（贞元八年，公元 792 年）正月，吐蕃与回鹘战败，征兵与南诏蛮王异牟寻”[3]，但此时，南诏王异牟寻已暗通唐朝，图谋反蕃归唐。吐蕃征兵

1 （宋）欧阳修，宋祁撰：《新唐书》卷 216 下《吐蕃下》，北京：中华书局，2003：6109。
2 （宋）司马光编著：《资治通鉴》卷二百三十二，贞元三年条，北京：中华书局，1963：7495。
3 （宋）王钦若等编：《册府元龟》卷九七三，外臣部，助国讨伐，北京：中华书局，1960：11435，下栏。

万人，“异牟寻辞以国小，请发三千人，吐蕃少人；益至五千，乃许之。”[4]贞元十年春（794年），异牟寻遣五千人前行，自将数万人踵其后，昼夜兼行，袭击吐蕃，战于神川，大破之，取铁桥等十六城，虏其五王，降其众十余万，反蕃投唐。在对唐、回鹘、大食及南诏的关系中，吐蕃处处失利，由此唐蕃对峙的局面发生了重大转折；对外争端中接连受挫，墀松德赞在沮丧和郁闷的心情中，于公元797年驾崩，墀松德赞盛世由此终结。

吐蕃一方，长期向四邻进行武力扩张，大量损耗了吐蕃本土的人力和物力。为了缓和与唐朝数十年以来的紧张关系，吐蕃佛教僧团作为新兴政治势力，介入唐蕃关系，担当起推动唐蕃文化交流及和平使者的角色；安史之乱后的唐朝此时也处于“疮痍未复，人皆惮战”的境况，对吐蕃的求和举动极表赞成。由此，在此关键历史阶段，佛教僧团登上了吐蕃政治舞台，为唐蕃和平献策出力。

二、吐蕃僧团的兴起及其求和举措

据藏史记载，墀松德赞曾以僧人为“却论”（ཆོས་བློན། 意为佛法大臣），从而使佛教徒取代苯教徒而跻身于赞普近侍之列，为此后佛教徒参与吐蕃政事打下了基础。公元797年，墀松德赞驾崩，王妃察邦氏（ཚེ་པོང་ཟ）子牟尼赞普（汉籍作足之煎）继位，牟尼赞普在位仅一年就被其母察邦氏毒死。墀松德赞及牟尼赞普父子相继薨逝，吐蕃政局陷入动荡；在此危机时刻，墀松德赞之幼子墀德松赞（ཁྲི་ལྡེ་སྲོང་བཙན། 798 – 815年在位）在吐蕃业已形成的佛教僧侣政治势力的支持下，登上赞普宝座。当时吐蕃佛教势力的代表人物，就是墀德松赞的师僧沙门娘·定埃增（བན་དེ་མྱང་ཏིང་ངེ་འཛིན），也即吐蕃历史上的两位“钵阐布”之一。

定埃增在墀松德赞的兴佛举措中，以僧侣的身份崛起，达到“曲论（ཆོས་བློན）”这一层级。及至墀德松赞继位，封自己的师保兼拥立功臣定埃增为“钵阐布”，并为其勒石纪功，谐拉康碑甲记载：

> ……班第·定埃增为人自始至终忠贞不二。予幼冲之年，未亲政事，其间，曾代替予之父王母后亲予教诲，又代替予之舅氏培育教养。父系子侄兄弟，母系子弟上下人等，莫不悦乐称庆…迨父王及王兄先后崩殂，予尚未即位，斯时，

4 《资治通鉴》卷第二百三十四贞元十年条，1963：7552。

有人骚乱，陷害朕躬，尔班第·定埃增了知内情，倡有益之议，纷乱消泯，奠定一切善业之基石，于社稷诸事有莫大功业。及至在予之驾前，常为社稷献策擘划，忠诚如一，上下臣工奉为楷模栋梁，各方宁谧安乐。及任平章事之社稷大论，一切所为，无论久暂，对众人皆大有裨益。如此忠贞，超越此前任何一人，奉献一切力量效忠尽职。予窃思之，参比往昔宫庭表册，施予相应之惠，而班第本人，持臣民之礼，遵比丘之规，不肯接受……[5]

此碑坐落在西藏谐拉康，故名谐拉康碑。碑文载明，娘·定埃增的身份地位已达到同平章事的层级。

墀松德赞和墀德松赞父子大力兴佛，是因为当此时，佛教思想在青藏高原是一种先进的思想，通过佛教宣传，可以凝聚人心，加强对属部的控制，缓和国内因长期对外征战而积累的复杂矛盾；另一方面，通过兴佛，还可以找到与同样信佛的唐朝的共同点，拉近两国人民的心理距离，改善紧张的唐蕃关系。于是，墀德松赞即位后，继承父王遗志，大力重用娘·定埃增，利用佛教势力，同各种势力集团举行君臣盟誓，稳定政局，巩固对各属部的控制，并极力争取与唐朝讲和。

紧随定埃增之后，登上吐蕃政坛的另一位钵阐布就是贝吉云丹。这位钵阐布云丹后来居上，排在定埃增的前面。这一点清楚地反映在墀德松赞兴建噶迥寺（དཀར་ཆུང་རྡོ་རྗེ་དབྱིངས་ཀྱི་ལྷ་ཁང）后颁布的兴佛诏书中。该诏书末尾列有当时所有宣誓兴佛官员名单，其中位居宰相同平章事一级官员的排列次序是：

宰相同平章事及大小臣工发誓者：钵阐布同平章事：班第勃阑伽云丹、班第娘丁增。宰相同平章事：大论尚没卢墀苏热莫莫夏[6]、尚琛结赞热列斯、韦论莽支拉略、韦论绮心热多赞……[7]

名单中，位列所有官员首位者，为沙门参议大诏命，即以沙门身份参知政事。在这一级的有两位，排名在前的就是沙门勃阑伽云丹，即贝吉云丹，其后方为沙门娘·定埃增。

5　王尧编著：《吐蕃金石录》，北京：文物出版社，1982：116。

6　对照原文，“莫莫夏”疑为“莫夏”之误，照录。

7　参见巴卧·祖拉陈瓦著、黄颢、周润年译注：《贤者喜宴——吐蕃史译注》，北京：中央民族大学出版社，2010：244 － 246。誓词内容还可参见《噶迥寺建寺碑》，载王尧编著：《吐蕃金石录》，1982：152 － 163。

在吐蕃政坛，贝吉云丹后来居上，处在前台，而定埃增则稳居幕后，共同辅佐王政、宣扬佛法[8]。

墀松德赞父子先后在位的八世纪末，对外争端中军事上的失败，导致吐蕃统治阶级内部矛盾加剧。在当时的历史背景下，息战言和、医治战争创伤的重任自然落到两位钵阐布身上。在赞普的大力支持下，两位钵阐布在吐蕃全境发展佛教，力图摆脱累年征战所造成的国内人力物力枯竭的局面，休养生息，进而赢得民心。

为了缓和与唐朝数十年以来的紧张关系，吐蕃于 804 年派 54 人的使团入唐，使团成员中就有代表钵阐布的僧人：“吐蕃使臧河南观察使论乞冉及僧南拨特计波等五十四人来朝。”[9] 这次吐蕃使团中新增了僧人南拨特计波等，也是吐蕃僧人作为钵阐布的代表、新崛起的一股政治势力，第一次参加使团活动，这是以两位钵阐布为代表的吐蕃僧团促进唐蕃和平的有力举措。

有关这次吐蕃遣使求和的事件，也被刻写在了藏东摩崖石刻上。西藏昌都察雅县境内的仁达摩崖造像，与上述四川石渠地区发现的吐蕃时期摩崖造像，沿横断山脉一线从北至南分布，在地理位置上非常接近。仁达摩崖造像主要的考古遗存包括造像与藏文题记两部分。仁达摩崖造像的题材为大日如来佛像及八大弟子（八大菩萨）、二飞天等[10]。在这组造像边，还镌刻有藏、汉文摩崖题记，藏文为《普贤行愿品》经文，横书，汉文竖写，楷书，共 14 行 57 字，但多已漫漶不清，汉文登录如下：

大蕃国皇□末思血果□匹□□□命诸□见吾意□□见识达□□西方□白乏□得□心诸□□□都料僧用同料僧□同料僧阴还辉天田□□[11]

藏文部分，除经文外，还有一则猴年题记，录文及翻译如下：

༄། །སྤྲེའུ་གི་ལོའི་དབྱར། བཙན་པོ་ཁྲི་ལྡེ་སྲོང་བཙན་གྱི་རིང་ལ། །དགེའ་སློང་ཆོས་དང་ཆབ་སྲིད་
ཀྱི་བཀའ་ཆེན་པོ་བཏགས་སྟེ། གསེར་གྱི་བཀུ་རྒྱལ་མན་ཅད་ཀྱི་ཐབས་སྦྱལ། ཇོ་མོ་མཆིམ་ཟ་ལེགས་མོ་

8 参见拙作《吐蕃钵阐布考》，《历史研究》，2011（5）：159 － 166。

9 （后晋）刘昫等撰：《旧唐书》卷 196 下《吐蕃下》，北京：中华书局，1975：5260。

10 有关此处考古遗迹，参见霍巍：《青藏高原东麓吐蕃时期佛教摩崖造像的发现与研究》，《考古学报》，2011（3）：353 － 384。

11 西藏自治区地方志编纂委员会编：《中华人民共和国地方志丛书 · 西藏自治区志 · 文物志》（征求意见稿），北京，中国藏学出版社，2009：808。

བཙན་ལ་སྟོགས་པ། རྗེས་འབངས་མང་མོ་ཞིག་ཐར་པར་བཀྱེལ། བཀའ་ཆེན་པོ་ལ་གཏོགས་པའི་དགེ་སློང་བྲན་ཀ་ཡོན་ཏན་དང་ཕྱོ་དོན་དམ་དང་ཞང་འབྲོའ་ཁྲི་གཟུའ་རམ་ཤགས་དང་ནང་བློན་དཔའས་བློན་ཁྲི་སུམ་བཞེར་མདོའ་བཙན་ལ་སྟོགས་པ་ཆབ་སྲིད་ལ་བཀའ་སྩལ་ཏེ། རྒྱ་དང་མཇལ་དུམ་གྱི་མགོའ་བརྩམས་པའི་ལས་ལ་×མཁན་པོ་དགོར་ཡེ་ཤེས་དབྱངས་དང་། དགེའ་སློང་སྟག་ལོ་གཞན་ཏེ་དང་། གད་ནམ་ཀའི་སྙིང་པོ་དབྱངས་ཀྱིས། །བཙན་པོའི་སྐུ་ཡོན་དང་སེམས་ཅན་ཐམས་ཅད་ཀྱི་བསོད་ནམས་སུ་སྐུ་གཟུགས་དང་དར་མ་འདི་རྣམས་བྲིས་ཏེ། སྤྱིའི་ཞལ་ཏ་པ་ནི་འོར་དུའི་གནས་བརྟན། ཞྭང་མཆོག་རབ་དང་། གཟི་བཟང་པོ་དཔལ་ཀྱིས་བགྱིས། །ལག་དཔོན་ནི་འགེའ་སློང་ཞི་ཧྭའི། དགེའ་སློང་××གསོང་བབ་ཤིན་དང་ཤེན་དམ་ཤེས་བགྱིས། རྡོ་མཁན་ནི། ཨུབ་སེ་ཉག་བྲེད་ཤབ་དང་ཤོད་ལེགས་ཀོང་དང་། ལྷུམ་མ་འགམ་དང་། རྒྱ་ཧྭན་བོང་ཙེད་སྤང་དང་། ཧྭ་ཧོཙེ་ཛིན་རྣམས་ཀྱིས་བགྱིས་སོ།༔ འདི་ལ་རྗེས་སུ་ཡི་རང་བས་ཀྱང་། བསོད་ནམས་མཉམ་པར་ཐོབ། །༄། །ཡེ་ཤྣ་དབྱངས་ཀྱིས་ཡོལ་དང་ཀློང་དང་འབོམ་དང་ལེད་××འ་བོཙ་ཏུ་ཡང་རྒྱ་ཆེར་བྲིས་སོ། ། ××མཁན་ནི་དགེ་སློང་རིང་རྗེ་རྗེས་སོ། །༄། །སྐུ་བླ་དང་། དར་མ་གཉན་པ་འདིའ་ལ། །ཕྱག་འཚལ་ཞིང་མཆོད་པ། བྱས་ན། ཇི་སྨོན་ཏོ་ཅིག་འགྲུབ་ཅིང་ཚེ་ཕྱི་མ་ལ་ཡང་ལྷ་ཡུལ་དུ་སྐྱེའོ། ཁ་དན་ནམ་རྐྱལ་ཀ་བྱས་ན། འཕྲལ་དུ་ཡང་ནད་ལས་སྟོགས་པ་ཉེས་པ་སྣ་ཚོགས་འབྱུང་ལ། །ཡུན་དུ་ཡང་ན་×དག་ཏུ་ལྟུང་ངོ་། །བཀའ་ཁྲིམས་ལས་ཀྱང་ཆོས་ལ་ངན་ཏུ་བྱས་ན་ཡང་ཕྱེས་ཕྱུན་ཚུན་ཅད་ནས་བཅས་པ་ཀུན་ཞེད་པ་བྱེའོ། །དེ་བས་ན་སུ་ཡང་ཕྱར་ཀ་དང་རྐྱལ་ཀ་མ་བྱེད་ཅིག །

猴年夏，赞普赤德松赞之世，宣谕比丘为政、教同平章事，赐予金以下告身，王妃琛·莱莫赞等众君民得入解脱之道。诏令同平章事比丘勃阑伽云丹、洛顿当、尚没庐墀苏热莫夏、内论韦论绮心热多赞等议政。作为与唐和盟的起始，由堪布巴郭·益西央、比丘息诺罗旦德、格·南喀宁波央等，为赞普之功德与众生之福泽，凿刻此等佛像与经文。工程总执事为窝额上座朗确然、色桑布贝等；工头为比丘西舍，比丘□□松巴辛和恩当艾等；勒石者为乌色涅哲协及雪勒公、顿玛岗和汉人黄崩增父子、华豪景等。日后对此叹服者，也将同获福泽。益西央在岳、隆、奔、勒、堡乌等地亦广为造刻，□者为比丘仁多吉。但凡对此佛像及圣经顶礼供养者，将会祈愿成真，后世往生天界；若恶语戏骂，短则招致疾病等诸恶果，长则坠入恶途；对毁法者，王法也将株连加罪。是故，无论何人，均不得对此詈骂讥讽！[12]

12　译文参考了恰白·次旦平措撰文、郑堆、丹增译：《简析新发现的吐蕃摩崖石文》，《中国藏学》，1988（1）：76 － 81。

墀德松赞在位时间为公元 798 － 815 年，在此期间内只有一个猴年，即公元 804 年，所以可以确定其凿刻年代为公元 804 年，亦即藏历阳木猴年，为唐德宗贞元二十年[13]。有关此石刻的年代，瑞士藏学家阿米 · 海勒（Amy Heller）认为，这里的“猴年”指吐蕃赞普赤德松赞时期的公元 816 年[14]。笔者认同 804 年说。一则 816 年说与墀德松赞的在位年代不附，二则题刻中“作为与唐和盟的起始”一句，点明是唐蕃会盟的初期阶段，时间与上引汉文史籍《旧唐书》的记载相吻合，因此，唐蕃长庆会盟的起始年代，当在 804 年。

从上引摩崖题刻不难看出，墀德松赞之所以召集高级幕僚议政，并将议题勒石记录，目的只有两个：唐蕃和盟、兴佛。而在当时，双方连年交兵征战，仇隙甚深的局面下，作为共同信仰的佛教，就成了拉近双方距离、增加亲和力的重要媒介；而吐蕃一方，通过佛法宣传，也可扩展对话的基础。从题刻看出，804 年，在僧相钵阐布贝吉云丹等高层的授意下，作为与唐朝和盟的使者，以巴郭 · 益西央为首的僧人，在出发前往汉地前，指挥汉藏工匠，通力合作，勒石纪念。此举除了宣传佛教思想，另一个目的就是唐蕃和盟。作为虔诚的佛教徒，摩崖石刻中的王妃琛 · 莱莫赞在上述噶迥寺兴佛诏书中，在后妃层级中位居首位，是墀德松赞兴佛的坚定支持者。

三、僧团代表益西央对兴佛和唐蕃文化交流的贡献

鉴于九世纪前后唐蕃双方关系的复杂局面，在吐蕃一方，打破僵局的战略举措之一就是兴佛，兴佛一来可以增进双方的亲和力和信任度，二来，可以通过佛家怜惜众生、珍视生命的思想来影响好战的边将和军士，由此，益西央在钵阐布的授意下，在唐蕃古道上大兴佛法。上引西藏昌都察雅题刻中记载，“益西央在岳、隆、奔、勒、堡乌等地亦广为造刻”一句。其中的“奔”和“勒”两地，位置在唐蕃古道上现今玉树境内。“奔”即玉树贝纳沟文成公主庙，“勒”即玉树勒巴沟，两地相距 10 公里左右，为唐蕃古道的必经之地。

贝纳沟，藏文为“འབིས་ཁོག”或“འབོམ་ཁོག”；“འབིས་ཁོག”音译为“贝考”，而“འབོམ་ཁོག”音译为“奔考”，为西藏察雅题刻中所记之“奔”地，位于今青海省玉树藏族自治

13 参见恰白 · 次旦平措撰文、郑堆、丹增译：《简析新发现的吐蕃摩崖石文》，《中国藏学》，1988（1）：76 － 81。

14 （瑞士）艾米 · 赫勒著、杨莉译：《公元 8-10 世纪东藏的佛教造像及摩崖刻石》，《国外藏学研究译文集》第十五辑，拉萨：西藏人民出版社，2001：189-210。

州首府结古镇南约 20 公里处，有浮雕及阴线刻佛像及佛塔等，其中的浮雕造像在贝纳沟内的一块峭壁上，共有九尊佛像，内容为一佛八菩萨，系一铺在崖石上开凿雕刻的大型龛像，龛高 12、宽 16 米，龛周边雕饰联珠纹、方块“十”字交叉纹等组成的边饰。龛内正中浮雕主佛大日如来，其左右两侧分上下两层浮雕八大菩萨。九尊佛像下均有藏文题刻，为各尊像的名称。1940 年前后，玉树禅古寺第八世活佛察勒仁布切在这里始建殿宇一座，将九尊佛像保护了起来，以免风雨侵蚀以致湮没无闻。当地百姓千百年来传颂着文成公主进藏时为他们架桥修路的功绩，因此认为此九尊浮雕佛像中的主尊为文成公主，其余八尊为文成公主的侍女。由此，大殿建成之初，就被亲切地称为文成公主庙，这也寄托了高原人民对文成公主的怀念和敬仰，以及对汉藏友谊的珍视和向往。有浮雕造像的大殿西侧，和大日如来、八大菩萨同一崖面，凿刻有一方古藏文赞颂文，为“大日如来和八大菩萨赞”，对大日如来和八大菩萨逐一进行了赞颂，赞文中佛、菩萨名称和大殿中九尊浮雕佛像下的题刻名称一一对应。在赞颂文右下方有一方有明确纪年的造刻题记，年代为狗年，拟名为“狗年题记”，录文及翻译如下：

1. ༄༅།། ཁྱིའི་ལོ་ལ་སྐུ་གཟུགས་འབུར་དུ་བརྐོས་པ་དང་
2. དར་མ་ཀུན་བྲིས་པའི་སྨོན་ལམ་ལ་སོགས་པ་བཙན་པོ་ཁྲི་ལྡེ་སྲོང་བཙན་གྱི་
3. སྐུ་རིང་ལ་རྗེ་བློན་ཡོན་བདག་དང་སེམས་ཅན་ཐམས་ཅད་ཀྱི་དོན་གྱི་ཕྱིར་དགེ་
4. སློང་ལོ་ཆེན་ཡེ་ཤེས་དབྱངས་ཀྱིས་བགྱིསྟེ། བཟོ་བོ་དགེ་སློང་རིན་ཆེན་སྣང་མཛད་དང་། རྒྱལ་
5. བཟང་དང་དཔལ་ལྡན་དང་ལག་དཔོན་ཐམས་ཅད་དགེ་ལེགས་སུ་བྱེད་པ་གཙུག་ནས་
6. བླ་ལ་མི་སྤོབས་ལྡན་ནམསྟེ། བྲག་ལ་སྐུ་གཟུགས་དང་དར་མ་འདི་རྣམས་བྲིས་པ་དང་
7. དཀོན་མཆོག་གསུམ་གྱི་རྟེན་གྱི་རྣམ་པ་སེམས་ཅན་གང་དག་གིས་མཐོང་
8. བ་དང་རེག་པ་དང་ཐུག་འཚལ་བ་དང་ཐོས་པ་དང་དྲན་པའི་བསོད་ནམས་
9. དང་ཡེ་ཤེས་ཀྱིས་བཙན་པོ་ཡབ་སྲས་དང་སེམས་ཅན་ཐམས་ཅད་བླ་ན་མེད་པའི་བྱང་ཆུབ་དུ་
སྒྲུབ་པར་སྨོན་ཏོ།

译文：狗年，浮雕众佛像及缮写如上所有经文之祝愿等等，为今上赞普墀德松赞之世君臣、施主及一切众生之故也。此乃比丘大译师益西扬主持、工巧比丘仁钦囊则、佳布藏、华丹及工匠人等均行妙善事业，具无上福德之力。崖面所造佛像、经文及三宝所依之处，众生之任何人或目睹，或触摸、或听闻，或忆念，其福德及智慧之力，均回向赞普父子及一切众生，登于无上之菩提也。

此愿！[15]

狗年题记总共 5 行，1 － 4 行末尾方括弧内文字在修造大殿时，被大殿外墙遮盖，兹根据大殿内的一方题刻补出。盖因在修造大殿时，因这方题刻意义重大，因此古人用一块方石将此题刻内容照录，刻写在方石上，尔后将此方石砌在了殿内前庭左侧前后庭隔墙内，供人瞻仰。近年来，先后有聂贡·官却才旦、白玛朋[16]、张宝玺[17]、汤惠生[18]、王尧[19]、罗文华[20]、谢继胜[21]等学者对此做过专题研究或有所论及。尽管有学者私下对大殿内的方石题刻提出过怀疑，质疑此题刻的真实性，但各位学者文中引用的录文均来自大殿内方石；殊不知此方石为后期仿写版，原版被分隔在大殿后墙内，无从得见。2012 年，玉树州在地震灾后重建中，对公主庙进行了大规模的修复，在大殿外西侧后墙上开了一条通道，便于排水，由此通道得入大殿后墙和崖面之间的狭窄通道内。

2013 年，四川大学、青海省文物考古研究所和四川省成都博物院组成的联合考古队，在公主庙作考古调查时，发现了殿内题刻的原始版本。原始版本仅有 5 行，而大殿内的方石题刻为 10 行。大殿内的方石题刻文字和后墙文字几乎完全一样，只是大殿内方石题刻，由于是后期制作，所以在行文上，不知不觉带有些许近现代藏文的特点。

与西藏察雅摩崖题刻一样，玉树公主庙狗年题记也是在吐蕃墀德松赞赞普时期凿刻。墀德松赞在位时只有一个狗年，即 806 年[22]，由此可以肯定其刻写年代比西藏察雅摩崖石刻迟两年。也即，益西央在完成察雅造像题刻后，旋即带领僧侣团队和藏、汉工匠赴玉树等地完成吐蕃王庭规划的兴佛任务，因此，玉树题刻中未再次提及具体工匠姓名。

公主庙大殿北侧，用梵、藏、汉三种文字刻有般若婆罗蜜多心经，由于风雨侵蚀，大多已漫漶不清，汉文心经，根据早年录文和现存刻文，和唐玄奘所译《般若婆罗蜜多心经》为同一版本。

公主庙外西侧二百多米处的崖面上，也有一处造像题刻，该题刻分两部分，上部是

15 译文参考了王尧：《青海玉树地区贝考石窟摩崖吐蕃碑文释读》，《唐研究》第十卷，北京大学出版社，2004：493-499。

16 聂贡 · 官却才旦、白玛朋：《玉树地区吐蕃时期石窟雕像及摩崖介绍》，《中国藏学》，1988（4）：52-75。

17 张宝玺：《青海境内丝绸之路及唐蕃故道上的石窟》，《段文杰敦煌研究五十年纪念文集》，世界图书出版社公司北京分公司，1996：150 － 159。

18 汤惠生：《青海玉树地区唐代佛教摩崖考述》，《中国藏学》1999（1）：114 － 124。

19 王尧：《青海玉树地区贝考石窟摩崖吐蕃碑文释读》，《唐研究》第十卷，2004：493 － 499。

20 罗文华：《四川甘孜地区民族与考古综合考察综述》，《故宫学刊》总第二辑，2005：389 － 407。

21 谢继胜：《川青藏交界地区藏传摩崖石刻造像与题记分析》，《中国藏学》，2009（1）：123 － 141。

22 参见霍巍：《青藏高原东麓吐蕃时期佛教摩崖造像的发现与研究》，《考古学报》，2011（3）：353 － 384。

阴刻造像，内容为“大日如来、二胁侍及十方佛摩崖石刻”，此处造像的下部是文字题刻，包括《普贤陀罗尼》和《普贤行愿王经》两部分内容。此铺崖刻中，“大日如来、二胁侍及十方佛摩崖石刻”上方的佛刹很明显为汉式风格，而大日如来两侧的弟子，从服装来看，带有明显的汉式服饰风格。

公主庙题刻种汉藏两文的《般若婆罗蜜多心经》以及“大日如来、二胁侍及十方佛摩崖石刻”中的汉式建筑风格和两弟子的汉式服装，清楚地透露出汉藏文化交流的历史印迹和汉藏艺术风格的交流融汇在一千二百多年前摩崖造像中的忠实体现，这也是汉藏工匠通力合作的真实记录。这跟总负责人益西央肩负的汉藏和盟和文化交流的使命是密切相关的。

公主庙遗迹点是西藏察雅题刻中提及的“奔”地，而察雅题刻中提及的另一地点“勒”，就在公主庙以东、距离公主庙 5 公里的勒巴沟内。勒巴沟遗迹点从沟口开始向公主庙方向有 3 个考古点。沟口的“赞普公主礼佛图”为 1 号点。礼佛图中的佛像为释迦牟尼佛立像，有火焰形的圆形头光和舟形的身光，头束高髻，上身赤裸，颈下饰三道，大耳垂肩，头顶有华盖笼罩，左手置于胸前持莲花，右手施与愿印，双脚呈“一”字形分开站于莲台之上。在释迦牟尼佛的一侧刻有四尊礼佛朝拜者的形象，均侧身面朝释迦牟尼佛像，第一尊为侍童，头顶梳螺髻，侧身跪于地上，双手捧持一香炉，第二尊为男性供养人，头顶有高高耸起的吐蕃式样塔式缠头巾，身着双襟三角形小翻领长袍，足上蹬靴露出鞋尖，双手捧持一钵；第三尊为一女性，头梳顶髻前倾、双抱面髻的唐代汉地公主像，身披无领大袍，双手持莲花；第四尊为女性，头梳高髻，身披无领长袍，似为侍女。

这铺造像中第二尊男性供养人高耸的塔式缠头，与敦煌莫高窟壁画“赞普礼佛图”中的塔式缠头如出一辙，显然具有吐蕃赞普的显著特征。赞普高缠头的特征在《新唐书》中也有明确记载“赞普坐帐中，以黄金饰蛟螭虎豹，身被素褐，结朝霞冒首”[23]，这种发式和同期布达拉宫法王洞松赞干布发式相类似。紧跟其后的女性供养人的发式带有明显的汉式贵族妇女的特征，作为唐朝公主也是有道理的。

肩负唐蕃和盟使命的益西央，在入藏要道、勒巴沟口雕刻此造像，也颇具深意。文成公主入藏，为青藏高原带去了佛教思想的星星之火，继文成公主之后，金城公主对佛法在藏地的传播也曾尽心竭力。八世纪末、九世纪初，就在唐蕃关系处于此艰难境地的局面下，在入藏要津造刻赞普公主礼佛图，凸显了以佛教传播为媒介之一的源远流长的

23 《新唐书》卷 216 下《吐蕃下》，2003：6102。

唐蕃友谊。这也体现出受命于吐蕃王庭的益西央为唐蕃和盟造势的良苦用心。

从勒巴沟沟口至公主庙，在10公里的地段内，摩崖题刻众多，在九世纪初的青藏高原，在高达30多米的峭壁上，造刻如此众多的佛像和题记，一方面反映了玉树结古镇在唐蕃古道上是一个非常重要的驿站，另一方面，规模如此宏大的石刻群，是一项艰巨的系统工程，在当时青藏高原的技术条件下，没有吐蕃王庭的大力支持、没有唐蕃工匠的密切配合，是很难完成的。

益西央主持的兴佛和盟工程还延伸到了今甘肃省和青海省交接的扁都口。甘肃省张掖市民和县和青海省祁连县交接的扁都口，有一处考古遗迹，今名为“扁都口石佛寺”，寺内石壁上有一处摩崖题刻。该题刻分上下两部分，上部是一佛两菩萨，造像风格和上述青海、西藏摩崖造像相似。造像左下方有一方造刻题记，录文及翻译如下：

1. བཙན་པོའི་སྐུ་ཡོན་དང་སེམས་ཅན་ཐམས་ཅད་ཀྱི་དོན་གྱི་ཕྱིར།
2. དགེ་སློང་པ་གོར་ཡེ་ཤེས་དབྱངས་ཀྱིས་བགྱིས།

译文：为了赞普的福德和众生之事业，巴郭 · 益西央监制。

此摩崖石刻非常重要，第一，结合前述题刻，它反映出益西央兴佛的力度之大，范围之广；第二，扁都口这一线将唐蕃古道，也即高原丝绸之路和沙漠丝绸之路联接了起来，证明从唐蕃古道的重要市镇鄯城（今青海西宁）出发，途经扁都口，就将西域和吐蕃通过沙漠丝绸之路联系了起来，而这条线也是益西央率领工匠凿刻题记当年，吐蕃控制河西及西域的重要通道；第三，扁都口摩崖石刻中益西央的全名为“པ་གོར་ཡེ་ཤེས་དབྱངས（巴郭 · 益西央）”，而在察雅题刻录文中却写作“དགོར་ཡེ་ཤེས་དབྱངས（郭 · 益西央）”，笔者认为察雅录文中的“དགོར（郭）”应为“པ་གོར（巴郭）”之误，由于历经千年风雨浸蚀，察雅题刻“པ་གོར”中的字母“པ”，由于部分残失，看起来像“ད”，由此产生识读困难，误将“པ་གོར”录作“དགོར”。巴郭这一姓氏，与大译师贝若杂那为同一个姓氏，这说明益西央与贝若杂那，同出于前藏尼木地方巴郭家族；因此扁都口的藏文题刻对修正益西央姓名起了至关重要的作用。

通过扁都口的重大考古发现，根据现有资料我们得出进一步合理推理：第一，公主庙西侧刻写的《普贤行愿王经》，经笔者与藏文大藏经版本和藏经洞版本加以比较后，发现公主庙刻写版本与藏经洞出土藏文《普贤行愿王经》版本最为接近，差别仅仅在个别字上，这就充分说明，吐蕃本土和管辖区的文化交流之密切，而扁都口线当是文化传播的要道；第二，公主庙“大日如来和八大菩萨”造像，其狮座和菩萨的排列方式，与甘肃安西榆林窟第25窟的“大日如来和八大菩萨”造像非常接近，这就从侧面反映出，吐蕃本土和占领区河西及敦煌无论从造像还是佛经版本，都有许多相似性，扁都口线无疑是重要的传播线路；第三，石刻所在线路，正是吐蕃僧团穿越扁都峡，前往河西，特别是敦煌的必经之路，一则兴佛，二则加强唐蕃以及吐蕃与中亚、南亚各国的文化交流；下文中将要述及的吐蕃翻译家、大校阅师法成，不远千里来到敦煌，译经传法，为吐蕃与当时世界各国的文化交流尽心竭力，而法成赴敦煌的线路，很可能是益西央的兴佛线路。

四、唐蕃和平的里程碑——唐蕃会盟碑的树立

在墀德松赞时期，贝吉云丹就已位列赞普师僧定埃增之前，及至赞普墀祖德赞（ཁྲི་གཙུག་ལྡེ་བཙན། 可黎可足，约815－838年在位）时期，他的权力更是达到了顶峰。赞普墀祖德赞时期，此王宝爱佛教。他将头发分成左右两部分，发稍系以长绫，然后将长绫铺在僧座之上，令众僧分坐于其上宣讲佛法。他还下令制定七户养僧制，宣布无论何人不得目瞪手指僧人，违者则处以极刑。824年，吐蕃“遣使求《五台山图》”[24]，随即在全境大兴佛寺。

在吐蕃当局的的极力倡导下，敦煌的佛教势力迅速膨胀。吐蕃前后在敦煌创建大寺院五所，使敦煌寺院数目达到十六所。英藏S. 2729《辰年牌子历》被认为是吐蕃统治之初的辰年（788年）僧尼部落的代表按要求上报的名簿，当时沙州寺院的僧尼总数为310人。但到归义军初期，沙州僧尼人数已猛增到千人左右。寺院的经济势力日益强大，拥有田地、果园、粮仓、碾硙、油坊、牲畜、车辆及依附人口——寺户。敦煌莫高窟中唐第133、159、231、237、238、359、360、369等洞窟东壁维摩诘帐下方各国王子礼佛图中，吐蕃赞普形象绘在最前方，时代特征明显，这是吐蕃赞普崇佛的形象写照与真实记录。

莫高窟第365窟佛坛正中坛沿上，有墨书古藏文题记三行，黄文焕先生对此进行了录文和识读，译文如下：

24 （后晋）刘昫等撰：《旧唐书》卷196下《吐蕃下》，北京：中华书局，1975：5266。

圣神赞普弃宿隶赞之世，……（赞普）宏德（广被），垂念众生……（洪辩）……复此佛殿于水鼠（壬子）年之春（或夏）兴建……，木虎（甲寅）年仲秋月开光承礼。

塔塔、索晟恭敬祈祷[25]

根据黄文焕对修造题记的考证，墀祖德赞（即弃宿隶赞）在位期间的水鼠年和木虎年分别为832、834两年；此窟于832年开窟，834年竣工，属吐蕃统治时期晚期前段纪年洞窟[26]。将赞普的名号写在洞窟窟沿之上，这在莫高窟吐蕃期洞窟题记中只此一则，足见墀祖德赞的兴佛意愿在敦煌得到了忠实的实践。

而在吐蕃王庭，为早日促成唐蕃和盟，使双方摆脱兵燹之苦，元和五年（810年），吐蕃僧相钵阐布主动提出归还唐朝的安乐、秦、原三州之地，以彰显吐蕃求和的诚意。这令唐庭大感意外。认识到吐蕃钵阐布在吐蕃王庭举足轻重的政治地位和在唐蕃和盟中的关键作用后，唐宪宗李纯特赐敕书嘉奖，元和五年，“以祠部郎中徐复往使，并赐钵阐布书”[27]，对钵阐布赞扬有加；而在唐蕃交往史中，赐敕书嘉奖吐蕃臣僚的现象，非常罕见：

敕吐蕃宰相沙门钵阐布，论与（赞）勃藏至省，表及进奉具悉，卿器识通明，藻行精洁，以为真实合性，忠信立诚，故能辅赞大蕃，叶和上国，弘清净之教，思安边陲，广慈悲之心，令息兵甲，既表卿之远略，亦得国之良图……[28]

在以两位钵阐布为代表的吐蕃僧团的不懈努力下，终于促成了中国古代史上有名的唐蕃会盟。会盟的经过是长庆元年（821年）“九月，吐蕃遣使请盟，上许之……乃命大理卿、兼御史大夫刘元鼎充西蕃盟会使”。[29]《册府元龟》记载：

大蕃赞普及宰相钵阐布、尚绮心儿等先寄盟文要节，云，汉蕃二邦，各守见管本界，彼此不得征讨，不得相为寇仇，不得侵谋境土。若有所疑，或要捉

25 黄文焕：《跋敦煌365窟藏文题记》，《文物》，1980（7）：47－49。

26 参见樊锦诗、赵青兰：《吐蕃占领时期莫高窟洞窟的分期研究》，《敦煌研究》，1994（4）：76－94。

27 《新唐书》卷216下《吐蕃下》，2003：6100。

28 《全唐文》卷665白居易：《与吐蕃宰相钵阐布敕书》，上海：上海古籍出版社，1990：2994。

29 《旧唐书》卷196下《吐蕃下》，1975：5262。

生问事，优给衣粮放还。今并依从，更无添改。预会盟之官十七人皆列名焉。[30]

长庆元年十月十日，唐朝首席会盟专使刘元鼎与吐蕃论纳罗盟于长安之城西；长庆二年，刘元鼎率会盟使团入蕃盟誓。在吐蕃的盟誓时间，从刘元鼎自吐蕃出使回国后的上奏语词可知："去四月二十四日到吐蕃牙帐，以五月六日会盟讫。"[31] 当时会盟的盛况，《新唐书》略有记载：

赞普坐帐中，以黄金饰蛟螭虎豹，身被素褐，结朝霞冒首，佩金镂剑。钵掣逋立于右，宰相列台下。唐使者始至，给事中论悉答热来议盟，大享于牙右，饭举酒行，与华制略等……盟坛广十步，高二尺。使者与虏大臣十余对位，酋长百余坐坛下，上设巨榻，钵掣逋升，告盟，一人自旁译授于下。已歃血，钵掣逋不歃。盟毕，以浮屠重为誓，引郁金水以饮，与使者交庆，乃降。[32]

从"赞普坐帐中……钵掣逋（亦即钵阐布——编者按）立于右，宰相列台下"句可以看出，唐蕃长庆会盟时期，吐蕃钵阐布的显赫地位及以钵阐布为代表的吐蕃僧团对吐蕃政坛举足轻重的影响。终于，在贝吉云丹和定埃增为首的吐蕃僧团的努力和奔走下，唐蕃实现了和平，人民摆脱了长期征战造成的巨大痛苦。

五、吐蕃僧团的优秀代表三藏法师法成对唐蕃文化交流的贡献

八世纪中叶的沙州，是一个各种宗教聚集之所，除儒、释、道之外，景教、祆教、摩尼教等都十分流行，敦煌人把自己的家乡称为"善国神乡"，宗教祭祀活动频繁而隆盛。佛教在民间广泛信仰的基础上，在崇佛的世家大族的倡导下，持续发展。佛寺比前代增多，开窟造像频仍。大量宫廷写经不断从长安、洛阳传入，不少高僧从内地前来弘法，使这座著名的佛教城市继续不断受到内地佛教文化的影响。东来弘道和西行求法返回路经敦煌僧人的增多，又使敦煌得以不断汲取西域、印度佛教文化的营养。由此，敦煌的佛教和石窟艺术发展到了全盛时期。

30 《册府元龟》卷 981《外臣部盟誓》，1960：11532（下栏）。
31 《旧唐书》卷 196 下《吐蕃下》，1975：5264。
32 《新唐书》卷 216 下《吐蕃下》，2003：6102。

作为丝绸之路上的宗教圣地和经济、文化名城，敦煌吸引着世界的眼球。为了使敦煌这座佛国的神灵不受惊扰，生灵免受涂炭之灾，和平占领敦煌就成了吐蕃赞普墀松德赞最为关注的事项[33]。大历十一年（776年）吐蕃骑兵包围沙州，墀松德赞亲率当时亚洲最为强悍的吐蕃军队“徙帐南山，使尚绮心儿攻之。”[34]历时十一年，围而不攻；终于在吐蕃的军事威慑和攻心政策感化下，沙州军民以“毋徙佗境”为条件，于贞元二年（786年）出降吐蕃[35]。可见沙州在吐蕃统治阶级心目中的地位是何等重要。和平占领敦煌后，吐蕃敦煌当局便响应本土的兴佛政策，树起了弘佛大旗。大批吐蕃僧侣远赴敦煌，虚心学习来自中亚、南亚以及唐朝的先进文明，并将这些人类先进的文明成果源源不断地输送到吐蕃本土，尤其是吐蕃王庭所在地逻娑（即拉萨）和山南等地。吐蕃统治者在敦煌提高了僧人的政治地位，一些高级僧侣像吐蕃王庭的“钵阐布”那样可以参与政事。

吐蕃僧团在敦煌，除了学习先进文明，另一重任就是普及藏文，使藏文和汉文成为敦煌乃至西域的官方语言。而吐蕃僧团普及藏文的重要手段之一就是号召大批汉族及其它少数民族人员进入抄经坊，加入抄经生行列，抄写佛经。据笔者对甘肃藏及法藏敦煌古藏文文献中的佛经题记所做统计，敦煌古藏文抄经生总数为526人，校经师总数为226人，合计752人，其中有78人，既是抄经生又是校对人，扣除抄经生和校经师为同一人的重复人数后的总人数为674人。若以每个经坊平均30人计算，就有二十多个抄经坊，规模如此之大的抄经团队，在敦煌佛教发展史上也是不多见的[36]。这些包罗了当时敦煌各个民族的抄经团队，不仅熟练地抄写古藏文佛经，还同时从事汉文佛经的抄写。这些抄写精美的古藏文经卷，流向各地，也流向了吐蕃王庭逻娑。

吐蕃王庭对佛经抄写极为重视，吐蕃重臣、钵阐布贝吉云丹、娘定埃增以及吐蕃王妃等亲赴敦煌组织并亲自参与佛经抄写[37]。敦煌所抄佛经中最精美者，当属《十万般若波罗蜜多经》，其中供王室供奉的被称为“喇蚌经”，至今西藏的个别寺院中仍然供奉着从敦煌流向吐蕃王庭的《十万般若波罗蜜多经》。西藏大学图书馆西热桑布先生在做西藏山南卓卡寺经卷的古籍编目工作中意外发现了敦煌抄经。笔者根据西热桑布提供的经卷图片，经过比对，惊奇地发现西藏山南卓卡寺所藏“喇蚌”经的抄、校经人与藏经洞出

33 参见拙稿：《吐蕃和平占领沙州城的宗教因素》，《西南民族大学学报》，2010（4）：81 － 84。

34 《新唐书》卷216下《吐蕃下》，2003：6101。

35 陈国灿：《唐朝吐蕃陷落沙州城的时间问题》，《敦煌学辑刊》，1985（1）：1 － 7。

36 参见拙稿：《吐蕃敦煌抄经坊》，《敦煌学辑刊》，2011（3）：49 － 56。

37 请参见拙稿：《吐蕃钵阐布考》，《历史研究》，2011（5）：159 － 166。

土《十万般若波罗蜜多经》抄、校经人竟然是同一批人[38]！

作为吐蕃僧团的优秀代表，吐蕃三藏法师法成，受命于赞普，远赴敦煌，译经传法，把毕生心血献给了敦煌的佛教事业，为唐蕃宗教、文化交流作出了不可磨灭的贡献，敦煌文献真实地记录了法成的事业，法藏 P · 349-3-4 的古藏文《圣解深密经疏》的尾题录文及翻译如下 ：

འཕགས་པ་དགོངས་པ་ཟབ་མོ་ངེས་པར་འགྲེལ་པའི་མདོ་རྒྱ་ཆེར་འགྲེལ་པ་རྒྱའི་སློབ་དཔོན་ཝེན་ཚིག་གིས་མཛད་པ་རྫོགས་སོ། དཔལ་ལྷ་བཙན་པོའི་བཀའ་ལུང་གིས། ཞུས་ཆེན་གྱི་ལོ་ཙ་བ་དགེ་སློང་འགོས་ཆོས་གྲུབ་ཀྱིས་རྒྱའི་དཔེ་ལས་བསྒྱུར་ཅིང་ཞུས་ཏེ་གཏན་ལ་ཕབ་པ།

译文：汉人教授文切所作《圣解深密经疏》终了，奉神圣赞普之命大校阅师、翻译家比丘管 · 法成根据汉文经籍翻译、校阅并审定。

根据此译经题记推断，法成赴敦煌译经传法，应是受命于吐蕃赞普。

法成到达沙州后，驻锡永康寺，开始了以梵、汉、藏三种文字为工具的译经事业。法藏 P2794 号《大乘四法经及广释开决记》一卷的题记中注明“大蕃国大德三藏法师沙门法成集”，尾题为：“癸丑年八月下旬九日于沙州永康寺集毕记”。在吐蕃占领敦煌期间，只有一个癸丑年，也即 833 年[39]。

法成到河西后，往来于沙州、甘州等地，进行佛经校译及其它文献的翻译工作。英藏 S.1287 号《诸星母陀罗尼经》尾题为“沙门法成于甘州修多寺译”，而在英藏 S.5010 号《诸星母陀罗尼经》尾题中则透露了他在甘州译经的时间 ：“壬戌年四月十六日于甘州修多寺翻译此经”。吐蕃占领时期，壬戌年为 842 年。

法成在河西期间，弟子很多，其中之一就是将吐蕃势力逐出敦煌的归义军首领张议潮。北图夜字 59 号《无量寿宗要经》、英藏 S.5835《大乘稻芊经释》等，都是张议潮抄写的佛经写本 ；前者署名为“张议潮写本”，后者题为“清信佛弟子张议潮书”。上山大峻经过仔细比对后，认为 S.5835《大乘稻芊经释》实为法成所集《大乘稻芊经

38 详见拙稿 ：《浅议西藏卓卡藏经与敦煌〈大般若经〉的关系》，《西藏研究》，2010（1）：36 － 43。
39 参见王尧 ：《藏族翻译家管 · 法成对民族文化交流的贡献》，《文物》，1980（7）：50-57。

随听疏》的摘抄本[40]。荣新江先生由此认为张议潮“曾跟从高僧法成学习”[41]。张议潮用吐蕃文熟练抄写《无量寿经》和《十万般若颂》的记录，有力地支持了他曾跟随法成学习吐蕃文这一事实，如敦煌市博物馆藏 DB.T.1125 号十万般若颂第一卷第十二品的尾题为：

ཅང་ཤི་ཚེ་བྲིས། ཕབ་ཏིང་གྱིས་ཞུས། ཅི་ཀིང་ཡང་ཞུས། ཤང་བེན་གྱིས་སུམ་ཞུས། ཆོས་གྲུབ་བཞི་ཞུས།

译文：张议潮抄，帕布丁校，吉刚二校，浑纹三校，法成四校。

在敦煌佛经校对中，一般都是三校，而在这则题记中，作为四校，法成亲自为学生多校了一遍，体现了他对张议潮的眷顾之情。

法成在沙州、甘州等地翻译集录佛经近三十多部，吐蕃王朝崩溃后，受他的学生、归义军首领张议潮的邀请，法成不是回到故土，而是毅然地从甘州赴沙州，进行佛经宣讲。从现有资料看，吐蕃时期法成主要以藏文为工具，进行佛经的翻译和校阅；到了归义军时期，则是以汉文为工具，弘法讲经。归义军初期，代表敦煌佛教水平的是法成的教学活动。

吐蕃王朝崩溃后，吐蕃势力退出河西，吐蕃本土陷于分崩离析的混乱局面，跟敦煌的往来趋于断绝；后期，由于远隔千里，加之民族、语言等隔阂，吐蕃本土了解法成业绩的人并不很多，藏文史籍中，也缺乏关于他的事绩。国学大师陈寅恪先生对法成的著述，特别是《大乘稻芊经随听疏》经过仔细研究后，将法成与玄奘齐名，发出了这样的慨叹：“夫成公（指法成——编者按）之于吐蕃，亦犹慈恩之于震旦；今天下莫不知有玄奘，法成则名字湮没者且千载，迄至今日，钩索故籍，仅乃得之。同为沟通东西学术，一代文化托命之人，而其后世声闻之显晦，殊异若此，殆有幸有不幸欤！”[42]

藏经洞出土古藏文文献，内容丰富，学科齐全，涵盖了政治、经济、军事、宗教、文化、艺术、医药等各个学科和领域。卷帙浩繁的文献，大部都是在敦煌完成的，而吐蕃僧团当时垄断着吐蕃本土乃至管辖区域内的文化教育，这些珍贵文献的创作、翻译和

40 参见上山大峻著：《敦煌佛教の研究》，京都：法藏馆，2009：210。

41 荣新江：《归义军史研究》，上海：上海古籍出版社，1996：269。

42 陈寅恪：《大乘稻芊经随听疏跋》，《金明馆丛刊二稿》，北京：生活·读书·新知三联书店，2001：287－289。

传播，离不开吐蕃僧团广大僧侣的辛勤耕耘。在以法成为代表的广大僧侣的不懈努力下，域外文明如印度古老史诗《罗摩衍那》以及中原古文献如《尚书》、《战国策》等均在他们的视野之内[43]，被翻译成藏文，进而将这些文明成果输送到吐蕃本土各地。

小结

八世纪末、九世纪初，唐蕃双方因累年征战，给各自造成了深重的灾难。由此，双方内部矛盾尖锐，息战言和成了当务之急。在此历史时刻，以僧相钵阐布为首的吐蕃僧团，以唐蕃两地人民的共同信仰——佛教，作为媒介，适时地担当起了增进双方文化交流、医治战争创伤的重任。吐蕃僧团在国内大力兴佛，通过在唐蕃古道沿线摩崖刻石等方式，以佛教为媒介，加强唐蕃文化交流，增进唐蕃友谊，寻找和扩大双方的共同点。终于，在吐蕃僧团的不懈努力下，唐蕃双方以长庆会盟的方式结束了近二百年的征战局面，使双方百姓，彻底摆脱了兵燹之苦，成为中国古代史上民族和解与唐蕃友谊的壮丽篇章。吐蕃僧团在除了担当和平使者的角色，还远赴河西及西域，学习来自唐朝及中亚、南亚的先进文明，同时普及藏文，使藏文和汉文并列成为这一地区的官方语言；同时，他们将先进文化和文明成果源源不断地输送到吐蕃，让封闭的青藏高原紧跟世界文明的节拍，共享人类先进的文明成果。他们不愧是唐蕃和平和文化交流的使者，也曾是引领青藏高原走向文明的先行者和领跑者。

◆ 张延清（华青道尔杰） 四川大学中国藏学研究所副教授
通讯作者：杨本加　西北民族大学教授

43　印度古老史诗《罗摩衍那》藏文本共有英藏 I.O.737A、I.O.737B、I.O.737C、I.O.737D 以及法藏 P.T.983 五个卷号；法藏 P.T.986 为《尚书》古藏文节译本；法藏 P.T.1291 为《战国策》古藏文节译本。

Can one be a Mādhyamika, a Crypto-Vaibhāṣika, and a Faithful Interpreter of Dharmakīrti? On Phya pa Chos kyi seng ge's Doxographical Divisions and his own Philosophical Standpoint*

Pascale Hugon

Abstract: This paper examines the philosophical position adopted by the Tibetan Buddhist scholar Phya pa Chos kyi seng ge (1109-1169) within a fourfold set defined by the options idealism vs. realism and representationalism vs. non-representationalism. These represent positions pertaining to the conventional level in a Madhyamaka framework. Based on parallel discussions on this topic in four of Phya pa's works (his doxography, his Summary of Madhyamaka, his Summary of Epistemology and his commentary on Dharmakīrti's *Pramāṇaviniścaya*), I examine Phya pa's arguments against three of these views and the tenets involved in the view he himself adopts, non-representational external realism. I discuss to what extent the later description of Phya pa's view in terms of "Vaibhāṣika-Madhyamaka" is substantiated, and the problems raised by the adoption of such a view in the framework of the exegesis of Dharmakīrti's epistemology. In the appendices, I provide an edition and an English translation of the

* This is a revised and expanded version of a paper presented at the XVIIth Congress of the International Association of Buddhist Studies (Vienna, August 18-23, 2014) in the panel "Riding the Yoked Necks of the Lions of the Middle Way and Epistemology" co-organized by Kevin Vose and myself. I wish to thank the participants and the audience for their pertinent comments. The work on this paper has been generously supported by the Austrian Science Fund (FWF) in the context of the project P23422-G15 "Early Bka' gdams pa scholasticism - Phya pa Chos kyi seng ge's contribution." I am grateful to Ernst Steinkellner for his attentive reading and useful comments. My thanks to Cynthia Peck-Kubaczek for correcting my English.

relevant passages from the four texts considered.

Part I - Study

Introduction

In the course of Buddhist philosophy developing in India and Tibet, various attempts were made to combine Dharmakīrti's epistemology with the view of emptiness championed by Nāgārjuna's Madhyamaka School. This can be seen, for instance, by Dharmakīrti being doxographically classified as a Mādhyamika, by conceptual tools developed in the epistemological tradition being integrated into the Madhyamaka exegesis, and by Dharmakīrti's system and Madhyamaka being blended together in late Indian works.

The Tibetan scholar Phya pa Chos kyi seng ge (1109-1169),[1] who was active in the first centuries of the Later Diffusion of Buddhism to Tibet, contributed to Tibetan developments in the fields of both Madhyamaka and epistemology. He also offered an original standpoint for combining them. On one hand, his Madhyamaka works pervasively integrate the tools of his epistemological system; on the other, his epistemological works discuss typically Madhyamaka philosophy-related topics such as the proof of emptiness. But his combination is not merely a superficial matter of terminology, argumentative technique or shared topics of discussion. It involves a significant blending of the two fields. The approach of Phya pa, however, is different from that of the Indian scholars who were his models, namely, Jñānagarbha (8th c.), Śāntarakṣita (8th c.) and Kamalaśīla (ca. 740-795), who are commonly classified in Tibetan doxographies as representatives of the Sautrāntika-Madhyamaka and the Yogācāra-Madhyamaka positions.

To investigate Phya pa's philosophical standpoint, I begin here by examining his discussion of a set of four philosophical positions (§1). This discussion is found in parallel passages in four of his works: his doxography (*Grub mtha'*), his summary of Madhyamaka (*Snying po*), his epistemological summary (*Mun sel*) and his commentary on Dharmakīrti's *Pramāṇaviniścaya* (*'Od zer*). The relevant passages are edited and translated in Part II (Appendices). In §2 I discuss Phya pa's criticism of three of these four positions: representational idealism, non-representational idealism, and representational realism *à la* Sautrāntika (the meaning of these terms will be specified below). Turning to the fourth position, the one being adopted by Phya pa, in §3 I examine Phya pa's own characterization and the degree to which firsthand sources substantiate the claim, made in the later Tibetan tradition, that this position is "in agreement with Vaibhāṣika." While it is clear in the *Grub mtha'* and the *Snying po* that the positions

1 A compilation of the information currently available on Phya pa, his life and his works can be accessed at http://www.ikga.oeaw.ac.at/Online_Texts> "Tibetan Resources."

that Phya pa discussed are subdivisions of Madhyamaka with respect to conventional reality, this point is not explicit in Phya pa's two epistemological works. In §4 I examine Phya pa's standpoint in his epistemological works, and address the question whether the framework of Phya pa's epistemological system is a Madhyamaka or a non-Madhyamaka framework. I show that Phya pa's own standpoint differs from his commentarial position - that is, how he understands and explains the position of Dharmakīrti - and discuss how Phya pa deals with this divergence.

1. ***Divisions of philosophical tenets in Phya pa's works***

1.1 The fourfold division

The four texts by Phya pa being considered in this study are his doxography (*Grub mtha'*),[2] his summary of Madhyamaka (*Snying po*), his epistemological summary (*Mun sel*) and his commentary on Dharmakīrti's *Pramāṇaviniścaya* (*'Od zer*). In these works, one finds similar discussions in which Phya pa criticizes three philosophical systems and presents his own position.[3]

While the present paper will focus on Phya pa's treatment of the topic, one should note that one can find a precedent for several elements of Phya pa's discussion and for its broader background in the *Dbu ma de kho na nyid*, a Madhyamaka work by Rgya dmar ba Byang chub grags (12th c.), with whom Phya pa studied Madhyamaka philosophy and epistemology during his formative years in Stod lung.[4] Parallels to Phya pa's discussion can also be found in several

2 For an introduction to Phya pa's doxography, *The Distinction of the Traditions of the Buddhists and Non-Buddhists* (*bde bar gshegs pa dang phyi rol pa'i gzhung rnam par 'byed pa*), see Nishizawa 2013 (in Japanese) and Werner 2014: 21-40. Werner 2014 also contains an edition and a translation of the sections of the doxography on Yogācāra and Madhyamaka. Phya pa's *Grub mtha'* is one of the earliest currently available Tibetan doxographies composed during the Later Diffusion. A possibly earlier doxography is the *Grub mtha' chen mo* by Phya pa's contemporary, Bya 'Chad kha ba Ye shes rdo rje (1101-1175), a work also included in the *Bka' gdams gsung 'bum* (vol. 11); on this, see Kapstein 2009. Kapstein (2009: 140-141, n. 10) also records still earlier examples, such as the *LTa ba'i khyad par* of Ye shes sde (dating to the Early Diffusion of Buddhism), and the *Grub mtha' brjed byang* and *Lta ba'i brjed byang* by the eleventh-century scholar Rong zom chos kyi bzang po. See Werner 2014: 7-17 for a preliminary survey of Tibetan doxographical works, including new findings from the *Bka' gdams gsung 'bum* collection.

3 The discussion in the *Snying po* and the *Mun sel* are symmetric. The parallel passage in the *'Od zer* commentary represents a shorter version of the one in the *Mun sel*. The passage in the *Grub mtha'* is briefer, as it implicitly refers to previous arguments that are not repeated. The relevant passages are edited and translated in Part II, Appendix II-IV, together with an additional passage in the *Mun sel*, that does not have a parallel in the other works, in which Phya pa also applies the fourfold division (Appendix V). In the edited texts and the citations that appear in the body of the article, I preserve all the orthographic particularities of the manuscripts.

4 See the compilation mentioned in n. 1 for the references to Phya pa's studies with Rgya dmar ba, and the discussion at the end of §3.3 for further details on Rgya dmar ba's discussion on the topic.

epistemological works of the Gsang phu tradition that postdate Phya pa.[5]

In Phya pa's four works, these discussions are found in different contexts (see Appendix I and §1.2.1 below). But despite the differences implied by the specific contexts in which these passages are found, in the four texts the views discussed are distinguished along two lines.[6]

Table 1: Phya pa's fourfold typology of philosophical tenets

	Non-representationalist	Representationalist
Idealist	A	B
External realist	D = Phya pa's own position	C

The first line of distinction separates "external realist" positions from "idealist" ones. This distinction involves both an ontological and an epistemological aspect. Proponents of "external realism" (=C and D) accept the existence of external reality and hold the "externalist" view that the mind can cognize external objects. According to D, these external objects are directly cognized; according to C, they are a cause of cognition. Proponents of "idealism" (=A and B) are, in contrast, "internalists" in that they hold that what is being cognized is purely internal to the mind. From the ontological point of view, they are anti-realists with respect to the material world. The emphasis in Phya pa's discussion is on the former aspect. The ontological aspect is not made overly explicit in the presentation of A, except briefly in the *Mun sel*. Still, a reference to an argument against the existence of external objects comes up when proponents

5 The epistemological summary of Mtshur ston Gzhon nu seng ge (ca. 1150-1210) contains a less detailed account than in the *Mun sel*, in a corresponding section, i.e., the section dealing with the determination of apprehended objects (see Appendix I.1) (*Sgron ma* 2a8-3a6). The distinction of the four philosophical systems is reiterated in the section on the result of valid cognition (see §3.3, Table 7). A more extensive discussion is found in the *Tshad bsdus* (5, 5-26, 13), an epistemological summary of unknown authorship (disputably ascribed to Klong chen Rab 'byams pa) that was probably composed during Phya pa's lifetime or soon thereafter (see van der Kuijp 2003 for an introduction to this work). There also the fourfold division is discussed in the section on apprehended objects. In the section on the result of valid cognition (*Tshad bsdus* 173, 12-174, 3) only three systems are being distinguished.

One can also trace the influence of Phya pa's discussion in the epistemological summary of the thirteenth-century Gsang phu scholar Chu mig pa Seng ge dpal (*Rnam rgyal* A1b5ff., B1b7ff.), again in the section on apprehended objects. Chu mig pa offers a more detailed presentation of each view and cites from multiple Indian sources to support his arguments. Note that, unlike Mtshur ston and the author of the *Tshad bsdus*, Chu mig pa holds a different view than Phya pa. He adopts one of the positions refuted by Phya pa and refutes the one adopted by Phya pa.

A detailed comparison of the discussions in these later works and those in Phya pa's works is beyond the scope of the present paper. Pertinent features of these later works are indicated in the notes and in connection to the translations in Part II.

6 See the parallel fourfold division following these two lines of division in Mtshur ston's *Sgron ma* 30a6: *spyir sangs rgyas pa'i grub mtha' 'dzin pa la don rig rnam bcas rnam med gnyis dang / rnam rig rnam bcas rnam med gnyis ste bzhi yod pa......*

of A defend themselves against objections.[7] The presentation of B in the *Mun sel* exclusively addresses the epistemological aspect. It includes one argument in favor of B that reflects an argument that Dharmakīrti gives in the *Pramāṇaviniścaya*, which modern scholars have termed the "awareness-inference."[8] It does not, on the other hand, include another famous inference in favor of this position, based on the logical reason "certitude of co-apprehension" (*sahopalambhaniyama*).[9]

The second line of distinction between the philosophical positions being considered is exclusively epistemological. It pertains to the mode of cognition. "Representationalist" positions, according to which what is apprehended in a cognition is a mental aspect (*rnam pa*, Skt. *ākāra*),[10]- i.e., representational idealism (B)[11] and representational realism[12] (C), are thereby distinguished from "non-representationalist" ones - i.e., non-representational idealism

---

7 See Appendix II.4, §A.b.(i) "Objection." In the *Tshad bsdus* several verses from works of Vasubandhu are cited in the discussion of position A. In particular, *Viṃśikā* 12 is cited in *Tshad bsdus* 7, 19-21 in relation to the refutation of external objects. Other citations include *Viṃśikā* 1 in *Tshad bsdus* 5, 16-18, *Triṃśikā* 10 in *Tshad bsdus* 6, 15-17, *Viṃśikā* 14ab in *Tshad bsdus* 8, 20.

8 The argument based on the logical reason "awareness" (*saṃvedanam, rig pa*) can be traced to PVin 1 Skt. 42, 3-8, Tib. 98, 7-13. On this inference see Iwata 1991: 9-15. Phya pa's account of the awareness-inference advocated by proponents of B gives "clear appearance" (*gsal ba*) for the logical reason. When commenting on the PVin in *'Od zer* (75b9-76a8), he rephrases the logical reason "*rig pa*" as "*gsal ba*." The author of the *Tshad bsdus* speaks of the logical reason "clear and awareness" (*gsal zhing rig pa*), and ascribes to "Gangs pa" (i.e., Gangs pa she'u, a disciple of Rngog Blo ldan shes rab) an argument in which it is identified as being the definiens of consciousness (*Tshad bsdus* 15, 2). He explains that the compound logical reason "clear and awareness" is an invention of "ancient Tibetans" who combined the reason "clear [appearance]" (*gsal*) found in the PV and the reason "awareness" (*rig pa*) found in the PVin (*Tshad bsdus* 15, 2-4: *de yang rnam 'grel nas gsal ba gcig pu smos la rnam nges nas rig pa smos te bod bgres po rnams kyis gsal zhing rig pa zhes bsdebs pa yin no //*). The passage of the PV that is referred to by the author of the *Tshad bdsus* in this context could be PV 3.329, a verse that features the notion of "*prakāśa*," which also appears in PVin 1 Skt. 42, 5. Gtsang nag pa and Mtshur ston also refer to the logical reason of the awareness-inference as *gsal zhing rig pa* (*Bsdus pa* 77b7, *Sgron ma* 3a2), so does Sa skya Paṇḍita (*Rigs gter* I 53, 4: *shes pa'i mtshan nyid gsal zhing rig pa yin*). This definiens of consciousness was adopted in the subsequent Tibetan tradition (see Dreyfus 1997: 286). It is found for instance in the *Blo rig gi rnam bzhag* by 'Jam dpal bsam 'phel (?-1975) used at the Blo gsal gling college of the 'Bras spungs monastery in southern India (see Rinbochay and Napper 1980, and fol. 1b3 of the Tibetan text reproduced in this book: *gsal zhing rig pa shes pa'i mtshan nyid*).

9 The "*sahopalambhaniyama*-inference" is included in the presentation of position B in the *Tshad bsdus* (15,4-20, backed by PVin 1.55ab) and the *Sgron ma* (2b5-3a1, backed by PVin 1.55ab, PV 3.388 and PV 3.390). On this inference see Iwata 1991: 15-18.

10 On *ākāra* in Buddhist philosophy, see the contributions published in the special issue of the *Journal of Indian Philosophy* 42.2-3 (2014) and the introduction by Kellner and McClintock (2014).

11 As discussed below (see Table 3), the positions that I call "representational idealism" and "non-representational idealism" match in this context the Indian *sākāravāda* and *nirākāravāda* positions of the Mind-only school.

12 In the philosophy of perception and the philosophy of mind, the term "representational realism" is frequently (but not always) used for "indirect realism" and as a synonym of "representative realism." Phya pa deals with the Sautrāntika model as the only instance of such a position.

(A) and non-representational realism[13] (D), which deny the mediation of aspects in the process of cognition.

These two lines of distinction are reflected in the appellations used by Phya pa to refer to the respective views.

Table 2: Appellations for the four philosophical positions in Phya pa's works

A	**Non-representational idealism**		
	Mādhyamikas who agree with the party of non-representational Mind-only	*sems tsam rnam med pa'i phyogs dang mthun pa'i dbu ma*	*Grub mtha'* 29b3
	Some proponents [of the view] that, at the conventional level, what is knowable is internal and devoid of aspects	*kun rdzob du shes bya nang gi tshul rnam pa med par smra ba kha cig*	*Snying po* A28, B12a
	Some proponents of non-representational Mind-only	*sems tsam rnam pa med par smra ba kha cig*	*Mun sel* 1b9
	Proponents of non-representational Mind-only	*sems tsam rnam med par smra ba*	*Mun sel* 8a9-8b1
	Proponents of non-representational cognition	*blo rnam par myed smra ba dag*	*'Od zer* 23b4
B	**Representational idealism**		
	Mādhyamikas according to whom what is knowable is internal	*shes bya nang gi dbu ma pa*	*Grub mtha'* 30a2
	Proponents [of the view] that, at the conventional level, what is knowable is internal and endowed with aspects	*kun rdzob du shes bya nang rnam pa dang bcas par smra ba dag*	*Snying po* A30, B12b
	Proponents of representational Mind-only	*sems tsam rnam bcas su smra ba dag*	*Mun sel* 2b1
	Representational Mind-only	*sems tsam rnam bcas pa*	*Mun sel* 8a9
	Proponents of representational cognition	*blo rnam pa dang bcas pa dag*	*'Od zer* 23b8
C	**Representational external realism**		
	[Mādhyamikas] who agree with Sautrāntika	*mdo sde ba dang yang mthun na*	*Grub mtha'* 30a2-3
	Those who, at the conventional level, are representationalists, proponents of external realism	*kun rdzob du phyi rol gyi don yod par smra ba rnam pa dang bcas pa dag*	*Snying po* A34, B14a
	Representationalists such as Sautrāntika, etc.	*rnam bcas mdo sde pa la sogs pa dag*	*Mun sel* 3a9
	Sautrāntika	*mdo sde pa*	*Mun sel* 8b1
	Sautrāntikas	*mdo' sde ba dag*	*'Od zer* 24a8
D	**Non-representational external realism**		
	Proponents of the awareness of an extra-mental object without representation	*kho bo cag rnam pa med par phyi rol gyi don rig par smra ba*	*Mun sel* 8a8[14]

13 This position is akin to "direct realism" and "anti-representative realism."

In his summary of Madhyamaka (*Snying po*), Phya pa clearly indicates that the four positions A, B and C (and implicitly D) are Madhyamaka subdivisions based on the position adopted with regard to conventional reality. This is also explicit in the Madhyamaka section of his doxography (*Grub mtha'*).

According to Phya pa, the subdivisions based on the view adopted regarding conventional reality are the only subdivisions liable to apply to the Madhyamaka system. Indeed, Phya pa claims that there are no grounds for Madhyamaka subdivisions regarding ultimate reality. In particular, the division between "those who claim [that phenomena are] like illusions" (*sgyu ma lta bur smra ba*, Skt. **Māyopamavādin*) and "those who claim [that phenomena] do not abide whatsoever" (*rab du mi gnas par smra ba*, Skt. **Sarvadharmāpratiṣṭhānavādin*) is called a "foolish explanation" (*Grub mtha'* 30a7: *mun sprul gyi bshad pa*).[15] Note also that Phya pa does not apply a distinction of Madhyamaka in terms of Svātantrika and Prāsaṅgika.

In Phya pa's *Snying po*, the positions being discussed are only identified via the labels internalist/externalist and representationalist/non-representationalist. But in the *Grub mtha'*, Phya pa links A, B and C to philosophical systems that are well attested in the Indian tradition: A and B are said to be in agreement with "Mind-only" (Tib. *sems tsam*, Skt. *vijñaptimātratā*), i.e., Yogācāra-Vijñānavāda, respectively, *nirākāravāda* and *sākāravāda*, as far as the conventional

14 The characterization of this position and its explicit identification as being Phya pa's own position is exclusively found in the passage of the *Mun sel* on the definition of the apprehended object, which does not have a parallel in Phya pa's other works (see Appendix V). Phya pa's own position is not labeled at all in the parallel discussions in the four texts presented in Appendix II-IV.

15 On these two categories of Madhyamaka, see Seyfort Ruegg 2000: 33-35, n. 60, Almogi 2009: 38-39 and Almogi 2010. On Phya pa's position on this point in the *Grub mtha'*, see Almogi 2010: 165-168. Phya pa's rejection of this subdivision echoes the position of his predecessor Gro lung pa, who ascribes such a subdivision to "someone stupid" (*blun po kha cig*) in *Bstan rim chen mo* 437b7, see Almogi 2010: 164-165. A division along these lines was already rejected by Rngog Blo ldan shes rab in his *Spring yig bdud rtsi'i thig le*, v. 14: *sgyu ma gnyis med chos kun mi gnas dbu ma yi // lugs gnyis rnam'byed de yang rmongs pa mtshar bskyed yin //* (see Seyfort Ruegg 2000: 32-33 and Kano 2007: 110), and this criticism was later endorsed by Tsong kha pa (Seyfort Ruegg 2000: 32, n. 60). Phya pa's teacher Rgya dmar ba, on the other hand, accepted these two categories, along with a third option. Cf. *Dbu ma de kho na nyid* 2a5: *phyogs 'dzin pa yang don dam pa la sgyu ma ltar smra ba dang / rab du mi gnas par 'dod pa dang / 'gal 'dus don dam par 'dod pa'o //*).

Go rams pa Bsod nams seng ge reports Rngog Blo ldan shes rab's view (citing v. 14 of the *Spring yig bdud rtsi'i thig le*) in *Nges don rab gsal* (25b1). He also reports (without a nominal attribution) a triple division similar to the one found in Rgya dmar ba's text: *bsgrub bya don dam gyi dbang du byas nas dbu ma sgyu ma lta bu dang / rab tu mi gnas par 'dod pa gnyis sam / kha cig 'gal 'dus don dam du 'dod pa dang gsum zhe'o //* (op. cit. 24b2-3).

level is concerned.[16] Note that Phya pa understands "Mind-only" as involving an internalist and anti-realist stance, although he puts the emphasis on the former aspect.[17] C is said to be in agreemeent with Sautrāntika as far as the conventional level is concerned.[18]

These three non-Madhyamaka systems ([a], [b], [c] in Table 3 below) are presented and refuted by Phya pa in an earlier part of the doxography, together with the Vaibhāṣika system [d].[19] As a consequence, when dealing with the sub-schools of Madhyamaka with regard to conventional reality, Phya pa does not spell out the representative tenets of the philosophical systems he criticizes (A, B and C), and is quite elliptical regarding his reasons for rejecting them. I will address in §3 the question of the relation between Phya pa's own position (D) and the fourth position discussed in the non-Madhyamaka context, i.e., Vaibhāṣika [d].

16 Werner 2014: 29 discusses the contrast between Phya pa's division of Yogācāra into "representationalism" and "non-representationalism" (Tib. *Rnam pa dang bcas par smra ba/Rnam pa dang med par smra ba*, Skt. *sākāravāda/ nirākāravāda*), which is also attested in Gro lung pa's *Bstan rim chen mo*, and the division into "true-representationalism" and "false-representationalism" (Tib. *Rnam bden pa/Rnam brdzun pa*, Skt. **satyākāra [vāda]/ *alīkākāra[vāda]*) adopted by some of Phya pa's contemporaries and the majority of his successors. The Indian sources for these two distinctions are also discussed. For the use of the latter division, see notably Gtsang nag pa's *Bsdus pa* (cf. §4.1.2 (b)), Mtshur ston's *Sgron ma* and the anonymous *Tshad bsdus*. In these texts, position A is called "false-representational idealism" (*Sgron ma* 2a8: *Rnam pa brdzun par smra ba'i sems tsam pa*; *Tshad bsdus* 5, 11: *sems tsam Rnam brdzun pa'i 'dod pa*) and position B (Phya pa's "representational idealism") "true-representational idealism" (*Sgron ma* 2b3: *rnam pa bden par smra ba'i sems tsam pa*; *Tshad bsdus* 12,20: *sems tsam rnam bden pa'i 'dod pa*). Note, however, that the terms "non-representationalist" and "representationalist" are also found in the *Tshad bsdus*. In these works, "false-representational idealism" and "true-representational idealism" are thus alternative designations for the division made by Phya pa in terms of "representational idealism" and "non-representational idealism," and not, as found in some doxographies, subdivisions of "representational idealism." The latter option is found for instance in the *Lta ba'i brjed byang* by Rong zom chos kyi bzang po, see Almogi 2009: 34.

17 Kellner and Taber 2014 mention and criticize the tendency in recent scholarship to deny that Yogācāra-Vijñānavāda is a form of idealism, a tendency associated with a non-idealist or anti-idealist reading of the texts associated with this school.

18 Arnold (2008: 4) notes in this regard that the term 'Sautrāntika' "seems to have been applied by later Indian commentators (and, following them, by many exemplars of the Tibetan scholastic tradition) in ways that better served their own systematic concerns than they serve our understanding of any actual, self-identified Sautrāntikas." See also in this regard Mimaki's remark that the label "Sautrāntika-Mādhyamika" just entails external realism and representationalism (Mimaki 1982: 52). Phya pa does not cite any source in support of his presentation of C. The presentation of position C in *Tshad bsdus* 24-25 includes the citation of *Madhyamakālaṅkāra* 20 (the translation differs from the canonical translation) and PVin 1.20.

19 See, respectively, *Grub mtha'* 28b2-29a5 for [a], 24a1-28b2 for [b], 22b1-24a1 for [c], and 20a1-22a7 for [d]. The first two passages (together with Phya pa's criticism) have been edited and translated in Werner 2014: 92-105 and 42-68. These four non-Madhyamaka Buddhist positions constitute a set that is well established in later Tibetan doxographies. Werner (2014: 5) notes that this fourfold set was adopted by late Indian authors such as Jitāri (ca. 940-1000) in his *Sugatamatavibhaṅgakārikā* and Mokṣākaragupta (between 1050 and 1292). He mentions, among the sources refered to by Tibetan authors to justify the fourfold set, passages in the *Hevajratantra*, *Kālacakratantra* and *Jñānasārasamuccaya*.

Table 3: The fourfold typology of non-Madhyamaka Buddhist philosophical positions

	Non-representationalist	**Representationalist**
Idealist	[a] Non-representational (*nirākāravāda*) Mind-only (*yogācāra, vijñaptimātra*)	[b] Representational (*sākāravāda*) Mind-only (*yogācāra, vijñaptimātra*)
External realist	[d] Vaibhāṣika	[c] Sautrāntika

In his two epistemological works, the *Mun sel* and the *'Od zer*, Phya pa does not specify that the fourfold distinction is applied in a Madhyamaka framework. He labels positions A and B "Mind-only," and the external realist representationalist position C "Sautrāntika." His presentation of positions A and B matches that of positions [a] and [b] in the *Grub mtha'*.

This raises the question whether the division in these epistemological texts is to be understood at the Madhyamaka level (like in the *Snying po*) or the non-Madhyamaka level represented in Table 3. I deal with this question and the connected issue of Phya pa's own perspective in the epistemological context in §4.2.

One can, however, already exclude the option that the positions being discussed in the *Mun sel* and the *'Od zer* would be part of an "ascending scale of analysis," in which the refutation of external realist Śrāvaka tenets would lead to the adoption of an idealist Mahāyāna position, the refutation of which would then imply the adoption of Madhyamaka.[20] As I will discuss further in §2.4, Phya pa's arguments against the other three positions are not arguments against a substantialist stance in favor of the Madhyamaka view of emptiness. All the positions being considered are at the same "level" insofar as they only concern issues related to what, for Mādhyamikas, constitutes conventional reality. The discussion is about the best position to adopt at this level, whether this level is regarded as being the only level there is, or as being the level of conventional reality in the Madhyamaka framework.

1.2 The characteristics of each position

1.2.1 The framework of the characterization of objects in the respective texts

The four positions are portrayed differently by the four texts under consideration. This is based on their respective focus, although in all four, the central issue is determining the nature of objects of cognition. The objects being discussed fall under the following categories:

(i) mind and mental factors (*sems dang sems las byung pa*)

20 This seems to be the reading adopted by Nishizawa (2012), who interprets Phya pa's discussion in the *Mun sel* as a refutation of lower-level non-Madhyamaka positions followed by the statement of his own position, which Nishizawa identifies as "Madhyamaka."

(ii) senses, their objects, and the physical world (*dbang po, yul, snod kyi 'jig rten*)

(iii) concepts (*don spyi*)

(iv) two moons, dreams, etc., which I will refer to as "hallucinations&co."[21]

In his doxography, Phya pa applies the framework of the "five bases of the knowable" (*shes bya gzhi lnga* [*po*], Skt. *pañcajñeya*).This fivefold categorization model - matter (*rūpa*), mind (*citta*), the mental (*caitta*), dissociated factors (*viprayuktasaṃskāra*) and unconditioned (*asaṃskṛta*) - is usually associated with the Vaibhāṣika school.[22] Phya pa considers the four above-mentioned objects in relation to the identification of the "material basis" (*gzugs kyi gzhi*) and the "mind basis" (*sems kyi gzhi*). In the Madhyamaka section, the characterization of the objects that are instances of these bases relies mainly on the categories of "correct conventionality" (*yang dag pa'i kun rdzob*) and "incorrect conventionality" (*log pa'i kun rdzob*).

The parallel discussion in Phya pa's summary of Madhyamaka (*Snying po*) takes place in the context of identifying the definitional bases of correct and incorrect conventional reality (see Appendix I.3). The objects of cognition are hence, like in the *Grub mtha'*, classified into the two types of conventionalities.

In the *Mun sel* and the *'Od zer*, the discussion is situtated in the context of determining the nature of the "apprehended objects" (*gzung yul*). The four categories of objects of cognition listed above are subsumed in these texts under Phya pa's threefold typology of apprehended objects.[23] This typology comprises mental and extra-mental particulars (*don rang gi mtshan nyid*), concepts (*don spyi*) and hallucinations&co. This threefold typology of apprehended objects is paired with a threefold typology of mind, which comprises non-conceptual non-erroneous cognition, conceptual cognition, and non-conceptual erroneous cognition. In the *Mun sel* and the *'Od zer*, apprehended objects are characterized as being real (*dngos po*) or unreal (*dngos med*). These two are correlated with being true (*bden pa*) or false (*brdzun pa*).[24] From the perspective of the "Three Natures" model (*mtshan nyid gsum/rang bzhin gsum*, Skt.

---

21 There is no technical name for this category apart from descriptive expressions such as "the referent of erroneous non-conceptual cognition" (*rtog med 'khrul pa'i dmigs pa*) or "what does not exist and appears clearly" (*med pa gsal snang*). This third category is often referred to by examples, as for instance "two moons" (appearing to an erroneous sense-cognition) or objects in dreams.

22 The fivefold model is depicted in particular in Asaṅga's *Abhidharmasamuccaya*, see Werner 2014: 26. The use of this model by Phya pa might be connected to an "Explanation of the five bases of the knowable" (*shes bya gzhi lnga'i bshad pa*), which has been attributed to him, see van der Kuijp 1983: 295, n. 227.

23 See Hugon 2008a: 145-147 for an earlier discussion of this typology. The relevant passages are *Mun sel* 1b5-1b9 and the shorter parallel passage *'Od zer* 23b2-4.

24 While in this context "true" (*bden pa*) is correlated with being "real" (*dngos po*) and causally efficient (*don byed nus pa*), Phya pa adopts the different understanding of "true" as "not contradicted" (*gnod pa med pa*) when defining valid cognition as the "understanding of [something] true" (*bden pa rtogs pa*). See Hugon 2011a.

trisvabhāva), they are also correlated with being dependent (*gzhan dbang*) and imagined (*kun brtags*).[25] The truth or falsity of the object, in turn, is correlated with the apprehending mind being erroneous (*'khrul pa*) or non-erroneous (*ma 'khrul pa*).

Table 4: Phya pa's typology of apprehended object (*gzung yul*) and the corresponding apprehending cognition

APPREHENDED OBJECT				APPREHENDING COGNITION			
particular - mental - extra-mental	true	real	dependent	reflexive awareness, sense-perception, mental and yogic perceptions	non-erroneous	real	dependent
concept	false	unreal	imagined	conceptual	erroneous	real	dependent
hallucinations&co	false	unreal	imagined /superimposed	erroneous non-conceptual sense- or mental cognition	erroneous	real	dependent

1.2.2 Correspondence between the epistemological context and the Madhyamaka context

The parallels between the passages in the *Mun sel* and the *Snying po* are striking (see Appendix II.2). Still, these two texts belong to distinct contexts -epistemology and Madhyamaka- and thus, the frameworks applied are accordingly different. In the *Mun sel*, the objects being examined are apprehended objects; they are categorized as being real or unreal. In the *Snying po* the objects being examined are instances of conventional reality; they have to be categorized as correct or incorrect conventionalities. The correspondence between these two frameworks becomes clear when one looks at Phya pa's definitions of the key notions:

"Correct conventionality" is defined in the *Snying po* as a conventionality - the object of a cognition that does not fully investigate its object[26] - that is not the apprehended object of an erroneous cognition.[27] This negative formulation can be rephrased positively: "a conventionality that is the apprehended object of a non-erroneous cognition." As such, the "correct conventionalities" discussed in the *Snying po* correspond to the apprehended objects identified as "real" in the *Mun sel* (see Table 4): the mind and mental factors that appear to

25 Regarding the inclusion of the Yogācāra doctrine of the Three Natures into epistemological contexts, see Dreyfus and Lindtner 1989: 50, who examine Dignāga's discussion of this doctrine in his *Prajñāpāramitāpiṇḍārtha* and its relation to Dignāga's epistemology.

26 *Snying po* 16, 4-5: *mthar thug 'jal ba'i yul du mi bden la ma dpyad pa'i bsam ngor bden pa kun rdzob kyi bden pa'i mtshan nyid*; "The definiens of conventional reality is: not being true as the object of a full investigation and being true from the point of view of a non-analyzed thought."

27 *Snying po* 18, 1-3: *mthar thug mi 'jal ba'i yul 'khrul pa'i gzung yul ni log pa'i kun rdzob yin la / mthar thug mi 'jal ba'i yul 'khrul pa'i gzung yul ma yin pa ni yang dag pa'i kun rdzob po*. On Phya pa's definition of correct and incorrect conventionalities in the *Grub mtha'* and in his commentary on the *Satyadvayavibhaṅga*, see the translation of the relevant passage of the doxography and the notes in Werner 2014: 70-71.

reflexive awareness, but also external objects that appear to sense-perception.

"Incorrect conventionality" is defined as a conventionality that is the apprehended object of an erroneous cognition. As such, the "incorrect conventionalities" discussed in the *Snying po* correspond to the apprehended objects that are identified as "unreal" in the *Mun sel*. These include concepts and hallucinations&co.[28]

Table 5: Correspondence between the epistemological context and the Madhyamaka context

EPISTEMOLOGICAL CONTEXT (*MUN SEL*)				**MADHYAMAKA CONTEXT (*SNYING PO*)**	
Apprehended object= Something such that its own nature appears to cognition[30]				Instance of the conventional= Object of a cognition that does not fully investigate	
- Real	Causally efficient	True	Appears to a non-erroneous cognition	- Correct conventionality	Is not the apprehended object of an erroneous [cognition]
- Unreal	Not causally efficient	False	Appears to an erroneous cognition	- Incorrect conventionality	Is the apprehended object of an erroneous [cognition]

1.2.3 Compilation of the characteristics of the various objects of cognition

Phya pa's four texts do not provide the same amount of information for each philosophical position, and, as just discussed, adopt different frameworks and their associated terminology.

In the Table below, I list the characteristics of objects found in the parallel passages in the four texts (Appendix II-IV), and add the characterization of consciousness found in another passage of the *Mun sel* dealing with the definition of the apprehended object (Appendix V). The last row of the Table records the identification of the natures (in the framework of the Three Natures) that are not found in the characterization of the objects of cognition.

Table 6: The characteristics of the objects of cognition according to the four philosophical positions

Abbreviations

(i) = mind and mental factors	(a) = consciousness revealing itself
(ii) = senses, their objects, the physical world	(b) = consciousness revealing something else
(iii) = concepts	(c) = consciousness revealing something that does not exist
(iv) = hallucinations&co	

28 The author of the *Tshad bsdus*, who elaborates on Phya pa's presentation, spells out the correspondence between the notions of real and unreal in the epistemological context and of correct and incorrect conventionality in the Madhyamaka context (*dbu ma'i skabs*). *Tshad bsdus* 5, 7-10: *don spyi dang rtog med 'khrul ba'i dmigs pa gnyis ni dngos por ma yin par thal / dbu ma'i skabs su yang log pa'i kun rdzob bo // don rang gi mtshan nyid ni dngos por yod de / dbu ma'i skabs su 'ang yang dag pa'i kun rdzob yin no //*

29 On this definition, see the passage from the *Mun sel* in Appendix V.

<table>
<tr><th></th><th colspan="2">A
non-representational idealism</th><th colspan="2">B
representational idealism</th><th colspan="3">C
representational external realism</th><th colspan="2">D
non-representational external realism = Phya pa's position</th></tr>
<tr><td>(i)</td><td>· real
· dependent
· correct conv.</td><td>(a)</td><td rowspan="4">Qua appearance
· real
· dependent
· correct conv.</td><td rowspan="4">(a)</td><td rowspan="4">Qua appearance
· mental
· dependent
· correct conv.</td><td rowspan="4">(a)</td><td></td><td>· mental
· real
· dependent
· correct conv.</td><td>(a)</td></tr>
<tr><td>(ii)</td><td rowspan="3">· unreal
· imagined
· incorrect conv.</td><td rowspan="3">(c)</td><td>· projectors of aspect
· material
· dependent
· correct conv.</td><td>· material
· real
· dependent
· correct conv.</td><td>(b)</td></tr>
<tr><td>(iii)</td><td rowspan="2"></td><td rowspan="2">· unreal
· imagined
· incorrect conv.</td><td rowspan="2">(c)</td></tr>
<tr><td>(iv)</td></tr>
<tr><td></td><td></td><td></td><td colspan="2">- imagined=determined object
- perfected=void of two selves</td><td colspan="3">- imagined=determined object</td><td></td><td></td></tr>
</table>

2. *Phya pa's arguments against the other positions*

Before focusing on Phya pa's own view, let us consider briefly his refutation of the other three positions.

2.1 Summary of the arguments in the *Mun sel/Snying po*

The most comprehensive version of Phya pa's criticism of the other positions is found in the *Mun sel*. Most of these arguments are mirrored in the *Snying po*. I provide in Appendix VI a Table listing the occurrence (or lack thereof) of the arguments in Phya pa's four texts.

2.1.1 Against non-representational idealism (A)

The main argument against non-representational idealism (A.b.i) is that it cannot account for the distinction between appearances of mental phenomena such as pleasure that it holds to be real and appearances as extra-mental material objects, which it holds to be unreal. By means of parallel argumentation, Phya pa shows that both can be argued to be real insofar as they both appear to be causally efficient. Both are also subject to a "neither one nor many" type of argument (invoking temporal parts in the case of mental phenomena, spatial parts in the case of material phenomena) that refutes their ultimate reality, but not their conventional reality.

An additional debate (A.b.ii) addresses the problem of securing a distinction between external objects - refuted ultimately but not conventionally in the previous argument - and entities such as God, held to be refuted even at the conventional level. The issue is to determine a criterion that specifies the scope (ultimate or conventional) of a given refutation.

2.1.2 Against representational idealism (B)

Phya pa first targets the validity of the opponent's arguments in favor of representational idealism (B.b.11). In particular, he criticizes the inference establishing that appearances have the nature of consciousness based on the logical reason "clear appearance," held to be the definiens of consciousness (i.e., the "awareness-inference").[30] Phya pa does not address the proof for idealism based on the logical reason "certitude of co-apprehension" (*sahopalambhaniyama*), which is also not included in the presentation of B. This proof, notably presented by Dharmakīrti (PVin 1.55ab), becomes an additional target in the works of Phya pa's successors who also refute representational idealism.[31]

Phya pa then adduces arguments against the opponent's claim that appearances are identical to consciousness, that "what is apprehended" (e.g., the color white) is identical to "what apprehends it" (e.g., visual consciousness)(B.b.12). One line of criticism invokes their phenomenal appearance as distinct, a feature which is held to conclusively establish the difference between two things (e.g., pleasure and pain, B.b.122) and to conclusively refute a substantial identity (e.g., in the refutation of a substantial whole, B.b.123). Another argument contests the thesis of identity by showing that appearances are not identical with the feelings, etc., that accompany consciousness. It is argued that feelings, etc., are non-existent because they are not perceived (B.b.121).

For non-representational idealists (A), all appearances of something other than the mind itself have an "imagined" nature. But for representational idealists (B), all appearances have a "dependent" nature insofar as they are identical to consciousness. Phya pa's last argument (B.b.2) contests localizing the source of error in the mental operation of determination (*zhen pa*) rather

30 See n. 8. In Rgya dmar ba's *Dbu ma de kho na nyid* (13a2-5) one finds a different line of argumentation against the validity of the logical reason "clear appearance," which is said to be either contradictory, inconclusive, or unestablished.

31 As mentioned in n.9, the logical reason "certitude of co-apprehension" is included in the presentation of position B in the *Tshad bsdus and the Sgron ma*. It is criticized as not being a proper means to prove that appearances are mental in *Tshad bsdus* 17, 10-19, 3, and more briefly in *Sgron ma* 3a2-3. The criticism of this logical reason in the *Tshad bsdus* involves scholars identified as Byang skyabs, Lo tsa ba, Rgya and Phya pa. Phya pa reportedly argues that the pervasion is not established and is being criticized by Byang skyabs on this point. Lo tsā ba and Rgya reportedly argue that the logical reason is not established and are being criticized by Byang skyabs on this point. Rgya reportedly argues that there is no valid cognition establishing negative entailment. Note that both Rngog Blo ldan shes rab and Phya pa, when commenting on the relevant passage of the PVin (respectively in *Dka' gnas* and *'Od zer*), refute these three objections, which can be traced to Śubhagupta's criticism of Dharmakīrti's *sahopalambhaniyama*-inference (see Krasser 1997). In the *Dbu ma de kho na nyid* (13a6) Rgya dmar ba only mentions briefly that the *sahopalambhaniyama*-inference is faulty. He does not go into the details, but addresses the question of a potential contradiction with Scriptures, i.e., Dharmakīrti's use of this inference (13a7).

than in the nature of what appears.

2.1.3 Against representational external realism (C)

Representational external realism *à la* Sautrāntika is held guilty of all the faults addressed toward representational idealism insofar as it shares the view that everything which appears is mental, and hence dependent. Understandably, Phya pa does not put forward any argument against their acceptance of external reality, which would have been self-refuting. His specific argument against C (C.b (ii)) targets the causal model involved in the Sautrāntika view, namely, the idea that the cause of a mental appearance is a hidden object projecting its aspect. Phya pa invokes the impossibility of establishing a causal relation in the case of something that cannot be apprehended itself.

2.2 Arguments in the *Grub mtha'*

The section of the *Grub mtha'* in which Phya pa discusses the subdivisions of Madhyamaka is quite elliptic. It hardly states the tenets of the positions being discussed and provides only a glimpse of some of the arguments against them.The arguments for refuting Madhyamaka non-representational idealism (A) are cryptic; those against Madhyamaka adopting Sautrāntika representational external realism (C) are inexplicit. The most detailed criticism concerns Madhyamaka representational idealism (B), against which Phya pa gives four arguments, these corresponding to B.b.123, B.b.122, B.b.121, B.b.2.[32]

As mentioned in §1.1, the terseness in this section of the *Grub mtha'* can be explained by the fact that the Madhyamaka orientations criticized by Phya pa correspond to positions he already presented and refuted in the doxography's non-Madhyamaka section. The refutations of the corresponding non-Madhyamaka philosophical positions ([a], [b] and [c] in Table 3), presented in versified form, reflect a number of the arguments I summarized in §2.1.

- The versified refutation of non-representational Mind-only [a] parallels perfectly the argument A.b(i) in the *Mun sel* and the *Snying po*.[33]
- The verses refuting representational Mind-only [b] contain a number of arguments that Phya pa also spells out in the Madhyamaka section of his doxography. Their

32 See Appendix IV, as well as the notes to Werner's translation of this passage (Werner 2014: 72-76), in which he also identifies parallels to the arguments that Phya pa states only briefly in the doxography.

33 *Grub mtha'* 28b7-29a5; see Werner 2014: 103-104 for the edition; 66-67 for the translation. In the verses, Phya pa supplies additional details about establishing temporal parts for consciousness.

phrasing is close to that in the *Snying po*.[34] In verse 1ab Phya pa mentions earlier arguments (*Grub mtha'* 28a1: *sngar brjod zin*); these likely refer to his refutation of Sautrāntika [c], which precedes that of representational Mind-only.

- In the verses refuting the Sautrāntika [c], Phya pa criticizes in particular their view that the appearance of gross objects has the nature of mind. He appeals to the same arguments that he uses against representational idealism (B) in the *Mun sel* (B.b.12). He also refutes the idea that an extra-mental object projects its aspect, elaborating on argument C.b (ii).[35]

The fact that the various refutations in the *Grub mtha'* are introduced as "summarized refutations" (*dgag pa mdor bsdus pa*) does not necessarily mean that the *Grub mtha'* postdates the other works of Phya pa considered here. It is possible that all four texts draw from a common stock of arguments that had been developed against the views being criticized.

2.3 On the origin of the arguments

Nominal identifications provided in the *Tshad bsdus* suggest that several of the arguments summarized above in §2.1 were already used and debated by Phya pa's predecessors (among whom "Rgya" and "Byang skyabs"). Some of them can indeed be found, for instance, in Gro lung pa's *Bstan rim chen mo* and in Rgya dmar ba's *Dbu ma de kho na nyid*.[36]

Some of the arguments are of Indian origin, or influenced by Indian texts. In particular, it would appear that the second set of arguments against representational idealism (B) - B.b.121-123 - is reflected in Phya pa's interpretation of some verses of the *pramāṇaphala* passage of the *Pramāṇaviniścaya* in *'Od zer*. This interpretation draws from the commentary of these passages by Rngog Blo ldan shes rab (1059-1109) (hereafter: Rngog Lo), as can be seen in the *Dka' gnas*. Rngog Lo's interpretation does not appear to stem here from Dharmottara's commentary.

---

34 *Grub mtha'* 28a1-28b2; see Werner 2014: 101-102 for the edition, 62-64 for the translation. One finds in verses 1cd-3 the argument against the identification of the object of the determination as being the "imagined" nature (B.b.2) (also noted in Werner 2014: 101, n. b and 63, n. 61). The argument in v. 4-7 (see Werner 2014: 62-64 and 101-102) is based on the same parallel with the "substantial whole" as the one adduced in B.b.123. However, in B.b.123, the parallel is used to show the problem of holding that what appears (e.g., white) and the consciousness that apprehends it (e.g., visual consciousness) are substantially identical although they appear to be distinct. But in v. 4-7, it is used to point out the problem of holding that all the consciousness of various types (e.g., visual consciousness, auditory consciousness), or one type of consciousness apprehending diverse aspects (e.g., visual consciousness of various colors), are ultimately an indivisible singular substance. The argument in v. 4-7 thus targets specifically idealists who adopt the view that the basis of mind is a unique consciousness (while verse 9 targets the view that there as many cognitions as cognitive images). Werner (2014: 64, n. 62) notes the parallel between the argument in these last verses and Phya pa's refutation of Citrādvaitavāda in *'Od zer* 73b5-6.

35 See *Grub mtha'* 22b1-23b2 for the presentation of the Sautrāntika views, and 23b2-24a1 for the versified refutation.

36 See the notes to the translation in Appendix II.4.

On the other hand, Phya pa's specific arguments against representational external realism (C) do not draw from Dharmakīrti, although Dharmakīrti's critique of externalism *à la* Sautrāntika was, of course, known to Phya pa (see below §4.1). Kellner (2011: 295-296) distinguished in Dharmakīrti's works two types of arguments against the Sautrāntika twofold tenet that cognition is caused by the external object (*utpatti*) and resembles it (*sārūpya*), which she refers to as "the *samanantaraprayaya*-argument" and as the complex set of "arguments from incongruence." I could not find among them a potential source for Phya pa's specific argument against C (C.b (ii)). The closest to Phya pa's "demon's argument" that came to my attention is the mention, in Manorathanandin's commentary on PV 3.336, of the external object "behaving like a demon, without a means of valid cognition that proves it" (*sādhakapramāṇar ahitapiśācāyamānabahirartha*).[37] But Manorathanandin's remark is hardly specific enough. It only refers to the imperceptible status of the remote external object, without making explicit the consequence on the establishment of a causal connection. It is unlikely that Phya pa would have had access to Manorathanandin's work itself,[38] but one cannot exclude the influence of the oral tradition, in particular under the hypothesis that Manorathanandin is to be identified with a translator who collaborated with Rngog Lo during the latter's stay in Kaśmir.[39] However, Sa skya Paṇḍita (who did study Manorathanandin's work) refers to the "demon argument" as an "argument by parallel" (*mgo bsgre*) propounded by "the Tibetans," which his commentator Glo bo mkhan chen identifies as "Phya pa, etc.".[40]

Beside the works of Dharmakīrti and of the Madhyamaka authors who were Phya pa's principal reference - Śāntarakṣita, Kamalaśīla and Jñānagarbha - Indian philosophical literature incluces many other potential sources for Phya pa's arguments. An exhaustive investigation of the mutual criticism involving Indian proponents of the views discussed by Phya pa is beyond the scope of the present study. I will limit myself here to point two potential sources of influence that would deserve further investigation: Bāviveka (6th c.) and Śubhagupta (720-780). The first refutes Yogācāra idealism in favor of Madhyamaka but accepts external reality at the conventional level.[41] The second argues against Yogācāra idealism and in favor of external

37 PVV 220,18. I follow here Ratié's understanding of the expression *piśācāyamāna*, see Ratié 2014: 359, n. 22.

38 van der Kuijp (2013b: 165) notes that the earliest mention of his name in the Tibetan literature he could find is in Lho pa Kun mkhyen's thirteenth-century biography of Sa skya Paṇḍita. Lho pa Kun mkhyen ascribes to him a translation of part of Manorathanandin's commentary (probably the chapter on inference), which is not extant. No translation of the text is included in the canonical collections

39 See Steinkellner and Much 1995: 105 and van der Kuijp 2013b: 164.

40 See Part II, Appendix II.4 (C.b (ii)), n. 269.

41 See Eckel 2008: 71. On Bhāvivekas critique of Yogācāra in his various works see also Lindtner 1986. See Eckel 2008 for a translation of the chapters in which Bhāviveka criticizes the tenets of the Hearers (*śrāvaka*) and of the Yogācāra school.

realism in his **Bāhyārthasiddhikārikā*.[42] Both are plausible sources for Phya pa's arguments against idealism, maybe even for Phya pa's own position. Phya pa was acquainted with the *Tarkajvāla* of Bhāviveka. This is established by the mention of this work in the list of Phya pa's sources for the presentation of philosophical tenets in the colophon of the *Grub mtha'*.[43] On the other hand I found no evidence that Phya pa had a firsthand knowledge of Śubhagupta's **Bāhyārthasiddhikārikā*, although its Tibetan translation dates to the time of the Early Diffusion of Buddhism.[44] But Phya pa was aware at least of the views of Śubhagupta that were discussed by Śāntarakṣita and Kamalaśīla: in his commentary on the *Madhyamakālaṅkāra-cum-vṛtti*, Phya pa supplies on at least two occasions the identification "Dge bsrung" (the Tibetan equivalent for "Śubhagupta") for the opponent referred to anonymously as "someone" (*kha cig*) by Śāntarakṣita, but already identified as "Dge bsrung" in Kamalaśīla's *Pañjikā*.[45] I discuss in §3.3 below a potential (direct or indirect) influence of Śubhagupta on Phay pa's own position.

2.4 On the nature of the arguments

Is Phya pa applying top-down criticism (and if so, from which standpoint?) or is he restricting his approach to internal criticism of the view being refuted? In my analysis, it does not appear that Phya pa's arguments presuppose a superior standpoint, in particular, not a Madhyamaka one. Rather, he shows issues in the positions he criticizes that would be problematic for their proponents themselves. It is worth noting in this regard that Phya pa appeals to the same arguments for refuting both the non-Madhyamaka systems ([a], [b] and [c] in Table 3) and the corresponding Madhyamaka viewpoints. Phya pa's arguments are not arguments against substantialism and in favor of essencelessness. They point out inconsistencies and problematic issues in the views considered that impact on what, for Mādhyamikas, constitutes the level of conventional reality. These arguments do not, as such, imply that the non-Madhyamaka systems considered must be abandoned in favor of Madhyamaka, but they imply that another system should be adopted when dealing with conventional reality.

One should in this regard examine the comment of Śākya mchog ldan (1428-1507), who states that Phya pa's arguments consist in refuting representationalism by means of Vaibhāṣika arguments and worldly consensus, and refuting non-representational idealism (A) by means of

42 On Śubhagupta's critique of Vijñānavāda and his own position, see Mikogami 1983 and Saccone 2014.

43 See Werner 2014: 24.

44 See Steinkellner and Much 1995: 52-54.

45 See *Rgyan bshad* 17b3 (cf. *Madhyamkālaṅkāravṛtti* 52-53) and 28a1 (cf. *Madhyamkālaṅkāravṛtti* 162-163). The second passage indicates that Phya pa regarded Śubhagupta as a Vaibhāṣika, as it is introduced under the title *bye brag du smra ba'ang dgag pa grub pa*. Phya pa's student Gtsang nag pa also seems to have been acquainted with Śubhagupta indirectly. In *Bsdus pa* 76b1-3 he cites several verses, parts of which can be identified as verses 68, 71 and 81 of the **Bāhyārthasiddhikārikā*. They differ, however, from the canonical Tibetan translation. See below §3.3 on v. 81.

Madhyamaka arguments.[46] I presume that Śākya mchog ldan identifies as "Madhyamaka" Phya pa's arguments against position A because the "neither (partlessly) one nor many" argument is invoked in the second part of argument A.b (i). I think that this characterization misses the point. Even if it is true that the "neither one nor many" argument is indeed one of the arguments applied by Mādhyamikas to refute idealism (as in Śāntarakṣita's *Madhyamakālaṅkāra*), it does not follow that the argument against A itself is a Madhyamaka argument.

A remark should be made here regarding the argument by parallel used by Phya pa in this case. The basic principle of such arguments is that the instigator of the argument introduces a domain parallel to the one under discussion and then leads his opponent to develop arguments that come to a conclusion within this parallel domain; by means of a dialogue in the form of a sort of intersecting zigzag pattern, these arguments and their conclusions are applied, *mutatis mutandis*, to the actual domain under discussion (see Hugon 2008b for details and the remarks in Appendix II.3). The parallel domain is typically an "easier" and non-controversial field of application for a given logical reasoning, for instance, the domain involving the elements 'hump and dewlap' and 'cow' when discussing a definition. But in the present case, the parallel domain introduced to discuss the thesis that "what appears as a material phenomenon is unreal" is the domain of mental phenomena. Here the parallel domain is not an "easier domain," but it is one on which the two debaters agree. At the beginning of his refutation in the *Mun sel*, Phya pa even says that the position of proponents of A regarding the mind is correct. The argument by parallel can be rephrased as follows:

> Just like mental phenomena that appear to perform a function are not ultimately real (because, due to their having temporal parts, they lack partless unity or multiplicity) but are still conventionally real, material phenomenal that appear to perform a function are not ultimately real (because, due to their having spatial parts, they lack partless unity or multiplicity) but are still conventionally real.

The "neither one nor many" argument is not primarily advocated here to refute the ultimate existence of mind - It is just part of a parallel argument that shows that the opponent is unable to distinguish the case of "material phenomena" from the case of "mental phenomena."

46 See Śākya mchog ldan's versified conclusion to the discussion on the cognition of external objects (*don rig*) in *Rigs gter rol mtsho* 14a2-b2, and in particular 14a5-6: *gang yang phya pa'i rigs pa ni // bye brag smra dang 'jig rten gyi // grags pas rnam bcas 'gog byed cing // sems tsam rnam med dbu ma yi // rigs pas bkag nas...* Translated in Jackson 1987: 170-171. See also the beginning of the versified passage in *Rigs gter rol mtsho* 14a2: *rnam rdzun 'gog byed rigs pa de // dbuma'i rigs pa yin mod kyang...* Earlier in the *Rigs gter rol mtsho* (3b6-4a2), Śākya mchog ldan just refers to Phya pa's arguments as "refutations by his own arguments" (*rang gi rigs pas sun phyung ba'i sgo nas*). The passage is translated in Jackson 1987: 170.

Phya pa's argument is thus an instance of an argument against the internal coherence of the opponent's position. But does invoking the "neither one nor many argument" mean that the opponent is assumed to be a Madhyāmika? Not necessarily, as the argument also applies if a non-Madhyamaka understanding of "ultimate existence" is involved.

I cannot identify which "Vaibhāṣika arguments and arguments based on worldly consensus" Śākya mchog ldan might be referring to for the refutation of representationalism.[47] But one can remember in this regard that Śubhagupta, whom I have pointed out earlier as a potential source for Phya pa's arguments against idealism, is frequently called a Vaibhāṣika.[48]

Finally, it is worth noting that Phya does not present any proof for his own position. The establishment of his own position as being the correct one hence implicitly follows from the refutation of the other options in what is considered to be an exhaustive set of options.

3. Phya pa's own view regarding the cognition of objects at the level of conventional reality: Vaibhāṣika, quasi-Vaibhāṣika, or just non-representational external realism?

Later critics of Phya pa, such as Śākya mchog ldan, characterized his philosophical position as being "in agreement with Vaibhāṣika" at the conventional level.[49] This is a tempting association to make when considering that the "non-representational external realist" option in the non-Madhyamaka fourfold division is precisely the Vaibhāṣika view (see [d] in Table 3). In this section I will consider whether the contents of Phya pa's views warrant such a characterization and examine Phya pa's own characterization of his position.

3.1 Main points of Phya pa's own position

The key points of Phya pa's position as found in the passages under consideration are:

1. Mental and material particulars - mind, mental factors, external objects, senses and

47 Since Śākya mchog ldan is criticizing Phya pa's deviation from the options in Dharmakīrti's works, "representationalism" probably refers here exclusively to Sautrāntika representational realism. But it may also refer to the arguments that, according to Phya pa, apply both against representational idealism and Sautrāntika.

48 This is, in particular, how Phya pa classifies Śubhagupta. See n. 45.

49 The relevant passage from Śākya mchog ldan's *Dga' byed* was first translated and commented in van der Kuijp 1983: 63. See also *Dga' byed* 17b4 for a similar statement (cited in Hugon 2008a: 156, n. 67). Jackson 1987: 170-171 also translates the first passage from the *Dga' byed*, as well as other similar passages from the *Rigs gter rol mtsho* (13a6-7 and 14a5-6). That Śākya mchog ldan understands Phya pa's position as a Madhyamaka orientation pertaining to the level of conventional reality is clear from the passages in which he discusses Phya pa's position. See *Dga' byed* 17a4 (*rang lugs kyi tha snyad kyi rnam gzhag*), cited in Jackson 1987: 170, n. 18: "he made the system of transactional usage of his own school to accord with worldly consensus." For another translation, see van der Kuijp 1983: 63. In *Rigs gter rol mtsho* 3b6 Śākya mchog ldan refers to the three philosophical positions being refuted in the *Mun sel* as "conventional" (*kun rdzob kyi rnam gzhag 'chad tshul*); cited in Jackson 1987: 170, n. 19 ("all the ways of expositions of the systems of the surface level").

the physical world - are real, dependent, correct conventionalities.

2. Hallucinations&co and concepts are unreal, imagined, incorrect conventionalities.
3. Mental particulars, material particulars, concepts and hallucinations&co are apprehended objects, i.e., they are such that their very own nature appears to cognition.
4. An object and its cognition are distinct and simultaneous.
5. Mind has the capacity to reveal itself, reveal something else (than itself), and reveal something that does not exist. (In *Mun sel*, cf. Appendix V)

What distinguishes Phya pa's view from the two idealist standpoints (A, B) is that he accepts the reality of extra-mental objects, the senses and the physical world. What distinguishes it from representational external realism (C) is the model of cognition at play, as summarized in point 4 above. While representational external realism *à la* Sautrāntika involves the idea that an external object projects its aspect into the mind, "in the way a man's face projects its aspect into a mirror" (cf. C.a), Phya pa claims that a real object and the mind that cognizes it are distinct but simultaneous (*tha dad dus mnyam*).[50]

3.2 Phya pa's own characterization of his position

The only place Phya pa identifies his own view is when discussing the definition of the apprehended object (Appendix V), speaking of "ourselves, proponents of the awareness of an extra-mental object without representation" (see "D" in Table 2 and n. 14). Phya pa thereby situates his own position within the fourfold set generated by the distinction between representationalism/non-representationalism and external realism/idealism (Table 1). But he does not associate it by name with the system representing this option in the non-Madhyamaka fourfold framework discussed in the *Grub mtha'*, i.e., Vaibhāṣika ([d] inTable 3).

In the *Snying po* and the *Grub mtha'*, it is clear that Phya pa's position (D) is to be understood, as the other three (A, B, C), to be a subdivision of Madhyamaka. Phya pa is thus a Madhyamaka who adopts a non-representational realist system with regard to conventional reality. This non-representational external realist view is not a provisional view meant to be discarded in favor of a higher view. Simply, its validity, or explanatory power, is restricted to

50 This point is explicitly stated by Phya pa in the *Mun sel* and the *Snying po* in the presentation of his own position. The claim of the simultaneity of the object and the subject (*yul dang yul can dus mnyam*) is reiterated in *Mun sel* 58b2 and in an almost identical passage in *'Od zer* 96a7-8 (cited in n. 117). Śākya mchog ldan includes this point when he paraphrases Phya pa's position in *Rigs gter rol mtsho* 11b5: *phya bsdus pa dag na re / mdo sde ba ltar mig shes kyi dus su rang gi gzung yul du gyur pa'i gzugs 'das zin pa yin na / des de mthong bar mi rung bas yul phyi rol gyi don dang dus mnyam pa'i rnam par shes pa kho na gzung 'dzin yin no zhes zer ro //.* See also *Rigs gter rol mtsho* 11b7: *phya pas gzung 'dzin dus mnyam dang / rnam med bzhed pa ni...*

the level of conventional reality. In other words, it is part of Phya pa's Madhyamaka position, and is not harmed by the refutation of intrinsic natures because Phya pa does not claim that the entities being posited are ultimate entities.

In the *Mun sel* and the *'Od zer*, Phya pa's position can *a priori* be understood either as a subdivision of Madhyamaka or as a non-Madhyamaka position. In the first case, his position would be identical to the one adopted in the *Snying po* and the *Grub mtha'*. In the second case, it would not mean that Phya pa abandons his Madhyamaka standpoint, but that the framework of the discussion - and possibly of his epistemological works themselves - is limited to the analysis of conventional reality. I will come back to this point in §4.

3.3 A Vaibhāṣika or quasi-Vaibhāṣika position?[51]

Is it appropriate to associate Phya pa's position pertaining to the conventional level with Vaibhāṣika? As discussed in the previous section, Phya pa does not himself link his own position with the name "Vaibhāṣika." But some of his followers, such as the author of the *Tshad bsdus*, did not shy away from using the label "in agreement with Vaibhāṣika" to characterize their own position.[52]

What would be the extent of the "agreement" between Phya pa's position and the Vaibhāṣika system? Does it go beyond sharing the adoption of non-representationalism and external realism?[53]

Obviously, there is no absolute agreement. In fact, Phya pa refutes the Vaibhāṣika position in his doxography (*Grub mtha'* 21b7-22a7). Notably, he criticizes the Vaibhāṣika's acceptance of partless atoms (*rdul phran cha shas med na...*), their rejection of reflexive awareness (*blo rnams rang nyid ma myong na...*), and their claim that arising, etc., are different from the conditioning factors, i.e., the entities of which they are properties (*skye sogs 'du byed las gzhan na...*). Phya pa does not, however, criticize their external realist stand as such (although he criticizes their admission of partless atoms) or their non-representationalist explanation of the cognitive process.

The second issue, in particular, appears to be the most significant common trait between Phya pa's position and the Vaibhāṣika system. Phya pa accepts the simultaneity of cognition and its object (see point 4 in §3.1). This corresponds to a view Phya pa himself associates with

51 See Hugon 2008a: 156-159 for an earlier discussion of this issue.

52 See *Tshad bsdus* 5, 6 and 173, 13: *nyan thos bye brag tu smra ba dang mthun pa*. This identification is made in the passages where the author discusses the nature of the various apprehended objects and the result of valid cognition.

53 One could ask a similar question pertaining to the agreement of view C with actual Sautrāntika. See the remark in n. 18.

the Vaibhāṣika in the *Grub mtha'*.[54] It is corroborated notably by Vasubandhu's discussion of the Vaibhāṣika position in the *Abhidharmakośa*.[55]

One can note that some scholars postdating Phya pa, among whom Gtsang nag pa (?-after 1195), Mtshur ston (ca. 1150-1210), and also Sa skya Paṇḍita (1182-1251), adopt the dual feature of the substantial identity/difference and the temporal identity/difference to characterize the relation between valid cognition and its object (in the case of the cognition of another object than mind itself, *don rig*) for the four philosophical systems they distinguish. In their analysis, "substantial difference and temporal identity" ([*rdzas*] *tha dad dus mnyam*) characterizes the non-representional external realist position, which Sa skya Paṇḍita labels "Vaibhāṣika."

Table 7: Relation between valid cognition and its object

The Table below is based on the passage in Mtshur ston's *Sgron ma* 30a7-9. The corresponding discussion in *Rigs gter* IX 262, 8-25 is almost literally identical. But unlike Mtshur ston, Sa skya Paṇḍita identifies the four positions nominally (as in Table 3). A parallel passage is also found in Gtsang nag pa's *Bsdus pa* 67a5-8. There is no precedent in Phya pa's *Mun sel*. In the section on the result of valid cognition (*Mun sel* 43a6-7, cited in n. 118), Phya pa just refers to his previous refutation of Sautrāntika.

Abbreviations

i: gzhal bya; ii: tshad ma; iii: thad 'bras
i/ii=iii: relation between valid cognition and its object

	Non-representationalism=false-representationalism[56]	**Representationalism=true-representationalism**
Idealism	rnam pa brdzun par smra ba dag i: don du snang ba'i sgro btags pa ii: 'dzin pa'i rnam pa iii: rang rig btags pa ba'i tha snyad **i/ii=iii: gcig pa bkag pa'i tha dad**	sems tsam rnam bcas smra ba dag i: don du snang ba'i bdag nyid ii: rang myong par rung pa iii: rang rig mtshan nyid pa **i/ii=iii: dus dang ngo bo gcig**
External realism	don rig rnam pa med par smra ba dag i: gzugs la sogs pa thug phrad du snang ba'i don nyid ii: de la sgro 'dogs dang 'gal ba'i don mthong pa iii: don rtogs mtshan nyid pa'i tha snyad **i/ii=iii: tha dad dus mnyam**	don gyi rnam bcas smra ba dag i: rnam pa gtod pa'i don ii: don dang 'dra ba'i rnam pa iii: don rtogs btags pa'i tha snyad **i/ii=iii: dus dang ngo bo tha dad**

In the sentence in which Phya pa states the simultaneity of cognition and its object, he uses the expression *tshogs pa cig pas* (*Mun sel*), respectively *rgyu tshogs pa gcig pas* (*Snying*

54 *Grub mtha'* 20b5-6: *dus cig du skye bas dus mtshungs pa*. See also Phya pa's commentary on PVin Tib. 1 60, 6 (Skt. 19, 8) in *'Od zer* 58a9: *bye brag du smra ba blo don dus mnyam par 'dod pas...*

55 See AKBh 143, 2-3 ad AK III.30b on the simultaneity and contact of the sense, the object and its cognition (cited and translated in Hugon 2008a: 157, n. 71), and AKBh 34, 3-4 on the simultaneity of the sense and cognition.

56 On the alternance of these two expressions see n. 16.

po) to explain why the external object and the cognition are, respectively, object and subject.[57] It is possible to understand *tshogs pa cig pa* in the sense of a "juxtaposition" of the object and the cognition. This idea could be linked with the Vaibhāṣika idea that contact is born from the conjunction (*sannipātaḥ*) of the sensory faculty, its object, and consciousness, which are simultaneous.[58] However, the expression *rgyu tshogs pa gcig pa* in the parallel passage in the *Snying po* hints, rather, to the idea that the cognition and its object "have the same complex of causes."[59] This echoes the description of the Vaibhāṣika position in terms of "the cognition being based on the same causal complex (*ekasāmagryadhīna*) as its object" which is found in some late Indian doxographical works.[60] Interestingly, the notion of the "same causal complex" also occurs in Śubhagupta's **Bāhyārthasiddhikārikā* 81a, a verse which Mikogami takes to represent Śubhagupta's own position.[61] There is no evidence that this verse was known to Phya pa, but it is cited by his student Gtsang nag pa. The Sanskrit version of this verse is cited by Kamalaśīla in the *Tattvasaṃgrahapañjikā*, by Jitāri in the *Vijñaptimātratāsiddhi*, and by Jñānaśrīmitra in the *Kṣaṇabhaṅgādhyāya* and the *Advaitabinduprakaraṇa*. Several alternative Tibetan versions can be found beside the Tibetan translation of the **Bāhyārthasiddhikārikā*, in the Tibetan translation of the *Tattvasaṃgrahapañjikā*, of Prajñākaragupta's *Sahopalambhaniyamasiddhi* and of Ratnākaraśānti's *Vijñaptimātratāsiddhi*. In all the translations, the term *sāmagrī* is translated as *tshogs*, and the word *ekā* ("unique," "identical")

57 See Appendix II.4 [D]. *Mun sel: tha dad dus mnyam tshogs pa cig pas yul dang yul can du gnas pa yin; Snying po: yul dang shes pa'ang tha dad dus mnyam pa'i gzung ba dang 'dzin pa rgyu tshogs pa gcig pas phan tshun yul dang yul can bskyed pa ste...* Note the similarity of the sentence in the *Snying po* with a sentence occurring in Gro lung pa's account of the Vaibhāṣika view in his *Bstan rim chen mo* (349b1): *gzung 'dzin yang dus mnyam pa ste / tshogs pa gcig las phan tshun gzung 'dzin du nges par dus mnyam par skye ba'i phyir na de'i bdag nyid dang de las byung ba'i 'brel pa med kyang nges pa'i phyir ro //*

58 See the passage of the AKBh referred to in n. 55.

59 See also in this regard the accont of the position of Mādhyamikas in agreement with Vaibhāṣika by Klong chen rab 'byams pa (1308-1364) in his *Grub mtha' mdzod* 42a4-5: *kun rdzob kyi bden pa'i phyogs 'dzin pa'i dbu ma pa kha cig bye brag tu smra ba dang mthun par smra ste / dus mnyam par gzung ba dang 'dzin pa'i dngos por nye bar 'du ba'i rgyu tshogs pa snga ma las skyes pa ste /*. This passage, which contains one of the rare references to this cateogy of Madhyamaka in Tibetan literature, was pointed out to me by Eric Werner. For other references to this category, see my forthcoming article mentioned at the end of §3.3.

60 Mikogami 1993: 90 cites Guṇaratna's fourteenth-century commentary on the *Ṣaḍdarśanasamuccaya*: "A cognition not endowed with an image, produced simultaneously with its object by the unitary aggregated cause, is the means of valid knowledge of an [external] object." (*nirākāro bodho 'rthasahabhāvy ekasāmagryadhīnas tatrārthe pramāṇam*, cited by Mikogami in n. 20)

61 Mikogami 1993: 90 discusses the difference between Śubhagupta's position and the one ascribed to the Vaibhāṣika by Guṇaratna.

is dropped.[62] This verse is cited by Gtsang nag pa in a version that matches almost exactly that of the *Tattvasaṃgrahapañjikā*.

(V. 81) The previous unique causal complex itself would produce the [next] moment of the object together with [its] cognition, like a form together with a lamp, on account of which there would be co-awareness.

pūrvikaiva tu sāmagrī sajñānaṃ viṣayakṣaṇam | sālokarūpavat kuryād yena syāt sahavedanam ||[63]

***Bāhyārthasiddhikārikā* Tib.**[64]	***Tattvasaṃgrahapañjikā Tib., Bsdus pa* 76b3**
gang gis lhan cig myong 'gyur ba // *tshogs pa snga ma kho na las //* *shes pa yul bcas skad cig ste //* *snang ba dang bcas gzugs bzhin no //*	*tshogs pa* snga ma nyid kyis ni //* *snang ba dang bcas gzugs ldan pa'i //* *shes bcas yul gyi skad cig byed //* *des na lhan cig rig** par 'gyur //* * D, *Bsdus pa: pa*, P: *pas* ** P: *rig*, D: *rigs*; *Bsdus pa: dmyigs*[65]

While subscribing to the Vaibhāṣika view of the simultaneity of the object and the cognition, Phya pa does not subscribe to the Vaibhāṣika view that the agent of cognition is a sense (*dbang po*, Skt. *indriya*) - a view ascribed to the Vaibhāṣika in the *Abhidharmakośa*[66] - but holds instead that the agent of cognition is the cognizing mind (*rnam shes*, Skt. *vijñāna*). It is worth noting that Sa skya Paṇḍita highlights this difference when refuting opposite positions on the topic of the cognition of an object. He distinguishes the Vaibhāṣika position (the acceptance that the agent of vision is the sense) from the view he ascribes to "the Tibetans" (the view that what apprehends is consciousness), which his commentators correctly associate

---

62 I am extremely grateful to Serena Saccone for sharing the information pertaining to the Sanskrit and Tibetan versions of the verse in Indian treatises, the details of which will appear in her forthcoming edition of the *Bahirarthaparīkṣā* of the *Tattvasaṅgraha*. I only cite here the Tibetan version from the *Tattvasaṃgrahapañjikā*, which, as the citation in Gtsang nag pa's *Bsdus pa* indicates, is the most likely source for early Tibetan logicians.

63 *Tattvasaṃgrahapañjikā* p. 694, 18-20 ad *Tattasaṃgraha* 2031.

64 Ed. Shastri, p. 76.

65 Gtsang nag pa's use of the expression *lhan cig dmyigs pa* (which suggests the Sanskrit *sahopalambha*) instead of *lhan cig rig pa* may be influenced by the context in which he cites this verse, namely, the discussion of the *sahopalambhaniyama*-inference.

66 See AK I.42 and AKBh 30,4-12 (cited and translated in Hugon 2008a: 157, n. 70). For Phya pa's account of the Vaibhāṣika view on this issue see *Grub mtha'* 20a7 (*rnam par shes pas ni don la lta ba ma yin te*...) and *Grub mtha'* 20b7 (*dbang pos kyang don la bltas pa na rnam shes kyis don rtogs pa ltar de dag gis kyang don gyis khyad par rtogs te /*...). See also Phya pa's commentary on PVin 1 Tib. 80, 29 (Skt. 32, 11) in *'Od zer* 68b6: *dbang po dang zhes pa ni dbang po don la lta byed kyi tshad mar 'dod pa bye brag du smra ba'o /*...

with Phya pa.[67] Sa skya Paṇḍita criticizes both the Vaibhāṣikas and "the Tibetans" for their acceptance of the simultaneity of theobject and the subject.

To sum up, the only significant tenets that Phya pa shares with the Vaibhāṣika are the acceptance of external reality and its cognition without aspects, in the process of which object and subject are simultaneous.

These shared tenets could be considered sufficient to say that Phya pa's position is "in agreement with Vaibhāṣika." But Phya pa chose not to adopt this label. One reason might have been that he did not see the agreement as being broad enough. A further reason can be gathered from Phya pa's discussion of the Vaibhāṣika view in his doxography: Phya pa's general assessment is that the Vaibhāṣikas do not concord with one of the four seals (*phyag rgya*) that authenticate one's position as being in agreement with the Buddha's words, namely, the seal that "what is conditioned is momentary."[68] It is thus understandable that he would not want to be associated with a school whose inclusion among Buddhists is itself questionable.In this regard, it is possible that the label "Vaibhāṣika" or "in agreement with Vaibhāṣika" ascribed to Phya pa by later detractors of his views such as Śākya mchog ldan (who was well aware of Phya pa's own characterization of his position)[69] is simply due to the fact that some of Phya pa's successors had adopted this appellation. But, intentionally or not, it plays the role of an informal argument against Phya pa, as it hints at his being not only an unfaithful follower of Dharmakīrti (see below §4), but, more fundamentally, not being a faithful Buddhist.[70]

A further hypothesis might be that Phya pa, by not adopting the label "in agreement with Vaibhāṣika," wants to dissociate himself from his predecessor and teacher Rgya dmar ba Byang chub grags. Indeed the *Dbu ma de kho na nyid* of Rgya dmar ba, one already finds divisions of Madhyamaka with respect to conventional reality and, among them, the category

67 See *Rigs gter* I 48, 26-49, 8 (*bye brag tu smra ba'i lugs dgag na*) and 49, 9-50, 9 (*bod kyi lugs dgag na*), discussed in Hugon 2008a: 157-158. Śākya mchog ldan associates the latter view with "Phya pa's summaries" (*Rigs gter rol mtsho* 11b5: *phya bsdus pa dag*), Glo bo mkhan chen with Phya pa's *Mun sel* (*Rigs gter nyi ma* 28, 9: *de dag gi phyogs snga smra ba po slob dpon cha bas yid kyi mun sel du bshad pa dag go*). Another characterization of "most Tibetans" as "following Vaibhāṣika" occurs in the *Rigs gter* in the context of the discussion pertaining to the result of valid cognition illustrated above in Table 7, cited in n. 115.

68 The other three seals are presented as "Nirvāṇa is peace," "what is stained (*zag bcas*, Skt. *sāsrava*) is suffering," and "all phenomena are uncreated." Failure to concord with the fourth seal occurs, according to Phya pa, because "they say that impermanence is another thing (than what is impermanent); they accept substantial existence in the three times; and saying that impermanence is not emergence from one's own causes, they accept that it depends on a cause that emerges subsequently." *Grub mtha'* 21b6-7: *'di dag kyang mya nang las 'das pa zhi ba dang zag bcas sdug bsngal ba dang chos thams cad byed pa po med par smra mod kyi mi rtag pa don gzhan du brjod cing dus gsum du rdzas su 'dod cing mi rtag pa rang gi rgyu las skye ba ma yin zhes phyis 'byung gi rgyu la ltos par 'dod pas 'dus byas skad cig ma zhes bya ba'i bka' rtags kyi phyag rgya las nyams* (em. *nyams* : Ms. *nyam*) *pa yin no //*

69 See the passage ofthe *Rigs gter rol mtsho* cited in Part II, Appendix V, n. 319.

70 See Hugon 2012: 46-47 and 50-51 on this type of informal argumentation, at play notably in the *Rigs gter*.

"Madhyamaka in agreement with Vaibhāṣika," which Rgya dmar ba himself adopts. This Madhyamaka orientation is defined by the minimal criteria of being non-representationalist and external realist with respect to conventional reality. But Rgya dmar ba's agreement with the Vaibhāṣika model of cognition extends to the tenet that the agent of cognition is the sense, which is an aspect of the Vaibhāṣika model that Phya pa does not accept. Textual references for these points and further details will be provided in my forthcoming paper dealing with Rgya dmar ba's discussion on the topic, in which I will also discuss the presence of the category "Vaibhāṣika-Madhyamaka" in some early and later Tibetan doxographies.

3.4 A position "in agreement with worldly conventions"?

Śākya mchog ldan characterizes Phya pa's standpoint as being in agreement with Vaibhāṣika, as well as being "in agreement with worldly conventions"[71] In a passage of the *Dga' byed*, Śākya mchog ldan specifies that Phya pa's Vaibhāṣika position corresponds to the level of "slight analysis" (*cung zad dpyad na*), and that his agreement with worldly acceptance corresponds to the level of no analysis (*ma dpyad pa*).[72] The latter characterization can be explained in view of Śākya mchog ldan's own view on the subdivisions of Madhyamaka pertaining to the conventional level. When discussing philosophical positions in the *Rigs gter*, Sa skya Paṇḍita distinguishes Mādhyamikas who adopt, at the conventional level, a position akin to one of the Indian substantialist systems and Mādhyamikas who follow worldly conventions at this level.[73] Commenting on this passage in *Rigs gter rol mtsho*, Śākya mchog ldan only distinguishes two possibilities for the former: Mādhyamikas who follow Sautrāntika at the conventional level and Mādhyamikas who follow Yogācāra.[74] But he does not mention Mādhyamikas who follow Vaibhāṣika.[75] This might be the reason why he classifies Phya pa, by default, among

71 See the references in n. 49. In *Rigs gter rol mtsho* 13a6-7, Śākya mchog ldan presents Phya pa's position as a consequence of the acceptance of external realism: *slob dpon phya pa ni rang lugs la / phyi rol gyi don bkag na rigs pa dang 'gal bas / kun rdzob kyi rnam gzhag 'jig rten gyi grags pa la brten pa yin no // zhes zer /*

72 *Dga' byed* 17b4, cited in Hugon 2008a: 157, n. 67.

73 *Rigs gter* I 48,5-7: *dbu ma pa'ang don dam par spros pa dang bral zhing kun rdzob tu dngos por smra ba de dag gi rjes su 'jug kyang rung / 'jig rten grags sde dang bstun yang rung ste...* The "substantialist positions" he mentions before the Madhyamaka are the non-Buddhist Tīrthikas, theists, Sāṃkhya, and Vaiśeṣika, and the Buddhist Śrāvaka and Mind-only. The structure of the sentence does not exclude that Mādhyamikas who follow a substantialist position could adopt a non-Buddhist position at the conventional level, but Sa skya Paṇḍita most likely hints exclusively to the Buddhist substantialist systems. This is at least how Śākya mchog ldan understands this sentence.

74 *Rigs gter rol mtsho* 11a7-b1: *dbu ma don dam par spros pa dang bral zhing / kun rdob tu rten 'brel sna tshogs su snang ba 'di / gnas skabs su mdo sde pa dang / rnal 'byor spyod pa dang / 'jig rten grags sde dang mthun par 'jog pa gsum yod do //*

75 This category is not usually mentioned in Tibetan doxographies, see Mimaki 1982: 27-38 and Seyfort Ruegg 2000: 55-58. But there are several exceptions, such as the one cited in n. 59 that will be discussed in my forthcoming paper on Rgya dmar ba mentioned above.

Mādhyamikas who follow worldly conventions: given Phya pa's rejection of Sautrāntika and Yogācāra, this is the only suitable option in Śākya mchog ldan's threefold subdivision.[76] However, this category involves a perspective rejecting any analysis, in particular the rejection of valid means of cognition, which is more commonly associated with Candrakīrti and his followers.[77] The agreement between the Vaibhāṣika "naive" or "more intuitive" account and worldly acceptance might have influenced the conflation of the two labels.[78]

Another fact that possibly influenced Śākya mchog ldan's characterization of Phya pa's view is that the expression "agreement with the world" occurs in the last sentence of the paragraph in which Phya pa presents his own position in the *Mun sel* (see Appendix II.4 (D) and II.2 (D)):

> Thus, mind and the mental factors, external objects, senses, and the physical world, etc., all of them, are real; [these objects and their cognition] exist as object and subject in that they are distinct, simultaneous, and have the same [causal] complex. Two moons, etc. and concepts are unreal, because they do not perform a function. Conventionally, these [objects] exist in the way they are recognized in the world.
> *des na sems dang sems byung phyi rol gyi yul dang dbang po dang snod kyi 'jig rten la sogs pa thams cad dngos po* **ste** *tha dad dus mnyam tshogs pa cig pas yul dang yul can du gnas pa yin* **la** */ zla ba gnyis la sogs pa dang don spyi don byed mi nus pas dngos med yin* **te** */ tha snyad du 'jig rten la grags pa bzhin du gnas so //*

As reflected in the use of the punctuation in my translation, I understand the last statement introduced by the particle *te* followed by a *shad* to provide a comment pertaining to the whole paragraph rather than to the preceding sentence only. It is thus not only a characterization of how concepts and hallucinations&co. are conceived, but, more generally, of Phya pa's view regarding all objects at the conventional level. However, I do not think that Phya pa is referring with this sentence to an absence of analysis, and he would definitely not subscribe to the rejection of means of valid cognition. Rather, I would suggest that this sentence is to be understood in relation to the presentation of the other views that Phya pa previously rejected.

76 Conversely, Rgya dmar ba argues in the *Dbu ma de kho na nyid* that there is no such thing as Madhyamaka just following worldly conventions, as "just following worldly conventions" amounts to adopting the Vaibhāṣika standpoint.

77 Cf. Sa skya Paṇḍita's identification of the proponents of such a position in *Rigs gter* I 52,20-21: *rtog ge pa kha cig slob dpon zla ba grags pa dang mthun par kun rdzob 'jig rten grags sde dang bstun nas 'jog* (discussed in Hugon 2008a: 157, n. 67).

78 The two are also associated in the *Tshad bsdus* in the presentation of position B. Proponents of B are reported to reject the distinction between 'erroneous' and 'non-erroneous' "according to the Vaibhāṣikas who are in agreement with worldly conventions" (*kun rdzob rnam bzhag lo ga grags sde dang bstun na nyan thos bye brag tu smra ba ltar*).

Indeed, both the presentation of non-representational idealism (A) and representational idealism (B) involve a distinction between what is actually the case and the way things are explained in the world: Proponents of A hold that every awareness of something else is just erroneous while proponents of B hold that it is essentially non-erroneous, but "the mundane" hold that there can be both erroneous and non-erroneous appearances (see Appendix II.4 (A.a) and (B.b)). Thus the other systems (at least A and B) offer an account of how things really are that is not in agreement with worldly acceptance. It would thus be understandable that Phya pa highlights, in his final statement, the fact that in his own system there is no mismatch between the way things are presented (in terms of objects being real/unreal and their cognition being erroneous or not) and the way they are accepted to be in a naive mundane perspective.[79] In conclusion, even though the characterization of Phya pa's view as being "in agreement with worldly conventions" is justified in this sense, this expression should not be understood to have the more specific meaning it bears in doxographical categorization of Madhyamaka.

4. Phya pa's perspective in his epistemological works

When speaking of Phya pa's perspective in his epistemological works, one should be careful to distinguish between two issues: how Phya pa understands Dharmakīrti's treatises, and how he presents his own epistemological system. These two issues are often conflated. For instance, Śākya mchog ldan states that, in the *Mun sel*, Phya pa "explained the seven treatises [of Dharmakīrti] as the 'jig-rten-grags-sde-spyod-pa'i Dbu-ma,"[80] that is, as a Madhyamaka who follows worldly agreement, or simply "explained the seven Pramāṇa treatises [of Dharmakīrti] as being in accord with worldly consensus."[81]

The conflation of these two aspects is somewhat natural and justified insofar as Phya pa places himself in the line of the interpretative tradition initiated by Dignāga and Dharmakīrti. This relationship with the founding fathers is obvious in the *'Od zer*, which is a commentary on Dharmakīrti's *Pramāṇaviniścaya*. In the *Mun sel*, it is more elliptically suggested in the first of

79 One may refer for comparison to how Chu mig pa qualifies his own view on apprehended objects and apprehending cognitions - true-representational idealism - as being "in conformity with what is accepted in the world" (*Rnam rgyal* A5a5-6; B6a8-9: *gzung yul 3 po de tha snyad du 'jig rten la ji ltar grags pa ltar 'dod pa yin no /* [...] *'dzin pa yul can 3 po de tha snyad du 'jig rten la ji ltar grags pa bzhin du 'dod do*).

80 Cited and translated in Jackson 1987: 171.

81 Cited and translated in Jackson 1987: 170.

the closing verses:[82]

> Among the many positions in the logical tradition of the exegesis of the "Sūtra" [i.e., the *Pramāṇasamuccaya*] and the "Commentary" [i.e., the *Pramāṇavārttika*], I myself do distinguish correctly, regarding the meaning, all the reasonings that come from the force of facts, that constitute the uncorrupted essential meaning, unstained by the filth of the poison water of the bad logic of the substantialists.

Other references to the works of Dignāga and Dharmakīrti are found with regard to specific topics.[83]

In what follows, I first examine Phya pa's interpretation of Dharmakīrti's text, which he himself acknowledges as differing from his own viewpoint. Turning to the latter, I address the question, which was left open above, whether the four philosophical positions being distinguished by Phya pa when dealing with "apprehended objects" in the *Mun sel* delineate, as in the symmetric passage of the *Snying po*, subdivisions within Madhyamaka, or are to be understood as non-Madhyamaka positions.

---

82 *Mun sel* 95b5-6: *mdo' dang rnam 'grel rnam bshad rigs pa'i gzhung bzung du ma las / de nyid don la nyer mkho' dngos stobs las 'ongs rigs pa rnams // dngos por smra ba'i ngan rtog dug chu'i dri mas ma sbags par // ma 'dres don gyi snying po legs par bdag gis phye ba lags /*. This echoes the opening verse "There isn't much, regarding the logical way, that has not been clarified by the authors of philosophical works (?) [α] and the author of the [*Pramāṇa-*]*vārttika* and the intelligent ones following their tradition. However, here, I present the Dispeller of the Darkness of Mind, the light of valid cognition substantiated by a reasoning that follows the force of facts and not merely words." (*Mun sel* 1b3: *mtshan nyid dang ni rnam 'grel mdzad dang de lugs rjes 'jug blo ldan gyis // gsal bar ma byas rigs pa'i tshul ni cung zad yod min yang // tshig tsam ma yin dngos stobs las 'ongs rtags kyi rjes 'brang rigs pa yis // rnam par gnas pa tshad ma'i snang pa yid kyi mun sel 'dir brjod bya //*)

α This would be an early case of the use of the expression *mtshan nyid* to refer to philosophy.

This verse is highlighted in Nishizawa 2012: 1061. Nishizawa seems to follow Śākya mchog ldan's conflation of the two issues, as he takes the mention of the "substantialists" being critized to reveal Phya pa's own Madhyamaka perspective as well as to indicate that Phya pa regarded Dignāga and Dharmakīrti's perspective a Madhyamaka one (it is not entirely clear to me whether Nishizawa's statement that "Phya pa explains the logic of Dignāga and Dharmakīrti from the point of view of Madhyamaka" [translation mine] is to be understood in the sense "Phya pa gives a Madhyamaka reading of Dharmakīrti" or "Phya pa considers Dharmakīrti to be a Madhyamaka").

83 See *Mun sel* 43b1, in the context of inference, on the meaning of the expression 'to be inferred' in the *Pramāṇasamuccaya* (*kun las btus*) and the "collection of the seven treatises" (*sde bdun*), and *Mun sel* 53b4 on the equivalence of positive and negative entailments for the logical reason in inference advocated by the authors of the *Pramāṇasamuccaya* and of the *Pramāṇavārttika* (*mdo dang rnam 'grel mdzas pas*).

4.1 Phya pa's understanding of Dharmakīrti's intention

4.1.1 Is Dharmakīrti a Mādhyamika according to Phya pa?

(I) INDIAN AND TIBETAN INTERPRETERS ON THE QUESTION "IS DHARMAKĪRTI A MĀDHYAMIKA?"

Dharmakīrti was clearly understood to be a Mādhyamika by a number of Indian and Tibetan interpreters. Such an understanding of Dharmakīrti's intention is revealed notably in these exegetes' interpretation of Dharmakīrti's discussion of the two realities in PV 3.3 and PV 3.4, and his use of a "neither one nor many" argument in PV 3.208ff.[84]

On the Indian side, this interpretation was favored by Jitāri (ca. 940-1000) and Mokṣākaragupta (between 1050 and 1292).[85] Prajñākaragupta's (around 800) view on this issue is still debated by modern scholars,[86] but this author, as van der Kuijp reckons, has been "virtually unanimously" held to follow a Madhyamaka approach by Tibetan scholars.[87]

On the Tibetan side, Rngog Blo ldan shes rab is credited in the Tibetan tradition, notably by Śākya mchog ldan and several centuries later by Kong sprul Blo gros mtha' yas (1813-1899), with understanding Dharmakīrti's final philosophical intent as Madhyamaka, an inclination that these authors also linked with the model of interpretation set by Prajñākaragupta.[88] But firsthand evidence is lacking to confirm these claims. Rngog Lo translated Dharmakīrti's PV

---

84 Modern scholars disagree on the question whether these verses indeed support a reading of Dharmakīrti as a Mādhyamika. For an overview of the various positions held in modern scholarship (notably by Zwilling, Steinkellner and Inami), see Franco and Notake 2014: 35-36 and 39-42.

85 See Steinkellner 1990: 74 for an analysis of Jitāri's claim, made in the context of his explanation of PV 3.4 and p. 78 for Jitāri and Mokṣākaragupta's views on PV 3.359. According to Steinkellner (ibid., p. 83), Mokṣākaragupta draws on Jitāri for this attribution, and both seem to have been influenced by Śāntarakṣita's citations of the verses of the PV on the "neither one nor many" argument in his *Madhyamakālaṅkāravṛtti*, although Kamalaśīla discards this as an argument for considering Dharmakīrti a Mādhyamika (ibid., p. 80-81).

86 As summarized in Franco and Notake 2014: 35-36 and 40, Zwilling holds that Prajñākaragupta and his followers Ravigupta, Jayanta and Yamāri consider Dharmakīrti a Mādhyamika; Steinkellner objects that only Ravigupta could have held such a view; Steinkellner's position is rejected by Inami.

87 See van der Kuijp 1983: 36. Among the exceptions, van der Kuijp 1983: 273, n. 101 notes Rgyal tshab rje's disagreement on the interpretation of Prajñākaragupta's commentary on PV 3.214.

88 Jackson 1987: 166-169 has listed the main passages from Śākya mchog ldan's works that pertain to his assessment of Rngog Lo's reading of Dharmakīrti. All these passages present Rngog Lo as reading Dharmakīrti as a Mādhyamika. Only one more specifically indicates that Rngog Lo understands Dharmakīrti's intent as concording with that found in Śāntarakṣita, i.e., according to Jackson's reading of this passage, that he is a Yogācāra-Mādhyamika. For another passage linking Rngog Lo's interpretation of Dharmakīrti's intent with that of Śāntarakṣita see Śākya mchog ldan's *Dbu ma'i byung tshul* 8a3-4: *zhi 'tsho yab sras kyis ni rnam 'grel mdzad pa'i dgongs pa yang / sgro 'dogs gcod tshul gcig tu bral sogs rang stong gi rigs pa dang / nyams su myong bya gzhan stong gi tshul du 'chad do zhes lo tstsha ba chen pos bkral zhing / chen po de nyid kyang rnam 'grel gyi dgongs pa de ltar du bzhed do //*

and Prajñākaragupta's commentary, reportedly authoring a "concise guide" to the latter.[89] This "concise guide," which could have shed a firsthand light on Rngog Lo's interpretation, is unfortunately not extant, and was apparently not available to Śākya mchog ldan either.[90] Nothing in the available epistemological works of Rngog Lo- the *Dka' gnas* and his concise guide to the *Nyāyabinduṭīkā*-indicates that Rngog Lo is reading Dharmakīrti as a Mādhyamika.

The only support from a primary source that Śākya mchog ldan cites is from Rngog Lo's *Spring yig bdud rtsi thig le*:

> After clearly understanding that entrance gate into the principle of all factors of existence being empty of own natures-which is the highest of correct reasonings taught by Nāgārjuna-from the beautiful works of the author of the [*Pramāṇa*] *vārttika* who has reached perfection in reasoning, one should abandon all other traditions like straw.[91]

[接上页] van der Kuijp 1983: 29 translates Śākya mchog ldan's assessment of Rngog Lo's position in his *Sa skya'i rje btsun sku mched kyi lta ba'i bzhed tshul* as follows: "Having cited the wholesome system of Nāgārjuna as [a heuristic basis] for that great philosophical tradition (*shing-rta chen-po*) of logic of the author of the *Pramāṇavārttika*, he taught the ambrosia of emptiness." van der Kuijp 1983: 35-37 highlights Śākya mchog ldan's insistence on this aspect of Rngog Lo's contribution rather than on his epistemological contributions in his *Dga' byed*, and attempts to explain his motivation.

According to Śākya mchog ldan, Rngog Lo follows Prajñākaragupta's reading of Dharmakīrti as a Mādhyamika (van der Kuijp 1983: 36).

Kong sprul's attribution should be considered with caution. Indeed, another attribution of Kong sprul, that giving a "Yogācārasvātantrikamādhyamika" position to Sa skya Paṇḍita (Zwilling 1981: 309,van der Kuijp 1983: 107), has been disproved by textual evidence. As discussed by Jackson (Jackson 1987: 175), Sa skya Paṇḍita's *Rigs gter* explicitly qualifies Dharmakīrti's position as Sautrāntika/Yogācāra, and not as a subtype of Madhyamaka.

89 This work is designated as *rnam 'grel rgyan dang bcas pa'i bsdus don* in the lists by Rngog Lo's biographers (see Kano 2006: 205). It may have been a work similar in style to Rngog Lo's concise guide on the *Nyāyabinduṭīkā* (see Hugon 2014 for an introduction).

90 Śākya mchog ldan states in the *Dga' byed*: "I [Shākya-mchog-ldan] have seen only a few of the investigations he made of the *Alaṃkāra* commentary on the PV, whereas he refuted many points in the exposition of Dharmottara that he took to be unacceptable, having retained as they were those [passages] he thought were acceptable" (translated in Jackson 1987: 167). The "few of the investigations he {i.e., Rngog Lo} made of the *Alaṃkāra* commentary on the PV" most likely refer to Rngog Lo's discussion of Prajñākaragupta's position in his explanation of the difficult points of the PVin (*Dka' gnas*). That the *Dka' gnas* was known to Śākya mchog ldan is confirmed by a number of literal citations in the latter's works (see Hugon 2008a: 21 for a list of the citations collected in van der Kuijp 1983: 58 whose source can be found in the *Dka' gnas*). Note also that the verse Śākya mchog ldan cites in his commentary on the *Mkhas 'jug* (see Jackson 1987: 169) matches (with some variant readings) the introductory verse found at the beginning of the *Dka' gnas*.

91 Translated in Jackson 1987: 167. The *Spring yig bdud rtsi thig le* has since been recovered and is edited in Kano 2007. The verse cited by Śākya mchog ldan corresponds to verse 10 (Kano 2007: 10). Kano 2016: 231-232 translates: "Once you have clearly understood the corpus of correct reasoning taught by Nāgārjuna, which is the entrance gate to the method [for realizing] that everything is empty by nature—[understood it] with the aid of the beautiful doctrine of the master of logic, [Dharmakīrti], the author of the [*Pramāṇa*]-*vārttika*—you [should] eliminate all other evil doctrinal positions, as if [uprooting] weeds."

But this verse at most supports the idea that Dharmakīrti's logic is a means to the understanding of Nāgārjuna's thought,[92] an idea that Śākya mchog ldan himself explicitly expresses elsewhere.[93] It does not substantiate the claim that Rngog Lo views Dharmakīrti himself as a Mādhyamika.

(II) PHYA PA ON THE QUESTION "IS DHARMAKĪRTI A MĀDHYAMIKA?"

I have not located any clear firsthand evidence, i.e., a statement by Phya pa himself indicating that he understood *Dharmakīrti's* final intent as being that of a Mādhyamika.[94] This lack of evidence is not overly surprising insofar as the basis for Phya pa's epistemology is essentially Dharmakīrti's *Pramāṇaviniścaya*. Phya pa, unlike Rngog Lo, had little to do with the *Pramāṇavārttika* and Prajñākaragupta's interpretation - which are, we may surmise, the texts on whichRngog Lo's reading of Dharmakīrti as a Mādhyamika could have been based.

4.1.2 What is (or are) Dharmakīrti's standpoint(s)?

Both ancient and modern discussions about Dharmakīrti's philosophical position usually arise in relation to the passages in his works that concern the result of valid cognition (*pramāṇaphala*).[95] The issue of Dharmakīrti's standpoint(s) continues to be the object of ongoing debates in modern scholarship. I make no attempt in this section to settle this issue. I do not either provide an exhaustive list of the various ways Dharmakīrti's position has been interpreted in ancient and modern scholarship, but limit myself to mentioning those that I find pertinent to situate Phya pa's interpretation.

So far I know, modern scholars have never argued in favor of ascribing a Vaibhāṣika position to Dharmakīrti. Rather, his position is identified as Sautrāntika and/or Yogācāra-Vijñānavāda. One interpretation frequently met in modern scholarship characterizes

92 Kano (2016: 232) notes in this regard : "Rngog teaches that one should seek to understand Nāgārjuna's doctrine on the basis of Dharmakīrti's doctrinal system, adding that that system should be utilized to counter opponents' views in polemic debate. This reminds us of the position of Śāntarakṣita in his *Madhyamakālaṃkāra*."

93 See *Dbu ma'i byung tshul* 14a2-3: *rang lugs ni / klu sgrub zhabs kyi dbu ma rnam 'grel mdzad pa'i rig pa la rten nas shes dgos par 'chad do //*

94 As mentioned in n. 82, I do not think that the conclusive verse of the *Mun sel* mentioning the "substantialists" supports the claim that Phya pa regarded Dharmakīrti as a Mādhyamika.

95 In the *Pramāṇaviniścaya*, this is the end of chapter 1 (PVin 1.34-59), starting at PVin 1 Tib. 78,12. See Vetter 1966 for a German translation and Dreyfus and Lindtner 1989 for an English translation. In the *Pramāṇavārttika* this discussion covers PV 3.301-366; the verses that follow up to the end of the chapter (PV 3.541) are also relevant to establishing epistemic idealism.

Dharmakīrti's standpoint in terms of an "ascending" or "sliding scale of analysis."[96] According to this interpretation, Dharmakīrti adopts a position identified as Sautrāntika only *provisionally*, positing extra-mental entities whose cognition takes place via a causal process through which the entity projects an aspect (resembling itself). But he then refutes this position in favor of the view that cognition merely cognizes itself; the result of valid cognition is reflexive awareness. It is refuted that extra-mental entities must be posited to account for cognition, thus undermining support for the view that there are extra-mental entities at all. Dharmakīrti's *final* position is thus characterized as "epistemic idealism."[97]

In an article published in 2008, Arnold has highlighted the fact that the "epistemic idealism" predicament is actually shared by both the Sautrāntika and the Yogācāra systems. What the two disagree on is not "what we know" but "what there is." Both agree that "what we know" is internal to the mind. But the Sautrāntika accept real extra-mental inaccessible objects as the cause of these mental appearances, whereas the Yogācāra invokes mental traces or latent dispositions.[98] Arnold thus distinguishes between Dharmakīrti's argument in favor of epistemic idealism (which applies to both perspectives) and the metaphysical argument for idealism, made in particular by Vasubandhu, refuting the existence of extra-mental entities.[99]

(I) PHYA PAON DHARMAKĪRTI'S POSITION

Arnold's point, it seems to me, closely reflects Phya pa's interpretation of Dharmakīrti's *pramāṇaphala* discussion. In his commentary (*'Od zer* 66b7-76b9), Phya pa first tags Dharmakīrti's position on the topic of the result of valid cognition as "Sautrāntika" (*'Od zer* 66b8: *mdo sde ba dang bstun nas...*) and as "externalist" (*phyi rol gyi don gyi tshul gyi tshad 'bras*). According to Phya pa, Dharmakīrti then proceeds to refute the externalist position (shared by the Sautrāntika, the Jainas, and the Vaiśeṣikas) in favor of a position he labels "internalist" (*'Od zer* 70a1: *shes bya nang gi tshul gyi tshad 'bras*), according to which the result of valid

96 See Dunne 2004: 53-79. The accuracy of Dunne's sliding scale analysis is questioned in Kellner 2011. McClintock (2003: 139-142) discusses a three-level sliding scale of analysis (Sautrāntika, Yogācāra, Madhyamaka) in the philosophical program of Śāntarakṣita and Kamalaśīla. Dreyfus (1997: chap. 4) follows Śākya mchog ldan's interpretation of Dharmakīrti's standpoint as involving four strands, three that accept the existence of external objects (ranging from partless particles to coarse objects), and a fourth one, Yogācāra, which refutes the existence of external objects.

97 See Dreyfus and Lindtner 1989 for an interpretation of the final position of Dignāga and Dharmakīrti being Yogācāra, based on the *pramāṇaphala* passages in PS 1.9cd-11ab and PVin 1.34-59 (with prosa).

98 Arnold 2008: 5: "[P]roponents of Sautrāntika and Yogācāra are commonly commited to the view that what we are immediately aware of-which is different from the ontological issue of *what there is*-is only things somehow intrinsic to cognition." He notes, further (Arnold 2008: 15) that epistemic idealism "remains compatible with an ontological commitment to really existent external objects; all that has been given up is the claim that such existents could be the direct objects of our awareness."

99 See in particular Arnold 2008: 15-18 "Epistemic vs. Metaphysical Arguments for Idealism."

cognition consists in reflexive awareness. Dharmakīrti then shows that this identification of the result of valid cognition as reflexive awareness is established both for "idealists" (*'Od zer* 71a9: *sems tsam pa'i tshul*) and the "external realists" (*'Od zer* 71b2: *phyi rol gyi don khas blangs kyang...*).

In Phya pa's interpretation, the final section of PVin 1 first introduces a proof of mental aspects, or, more precisely, a proof that aspects are what is apprehended by cognition, regardless of whether or not external objects exist.[100] One then finds a "proof of external reality" (*phyi rol sgrub byed*) establishing the existence of extra-mental entities (*phyi rol*).The latter corresponds to the passage of the PVin in which Dharmakīrti presents the argument that the external object is established as a cause of cognition from the fact that cognition (being the result) does not occur in the absence of the external object even though the other causes are present.[101] Phya pa interprets the next sentence (Skt. *yady atra... na brūyāt*) as referring to the idealist's refusal to infer the existence of the external object from this argument. The last passage is taken to explain how the idealists who refuse external reality can account for error.

Thus according to Phya pa's interpretation, Dharmakīrti's position is clearly idealist from the epistemological point of view. But on the ontological level the door seems to be left open for either a realist or an idealist position, even though the proof for the former position is not accepted by proponents of the latter.

Phya pa analyzes the *pramāṇaphala* passage of the *Pramāṇaviniścaya* in his "Topical outline" (*bsdus don*) of the PVin in the same way. I list here the main subdivisions of the passage:[102]

Table 8: Main subdivisions of Phya pa's synoptic table of the PVin for the *pramāṇphala*-passage

PVin Tib.	
78, 12-82, 28	[1141] The result of valid cognition according to external realists (*shes bya phyi'i don gyi tshul gyi tshad 'bras*)
84, 1-98, 28 (up to v. 58 incl.)	[1142] The result of valid cognition according to internalists (*shes bya nang gi tshul gyi tshad 'bras*)
	...
88, 10 (v. 41)-88, 17	[111421311] For propponents of Mind-only, the result [of valid cognition] is reflexive awareness (*sems tsam du smra ba la 'bras bu rang rig yin pa*)

100 He identifies as the "proof of aspects" (*rnam pa sgrub byed*) the verse PVin Tib. 1.59a-c (Skt. 1.58a-c) together with the autocommentary (PVin 1 Skt. 43, 4-7, Tib. 98, 29-100, 6).

101 PVin 1 Skt. 43, 7-12 (including PVin 1.58d), Tib. 100, 6-12 (including PVin 1.59d) (parallel in PV 3.390d-391).

102 See *Rnam nges bsdus don* for the details of the further subdivisions and their correspondance with the *sa bcad* of *'Od zer*.

88, 17-88, 30	[111421312] For the Sautrāntika, the result [of valid cognition] is reflexive awareness (*mdo sde ba'i lugs la 'bras bu rang rig yin pa*)
	...
98, 29 (from v. 59)-100, 26 (end. of chap. 1)	[1143] Establishment that mind is twofold (*blo tshul gnyis par sgrub pa*)
98, 29 (from v. 59)-100, 6	[1143i] Proof of aspects (*rnam pa sgrub byed*)
100, 6-100, 12	[1143ii] Proof of external reality (*phyi rol sgrub byed*)
100, 12-100, 26	[1143iii] That the disinction between valid and invalid cognition for the party according to which there is no external reality is correct (*phyi rol med pa'i phyogs la tshad ma dang tshad ma ma yin pa'i rnam dbye 'thad pa*)

Phya pa's interpretation matches that of Rngog Lo in the *Dka' gnas* (161-187). There Rngog Lo discusses the first option in terms of "external realism" and "representationalism" (*Dka' gnas* 161: *phyi don smra ba'i lugs; rnam par dang bcas pa'i lta ba*), the second option as "internalism" (*shes bya nang gi tshul*). Commenting on the last portion of PVin 1, Rngog Lo says that "ultimately, [the result of valid cognition] is established to be consciousness only" (*Dka' gnas* 187: *don dam par rnam rig tsam du grub pa*), and that this applies not only for "realists," but also for other philosophical traditions (*yang na phyi'i don du smra ba 'ba' zhig tu ma zad kyi / gzhung lugs gzhan thams cad la yang de kho na ltar 'thad do zhes bya ba'o*).

In summary, according to Phya pa's interpretation, Dharmakīrti sanctions both the Sautrāntika and the idealist views of reality and their associated models of cognition, but argues that in both cases the result of valid cognition must be considered reflexive awareness.

To close this section, I would like to conclude that there is nothing obviously mistaken, or twisted, about the way Phya pa presents and explains Dharmakīrti's philosophical position in the context of the *pramāṇaphala* discussion. In particular, Phya pa does not attempt, through commentarial artifices, to present Dharmakīrti as a proponent of non-representational realism. Phya pa might not be a faithful follower of Dharmakīrti, but he is, at least in this context, an honest interpreter of his works.

(II) PHYA PA'S SUCCESSORS ON DHARMAKĪRTI'S POSITION

Some of Phya pa's students and successors (regardless of their own philosophical position) share his interpretation of Dharmakīrti's text. They understand Dharmakīrti as holding a dual perspective - Sautrāntika or Yogācāra idealism - rather than a provisional and a final perspective. Some specify that Dharmakīrti's idealist perspective consists in the "false-representational idealism" option, others consider it to consist it the "true-representational idealism" option.[103] For instance, Mtshur ston Gzhon nu seng ge explains in his epistemological summary in the section on the result of valid cognition:

> Among the four philosophical systems, the Teacher himself [i.e., Dharmakīrti] adopts the Sautrāntika representationalist system when dealing with the awareness of extra-mental objects, and, when dealing with consciousness only, having refuted true-representationalism he adopts false-representationalism.[104]

It is possible that Sa skya Paṇḍita has his former teacher Mtshur ston in mind when he writes:

> It is said (honorific) that among the four philosophical systems, the Teacher adopts the Sautrāntika [view] when extra-mental objects are accepted, and non-representationalism in the context where what is known is internal.[105]

Gtsang nag pa, seems, on the other hand, to read Dharmakīrti's perspective in the framework of a gradual scale of analysis culminating with false-representational idealism. Interestingly, the order of progression on this scale is the opposite of the order in which the respective positions are refuted by Phya pa in *Mun sel* and *Snying po*. Gtsang nag pa states that the four philosophical positions being considered, which he previously described along the

103 This specification may be linked to the Indian commentaries favored by these scholars. Dreyfus notes that according to Mkhas 'grub rje, the interpretation of Dharmakīrti as a false-representationalist is found in Dharmottara's and Prajñākaragupta's commentaries, while Devendrabuddhi's and Śākyabuddhi's commentaries depict Dharmakīrti as a true-representationalist, see Dreyfus 1997: 434.

104 *Sgron ma* 30a9-30b1: *grub mtha' bzhi po de dag las slob dpon nyid kyis don rig pa'i rnam gzhag mdzad pa na rnam bcas mdo' sde pa'i lugs ltar mdzad la / rnam rig pa'i rnam gzhag mdzad pa na rnam bden pa'i phyogs sun phyung nas rnam brdzun pa ltar mdzad mod kyi...*What Mtshur ston calls "true-representationalism" corresponds to what Phya pa calls "representational [idealism]," and what he calls "false-representationalism" to what Phya pa calls "non-representational [idealism]." As the "*mod kyi*" indicates, Mtshur ston, like Phya pa, actually disagrees with Dharmakīrti on the correct position to be adopted (see §4.3). Mtshur ston specifies that the four positions considered pertain to conventional reality (see n. 109). But he does not explicitely ascribe a Madhyamaka framework to Dharmakīrti.

105 *Rigs gter* IX 262, 26-27: *de ltar grub mtha' bzhi las slob dpon ni phyi rol gyi don khas len pa na mdo sde pa ltar mdzad la / shes bya nang la 'jug pa na rnam med zhal gyis bzhes so //.* Both Mtshur ston's and Sa skya Paṇḍita's assessment of Dharmakīrti's position follow a discussion that is almost literally identical in the two texts, starting with the refutation of the Naiyāyika, Vaiśeṣika and Vaibhāṣika views on the result of valid cognition (see *Sgron ma* xiii-xv) and continuing with the analysis presented above in Table 7. But while Mtshur ston goes on to express his disagreement with Dharmakīrti's standpoint (see §4.3), Sa skya Paṇḍita declares his agreement with Dharmakīrti (citing several verses from the PV in this regard: 3.351bc, 3.350cd, 3.398bc1, 3.336d-337a) and criticizes "most Tibetans who follow the Vaibhāṣika system." (see n. 115)

lines represented in Table 7 above, are attested in Dharmakīrti's works:[106]

- Non-representational realismis mentioned only as an opponent's position, and is refuted by Dharmakīrti.
- The two representationalist positions are both presented and refuted by Dharmakīrti. Gtsang nag pa cites PVin 1.34a-c (=PV 3.305ab-306a) with a fourth line that does not belong to this verse, PVin 1.38cd and PVin 1.41ab (=PV 3.332cd).
- False-representational idealism (which corresponds to what Phya pa calls "non-representational idealism") is presented exclusively as an established position. Gtsang nag pa cites PVin 1.39cd-40ab (=PV 3.331), which are parts of two verses describing the division between object and subject as a mistaken mental process.[107]

4.2 Phya pa's epistemological system - reframing Dharmakīrti

The philosophical standpoint advocated by Phya pa in his *Mun sel* clearly differs from the position(s) he attributes to Dharmakīrti when commenting on the PVin. Phya pa's own standpoint, as discussed in §3, is a non-representational external realist position bearing some similarities to the Vaibhāṣika system, in particular with regard to the idea that the object of cognition and the subject, the cognition apprehending it, are simultaneous. In the *Snying po* and the *Grub mtha'*, this position is a position adopted within Madhyamaka; it is to be preferred to the other positions pertaining to conventional reality and, of course, to any of the non-Madhyamaka systems that do not recognize emptiness as the ultimate reality and postulate ultimate entities.

When Phya pa presents the four positionsin the *Mun sel* and the *'Od zer*, given that Phya pa is a Mādhyamika, it is clear that from his point of view, these options, which concern the status of "apprehended objects," pertain to the realm of conventional reality.[108] In other words, as made explicit in the *Snying po* and the *Grub mtha'*, they are from his point of view

106 See *Bsdus pa* 67a8-67b3. This passage follows the discussion of the result of valid cognition in the four philosophical systems represented above in Table 7. I leave out here the details regarding the reading of the verses cited by Gtsang nag pa, which frequently differs from the canonical translation of the PVin and/or the PV, as well as the interpretation of these passages by Gtsang nag pa in the context of his extensive word-commentary on this passage.

107 Transl. in Dreyfus and Lindtner 1989: 43 (the portion cited by Gtsang nag pa appears in bold): "**When such a [buddhi, though really] without subject-object aspect, nevertheless is understood superficially the way fools consider it, i.e. as a confusion of a clearly distinguishable object and subject**-as in the case of a distinct cognition of [unreal] hair, etc.-then [I] shall not complain if [you] describe [mind in terms of] subject and object. [But, as said, it cannot really be split up.]" See Vetter 1966: 89 for a German translation.

108 Śākya mchog ldan clearly understands Phya pa's divisions in this context to constitute subdivisions of Madhyamaka pertaining to the conventional level. See n. 49.

subdivisions of Madhyamaka.[109] This was also most likely the point of view adopted by Phya pa's audience at the time. But Phya pa's discussion on the status of apprehended objects also makes sense from a non-Madhyamaka perspective. In short, positions A, B and C can be read as equivalent to [a], [b] and [c] in Table 3, and D as a position partially similar to [d].

When asking whether the fourfold division in the *Mun sel* and the *'Od zer* is intended as a Madhyamaka or a non-Madhyamaka division, the question is whether the scope of Phya pa's epistemological system is limited to what is, from a Madhyamaka point of view, the realm of conventional reality, or whether it is intended to be a system encompassing both conventional and ultimate reality. I speak of "epistemology involving a Madhyamaka framework" in the second case.[110]

In this regard, the number of folios Phya pa devotes in his epistemological works to the proof of emptiness by the "neither one nor many" argument, as well as his mention in the *Mun sel's* closing verses of the "substantialists" to be refuted, clearly indicates that in Phya pa's overarching Madhyamaka framework, epistemology is viewed as a tool. But this does not prove that Phya pa's epistemological system itself implies this framework.

Support for the latter claim is found, rather, in the range Phya pa ascribes to valid cognition. In Phya pa's epistemological system, valid cognitions, as in Dharmakīrti's model, still take entities characterized as causally efficient (particulars) as their object. But "emptiness" also qualifies as an "object of valid cognition" (*gzhal bya*). This point is the object of an extensive discussion in the *Snying po* (see Vose 2015: 113-118 and Hugon 2015b). In the *Mun sel*, it stands out in Phya pa's reformulation of the very criterion of validity.

Dharmakīrti's system revolves around a notion of "reliability," which refers to conformity with some expected or desired causal capacity of the object. Such a criterion does not apply to the realm of absolute reality, nor to that of non-entities. As I have discussed elsewhere (Hugon 2011a), Phya pa accordingly redefines valid cognition as the "understanding of a true object" (*bden rtogs*), explaining "true," which becomes the criterion of validity, as "not opposed or existing according to the natural disposition of what is knowable."[111] "Not opposed" appears here as a variation of "non-belying," one which is not restricted to expectations of causal efficacy, but applies to any quality applicable to the object. In its long version, the definiens of

109 Mtshur ston makes this point explicit in his epistemological summary, stating that the non-representationalist view is correct "conventionally" (*tha snyad du*) (see the passage cited in n. 122). As mentioned in n. 28, the author of the *Tshad bsdus* also gives the "Madhyamaka equivalent" for the categories applied to apprehended objects.

110 In comparison, one can consider Sa skya Paṇḍita's *Rigs gter*, which does not imply a Madhyamaka framework for epistemology although the author is a Mādhyamika.

111 As discussed in my article 2011b (p. 385), the source of Phya pa's discussion of "truth" in terms of non-opposition and "concordance with the natural status of the object" may be a passage in which Dharmakīrti hints at non-entities being objects of valid cognition, evoking in this case the criterion of "non-opposition."

valid cognition involves the notion of "elimination of super impositions," which also enters the definition of the object of valid cognition (*gzhal bya*) and can apply to entities, non-entities as well as to the ultimate.

Phya pa claims that this new definition is equivalent to the one given by Dharmakīrti (a rare attempt at justification from his side). It is, however, evident that Dharmakīrti's system has been reframed, and in the process modified in a significant way: in its overall orientation, as well as in some of its basic elements. Indeed, Phya pa's new definition of valid cognition also allows him to include "incorrect conventionalities" among objects of valid cognition. These are not only the objects of inferences refuting their reality, but more generally of valid cognitions that evaluate them for what they are.[112] This goes well with Phya pa's stand as a non-representational external realist, as it echoes Phya pa's claim that concepts and hallucinations&co, even though they are not real, qualify as "apprehended objects" and can be evaluated as such.

Integrating Dharmakīrti's system into an expanded Madhyamaka framework has Indian precedents, notably in Jñānagarbha's commentary on the *Satyadvayavibhaṅga*, which was likely among Phya pa's sources of inspiration.[113] This integration consists in pairing Dharmakīrti's "conventional" and "ultimate realities" (which Dharmakīrti's delineates in terms of causal efficacy) with correct and incorrect conventionalities - a pairing which stands out in the terminological alternatives in the *Mun sel* and the *Snying po* pointed out in Table 5. In this model, Dharmakīrti's original system applies in the conventional realm, but is not *a priori* applicable in the additional realm of ultimate reality.

Table 9: Dharmakīrti's system and Phya pa's system

In **bold**: objects of valid cognition

Dharmakīrti		Phya pa
conventional reality (universals)	not causally efficient	incorrect conventional reality (**concepts, hallucinations&co**)
ultimate reality (**particular**)	causally efficient	correct conventional reality (**particular**)
		ultimate reality (**emptiness**)

More than just integrating, Phya pa is *reframing* Dharmakīrti's system. In doing this

112 As I argued in Hugon 2011b, there is support for this second aspect in Dharmakīrti's writings themselves.

113 Other possible sources of influence could be Śāntarakṣita's *Madhyamakālaṅkāravṛtti*, which equates "causally active entity" with "correct conventionality" (cf. 71b1-2: *brtag mi bzod la don byed nus pa'i dngos po nyid ni yang dag pa'i kun rdzob ces bya ste / gang zag la sogs pa ltar sgra tsam ni ma yin no zhes bya ba'o //*), or the *Madhyama[kā] rthasamgraha* of Bhāviveka (D3857), which was possibly available to Phya pa since it was translated by Nag 'tsho lo tsa ba tshul khrims rgya ba (1011-1064).

he modifies a number of elements, in particular the part pertaining to the adoption of a Sautrāntika/Yogācāra model of cognition, which is refuted in favor of a Vaibhāṣika-like non-representational external realist model. Surprisingly, however, this modification has no far-reaching consequences regarding the adoption of rest of Dharmakīrti's system, impacting neither the characterization of entities, nor topics related to valid cognitions, perception and inference. But it leaves the door open for criticism in the context of an intellectual lineage proclaiming Dharmakīrti as its forefather.

4.3 Dealing with the divergence from Dharmakīrti

Phya pa's reframing of Dharmakīrti's system to turn it into a Madhyamaka system was surely acceptable for those of his contemporaries who considered Dharmakīrti a Mādhyamika in the first place (see §4.1.1.a). It was presumably acceptable also for those who saw Phya pa's changes as an "integration" of Dharmakīrti's system into a Madhyamaka framework. As an "extension," however, it was liable to be rejected (at least part of it) by scholars according to whom the ultimate remained beyond the range of valid cognition. But adopting a Vaibhāṣika-like philosophical position when dealing with conventional reality was bound to be another matter.[114]

As demonstrated above, Phya pa's adoption of this perspective and refuting other options was not the consequence of misunderstanding Dharmakīrti's intent, or of a partial knowledge of Dharmakīrti's oeuvre. Nevertheless, in the exegetical tradition Phya pa is part of, adopting a philosophical position at odds with the one(s) advocated with Dharmakīrti left the door open to being criticized as "contradicting the Scriptures." How can one, as Sa skya Paṇḍita points out in the *Rigs gter* (criticizing "Tibetans" in general), refute the Sautrāntika position or adopt a Vaibhāṣika-like model on the question of the result of valid cognition and claim to represent Dharmakīrti's thought correctly?[115] In the same vein, Chu mig pa criticizes "all Tibetans" (which may indicate that Phya pa's arguments did have a significant impact) for refuting the two kinds

114 van der Kuijp remarks in this regard that "Phya pa's pronounced partiality to the vaibhāṣika-s as far as his theories are concerned strikes anyone familiar with the basic tenets of Buddhist epistemology as something of an anomaly", see van der Kuijp 1983: 63-64.

115 See *Rigs gter* I 51, 16-17: "Thus, refuting Sautrāntika while accepting external objects is ignoring the intention of Dharmakīrti." (*des na pyhi rol gyi don khas len bzhin du mdo sde pa 'gog pa ni chos kyi grags pa'i dgongs pa ma shes pa yin no //*) and *Rigs gter* IX 263,13-15: "As for us, we follow the method of Dharmakīrti [regarding the result of valid cognition]. Most Tibetans follow the Vaibhāṣika. This is mere ignorance of reasoning based on the force of facts." (*kho bo cag kyang chos kyi grags pa'i tshul 'di'i rjes su 'brang ngo // bod phal cher bye brag tu smra ba'i rjes su 'brang mod / de ni dngos po stobs zhugs kyi rigs pa ma shes par zad do //*)

of idealism, stating that it amounts to contradicting their own treatises.[116]

We have seen that Phya pa did not attempt to hide his divergence with Dharmakīrti through commentarial artifices. He even acknowledges it explicitly. A pertinent passage in this regard is found in the *Mun sel* and the *'Od zer* in a discussion revolving around the relation between a logical reason (*rtags*) and the cognition that apprehends it (*rtags 'dzin*). There, Phya pa points out the difference between the Sautrāntika position adopted in the PVin (according to which the cognition apprehending the logical reason is caused by the latter) and his own position, which he characterizes as "accepting that the object and the subject are simultaneous."[117] Phya pa does not, however, highlight the divergence between his view and that of Dharmakīrti in a provocative way. When commenting on the *pramāṇaphala* passage of the PVin, he does not insert any criticism of the Sautrāntika or the idealist position. And in the passages where he criticizes these philosophical positions he does not name Dharmakīrti as a supporter of these models. Dharmakīrti is also not named as a proponent of the Sautrāntika or an idealist model in the passages of the *Mun sel* discussing the fourfold set of philosophical positions. And Phya pa does not explicitly refer to Dharmakīrti or the PVin in the section of the *Mun sel* on the result of valid cognition, in which he recalls the previous refutation of the representationalist Sautrāntika view.[118] Maybe this is a token of respect for the Indian founding father or maybe it is a sign that Phya pa's commentarial task and his philosophical project stand on separate grounds. A later source hints to the idea that Phya pa distinguished Dharmakīrti's position adopted in the Seven Treatises from his final intent. Śākya mchog ldan indeed reports in his *Dbu ma'i byung tshul*, after the interpretation of Dharmakīrti's intention in the *Pramāṇavārttika* by Śāntarakṣita, Kamalaśīla, and Rngog Lo:[119]

---

116 *Rnam rgyal* A6b8-9/B5b3: *gangs can pa thams cad sems tsam pa gnyis ka'i lugs 'gog pa ni / rang gzhung sems tsam du bshad pa dang 'gal lo //*). Chu mig pa's own perspective is true-representational idealism. In *Rnam rgyal* (A1b5-8a7/B1b7-10a7), in the section on the apprehended object, he refutes the external realist positions (*phyi rol don yod pa'i lugs dgag pa*), which include the representationalist Sautrāntika (*rnam bcas mdo sde pa'i lugs dgag pa*) and the non-representationalist Vaibhāṣika (*rnam med bye brag du smra ba'i lugs dgag pa*), and he refutes the false-representational idealist position (*sems tsam rnam brdzun pa'i lugs dgag pa*). He then presents his own position, true-representational idealism (*sems tsam bden pa'i lugs gzhag pa*).

117 *Mun sel* 58b2-3: *kho bo cag yul dang yul can dus mnyam du 'dod pas rtags 'dzin gyi tshad ma yul rtags las mi skye ba ni 'dod pa yin no / rnam par nges pa las skye bar gsungs pa ni mdo sde pa'i lugs la yin la...*; *'Od zer* 96a7-8: *kho bo cag yul dang yul can dus mnyam du 'dod pas rtags 'dzin gyi tshad ma yul rtags las myi skye ba ni 'dod pa yin no / gzhung nas skye ba gsungs pa ni mdo' sde pa'i lugs yin la...*

118 *Mun sel* 43a6-7: *bzhi pa ni rnam bcas* [*em. bcas: Ms bcad*] *mdo sde pa dag phyir rol dang 'dra ba'i rnam pa sgro 'dogs dang 'gal ba tshad ma yin la / don rig pa'i tshad ma'i tha snyad 'bras bu yin no zhes zer ba de ni sngar brjod pa'i rigs pas bsal par grub pa yin no //*

119 *Dbu ma'i byung tshul* 8a4-5: *rigs pa'i dbang phyug phya pa ni / sde bdun du gnas skabs mdo sems kyi lugs bzhag pa rnams / rnam 'grel mdzad pa de'i dgongs pa nyid du mi 'thad pas na / gtan la 'bebs tshul dang nyams su myong bya yang med par dgag pa'i stong pa nyid kho na'o zhes 'chad [/]*

The Lord of Logic Phya pa explained that since the presentation of the Sautrāntika and the Mind-only positions in the context of the Collection of the Seven Treatises are inadmissible as the real intention of the author of the *Pramāṇavārttika*, both the object to be determined [by logic] and the object to be experienced [in meditation] are just emptiness that is a simple negation.[120]

In such a way, refuting the philosophical positions adopted in the PVin would not amount to "refuting Dharmakīrti" as such. I could, however, not find any claim by Phya pa corroborating Śākya mchog ldan's statement.

Phya pa certainly took his distance from the Indian tradition in a way that can be contrasted to the more fundamentalist approach of scholars such as Sa skya Paṇḍita, for whom a contradiction with the Indian text, or even there being no mention of something in the Indian text, is sufficient argument for rejecting an idea or interpretation. Still, Phya pa recognizes the relevance of arguments based on the coherence with the scriptures, and even uses such arguments himself in several cases.[121] Regarding the issue under consideration, Phya pa obviously decided to ignore the potential criticism of "contradiction with the Scriptures." So did the author of the *Tshad bsdus*, who adopted the same perspective as Phya pa, and even openly declared his "agreement with Vaibhāṣika." Mtshur ston, who also followed Phya pa's lead in what perspective to adopt, pleads guilty of diverging from Dharmakīrti's perspective. But he offers a justification for this move: logic takes precedence over faithfulness to the Dharmakīrtian corpus. Mtshur ston states:[122]

> In this regard, when analyzing with a mind that considers what is real, conventionally, the position that there is the cognition of an object without representation is the one that is correct. Therefore, one should conform to this system. The reasons why the other positions are not correct have been presented before. Hence, I shall not delve againinto this.

Non-representational external realism is thus to be adoptedat what, for Mādhyamikas,

---

120 According to Śākya mchog ldan, Śāntarakṣita, Kamalaśīla and Rngog Lo instead understand Dharmakīrti's intent to involve a distinction between what is understood by logic (emptiness of oneself) and what is understood in meditative experience (emptiness of other).

121 See Hugon 2015a: 472 on Phya pa's use of citations from Indian sources for this purpose.

122 See *Sgron ma* 30b1: *'dir dngos po sems pa'i blos dpyad na tha snyad du don rig rnam med kyi phyogs nyid rigs pas de'i lugs ltar khas blang par bya'o // phyogs gzhan mi 'thad pa'i tshul ni sngar bshad zin pas yang 'bad par mi bya'o //*. French translation in Hugon 2008a: 159.

corresponds to the conventional level because it is correct, whereas the other models, including the one(s) favored by Dharmakīrti, have been refuted. Dharmakīrti thereby loses his status of absolute authority.

Conclusive summary

- The four positions that Phya pa distinguishes - A, B, C, D - are subdivisions of Madhyamaka with respect to conventional reality.
- The account of the conventional in A, B and C matches, respectively, the presentation of Nirākāravāda Vijñānavāda [a], Sākāravāda Vijñānavāda [b] and Sautrāntika [c].
- Phya pa describes his own position as "non-representational external realism" (=D).
- Its specific common traits with the Vaibhāṣika system are limited to the claim of the simultaneity of the object and its cognition.
- Phya pa himself does not claim to be "in agreement with the Vaibhāṣika," but the author of the *Tshad bsdus*, who espouses Phya pa's standpoint, adopts this label.
- The reasons for Phya pa not adopting this label may reside in his disagreement with other points in the Vaibhāṣika system, in his assessment of this school as not fitting completely into the Buddhist framework, or in the wish to distinguish himself from his teacher Rgya dmar ba.
- In Phya pa's epistemological works, the four positions can be understood as subdivisions of Madhyamaka with respect to conventional reality or as non-Madhyamaka positions. The former reading is to be preferred given that the framework of Phya pa's epistemological system can be shown to be a Madhyamaka framework based on other of its constitutive elements, such as the scope ascribed to valid cognition.
- There is no evidence that Phya pa holds that Dharmakīrti himself advocates a Madhyamaka epistemological system. In Phya pa's interpretation, Dharmakīrti argues in favor of epistemological idealism, which is to be adopted regardless of the ontological position being espoused, and he supports both the Sautrāntika system and the Mind-only system.
- Phya pa acknowledges that his own system with respect to conventional reality differs from that of Dharmakīrti as presented in the PVin.
- In conclusion, it may be argued that Phya pa is indeed a Mādhyamika, a crypto-Vaibhāṣika and an honest interpreter - although not a faithful follower - of Dharmakīrti.

Epilogue

The impact of Phya pa's deliberate reframing of Dharmakīrti does not seem to have reached much beyond the circle of Phya pa's immediate disciples. It is in fact not surprising that few Tibetan epistemologists followed Phya pa's lead. If not the typical criticism against the Vaibhāṣika position itself - in particular the argument against the simultaneity of the object and the subject - the argument of "contradiction with the Scriptures" invoked by Sa skya Paṇḍita and echoed for instance in Chu mig pa's work might have contributed to models supported in Dharmakīrti's works being adopted. Thus, in the Gsang phu tradition stemming from Phya pa, one witnesses for instance the adoption of a representational external realist perspective by Gtsang nag pa,[123] a true-representational idealist perspective by Chu mig pa[124] (possibly influenced by the criticism of Sa skya Paṇḍita), and a false-representational idealist perspective by Gtsang drug pa Rdo rje 'Od zer (12th c.).[125] Later textbooks used in the monastic curriculum of the Dge lugs pa school and leading scholars such as Rgyal tshab rje Dar ma rin chen (1364-1432), Mkhas grub rje Dge legs dpal zang (1385-1438) and Dge 'dun grub (1391-1475) favor the Sautrāntika and Yogācāra models in the field of epistemology.[126] In the field of Madhyamaka, they adopt the idea of the existence of external reality at the conventional level and for transactional usage - this is one of the "Crucial Points" (*Dka' gnad brgyad*) formulated by Tsong kha pa (1357-1419) - but do not adopt the Vaibhāṣika model.[127]

Further research will allow one to determine the extent to which Phya pa's successors considered interpreting Dharmakīrti and defining one's own perspective to be distinct issues, as well as to discover the import of Phya pa's original step, going from an epistemology-influenced Madhyamaka toward a Madhyamaka-oriented epistemology.

123 Gtsang nag pa's own position can be understood to be representationalism, probably representational realism. Indeed, he introduces the passage starting at PVin 1 Tib. 100,11, which he interprets as Dharmakīrti's refutation of this view, by saying "Although the view of the proponents of representationalism is the truth (*de kho na nyid yin*), since the Teacher has formerly regarded this position as incorrect, here also he refutes it indirectly (*Bsdus pa* 78b8: *rnam bcas smra ba'i bsam pa ni de kho na nyid yin mod kyi slob dpon gyis lugs 'di snga nas mi 'thad par gzigs pas 'dir yang zur gyis sun 'byin pa ni gal te ces pa ste*." It is unclear whether "representational realism" or "representational idealism" (or both) is intended here by Gtsang nag pa, but the context of the passage (the sentence that follows the argument identified as the "proof of external objects by external realists") and the further arguments mentioned by Gtsang nag pa point in the direction of "representational realism."

124 See n. 116.

125 In his epistemological summary, which postdates the compositions of Phya pa's disciples Gtsang nag pa and Dan 'bag pa, he adopts a false-representational idealist-oriented Madhyamaka position when discussing apprehended objects (see *Gsal byed* 4b1-7). On this text and the identity of its author, see Hugon 2011c: 122, n. 49 and Hugon 2013: 674. n. 17.

126 Cf. Dreyfus 1997: 32-33.

127 See Seyfort Ruegg 2002: 202-207.

Part II - Appendices

Appendix I: Place of the discussion on the four philosophical models in Phya pa's works

1. *Mun sel*

1. Typology of mind in general (*spyir blo tsam gyi dbye ba*) (1b5-11a5)

11. Threefold typology based on the apprehended object (*gzung yul la ltos nas blo gsum du dbye ba*) (1b5-8a6)

111. The three objects that have to be determined (*yul gsum nges par bya ba*) (1b9-4a1)

[128]A. Discussion of the view of proponents of non-representational Mind-only (*sems tsam rnam pa med par smra ba*) (1b9-2b1)

B. Discussion of the view of proponents of representational Mind-only (*sems tsam rnam bcas su smra ba*) (2b1-3a9)

C. Discussion of the view of the representationalist Sautrāntika, etc. (*rnam bcas mdo sde pa la sogs pa*) (3a9-3b2)

D. [Own view] (3b2-3b3)

2. *'Od zer*

I. The cause of the composition of the treatise [i.e., of the *Pramāṇaviniścaya*] (*bstan bcos rtsom pa'i rgyu*) (1b5-2b3)

II. The effect of our own treatise, the 'purpose and connection' (*rang gi bstan bcos kyi 'bras bu dgos 'brel*) (2b3-4a8)

III. The nature of the treatise (*bstan bcos kyi rang bzhin*) (4a8-196b5)

1. The means of determining an epistemic object oneself (*rang gis gzhal bya nges pa'i thabs*) (4a8-142a9)

11. The means of cognizing directly (*mngon sum gyur rtogs pa'i thabs*) (=the chapter on perception)(4a9-76b9)

111. General presentation of valid cognition (*tshad ma spyi'i rnam gzhag*) (4a9-44b9)

111.1 Brief presentation of the distinctions (*rab du dbye' ba mdor gzhag pa*) (4a9-6a7)

111.2 Common definiens for the established distinctive members (*dbye ba nges pa'i yan lag du thun mong gi mtshan nyid*) (6a7-35a9)

111.21 How a definiens defines a definiendum (*mtshan nyid kyis mtshon bya mtshon pa'i tshul*) (6a8-20b3)

111.22 In particular, establishment of the definiens of valid cognition (*bye brag du tshad ma'i mtshan nyid gtan la dbab pa gnyis kyis nges par bya*) (20b3-35a9)

128 The letters A...D refer to the identification of these positions in Table 1 and Table 2 in Part I.

111.221 Apprehension of the definiens accepted by ourselves (*rang gi 'dod pa'i mtshan nyid gzung pa*) (20b4-23b2)

111.222 Rejection of the faults pertaining to the definiens (*mtshan nyid kyi nyes pa spang pa*) (23b2-30a8)

111.222.1 Distinction between valid and invalid cognition in general (*spyi tshad ma dang tshad ma ma yin pa'i dbye ba*) (23b2-28b3)

A. Discussion of the view of proponents of non-representational cognition (*blo rnam par med pa smra ba*) (23b4-8)

B. Discussion of the view of proponents of representational cognition (*blo rnam pa dang bcas pa*) (23b8-24a8)

C. Discussion of the Sautrāntika view (*mdo' sde ba dag*) (24a8-9)

D. [Own view] (24a9)

3. *Snying po*

1. The knowable, which is to be determined (*shes bya nges par bya ba*) (A1,12-125,22)

11. The distinction between the two realities (*bden pa gnyis kyi dbye ba*) (A1,15-15,16)

12. The definiens of the two realities (*bden gnyis kyi mtshan nyid*) (A15,17-125,22)

121. The respective definiens of the two realities (*bden gnyis kyi so so'i mtshan nyid*) (A15,21-24,3)

122. Reflecting on the definitional bases that are the bases on which the definiens is based (*mtshan nyid gnas pa'i rten mtshan gzhi bsam pa*) (A24,4-35,7)

122.1 The definitional bases that are defined as ultimate and conventional reality (*don dam dang kun rdzob kyi bden par mtshon pa'i mtshan gzhi*) (A24,6-28,13)

122.2 The definitional bases that are defined as correct or incorrect conventionalities (*yang dag pa dang log pa'i kun rdzob du mtshon pa'i mtshan gzhi*) (A28,14-35,7; B12a2-14b2)

A. Discussion of the position of proponents [of the view] that, at the conventional level, what is knowable is internal and devoid of aspects (*kun rdzob du shes bya nang gi tshul rnam pa med par smra ba*) (A18,15-30,11)

B. Discussion of the position of proponents [of the view] that, at the conventional level, what is knowable is internal and endowed with aspects (*kun rdzob du shes bya nang rnam pa dang bcas par smra ba*) (A30,12-34,9)

C. Discussion of the position of those who, at the conventional level, are representationalists, proponents of external realism (*kun rdzob du phyi rol gyi don yod par smra ba rnam pa dang bcas pa*) (A34,10-35,1)

D. [Own view] (A35,1-7)

4. *Grub mtha'* [129]

Discussion of Buddhist schools (*bde bar gshegs pa nang pa'i grub mtha'*) (19a2-33a2)

[Śrāvaka] (19b3-24a1)

Vātsīputrīya (*gnas ma bu pa*) branch of the Saṃmitīya (*mang po bkur pa*) (19b3-20a1)

[d][130] Vaibhāṣika (*bye brag tu smra ba*) (20a1-22a7)

[c] Sautrāntika (*mdo sde pa*) (22b1-24a1)

Mahāyāna (*theg pa chen po*) (24a1-33a2)

Mind-only (*sems tsam pa*) (24a1-29a5)

[b] Proponents of representational Mind-only (*sems tsam du smra ba rnam pa dang bcas par smra ba*) (24a1-28b2)

[a] Non-representational Mind-only (*sems tsam du smra ba rnam pa med pa*) (28b2-29a5)

Non-essentialism (=Madhyamaka) (*ngo bo nyid med par smra ba*) (29a5-33a2)

Classification of the five bases of the knowable in the categories of absolute reality and correct and incorrect conventional reality (29a6-29b3)

Discussion of orientations within Madhyamaka with regard to instances of conventional reality (29b3-30a6)

1 [=B]. Mādhyamikas according to whom what is knowable is internal (*shes bya nang gi Dbu ma ba*) (29b3-30a1)

2 [=A]. Mādhyamikas who agree with the party of non-representational Mind-only (*sems tsam rnam med pa'i phyogs dang mthun pa'i Dbu ma yin*) (30a2)

3 [=C]. [Mādhyamikas] who agree with Sautrāntika (*mdo sde ba dang mthun*) (30a2-3)

4. Discussion of three views pertaining to the mental basis: single collection, sixfold collection or eightfold collection of consciousness (30a3-5)

5 [=D]. [Own view] (30a5-6)

Discussion of orientations within Madhyamaka with regard to ultimate reality (30a6-31a2)

Appendix II: The fourfold division in Mun sel and Snying po

1. Remarks to the edition

• The text of the *Mun sel* and the *Snying po* is presented in a two-column table to highlight the

129 See Nishizawa 2013: 69-71 (in Japanese) and Werner 2014: 23 for a more detailed outline of the work, and in particular Werner 2014: 29 and 36 for a detailed outline of the Yogācāra and the Madhyamaka sections.

130 The letters [a]... [d] refer to the identification of these positions in Table 3 in Part I.

symmetry between the two works.

- The edition of the passage in the *Mun sel* is based on a single manuscript of the text, the images of which are available in two versions (see the bibliography) whose legibility slightly varies. The cleares was always chosen when noting the manuscript reading. Some differences between the two versions (such as insertions being visible in one version only, cf. II.2, n. 151, n. 158), which might be due to the quality of the copy or the intervention of a modern reader, are recoreded in the footnotes. The reading adopted in the modern edition is only mentioned in the case of illegible or unclear interlinear notes.
- The edition of the *Mun sel* preserves the orthographic particularities of the manuscript. Those include:
    - Non-systematic palatalization of *m* before *e* or *i* (e.g., *myed* for *med, dmyigs* for *dmigs*)
    - *lasogs pa* for *la sogs pa*
    -*cig* for *gcig* (in most cases)
    -*pa* instead of *ba* after final *-ng* (e.g., *snang pa*) and final *-l* (e.g., *'khrul pa*)
- Paleographic particularities, such as final letters written as subscribed letters due to the lack of space at the end of the line (*lasogs* on 2a3) or in marginal notes (*yin* in the insertion to 3a7) are not noted in the edition.
- The *bindu*, which usually stands for a final *-m*, is transcribed as M.
- Pointed brackets <> indicate characters or words inserted by the scribe in order to emend the text, usually below the line, once at the bottom of the folio.
- Curly brackets { } indicate a deletion in the manuscript by means of erasing
- Square brackets [] indicate unclear characters or words.
- Square brackets with a question mark [?] indicate a conjectural reading of very unclear characters or words.
- The asterisk * stands for illegible letter or combination of letters.
- → indicate a scribal correction involving the transformation of the characters originally written, or deletion and writing over.
- The edition of the *Snying po* follows Tauscher's edition (*Snying po* A). Please refer to Tauscher's introduction regarding the orthographic particularities of the manuscript. Only significant variations found in the *Bka' gdams gsung 'bum manuscript* (*Snying po* B) are recorded. Variations regarding orthography are only noted the first time they occur, with the mention "passim," unless the chosen reading is that of B.[131]
- For *Mun sel*, folio and line numbers are given in susbscript. For *Snying po*, I provide in subscript the pages from Tauscher's edition (*Snying po* A) and the folio and line numbers

131 The present edition of this passage of the *Snying po* builds on an e-text originally inputted by Eric Werner, which he generously shared.

from the manuscript in the *Bka' gdams gsung 'bum* (*Snying po* B).

- Interlinear notes appear in footnotes when they are clearly distinguishable from corrections in the manuscript.
- Names of schools or philosophical positions and the mention of anonymous protagonists (e.g., *kha cig*, *gzhan dag*) are underlined.
- Numbered titles (in bold) are editorial.
- Paragraphs are editorial. I occasionally introduced a break the Tibetan sentence for the sake of clarity, or to enable a better comparison between the two texts.
- Italics are used to mark the opponent's objections and retorts, especially in arguments by parallels (on which see Hugon 2008b and Appendix II.3 below).

2. Text of *Mun sel* and *Snying po*

***Mun sel* 1b9-3b3**	***Snying po* A28, 14-35, 7; B12a2-14b2**
(111) yul gsum nges par bya ba	**(122.2) yang dag pa dang log pa'i kun rdzob du mtshon pa'i mtshan gzhi**
dang po ni	gnyis pa yang dag pa dang log pa'i kun rdzob du mtshon pa'i mtshan gzhi ni
A. sems tsam rnam pa med par smra ba	**kun rdzob du shes bya nang gi tshul rnam pa med par smra ba**
A.a.	
sems tsam rnam pa med par smra ba kha cig sems dang sems las $_{2a1}$byung pa 'ba' zhig dngos po yin la don spyi dang rtog med 'khrul pa'i dmigs pa dngos med yin pa ltar dbang po dang yul dang snod kyi 'jig rten du snang pa'i[132] sgro btags dngos med sngon goms pa'i bag chags la rten nas snang pa yin no // des na dbang po yul dang snod kyi 'jig rten du snang pa myed bzhin du blo la snang pa kun brtags dang / shes pa rang[133] rig shel sgong dag pa lta bu snga ma las phyi ma skye ba$_{2a2}$ gzhan dbang[134] dang de'i chos nyid bdag gnyis kyis stong pa'i myed dgag yongs su grub pa yin[135] pas[136] rang rig pa thams cad ma 'khrul pa yin la gzhan rig pa thams cad de	kun rdzob du$_{B12a3}$ shes bya nang[139] gi tshul rnam pa myed par smra ba kha cig ni sems dang sems las byung ba ni shes pa'i dngos po yin pas yang dag pa'i kun rdzob yin la / yul lnga dang zla ba gnyis dang rmyi lam lasogs pa dang don spyi snang ba mtha' dag kyang ma rig pa'i bag chags las myed pa'i don snang ba yin pas log pa'i kun rdzob yin no ces zer ba /

132 Ms. pa'[i]

133 Ms. [r]ang

134 Compare with *Tshad bsdus* 6,20-7,1: *gzhan dbang ni shes pa rang gis rang gsal ba'i shes sgong dag pa lta bu rnam pa'i dri mas ma bslad pa'i shes pa'i skad cig snga ma las phyi ma skye ba'o //*

135 Compare with *Tshad bsdus* 7,1-3: *yongs grub ni chos can gzhan dbang rnam rig tsam de'i steng du dgag bya gang zag gi bdag dang chos kyi bdag gnyis khegs tsam gyi med dgag go //*

136 Interlinear note below the line: [rts?]od pa'i lan du d[o]n daM rnam gzhag ni. Cf. the similar explanation introduced in *Tshad bsdus* 6,12 with the expression *don dam rnam bzhag*.

kho nar 'khrul pa yin yang[137] 'jig rten pas bag chags brtan pa la zla ba cig lasogs pam yong[138] pa 'tshams sbyor bar snang pa la ma 'khrul pa zhes tha snyad byed la / zla ba gnyis lasogs pa bag chags mi brtan pa la snang pas myong pa 'tshams mi$_{2a3}$sbyor bar snang pa thams cad la 'khrul pa'i tha snyad byed pa yin no zhes zer ro //	
<u>A.b.</u>	
de la sems dang sems las byung pa dngos po yin pa dang rtog med 'khrul pa'i dmyigs pa dang don spyi dngos myed du 'dod pa ni bden na / gzugs[140] lasogs pa dngos myed du mi rigs te /	don spyi dang zla ba gnyis $_{B12a4}$ la sogs pa log pa'i kun rdzob yin pa dang sems dang sems las byung ba yang dag pa'i kun rdzob yin pa ni bden na /
<u>(i)</u>	
de lta na bde ba lasogs$_{2a4}$ pa dngos myed du 'dod pa la ji skad brjod par bya /	gzugs la sogs pa snang ba log pa'i kun rdzob yin na bde ba la sogs pa'ang log pa'i kun rdzob du ci ste mi brjod /
bde bas phan pa dang sdug bsngal gyis gnod pa'i don byed pas dngos myed du 'gal lo zhe na /	$_{A29}$ *gal te bde ba la sogs pa la phan pa dang gnod pa lasogs pa'i don byed pa myong bas grub pa na dngos por grub* $_{B12a5}$ *pa log pa'i kun rdzob du 'gal lo zhe na /*
mes bsreg pa'i don byed pa dang chus ngoms pa'i don byed pa lasogs pa 'ang[141] dngos myed du 'gal lo //	phyi rol la'ang[142] myes sreg dang chus ngoms pa lasogs pa'i don byed pa myong bas grub pas dngos por grub pa'i phyir log pa'i kun rdzob du 'gal lo //
me lasogs pa la phyogs kyi cha phye na cig dang du mar ma rnyed pas dngos po ma yin te don byed par snang pa 'khrul pa yin no zhe na /	*gal te don byed par snang ba ni log shes yin te / shar lasogs pa'i char phye na gcig dang du mar ma rnyed[143] pas don byed pa khegs pa'i phyir ro zhe na /*
$_{2a5}$ bde ba lasogs pa la'ang dus kyi char phye na cig dang du mar ma rnyed pas dngos por med de don byed par snang pa 'khrul par 'gyur ro //	bde ba lasogs pa $_{B12a6}$ la'ang[144] don byed par snang ba log shes yin te thog ma dang Dbus dang tha ma'i cha phye na gcig dang du mar ma rnyed pas don byed pa khegs pa'i phyir ro zhes ci ste mi brjod //
gal te cha med pa'i cig dang du ma bkag pas de'i khyab bya don dam pa'i dngos po dgag par nus kyi / de'i[145] khyab bya ma yin pa'i kun rdzob pa'i dngos po mi khegs so zhe na /	*gal te cha myed pa'i gcig dang du ma ni don dam pa'i dngos po'i khyab byed yin gyi kun rdzob pa'i dngos po'i khyab byed ma yin pas de bkag pas shes pa la kun rdzob pa'i dngos po dgag par mi nus* $_{B12a7}$ *so zhe na /*

137 Interlinear note below the line: kun rdzob rnam gzha[g] ni. Cf. the similar explanation introduced in *Tshad bsdus* 6,6 with the expression *kun rdzob rnam bzhag ni*.

138 Ms. [m]yong

139 A (Ms.), B nang : A (ed. em.) snang

140 Ms. { } gzugs

141 Ms. 'ang{ }

142 B la'ang, A la yang

143 A rnyed : B snyed

144 A la'ang, B la yang

145 Ms. te'i → de'i

de ni phyi rol la'ang mtshungs so //	de ltar na[146] rtags des phyi rol la'ang[147] kun rdzob pa'i dngos po dgag par ga la nus /

(ii)

gal te phyi dang nang gi blo la cig dang du ma bkag pas $_{2a6}$ *yang dag pa'i dngos po bkag kyang tha snyad pa'i dngos po 'gog mi nus pa de lta na dbang*[148] *phyug lasogs pa*[149] *rtag pa la'ang rim dang cig car kyis don byed pas stong pas kyang don dam pa'i dngos po khegs kyi kun rdzob kyi dngos po 'gog mi nus so zhe na /*	*gal te cha myed pa'i gcig dang du ma bkag pas phyi rol dang shes pa la kun rdzob pa'i dngos po 'gog mi nus pa de lta na rtag pa la rim dang cig car*[150] *gyis don byed pas stong bas kun rdzob pa'i dngos po dgag par mi nus par 'gyur ro zhe na /*
rtags des kun rdzob pa'i dngos po 'gog pa na phyogs kyi chos dang khyab pa grub bzhin du ji ltar mi 'gog[151] /	rtag pa la rim dang cig car gyis don byed pas stong ba'i phyogs chos[152] kyang grub la / de la kun rdzob pa'i dngos pos stong bas[153] khyab pa $_{B12b1}$ 'ang[154] grub bzhin du kun rdzob pa'i dngos po dgag par mi nus par 'gal lo //
yang dag pa'i gcig dang du ma dang $_{2a7}$ *bral bas kun rdzob pa'i dngos po 'gog na phyogs kyi chos dang khyab pa grub pas ji ltar mi 'gog ce na /*	*'o na phyi rol lasogs pa la cha myed pa'i gcig dang du ma dang bral ba'i rtags kyang grub la de la kun rdzob pa'i dngos pos stong bas khyab pa'i khyab pa'ang grub bzhin du kun rdzob pa'i dngos po dgag mi nus par 'gal lo zhe na /*
yang dag pa'i cig dang du bral la kun rdzob pa'i dngos pos stong pas khyab na shes bya mtha' dag la yang dag pa'i cig dang du bral gyis khyab pas kun rdzob kyi dngos pos stong pas kyang khyab par 'gyur te kun rdzob kyi dngos po mi srid par 'gyur ro //	yang dag pa'i gcig dang du ma dang bral ba la kun rdzob pa'i dngos pos stong $_{B12b2}$ bas khyab na shes bya mtha' dag la yang dag pa'i gcig dang du ma dang bral bas khyab pas kun rdzob pa'i[155] dngos pos stong bas kyang khyab par 'gyur bas kun rdzob pa'i dngos po gtan mi srid par 'gyur ro //
rim dang cig car gyi don byed pas stong pa ni shes $_{2a8}$ bya la khyab pa ma yin te rtag pa kho na la khyab pa yin no //[156]	rim dang cig car gyis don byed pas stong ba la kun rdzob pa'i dngos pos stong bas khyab kyang shes bya la rim dang cig car gyis don byed pas stong bas khyab pa ma yin te $_{B12b3}$ / phung po lnga la ma khyab pa'i phyir ro // //

146 A de ltar na : B de lta na yang

147 A la'ang : B na'ang

148 Ms. { }dbang

149 Ms. lasogs pa{ }

150 A cig car, B cig char (passim)

151 Ms. ji ltar <mi> 'gog. This insertion is only visible on the TBRC version.

152 A don byed pas stong bas kun rdzob pa'i dngos po dgag par mi nus par 'gyur ro zhe na / rtag pa la rim dang cig car gyis don byed pas stong ba' phyogs chos : B don byed pas stong <bas kun rdzob> pa'i phyogs chos (eye-skip)

153 A stong bas : B stong pa'i

154 A pa'ang : B pa

155 A kun rdzob pa'i : B kun pa'i

156 Note at the bottom of the folio: des [na?] thun mong gi ma nges pa dang po dang mthun phyogs la khyab par yod pa'i yang dag g[ny?] is b[sgr?]e ba'i g*** [med d?]o /. Modern edition, p. 588: des na thun mong gi ma nges pa dang po dang mthun phyogs la khyab pa yod pa'i yang dag gnyis bsgre ba'i gnyi ga med do /

gzhan dag yang dag pa'i cig dang du bral gyis yang dag pa'i rang bzhin 'gog pas de[157] la rten pa'i rjes dpag don dam dpyod pa'i tshad ma yin la / rim dang cig car gyis don byed pas stong pa'i rtags kyis kun rdzob pa'i dngos po 'gog pas de la brten pa'i rjes dpag kun rdzob dpyod pa'i tshad ma yin no zhes zer ba[158]	$_{A30}$ kha cig gcig dang du ma dang bral ba'i rtags la rten pa'i rjes dpag ni dgag bya yang dag pa'i dngos po 'gegs pas don dam dpyod pa'i rigs pa yin la / rim dang cig car gyis don byed pas stong ba'i rtags la rten pa'i rjes dpag ni dgag bya kun rdzob pa'i dngos po 'gog pas kun rdzob dpyod pa'i rigs $_{B12b4}$ pa yin no zhes zer ba
de lta na rim dang $_{2a9}$ cig car gyi don byed pas stong pas dngos po tsam bkag pa na kun rdzob dang don dam pa'i dngos po gnyi ga 'gog pas de la rten pa'i rjes dpag gnyi ga dpyod pa'i tshad mar 'gyur ro //	de'i ltar na / rim dang cig car gyis don byed pas stong bas dngos po tsam khegs pa na khyad par don dam pa dang kun rdzob pa'i dngos po gnyi' ga khegs pas gnyi ga dpyod pa'i tshad mar 'gyur ba dang /
gzhan yang dpyad mi bzod par nges pas dpyad bzod 'gog pas don dam dpyod pa'i tshad ma dang shes byar nges pas shes bya ma yin pa dpyod par smra ba ji ltar dgag /	snang ba la dpyad mi bzod pas khyab pa nges pa'ang dpyad bzod 'gog pas don dam dpyod pa'i tshad ma dang / shes byar nges pas kyang shes bya ma yin pa 'gog pas shes bya ma yin pa $_{B12b5}$ dpyod pa'i tshad mar[159] 'gyur ro //
dgag bya don dam dang shes bya ma yin pa 'gog$_{2b1}$ kyang gzhal bya kun rdzob dang shes bya 'jal bas kun rdzob dang shes bya[160] dpyod pa yin no zhe na /	*dgag bya dpyad bzod dang shes bya ma yin pa 'gog kyang gzhal bya dpyad mi bzod dang shes bya 'jal bas kun rdzob dang shes bya 'jal ba'i tshad mar 'gyur na /*
cig dang du bral la rten te don dam pa'i dngos po 'gog kyang stong nyid 'jal na don dam dpyod pa dang sgyu ma lta bu 'jal na kun rdzob dpyod pa yin la /	yang dag pa'i gcig dang du ma dang bral ba'i rtags la rten pa'i blos kyang dgag bya yang dag pa'i dngos po 'gog kyang bkag nas[161] stong pa nyid du nges pas don dam dpyod pa'i tshad $_{B12b6}$ ma dang sgyu ma lta bu nges pa kun rdzob dpyod pa'i tshad mar 'gyur ba yin no //
gzhan la yang gzhal bya la rten nas rnam par dbye'i dgag bya la rten nas mi dbye'o //	
B. sems tsam rnam bcas su smra ba	**kun rdzob du shes bya nang rnam pa dang bcas par smra ba**
B.a.	
yang sems tsam rnam bcas su smra ba dag don spyi rtog pa dang ngo bo cig la zla ba gnyis lasogs pa rtog$_{2b2}$ myed 'khrul pa dang ngo bo cig pa dang gzugs lasogs pa mngon sum dang ngo bo cig pas snang tshad shes	yang kun rdzob du shes bya nang[169] rnam pa dang bcas par smra ba dag

157 Ms. pa<s> de

158 Note at the bottom of the folio in the right corner (only visible in the *bka' gdams gsung 'bum* version): dngos po ['tha?]d [kyang?] [m?]i ['gog] *** [yin?] *.Modern edition, p. 588: dngos po 'thad kyang mi ldog pa dpog cing.

159 A shes bya ma yin pa 'gog pas shes bya ma yin pa dpyod pa'i tshad mar : B shes bya ma yin pa dpyod pa'i tshad mar (eye-skip)

160 Ms. kun rdzob <dang> shes bya

161 A bkag nas : B <bgag bya> bkag nas. "bgag bya" (for "dgag bya") could be a later insertion rather than a scribal correction.

pa yin pas ngo bo cig la don byed mi byed dang rgyus bskyed ma bskyed 'gal bas snang tshad dngos po 'ang yin la gzhan dbang yang yin[162] no // kun brtags ni gang zag dang chos kyi bdag mi srid pa la srid par zhen par byas pa'i zhen yul de yin zhing shes pa la bdag gnyis kyis stong pa yod pa yongs su grub pa yin no // snang tshad rang$_{2b3}$ snang pas rang rig mngon sum dang gzung don la ma 'khrul pa yin yang / 'jig rten la[163] snang pa shes pa las tha dad du grags pa de'ang bag chags brtan pa la snang pa'i sngon po lasogs pa dngos por grags pas der snang pa ma 'khrul pa dang / bag chags mi brtan pa la zla[164] ba gnyis lasogs pa snang pa dngos med du grags pas der 'dzin 'khrul par tha snyad byed pa yin no // don spyi 'ang da ltar gyi shes pa'i skad[165] cig dang ngo bo gcig pas don rang gi mtshan[166] $_{2b4}$ nyid yin yang snang pa de[167] phyi rol du ma'i bdag nyid[168] du zhen pas don spyi zhes brjod pa yin no //	
gzugs lasogs pa shes pa yin pa ci'i phyir zhe na gsal ba'i phyir shes pa yin te bde ba lasogs pa bzhin no / *de khyab pa med do zhe na /* nog dang lkog shal las dkar zal ba lang du bsgrub pa'ang khyab pa med do // *mtshan nyid nog dang lkog shal dang ldan pa la mtshon bya ba lang gis khyab pa 'dod pas spyod pa'i brda' lan cig $_{2b5}$ zhugs pas nges so zhe na /* mtshan nyid gsal ba la mtshon bya shes pas khyab pa'ang 'dod pas spyod pa'i brda' lan cig zhugs pas nges so //	nog dang lkog shal dang ldan pa la ba lang gi tha snyad kyis khyab par 'dod pas spyod pa'i bdra lan cig zhugs pas nges pas rtags des khra bo ba lang du dpog pa ltar mtshan nyid gsal ba la mtshon bya shes pa'i tha snyad kyis khyab $_{B12b7}$ pa'ang[170] 'dod pas spyod[171] pa'i brda lan cig zhugs pas nges pas yul lnga dang rtog med 'khrul pa'i dmigs pa dang don spyi la'ang gsal ba'i rtags kyis shes par dpag du rung ste / snang ba thams cad shes pa yin no //
gsal ba shes pa'i mtshan nyid yin na mar me la khyab ches so zhe na nog dang lkog shal ba lang gi mtshan nyid yin na'ang khra bo la khyab ches so //	*gsal ba shes pa'i mtshan nyid yin na mar me la ha cang khyab po ce na /* lkog shal lasogs pa 'dus pa'ang ba lang gi mtshan nyid yin na dkar zal la khyab $_{B13a1}$ ches so //

162 Ms. dbang <yang> yin

163 Ms. { }la

164 Ms. pa <la> zla

165 Ms. shes pa<'i> skad

166 Ms. mtsha[n]

167 Interlinear note below the line: yul dus ma 'dre pa[r] snang yang. Modern edition, p. 589: yul dus ma 'dres pa snang yang.

168 Interlinear note below the line: rnaM pa [thun mong?] * mtshungs pa nyid. Modern edition, p. 589: rnam pa thun mong ba mtshungs pa nyid.

169 A (Ms.), B nang : A (ed. em.) snang

170 B khyab pa'ang : A khyab pa

171 B, A (ed. suggestion) spyod : A (Ms.) dpyod

de ba lang yin no zhe na / mar me'ang shes pa yin no //	*de nyid ba lang yin pas ba lang las gzhan du zhugs pa myed do zhe na /* gzung char snang ba'ang shes pa'i ngo bo yin na[172] mar me'ang shes pa yin pas shes pa las gzhan du zhugs pa myed do //
de la 'dzin char gsal ba med pas shes pa ma yin no zhe na / $_{2b6}$ khra bo la yang nag po'i nog dang lkog shal med pas ba lang ma yin no //	$_{A31}$*'dzin char gsal ba myed pas shes par mi rung ngo zhe na /* dkar zal la'ang nag sgur[173] gyi nog dang lkog shal myed pas ba lang du mi rung ngo //
nog dang lkog shal gyi bye brag bkag pas ba lang mi khegs so zhe na / gsal ba'i bye brag bkag pas kyang shes pa mi khegs so zhes zer ro //	$_{B13a2}$ *nog dang lkog shal lasogs pa'i bye brag bkag pas ba lang dgag par mi nus so zhe na /* gsal ba'i bye brag bkag pas kyang shes pa dgag par mi nus so //
	des na snang ba la shes pas khyab la shes pa la dngos pos khyab pas snang tshad[174] yang dag pa'i kun rdzob yin la / log pa'i kun rdzob ni gang zag gi bdag dang don dam pa'i dngos po lasogs pa shes bya la mi $_{B13a3}$ srid pa la srid par zhen pa'i kun brtags rnams yin no zhes zer ro //
<u>B.b.</u>	
de ni ma yin te snang pa shes pa'i ngo bor mi 'thad pa dang / zhen yul kun brtags[175] su mi 'thad pa'i phyir ro //	de ni mi rung ste snang ba thams cad shes pa yin par mi 'thad pa dang / kun brtags log pa'i kun rdzob du mi 'thad pa'i phyir ro //
B.b.1 snang pa shes pa'i ngo bor mi 'thad pa	**snang ba thams cad shes pa yin par mi 'thad pa**
dang po'ang bsgrub byed med pa dang / gnod byed yod pa gnyis so //	dang po la'ang gnyis te / shes pa yin pa la sgrub byed myed pa dang / gnod byed yod pa'o //
B.b.11 bsgrub byed med pa	**shes pa yin pa la sgrub byed med pa**
dang po 'ang gsal[176] ba shes pa'i mtshan $_{2b7}$ nyid du mi 'thad pa dang / 'thad kyang gzung 'dzin mi khegs pa'o //	dang po la'ang[177] gnyis ste / gsal ba shes pa'i mtshan nyid du mi 'thad pa $_{B13a4}$ dang / 'thad du chug kyang gzung 'dzin mi khegs pa'o //
B.b.111 gsal pa shes pa'i mtshan nyid du mi 'thad pa	**gsal ba shes pa'i mtshan nyid du mi 'thad pa**
dang po 'ang yod pa bsgrub byar thal ba dang / phyi rol mngon sum gyis khegs par thal ba gnyis so //	dang po la'ang yod pa bsgrub byar thal ba[178] dang / phyi rol mngon sum gyis khegs par 'gyur ba'o //
B.b.111.1 yod pa bsgrub byar thal ba	**yod pa bsgrub byar thal ba**

172 A yin na : B yin pa na

173 B nag sgur, A nag lgur

174 B snang tshad : A snang tshod

175 Em. kun brtags : Ms. kun rtags

176 Ms. dang po <'ang> gsal

177 A dang po la'ang : B dang po la

178 A thal ba : B 'gyur ba

dang po ni gsal ba shes pa'i mtshan nyid yin pas gsal ba la don byed nus pas khyab par thal lo // de 'dod na zla ba gnyis lasogs pa don byed par ma nges pa[179] gzhir byas nas gsal ba'i rtags kyis don byed par bsgrub pa yang $_{2b8}$ dag pa'i rtags su 'gyur te phyogs kyi chos dang khyab pa tshang pa'i phyir ro //	dang po ni zla ba gnyis lasogs pa rang rig pa'i shugs sam dngos su grub la de la rnam myed lasogs pas don byed pas stong bar log par rtogs pas de don byed par sgrub pa la[180] shes 'dod yod cing / gzhi de la gsal ba yod $_{B13a5}$ par[181] yang rang rig pa'i shugs la grub pas phyogs chos tshang ba dang / gsal ba la shes pas khyab la shes pa la don byed nus pas khyab pas khyab pa'ang[182] grub pa'i phyir zla ba gnyis lasogs pa gsal ba'i phyir don byed nus so zhes sgrub pa yang dag pa'i rtags su 'gyur la /
de 'dod na yod pa rtags kyi nus yul gyi bsgrub byar 'gyur ro // des na ma grub pa la yod chos med[183] ces pa lasogs pa Gsungs pa dang 'gal lo //	don byed pa'ang rtags kyi nus pa'i yul du 'gyur na / $_{A32}$ ma grub pa la yod chos myed // $_{B13a6}$ gnyi ga la rten 'khrul pa dang // myed pa'i chos ni 'gal 'gyur na // yod de ji ltar bsgrub bya yin // zhes pa rigs par smra ba'i tshul chen po[184] dor bar 'gyur ro // //
B.b.111.2 phyi rol mngon sum gyis khegs par thal ba	**phyi rol mngon sum gyis khegs par 'gyur ba**
gnyis pa ni brda la ma rmongs pa la nog dang lkog shal mthong pa nyid na ba lang gi tha snyad thogs pa ltar brda' la ma rmongs pa la gzugs lasogs pa gsal bar mthong pa nyid $_{2b9}$ na shes pa'i tha snyad mngon sum gyis nges pas phyi rol yin pa mngon sum gyis khegs par 'gyur ro //[185]	gnyis pa ni mtshan nyid mthong ba na brda la rmongs pa la mtshon bya dpog dgos kyang ma rmongs pa la mtshan nyid nges pa'i mngon sum nyid kyis[186] mtshon bya'i tha snyad du $_{B13a7}$ 'gyur ba yin pas 'dir yang brda la ma rmongs pa la gzugs lasogs pa gsal bar mngon sum du grub pa na mngon sum de nyid kyis[187] shes pa'i tha snyad thogs pas gzugs lasogs pa shes pa yin par grub pa'i phyir phyi rol yin pa mngon sum gyis khegs par 'gyur ro //
B.b.112 'thad kyang gzung 'dzin mi khegs pa	**'thad du chug kyang gzung 'dzin mi khegs pa**
'thad kyang gzung 'dzin mi khegs pa ni sngon po lasogs pa la gsal ba'i rtags kyis mig gi rnam shes kyi ngo bor sgrub pam mi sgrub /[188]	[188]gsal ba shes pa'i mtshan nyid yin du chug kyang gzung $_{B13b1}$'dzin mi khegs pa ni gsal ba'i rtags kyis sngon po lasogs pa shes par sgrub pa na myig gi shes pa las tha dad pa rtags des 'gegs sam mi 'gegs /

179 Ms. [pa]

180 A de don byed par sgrub pa la : B de don byed pa la

181 B yod par: A yod pa

182 A don byed nus pas khyab pas khyab pa'ang : B don byed nus pas khyab pa'ang (eye-skip)

183 PVin 3.62=PV 1.191: *nāsiddhe bhāvadharmo 'sti vyabhicāryubhayāśrayaḥ / dharmo viruddho 'bhāvasya sā sattā sādhyate katham //*. Tib.: PVin 3.62: *ma grub pa la yod chos med // gnyi ga la brten 'khrul pa dang // med pa'i chos ni 'gal 'gyur na // yod de ji ltar bsgrub bya yin //*; PV 1.191: *ma grub pa la yod chos med // gnyi ga la brten 'khrul pa can // med pa'i chos ni 'gal yin na // yod de ji ltar bsgrub bya 'gyur //*

184 A chen po : B chen po'ang

185 Note at the bottom of the folio: de ltar 'dod na yan lag can dang phyi'i rdul phran 'gegs pa'i rigs pa don med par thal zero /

186 A mngon sum nyid kyis : B mngon sum gyis

187 B kyis : A kyi

188 A (ed. add) gnyis pa ni

(i)	
dang po ltar na khra bo 'ang nog dang lkog shal dang ldan pas nag po'i rdzas su sgrub pa cis 'gog / *de khyab[189] pa med do zhe na /* gsal bas mig gi rnam shes kyi rdzas su bsgrub $_{3a1}$ pa'ang de dang mtshungs so //	dang po ltar na dkar zal yang nog dang lkog shal dang ldan pa'i rtags kyis nag sgur[190] las tha dad pa khegs par 'gyur ro // *nog dang lkog shal yod mod nag sgur[191] las tha dad pa ci 'gal ce na /* $_{B13b2}$ gsal yang myig shes las tha dad pa ci 'gal /
gsal ba shes pa'i mtshan nyid yin pas de la shes pas khyab pa 'dod pas spyod pa'i brda' lan cig zhugs pas nges so zhe na / nog dang lkog shal yang ba lang gi mtshan nyid yin pas de la ba lang gi tha snyad kyis khyab pa 'dod pas[192] spyod pa'i brda' lan cig zhugs pas nges so //	*gsal ba shes pa'i mtshan nyid yin pas de shes par grub po zhe na /* nog dang lkog shal yang ba lang gi mtshan nyid yin pas de ba lang du grub po //
ba lang yin mod nag po'i rdzas su ma grub po zhe na / shes pa yin mod myig gi rnam shes kyi $_{3a2}$ rdzas su ma grub po //	*ba lang du grub mod nag sgur[193] las gzhan yin pa ci 'gal zhe na /* shes par grub mod myig shes las gzhan yin pa ci 'gal /
shes pa yin pa nyid kyis mig gi rnam shes dang cig yin no zhe na / ba lang yin pa nyid kyis nag po dang gcig yin no //	*shes par grub $_{B13b3}$ pa nyid kyis[194] myig shes dang bdag cig par grub po zhe na /* 'o na ba lang du grub pas kyang nag sgur[195] dang bdag gcig par grub po //
'o na dmar zal yang nag por 'gyur ro zhe na / 'o na rna ba'i rnam shes kyang myig gi rnam shes dang rdzas cig du 'gyur ro //	*'o na dmar zal yang ba lang yin pas nag sgur[196] gyi bdag nyid du 'gyur ro zhe na /* 'o na rna ba'i rnam shes kyang shes pa yin pas myig shes kyi bdag nyid du 'gyur ro //
(ii)	
'on te *shes pa tsam du sgrub kyi mig gi rnam shes dang rdzas cig par mi sgrub po zhe na /* 'o na shes pa yin yang gzung pa sngon po'i rnam pa $_{3a3}$ shes pa rdzas gzhan la 'dzin pa myig gi rnam shes rdzas gzhan ma khegs pas tha[197] dad dus mnyam gyi gzung 'dzin ma khegs par 'gyur ro //	$_{A33}$ gnyis pa ltar na sngon po lasogs pa shes pa yin yang myig shes $_{B13b4}$ las tha dad par dogs[198] la / de myig shes kyis 'dzin par yang myong bas grub pas rdzas tha dad dus mnyam pa'i gzung 'dzin mi khegs par 'gyur ro // //
B.b.12 gnod byed yod pa	**gnod byed yod pa**
gnyis pa gnod byed yod pa ni snang pa mi dmyigs	gnod byed yod pa ni

189 Ms. khya[b]

190 B nag sgur, A nag lgur

191 B nag sgur, A nag lgur

192 Em. pas : Ms. pa

193 B nag sgur, A nag lgur

194 A shes par grub mod myig shes las gzhan yin pa ci 'gal / shes par grub pa niyd kyis: B shes par grub pa nyid kyis (eye-skip)

195 B nag sgur, A nag lgur

196 B nag sgur, A nag lgur

197 Ms. pa<s> tha

198 A dogs : B 'dogs

pas dgag pa dang / bde sdug dang mtshungs pa dang / yan lag can gyi rdzas dgag pa dang mtshungs pa'o //	
B.b.121 snang pa mi dmyigs pas dgag pa	
dang po ni *sems la dkar por snang pa sems nyid yin par smra na /* bde ba la dkar por snang pa'ang bde ba dang bdag cig $_{3a4}$ dgos na dkar po la bde ba ma dmigs pas med par grub po // *ma dmyigs kyang yod par smra na* sa phyogs na bum pa ma dmyigs kyang yod par 'gyur ro // *yod na yul dang dus dang rang bzhin gyis ma bkal bas snang dgos la rnam ldan la yid gtad pas nges dgos pas dmyigs pas khyab pas khyab byed dmyigs pa khegs pas khyab bya yod pa khegs so zhe na /* dkar po la bde ba bdag cig par yod na'ang$_{3a5}$ ngo bo cig la snang mi snang gi cha 'gal bas snang dgos la / rnam ldan la yid gtad pa la nges pas khyab pas nges kyang dgos pas dmyigs pas khyab pas[199] khyab byed dmigs pa khegs pas khyab bya yod pa khegs te mtshungs so //	
B.b.122 bde sdug dang mtshungs pa	
gnyis pa ni bde sdug rdzas tha dad par cis nges / *myong pas nges so zhe na /* dkar po dang myig shes tha dad par yang myong pas nges so // *tha dad du snang yang cig du bden no zhe na /* $_{3a6}$ bde sdug tha dad du snang pa'ang cig du bden no // *tha dad du snang pa 'khrul na yul brdzun pas bden pa tsam khegs pa na cig du bden pa khegs la ma 'khrul na tha dad du bden pas gcig du bden pa khegs so zhe na /* dkar po dang mig shes pa'ang de dang mtshungs so //	
B.b.123 yan lag can gyi rdzas dgag pa dang mtshungs pa	
gsum pa ni bum pa yan lag can gyi rdzas don dam pa'i cig du 'dod pa na cha du mar snang pas cig khegs pa ltar dkar po dang mig gi $_{3a7}$ rnam shes kyang tha dad du snang pas rdzas cig yin pa khegs so //	bde bar gshegs pa thams cad kyis lus lasogs pa cha du mar snang bas rags pa cig ma yin zhes[200] yan lag can gyi rdzas 'gog pa ltar / $_{B13b5}$ sngon po lasogs pa dang shes pa'ang tha dad du snang bas bdag gcig ma yin zhes bdag gcig pa ji ltar mi 'gog //
tha dad du snang yang cig du bden no zhe na / cha bcas su snang yang cha myed du bden no //	*tha dad du snang yang cig du bden no zhe na /* cha bcas su snang yang cha myed du bden pa ji ltar dgag /

199 The reading of the Ms. is uncertain: khyab pa[s], or khyab pa{s} → khyab pa na

200 B rags pa cig ma yin zhes : A rags pa cig ma yin pas

cha bcas su snang pa 'khrul na yul sgro btags yin pas bden pa tsam khegs pa na cig du bden pa khegs la / ma 'khrul na cha bcas nyid du bden pas cha med cig du 'gal lo zhe na / tha dad du snang ba 'ang 'khrul na 'khrul pa'i yul sgro btags yin pas bden pa tsam khegs pa na cig du bden pa khegs la ma[201] 'khrul na tha dad nyid du bden pas cig du bden pa khegs so //	*cha bcas su snang ba 'khrul na ni gzung ba brdzun pa yin pas bden pa tsam khegs pa na cig du bden pa khegs la /* $_{B13b6}$ *ma 'khrul na cha bcas nyid du bden pas*[202] *cha myed cig du bden pa khegs so zhe na /* gzung ba dang 'dzin pa'ang tha dad du snang ba 'khrul na gzung ba brdzun pas bden pa tsam khegs pa na cig du bden pa khegs la / ma 'khrul na tha dad nyid du bden pas cig du bden pa khegs so //
	gal te gzung ba dang 'dzin pa tha mi dad du snang yang nges pas $_{B13b7}$ *tha dad du nges pa yin no zhe na /* lus lasogs pa cha myed du snang yang nges pas cha bcas su nges pa yin no // *cha myed snang na rnam ldan gyi snang ba la yid gtad pa la*[203] *ma nges par*[204] *'gal la cha myed nges na cha bcas kyi nges pa skye ba 'gal lo zhe na /* yul dang shes pa'ang tha mi dad du snang na rnam ldan gyi snang ba la yid gtad pa[205] la ma nges par 'gal la $_{B14a1}$ tha mi dad du nges na tha dad kyi nges pa ji ltar skye // //
B.b.2 zhen yul kun brtags su mi 'thad pa	**kun brtags log pa'i kun rdzob du mi 'thad pa**
[206]gnyis pa zhen yul kun brtags su mi 'thad pa ni bdag $_{3a8}$ gnyis su zhen pa'i zhen yul bdag gnyis nyid yin nam des stong pa yin /	kun brtags log pa'i kun rdzob du mi 'thad pa'ang don dam pa'i dngos por zhen par bya ba'i[207] kun brtags log pa'i kun rdzob yin na kun brtags de nyid don dam pa'i dngos po'am des stong ba yin /
dang po ltar na mtshan gzhi bdag gnyis[208] ma grub pa na de la kun brtags kyi mtshan nyid rten par ma[209] grub pas kun brtags su 'gal te mtshan gzhi med kyang mtshan nyid rten par yod na chos can med kyang phyogs chos grub pa mi 'gal bar 'gyur ro //	dang po ltar na de la log pa'i kun rdzob kyi mtshan nyid yod dam myed / dang po ltar na $_{B14a2}$ mtshan gzhi don dam pa'i dngos po grub par 'gyur ro / gzhi ma grub kyang mtshan nyid gnas na chos can ma grub kyang phyogs chos grub pa mi 'gal bar 'gyur ro // $_{A34}$ gnyis pa ltar na don spyi lasogs pa la mtshan nyid don byed nus pa myed kyang dngos por tha snyad byed pa dgag mi nus par 'gyur ro //

201 Ms. la /<ma 'khrul na cha bcas nyid du bden pas cha med cig du 'gal lo zhe na / tha dad du snang ba 'ang 'khrul na 'khrul pa'i yul sgro btags yi$_n$ pas bden pa tsaM kheg$_s$ pa na 1 [du] ***[khegs?]*> ma. The last part of the insertion (after 1 du) on a second line is visible only in the TBRC version. Modern edition, p. 592: la / ma 'khrul na cha bcas nyid du bden pas cha med gcig tu 'gal lo zhe na / tha dad du snang ba'ang 'khrul na 'khrul ba'i yul sgro btags pa yin pas bden pa tsam khegs pa na gcig tu bden pa'ang khegs la / ma.

202 A bden pas: B bden pa

203 Em. add. la : A, B om. la

204 A ma nges par : B ma nges p*[d?]

205 A yid gtad pa, B yid <gtad> pa

206 Small circle before / *gnyis pa* in the *bka' gdams gsung 'bum* version.

207 A zhen par bya ba'i : B zhen par byas pa'i

208 Ms. {**}ma → gnyis ma

209 Ms. par<>ma

bdag gnyis kyis stong pa yin na de blo la snang na snang tshad $_{3a9}$ shes pa'i ngo bo yin pas kun brtags su 'gal la mi snang na kun rdzob sgyu ma lta bu'i ngo bo ma yin pas kun brtags dang log pa'i kun rdzob yin par 'gal lo //	kun brtags de don dam pa'i dngos pos stong ba yin na'ang stong pa nyid de blo la $_{B14a3}$ snang ngam[210] mi snang // dang po ltar na khyed nyid gyi lugs gyis[211] snang tshad shes pa yin la de'ang dngos po yin na[212] de yang dag pa'i kun rdzob kho na yin pas kun brtags sam log pa'i kun rdzob du ji ltar brjod / gnyis pa ltar na de la khyab byed snang ba tsam khegs pa na khyab bya snang la rang bzhin myed pa sgyu ma lta bu khegs pas de kun rdzob tsam yang ma yin na de log pa'i kun rdzob[213] $_{B14a4}$ ji ltar yin /
	des na mi srid pa la srid par zhen pa rnams log shes kyis yod par rloms kyang tshad mas yod pa khegs pas de la mtshan nyid dam mtshon bya gang yang rten pa ma yin no //
C. rnam bcas mdo sde pa la sogs pa	**kun rdzob du phyi rol gyi don yod par smra ba rnam pa dang bcas pa**
C.a.	
yang rnam bcas mdo sde pa lasogs pa dag snang tshad shes pa'i ngo bo yin pas rig pa gzhan gyi dbang yin la me long la mi'i bzhin gyis rnam pa gtod pa ltar shes pa la sngon po lasogs pa'i rnam pa gtod pa po don phyi rol na yod pa[214] $_{3b1}$ bems po gzhan gyi dbang yin zhing gang zag gi bdag med pa la yod par zhen par byas pa'i zhen yul kun brtags yin no zhes zer ba	yang kun rdzob du phyi rol gyi don yod par smra ba rnam pa dang bcas pa dag snang tshad shes pa'i bdag nyid yin pas sems dang sems las byung ba dang yul lnga dang zla ba gnyis[215] dang rmi lam $_{B14a5}$ lasogs pa dang don spyi'ang shes pa'i ngo bo gzhan dbang yin te rig pa yang dag pa'i kun rdzob yin la /[216] me long gi rnam pa myi'i bzhin gyis gtad pa ltar shes pa'i rnam pa'ang phyi rol gyi gzugs lasogs pa lnga po rdul phra rab[217] 'dus pa'i rang bzhin lkog na yod pa des gtad pas rnam pa gtod pa po de bems po yang dag pa'i kun rdzob yin no // snga ma ltar bdag gnyis $_{B14a6}$ su kun brtags pa log pa'i kun rdzob yin no / ces zer ro //
C.b.	
(i)	

210 B snang ngam : A snang'am

211 B khyed nyid gyi lugs gyis : A khyed nyid kyi ltar na

212 A yin na : B yin pas

213 A de log pa'i kun rdzob : B log pa'i kun rdzob

214 Cited in *Rigs gter rol mtsho* 12a7-12b1: *phya bsdus las / rnam bcas mdo sde pa la sogs* (em. *la sogs: logs*) *pa dag // snang tshad shes pa'i ngo bo yin pas / phyi rol gyi don ma yin zhing / byad bzhin gyis me long la rnam pa gtod pa ltar / shes pa la sngon po la sogs pa'i rnam pa gtod pa po phyi rol na yod pa yin zhes zer /*

215 B gnyis, A 2

216 A la : B te

217 B phra rab : A 'phra rab

de la'ang snang pa sems yin pa dang zhen yul kun brtags yin pa la ni nyes pa snga ma kho nas gnod la /	'di la'ang snang ba sems su mi 'thad pa dang kun brtags log pa'i kun rdzob du mi 'thad pa snga ma bzhin no //
(ii)	
sngon por snang pa don gyis bskyed par 'dod na sha zas bskyed par ci te mi 'dod / *sha za nyid mthong pa med pas de sngon por snang pa'i rgyur mngon sum dang mi dmyigs* $_{3b2}$ *pas mi 'grub po zhe na /* don nyid mthong pa myed pas de sngon por snang pa'i rgyur yang mngon sum dang mi dmigs pas mi 'grub po //	gzhan yang snang ba 'di phyi rol gyis bzhag par smra ba ltar sha za bskyed par yang ci'i phyir mi brjod / *sha za nyid ma grub na de*[218] *snang ba'i rgyur yang mi 'grub ste de dang mngon sum dang mi dmigs* $_{B14a7}$ *pas 'brel pa mi 'grub pa'i phyir ro / des na nges pa'i tha snyad mi 'thad do zhe na /* phyi rol yang tshad mas ma grub pas de dang snang ba 'di mngon sum dang mi dmigs pas rgyu 'bras su ma grub pa'i phyir snang ba 'di[219] phyi rol gyis bzhag par nges $_{A35}$ pa'i tha snyad mi 'thad do //
D. rang lugs	**rang lugs**
des na sems dang sems byung phyi rol gyi yul dang dbang po dang snod kyi 'jig rten lasogs pa thams cad dngos po ste tha dad dus mnyam tshogs pa cig pas yul dang yul can du gnas pa yin la / zla ba gnyis lasogs pa dang don spyi don byed mi nus pas dngos med $_{3b3}$ yin te / tha snyad du[220] 'jig rten la grags pa bzhin du gnas so //	des na sems dang sems las byung ba rig pa'i dngos po yin la dbang po lnga dang yul lnga dang snod kyi $_{B14b1}$ 'jig rten du snang ba bems po'i dngos po yin la / yul dang shes pa'ang tha dad dus mnyam pa'i gzung ba dang 'dzin pa rgyu tshogs pa gcig pas phan tshun yul dang yul can bskyed pa ste / gzung ba dang 'dzin pa gnyi' ga yang dag pa'i kun rdzob kyi mtshan gzhi yin la / sgra spyi don spyi dang rtog myed 'khrul pa'i[221] gzung yul mtha' dag log pa'i kun rdzob kyi mtshan gzhi $_{B14b2}$ ste yang dag pa dang log pa'i kun rdzob kyi mtshan gzhi ni phan tshun spangs pa yin la / de gnyi ga dang don dam pa'i bden pa'i mtshan gzhi ngo bo dbyer myed du gnas pa yin no // //

3. Remarks to the translation

The sections and subsections indicated by the author in the text are numbered with roman numbers. Other divisions that are not introduced as *sa bcad* by the author are indicated with letters.

Italics are used, like in the edition, to mark the (usually fictive) opponent's objections and retorts, especially in the numerous arguments by parallels found in this passage. The details pertaining to this style of argumentations are dealt with in Hugon 2008b. The basic idea is the following: When dealing with an issue pertaining to the domain under discussion (**D1**), the

218 A de : B der

219 A (ed.) 'di : B om., A (Ms.) *di

220 Ms. tha {*}du → tha snyad du

221 B rtog myed 'khrul pa'i, A (Ms.) rtog myed 'khrul pa'i{******} : A (ed. suggestion) rtog myed 'khrul pa'i shes pa'i

instigator (in the passage under consideration, almost always Phya pa) challenges the opponent with the same issue in a parallel domain **D2**. In the steps of the discussion that follow, each of the instigator's statements consist in replicating his interlocutor's statement, *mutatis mutandis*, in the other domain. The discussion pertaining to domain **D1** and the discussion pertaining to domain **D2** thus develop in parallel in an intersecting zigzag pattern. The discussion ends when the interlocutor has successfully (according to Phya pa) solved the issue in the parallel domain **D2**, in such a way that the results reached for the parallel domain also apply, *mutatis mutandis*, to the domain under discussion (**D1**). The parallel domains that are introduced by Phya pa in the passage translated are not simply "more basic domains," but highlight specific concerns of the debaters, namely the similar or dissimilar status of the various kinds of objects of cognition, in particular of external particulars and internal particulars, or of objects whose conventional existence is accepted and objects that are held not to exist even conventionally (e.g., God, etc.). They thus show that corresponding elements in the two domains must be treated in a similar way.

In a single case (in the course of the discussion in A.b), a (fictive) opponent is the instigator of an argument by parallel addressed to Phya pa. The discussion follows the same course as described before, this time with the opponent replicating Phya pa's statements in the other domain. But the outcome of the discussion is that Phya pa is able to show that the two domains are not actually parallel. Therefore the problem raised by the instigator for the parallel domain **D2** does not concern the domain **D1** under discussion.

In section B.a, the proponent of representational idealism is the instigator of an argument by parallel. The argument is part of the presentation of representational idealism. The interlocutor of the instigator of the argument is not Phya pa, but a fictive opponent.

As most of the arguments are self-explanatory and part I of the present article both plays the role of an introduction and discusses specific issues, the translation is not heavily annotated. Additional information making up for the terseness of the formulation in the original text have been added in square brackets.

Interlinear notes found in the manuscript exemplars are translated in footnotes.

The footnotes also provide references to parallel passages in Phya pa's text and later works that give additional or different arguments and information. However, the parallels listed in Appendix VI are not repeated in the footnotes. When a parallel passage from the *Snying po* is translated, the references to the folio number can be located by consulting the text in Appendix II.2.

In order not to burden the translation, I have refrained from providing the Tibetan equivalent for technical terms and specific choices of translation. I list below the most important ones:

agreement	*brda*
awareness of something else	*gzhan rig pa*
being a property of the subject	*phyogs chos*
concept	*don spyi*
consciousness	*shes pa*
conventional entity	*kun rdzob pa'i dngos po,* *tha snyad pa'i dngos po*
correct conventionality	*yang dag pa'i kun rdzob*
dependent	*gzhan dbang*
determined object	*zhen yul*
entity	*dngos po*
epistemic object	*gzhal bya*
erroneous	*'khrul pa*
imagined	*kun brtags*
incorrect conventionality	*log pa'i kun rdzob*
mental factors	*sems las byung pa*
mind	*sems*
non-erroneous	*ma 'khrul pa*
particular	*rang gi mtshan nyid*
perfected	*yongs su grub pa*
performing a function	*don byed pa*
pervasion	*khyab pa*
physical world	*snod kyi 'jig rten*
real	*dngos po*
reflexive awareness	*rang rig, rang rig pa*
tendencies	*bag chags*
true nature	*chos nyid*
ultimate entity	*yang dag pa'i dngos po*
unreal	*dngos med*

4. Translation

(111) The three objects that have to be determined

A. NON-REPRESENTATIONAL IDEALISM

A.a. Presentation of the non-representational idealism

Some[222] proponents of non-representational Mind-only say the following:

> The mind and the mental factors only are real. And just like the concepts and the bases of erroneous non-conceptual cognitions are unreal, the superimpositions that appear as the senses, [their] object and the physical world are unreal; they appear based on previous habitual tendencies.
>
> Thus, what appears as the senses, [their] object and the physical world, which, although inexistent, appears to cognition, is imagined. And consciousness, reflexive awareness, which is like a pure crystal, [that is such that] the next is born from the preceding, is dependent. And its true nature, the mere negation consisting in the void of the two selves [i.e., a phenomenal and a personal self], is perfected.
>
> [223]Therefore every reflexive awareness is non-erroneous, and every awareness of something else is just erroneous.
>
> [224]Nevertheless, the mundane apply the convention "non-erroneous" to appearances that relate to experience, such as one moon, etc., in the case of stable tendencies. And they apply the convention "erroneous" to everything that appears as not relating to experience, for instance two moons, etc., insofar as it appears in the case of unstable tendencies.[225]

A.b. Refutation[226]

In this regard, while the acceptance that the mind and the mental factors are real and the bases of erroneous non-conceptual cognition and concepts are unreal is true, it is not correct that [material phenomena such as] form, etc., are unreal.

---

222 The specification "*some* proponents" only occurs in *Mun sel* and *Snying po*.

223 Additional note: "In answer to an objection, [this is] an account of the ultimate."

224 Additional note: "[This is] an account of the conventional."

225 *Snying po*: "Some proponents of the position that conventionally what is knowable is internally [cognized] without representation say: 'Mind and mental factors are entities consisting in consciousness, therefore they are correct conventionalities. As for the appearance of the five [sense] objects, two moons, dreams, etc. and concepts, all of them are appearances of objects that do not exist, [born] from tendencies of ignorance, therefore they are incorrect conventionalities'."

226 The arguments in this section are summarized by Śākya mchog ldan in *Rigs gter rol mtsho* 13b7-14a2.

(i) Parallel between material phenomena (D1) and mental phenomena (D2)[227]

Objection: Indeed, in such a case (D1), what should be said about the acceptance that pleasure, etc. [i.e., and suffering], are unreal (D2)?

Answer (D2)*: It is contradictory that they are unreal, because they perform a function, namely, pleasure benefits and suffering harms.*[228]

Parallel (D1): It would also be contradictory that [material phenomena such a fire and water] are unreal, because fire performs the function of burning, water performs the function of quenching thirst, etc.

Objection (D1)*: Fire, etc., are not real, because when dividing them into spatial parts one does not find [something that is] one or many.*[229] *Their appearance as performing a function is erroneous.*

Parallel objection (D2): Pleasure, etc., also are not real, because when dividing them into temporal parts one does not find [something that is] one or many.[230] Their appearance as performing a function is erroneous.

Answer (D2)*: By negating 'being partlessly one or many' [in the case of pleasure, etc.], one is able to negate 'being an ultimate entity', which is pervaded by that [i.e., being partlessly one or many], but one does not negate 'being a conventional entity', which is not pervaded by that [i.e., being partlessly one or many].*

Parallel answer (D1): This is the same for external [objects] as well. [Namely, their being conventional entities is not negated by the logical reason 'not being partlessly one or many'.]

(ii) Parallel between the logical reason 'neither one nor many' (D1) and the logical reason 'void of gradually or instantaneously performing a function' (D2) / parallel between external

227 This parallel is already invoked in Rgya dmar ba's *Dbu ma de kho na nyid* (10b6) as part of the arguments against idealism put forward by a predecessor of Rgya dmar ba who is identified as "Jo btsun" in the interlinear notes.

228 'Performing a function' (*don byed pa*, Skt. *arthakriyā*) or 'ability to perform a function' (*don byed nus pa*, Skt. *arthakriyāsāmarthya/arthakriyāśakti*) is the criterion of reality in Dharmakīrti's system (cf. PV 1.166, PV 3.3). On the historical development of this notion see Akimoto 2004.

229 In the parallel passage of the *Tshad bsdus* (7,18-8,7), this argument is linked with Vasubandhu's argument in *Viṃśikā* 12, which analyzes whether the external object can be a unique whole of a collection of many atoms. *Viṃśikā* 14ab is cited in *Tshad bsdus* (7,20). Werner points out this half-verse as a possible source for Phya pa's argument (Werner 2014: 67, n. 67).

230 In the parallel passage of the *Tshad bsdus* (8,7-16), this argument is linked with Nāgārjuna's argument in *Ratnāvalī* I.69. Sa skya Paṇḍita also cites *Ratnāvalī* I.69 in this regard (*Rigs gter* 55,12-15) and mentions that Tibetans consider that the arguments refuting atoms and moments are similar. See *Rigs gter* 55,17-18: *'di la bod rnams rdul dang skad cig gnyis 'gog pa'i rig pa mtshungs pas skad cig cha shas can yin no zhes zer ba ni...*

phenomena (D1) and permanent things such as God (D2)[231]

Objection*: If, [as established in the Retort and Parallel that precedes,] by negating 'being one or many' for external [phenomena] and internal cognition, one negates 'being an ultimate entity' but one is unable to negate 'being a conventional entity' (D1), in such a case, the [logical reason] 'void of gradually or instantaneously performing a function' would negate 'being an ultimate entity' for what is permanent, such as God, etc., but would be unable to negate 'being a conventional entity' (D2).*

Answer (D2): Regarding the negation of 'being a conventional entity' [for what is permanent] by this logical reason, insofar as the [criteria for being a correct logical reason, i.e.,] being a property of the subject and pervasion, are established, how would this reason not negate ['being a conventional entity' for what is permanent]?

Parallel (D1)*: Regarding the negation of 'being a conventional entity' [for material and mental phenomena] by [the logical reason] 'devoid of ultimate oneness or manyness', since [the criteriafor being a correct logical reason, i.e.,] being a property of the subject and pervasion are established, how would this reason not negate ['being a conventional entity' for external and internal phenomena]?*

Answer (D1): If [the logical reason] 'devoid of ultimate oneness or manyness' were pervaded by the [property to be proven] 'void of being a conventional entity', since everything that is knowable is pervaded by the lack of ultimate oneness or manyness, [everything that is knowable] would also be pervaded by the void of being a conventional entity; there could not be any conventional entity.

Absence of parallel answer (D2): [On the other hand, the logical reason] 'void of gradually or instantaneously performing a function' does not pervade [everything that is] knowable, but only what is permanent.[232]

---

231 The parallel objection in the *Tshad bsdus* (9,1-8) is ascribed to "*zur na gnas pa'i rgol ba zhig na re*" ("some opponent standing on the side" (?)). The argument is already mentioned in Rgya dmar ba's *Dbu ma de kho na nyid* (see 10b6, 11a4 and 12b8). It is originally part of the arguments raised by a predecessor of Rgya dmar ba (identified as "Jo btsun" in the interlinear notes) against Madhyamaka proponents of external realism at the conventional level. Namely: those who argue that external reality is not refuted at the conventional level also have to accept the existence of God, etc. at the conventional level because there is no criterion distinguishing the scope of the respective refutations.

232 *Snying po*: "[The logical reason] 'void of gradually or instantaneously performing a function' does not pervade [everything that is] knowable, because it does not pervade the five aggregates."

Others say:[233]

> (a) Since [the logical reason] 'devoid of ultimate oneness or manyness' negates '[having] an ultimate nature', the inference based on this [logical reason] is a valid cognition analyzing the ultimate. And (b) since [the logical reason] 'void of gradually or instantaneously performing a function' negates 'being a conventional entity', the inference based on this [logical reason] is a valid cognition that analyses the conventional.

Refutation of (b)

In such a case, insofar as [the logical reason] 'void of gradually or simultaneously performing a function' negates entity simpliciter, it negates both conventional and ultimate entities. Therefore, the inference based on this [logical reason] would be a valid cognition that analyses both [the ultimate and the conventional].[234]

Refutation of (a) - Parallel between the determination negating 'ultimate nature' (D1) and the determinations 'not resisting analysis' and 'being knowable' (D2)[235]

Objection (D2): Further, how could one refute those who claim that since the determination as 'not resisting analysis'[236] negates 'resisting analysis', it is a valid cognition that analyses the ultimate, and that the determination as 'being knowable' analyzes something that is not knowable [because it negates 'not being knowable']?

Answer (D2)*: Although [the two previously mentioned determinations] negate [respectively] the negandum 'ultimate' [= 'resisting analysis'] and the negandum 'not knowable', the epistemic objects that they examine are [respectively] 'conventional' [= 'not resisting analysis'] and 'knowable'. Therefore, they analyze [respectively] something conventional and something knowable.*

Parallel (D1): [Similarly,] based on [the logical reason] 'devoid of oneness and manyness', one

---

233 In the *Tshad bsdus*, the previous answer is specifically attributed to "*dge phya*" (9,9-11,1), and the alternative answer of "others" to the objection (ii) is attributed to "Rgya." An interlinear note in the manuscript of the *Tshad bsdus* is noted in smaller script in the edition (*Tshad bsdus* 11,1): *'di dag thams cad ma rungs pa // rigs pa'i rnam dbye med pa'i skyon // de phyir rnam dbye shes par bya*). It is a slightly modified citation of Rgya dmar ba's *Dbu ma de kho na nyid* (11a5: *lha ma 'di dag ma rungs ba'i // rigs pa'i rnam dbye med pa'i skyon // de phyir rnam dbye shes par bya //*). The idea that the scope of the argument can be identified based on the negandum is developed in *Dbu ma de kho na nyid* 13a8-b2.

234 In the *Tshad bsdus*, a similar argument is mentioned in an argument attributed to Byang skyabs (12,15-19: *byang skyabs ni dgag bya bden pa'i dngos po 'gegs pa'i cha nas don dam dpyod pa'i rigs shes kyang yin la / gzhal bya sgyu ma lta bu 'jal ba'i cha nas tha snyad pa'i tshad ma yin no zhes 'dod par byed na nyes pa snga ma'ang dpyad par bya ba yin la / spyir cha med kyi gcig dang du ma bkag pa na de'i shul du cha bcas cig lus sam mi lus pa'ang dpyad so yin no zhes gsung ngo //*).

235 The parallel refutation of the previous solution for distinguishing the arguments refuting external objects and refuting permanent things is specifically attributed to "Phya" in the *Tshad bsdus* (11,13-12,14).

236 *Snying po*: "the determination of the pervasion of appearances by 'not resisting analysis'"

negates [the negandum] 'being an ultimate entity'. But insofar as [this valid cognition] takes as its epistemic object 'emptiness' it analyzes the ultimate, and insofar as it takes as its epistemic object 'what is like a mirage' it analyzes the conventional [therefore, it analyzes both the ultimate and the conventional].

And in the other case also (i.e., in the case of the determination as 'knowable' also), one differentiates [what the valid cognition analyzes or does not analyze] based on the epistemic object, but one does not differentiate based on the negandum.[237]

B. REPRESENTATIONAL IDEALISM

B.a. Presentation of representational Mind-only

Also, partisans of representational Mind-only say the following:

> Concepts are identical in nature with conceptual cognition, two moons, etc., are identical in nature with erroneous non-conceptual cognition, and [material phenomena such as] form, etc., are identical in nature with perception. Therefore, qua appearances, they are consciousness. Hence, since 'performing a function' and 'not performing a function', and 'being generated by causes' and 'not being generated by causes' are contradictory for a single nature, qua appearances, [the aforementioned objects] are real and dependent.
>
> What is imagined is the determined object when one determines as existent a personal or a phenomenal self that is not existent.
>
> And the void of these two selves in consciousness is the perfected.
>
> Since, qua appearances, these [objects] are the appearance of [consciousness] itself, [the apprehending mind] is a perception consisting in reflexive awareness, and it is non-erroneous with regard to [its] apprehended object.
>
> But the mundane hold appearances to be distinct from consciousness. They consider blue, etc., that appears in the case of sTable tendencies, to be real, and hence apply the convention "non-erroneous" to what appears as such [i.e., as blue]. And they consider appearances such as two moons, etc., in the case of unsTable tendencies, to be unreal, and hence apply the convention "erroneous" to the [cognition that] apprehends as such [i.e., as two moons, etc.].
>
> And regarding concepts, since a concept is identical in nature with the

237 The parallel passage in *Tshad bsdus* 12,10-14 specifically refers to the case of the qualification as 'knowable': *gzhan yang bum pa shes byar yongs chod ma grub pa na shes bya ma yin pa rnam gcad la khegs pas shes bya ma yin pa la tshad mar 'gyur ro // shes byar grub pas gzhal bya la tshad mar 'gyur gyi dgag bya la tshad mar mi 'gyur ro zhe na / des na dgag bya la ltos nas de gnyis kyi khyad 'byed pa mi 'thad do zhes pa la sog pa'ang zer ro //*

present moment of consciousness, it is an object that is a particular, but since this appearance[238] is determined to be the nature of many external [instances],[239] it is called an "object that is a universal" (*don spyi*).[240]

***Question**: Why are [material phenomena such as] form, etc., consciousness?*

Answer: [They are] consciousness because they are clear appearances, like pleasure, etc.[241]

***Objection**: This [logical reason 'clear appearance'] lacks pervasion [by the property to be proven 'consciousness'].*

Answer - Parallel between the pervasion of 'clear appearance' by 'consciousness' (D1) and the pervasion of 'having a hump and a dewlap' by 'cow' (D2)

Parallel objection (D2): When proving that a white cow is a cow from [the logical reason] '[having] a hump and a dewlap' also, there would be no pervasion.

***Answer (D2)**: Since one accepts the pervasion of the definiens 'having a hump and a dewlap' by the definiendum 'cow', [the pervasion of the logical reason] is determined by a one-time occurrence of the applied agreement [i.e., by observing the application of the word 'cow' to an animal that has a hump and a dewlap].*

Parallel (D1): Since one accepts the pervasion of the definiens 'clear appearance' by the definiendum 'consciousness', [the pervasion of the logical reason] is determined by a one-time occurrence of the applied agreement.[242]

---

238 Interlinear note: "Even though it appears as unmixed in terms of place and time."

239 Interlinear note (reading uncertain): "As a similar, common aspect" (?)

240 *Snying po*: "Also, partisans of the view that conventionally what is knowable is internal and [is cognized] without representation say the following: '[...]* Thus, since 'appearance' is pervaded by 'consciousness', and 'consciousness' is pervaded by 'real', qua appearance [all objects] are correct conventionalities. Incorrect conventionalities are the imagined determination as existent of what is inexistent in the realm of what is knowable-a personal self, ultimate entity, etc.'."

*This positive statement of view B occurs in the *Snying po* at the end of B.a.

See the parallel explanation of "*don spyi*" in *Grub mtha'*: "Actually, [concepts] are moments of cognition whose nature is unmixed, but since they appear commonly for many determined objects, they are called "universals" (*spyi*)." (*Grub mtha'* 24a4-5: *yang dag par ni shes pa skad cig ma 'dres pa'i ngo bo yin yang zhen yul mang po la thun mong pa'i rnam par snang pas spyir brjod pa ste /*). This explanation is followed by the citation of PV 3.9cd-10.

241 The argument based on the logical reason "awareness" (*saṃvedanam, rig pa*) can be traced to PVin 1 42,3-8, Tib. 98,7-13. See Part I, n. 8.

242 This part of the argument is formulated in the *Snying po* as follows: "Since one accepts that what is endowed with a hump and a dewlap is pervaded by the convention 'cow', [the pervasion] is determined by a one-time occurrence of the applied agreement. Hence, via this logical reason, one infers that a variegated cow is a cow. Similarly, since one accepts that the definiens 'clear appearance' is pervaded by the definiendum, the convention 'consciousness', [the pervasion] is determined by a one-time occurrence of the applied agreement. Hence, via the logical reason 'clear appearance', one can adequately infer that the five [sense] objects, bases of erroneous non-conceptual cognition and concepts are consciousness. Thus, all appearances are consciousness."

***Objection (D1)**: If 'clear appearance' is the definiens of consciousness, it would over-extensively apply to a lamp.*

Parallel objection (D2): If 'having a hump and a dewlap' is the definiens of cow, it would similarly over-extensively apply to a variegated cow.[243]

***Answer (D2)**: It [i.e., the variegated cow] is a cow!*

Parallel answer (D1): Similarly, a lamp is consciousness.[244]

***Objection (D1)**: Since it [i.e., the lamp, although it is a clear appearance as the part that is being apprehended] is not a clear appearance as the part that is what apprehends, it is not consciousness.*

Parallel objection (D2): Similarly, since the variegated cow [although it has a hump and a dewlap] does not have the hump and dewlap of a black cow, it is not a cow.

***Answer (D2)**: [The application of the definiendum] cow is not negated by negating a particular type of hump and dewlap.*

Parallel answer (D1): Similarly, [the application of the definiendum] consciousness is not negated by negating a particular type of clear appearance.

B.b. Refutation

This is not [acceptable], because it is not correct that what appears has the nature of consciousness, and it is not correct that the determined object is what is imagined.[245]

B.b.1 It is not correct that what appears has the nature of consciousness

There is no means of proving [this] and there are means of refutation.[246]

B.b.11 There is no means of proof

It is not correct that 'clear appearance' is the definiens of consciousness and even if it were correct, this would not refute [the distinction between] what is apprehended and what apprehends.

243 *Snying po* uses the case of the "white cow" instead of the "variegated cow" in this argument by parallel.

244 *Snying po*: "**Answer(D2)**: The [white cow] is a cow, therefore [the definiens 'hump and dewlap'] does not occur in instances other than cows. **Parallel answer(D1)**: Similarly, insofar as the appearance as the apprehended part has the nature of consciousness, a lamp is consciousness; therefore [the definiens 'clear appearance'] does not occur in instances other than consciousness."

245 *Snying po*: "It is not correct that everything that appears is consciousness and it is not correct that what is imagined is an incorrect conventionality."

246 The arguments in this section are summarized by Śākya mchog ldan in *Rigs gter rol mtsho*13b1-7.

B.b.111 It is not correct that 'clear appearance' is the definiens of consciousness
It would follow that 'existence' is the probandum [of the logical reason 'clear appearance'] and it would follow that the externality [of objects] would be refuted by perception.

B.b.111.1 It would follow that 'existence' is the probandum [of the logical reason 'clear appearance']

Because 'clear appearance' is [according to you] the definiens of consciousness, it would follow that 'clear appearance' is pervaded by 'performing a function' [because consciousness performs a function].

If this is accepted, when, taking as a basis two moons, etc., that have not been determined to perform a function, one proves that they perform a function by the logical reason 'clear appearance', [this reason] would be a correct logical reason, because [the criteria for being a correct logical reason, i.e.,] being a property of the subject and pervasion are fulfilled.[247]

If this is accepted, 'existence' would be the probandum [of the logical reason 'clear appearance'], i.e., the object to which the capacity of the logical reason ['clear appearance'] applies.

Thus it would be contradictory with what is said [by Dharmakīrti in the following verse (PVin 3.62=PV 1.191)]:

There is no property of 'existence' for what is not established [as an entity], etc.[248]

B.b.111.2 It would follow that the externality [of objects] would be refuted by perception

For those who are not ignorant of the agreement [pertaining to the word 'cow'], the convention of cow is attached when there is the very perception of a hump and a dewlap.[249] In the same way, for those who are not ignorant of the agreement [pertaining to the word

247 The argument in the *Snying po* reads: "[The subject] two moons, etc., is established by the power of reflexive awareness or directly. And since there is the mistaken cognition that the [two moons] are void of performing a function because they are aspectless, etc., there is a desire to know in the proof that they perform a function. And the presence of [the logical reason] 'clear appearance' for this basis is established by reflexive awareness. Therefore, the [criteria of] being a property of the subject is fulfilled. And since 'clear appearance' is pervaded by 'consciousness' and 'consciousness' is pervaded by 'capacity to perform a function', the [criteria of] pervasion also is established. For this reason, [the reason in] the proof "Since two moons, etc., are clearly appearing, they are capable of performing a function" would be [based on] a correct logical reason."

248 *Snying po*: "As 'performing a function' would [in such a way] become the object to which the capacity of the logical reason ['clear appearance'] applies, this would discard the great method of the logicians who say [...]". The whole verse is cited in the *Snying po*. The rest of the verse, which is not pertinent here, reads: "A [logical reason] based on both [i.e., entity and non-entity] is inconclusive [because it also occurs in dissimilar instances, i.e., in what does not exist] and as the property of 'non-existence' is contradictory [with existence], how would 'existence' be established?"

249 *Snying po*: "When perceiving the definiens, for those who are ignorant of the agreement the definiendum must be inferred, but for those who are not ignorant [of the agreement], the convention of the definiendum is [applied] by the very perception that determines the definiens."

'consciousness'], the convention of consciousness is determined by perception when there is the very perception of [material phenomena such as] form, etc., as clearly appearing. Therefore, their being external would be refuted by perception.[250]

B.b.112 Even if it were correct [that 'clearly appearing' is the definiens of consciousness], this would not refute [the distinction between] what is apprehended and what apprehends

Does or doesn't the logical reason 'clear appearance' prove that blue, etc., has the nature of visual consciousness?[251]

(i) If the logical reason 'clear appearance' proves that blue, etc., has the nature of visual consciousness

Parallel between the definiens 'clear appearance' (D1) and the definiens 'hump and dewlap' (D2)

Objection: If it does (D1), how can one refute the proof that the variegated cow[252] has the substance of a black cow, because it has a hump and a dewlap (D2)?

***Answer (D2)**: The [logical reason 'hump and dewlap'] lacks pervasion [by the property to be proven 'having the substance of a black cow'].*

Parallel answer (D1): This is also the same [i.e., there is no pervasion] for the proof that [the subject, blue, etc.] has the substance of visual consciousness by [the logical reason] 'clear appearance'.[253]

***Objection (D1)**: Since 'clear appearance' is [granted to be] the definiens of consciousness, one accepts its pervasion by consciousness, therefore [the pervasion of the logical reason] is determined by a one-time occurrence of the applied agreement.*

Parallel objection (D2): Similarly, since 'a hump and a dewlap' is the definiens of cow, one accepts its pervasion by the convention cow, therefore [the pervasion of the logical reason by 'having the substance of a black cow'] is determined by a one-time occurrence of the applied

250 Additional note: "[He] said that if one accepts this, it would follow that the reasonings refuting a whole made of parts and external atoms would be pointless." This addition corresponds to the conclusion of this argument in the *'Od zer*. In the *Tshad bsdus* (17,2), the conclusion that the argument in *Viṃśikā* 12 would be useless is attributed to "Rgya." This conclusion is opposed by "Byang skyabs" who invokes the need of an inference for Sautrāntika who accept a remote object.

251 *Snying po*: "If [one grants that] the logical reason 'clear appearance' proves that blue, etc., is consciousness, is its being distinct from visual consciousness negated by this logical reason or not?" In the rest of the argument also, *Snying po* speaks of "negation of being distinct" where *Mun sel* speaks of "having the nature of".

252 *Snying po* again uses the case of the "white cow" instead of the "variegated cow" in this argument.

253 *Snying po*: "**Answer (D2)**: It may be the case that [the white cow] has a hump and a dewlap, but why would it be contradictory with its being distinct from a black cow? **Parallel answer (D1)**: Similarly, why would it be contradictory for something that clearly appears to be distinct from visual consciousness?"

agreement.[254]

***Answer (D2)**: It may be the case that [something with a hump and a dewlap] is a cow, but it is not established [by this logical reason] to have the substance of a black cow.*

Parallel answer (D1): [Similarly,] it may be the case that [something that appears clearly] is consciousness, but it is not established [by this logical reason] to have the nature of visual consciousness.

***Objection (D1)**: Due to the very fact that it is consciousness, [what appears clearly] is one with visual consciousness.*

Parallel objection (D2): Due to the very fact that it is a cow, [what has a hump and a dewlap] is one with a black cow.

***Answer (D2)**: But then a red cow would be a black cow!*

Parallel answer (D1): Similarly, then, auditory consciousness would be substantially identical with visual consciousness.

(ii) If the logical reason 'clear appearance' does not prove that blue, etc., has the nature of visual consciousness

Alternatively, if [the logical reason 'clear appearance'] proves [blue, etc.,] to be just consciousness, but does not prove that it is substantially identical with visual consciousness, then, although [it is proven that blue, etc.,] is consciousness, since one does not refute that what is apprehended - the consciousness which is the aspect of blue - is one substance, and that what apprehends - visual consciousness - is another, one does not refute that what is apprehended and what apprehends are distinct and simultaneous.[255]

B.b.12 There are means of refutation

[That what appears has the nature of consciousness] is refuted by the non-apprehension of something visible; parallel with the case of pleasure and suffering; parallel with the refutation

254 *Snying po*: "**Objection (D1)**: Since 'clear appearance' is the definiens of consciousness, what [is clearly appearing, blue, etc.,] is established to be consciousness. **Parallel objection (D2)**: Similarly, since 'a hump and a dewlap' is the definiens of cow, the [white cow] is established to be a cow."

255 Paragraph (ii) in the *Snying po* reads: "In the second case [i.e., if the logical reason 'clear appearance' does not negate that blue, etc., are distinct from visual consciousness], even though blue, etc., are consciousness, there [remains] the doubt that they are distinct from visual consciousness. And the establishment, by experience, that this [consciousness] is, qua visual consciousness, something that apprehends, does not negate that what is apprehended and what apprehends are simultaneous distinct substances."

of a substantial whole.[256]

B.b.121 Refutation [that what appears has the nature of consciousness] by the non-apprehension of something visible[257]

If one claims that the appearance as white to the mind is mind itself, the appearance as white in the case of [the sensation of] pleasure also would have to be identical with pleasure.[258]

But in such a case, pleasure is established to be inexistent for white, because it is not perceived.

Objection: *[Pleasure] is existent [for white] even though it is not apprehended.*

Answer - Parallel between pleasure (D1) and pot (D2)

Parallel objection (D2): Then a pot would be existent on a spot even though it is not apprehended.

Answer (D2): *If [the pot] exists, since [a pot] is not covered [i.e., hidden] from the point of view of place, time and nature, it is necessary that it appears. And since paying attention to something endowed with a feature is pervaded by determination, it is also necessary that [the pot] is determined. Therefore, it is pervaded by 'being apprehended.' Hence, by negating the pervader, 'being apprehended', one negates the pervaded, 'existent'.*

Parallel answer (D1): It is the same [in the case of pleasure]: supposing that pleasure exists as being identical [with white] in the case of white, since it is contradictory that a unique nature has two parts-an appearing one and a non-appearing one-it is necessary that [pleasure] appears [when white appears]. And since paying attention to something endowed with a feature is

256 B.b.121 and B.b.122 have no equivalent in the *Snying po*. Some elements of B.b.121 pertaining to the conditions of determination are reflected in the argument that follows the equivalent of B.b.123 in *Snying po* (A33,11-15; B13b6-14a1): "**Objection (D1)**: what is apprehended and what apprehends appear as not distinct, but truly, they are determined to be distinct. **Parallel objection (D2)**: Similarly, a body, etc., appears to be partless, but truly, it is determined to have parts. **Answer (D2)**: If partlessness appears, it is contradictory that there would be no determination when paying attention to the appearance of something endowed with an aspect. And if partlessness is determined, it is contradictory that the determination of the having parts would arise. **Parallel answer (D1)**: If object and consciousness appear as not distinct, it is contradictory that there would be no determination when paying attention to the appearance of something endowed with an aspect. And if there is determination as being indistinct, how could the determination of being distinct arise?"

257 According to the author of the *Tshad bsdus* (20,12-14), this reasoning reflects the argument in PVin 1.50b-d. Indeed, a similar argument is put forward by Phya pa to comment on PVin 1.50b (Skt. 1.49b) in *'Od zer* 72b6-9. Cf. also *Dka' gnas* 178. The argument also appears in the refutation of representational idealism by non-representationalists in Gro lung pa's *Bstan rim chen mo* 350a2: *gzhan yang 'di ni snang ba mi dmigs pas kyang gnod de / gal te sngon po bde ba'i rang bzhin yin na bde bar dmigs par 'gyur ba las ma dmigs pa'i phyir ro //*

258 According to the parallel passage in the *Tshad bsdus* (19,9-20,14), "pleasure" is one of the sensations that can accompany visual consciousness in the case of the appearance of a color (*gzung cha sngon por snang ba dang 'dzin cha mig gi rnam shes gcig na de'i 'khor du skyes pa'i tshor ba bde sdug dang yang gcig dgos te / gtso bo rnam bcas la 'khor rnam med mi 'byung ba'i phyir ro //*

pervaded by determination, it is also necessary that [pleasure] is determined. Therefore, it is pervaded by 'being apprehended'. Hence, by negating the pervader 'being apprehended', one negates the pervaded 'existent'.

B.b.122 Parallel with [the establishment that] pleasure and suffering [are distinct substances via the reason that they appear as distinct][259]

Parallel between the apprehended and the apprehender (D1) and pleasure and suffering (D2)

Objection (D2): How does one determine that pleasure and suffering are distinct substances?

***Answer (D2)**: This is determined by experience.*

Parallel answer (D1): Similarly, white and visual consciousness are determined to be distinct by experience.

***Objection (D1)**: Even though [white and visual consciousness] appear as distinct, they are true as one.*

Parallel objection (D2): Similarly, even though pleasure and suffering appear to be distinct, they are true as one.

***Answer (D2)**: If the appearance as distinct is erroneous, the object is false, therefore its being 'just true' is negated, and then its being 'true as one' is negated. If [the appearance as distinct] is not erroneous, [pleasure and suffering] are true as distinct, hence their being 'true as one' is negated.*

Parallel answer (D1): This is similar for white and visual consciousness [namely, their being 'true as one' is negated].[260]

B.b.123 Parallel with the refutation of a substantial whole [via the argument that it appears as having multiple parts][261]

Parallel between white and visual consciousness (D1) and a substantial whole (D2)

Objection: If one accepts that a pot that is a substance that is a whole made of parts is

---

259 A similar argument involving pleasure and suffering is found in the commentary on PVin 1.50a (Skt. 1.49a) in *'Od zer* 72b5. Cf. also *Dka' gnas* 177 and *Bsdus pa* 74a4-b4. However, the parallel is used to point out the problem of holding that a consciousness of various colors is one, like in the refutation of position [b] in v. 4-7 of the *Grub mtha'* (see Part I, n. 34).

260 In the *Tshad bsdus*, the parallel answer (D1) is omitted. The argument stops after the answer (D2) with an ascription to "*bod bgres po rnams*" ("Ancient Tibetans"), and the conclusion "it is said that this fault can be rejected" (*Tshad bsdus* 21,4-5: *... zhes bod bgres po rnams zer te nyes pa de ni spang par nus so / zhes gsung ngo //*).

261 Compare with the argument in Phya pa's commentary on PVin 1.51 (Skt. 1.50) in *'Od zer* 72b9-73a2. See also *Bsdus pa* 74b4: *yan lag can 'gog pa'i rigs pa nyid mtshungs pa yin te* (Gtsang nag pa cites here PV 3.208).

ultimately one, its being one is negated by the appearance as having multiple parts (D2). In the same way, [your claim that] white and visual consciousness are a single substance is negated by their appearance as distinct (D1).

Objection (D1)*: Even though [white and visual consciousness] appear as distinct, they are true as one.*

Parallel objection (D2): [Similarly,] even though [a pot] appears to have parts, it is true as partless.

Answer (D2)*: If the appearance as having parts is erroneous, the object is superimposed. Hence its being 'just true' is negated, and then its being 'true as one' [= 'true as not having parts'] is negated. If [the appearance as having parts] is not erroneous, [the object] is true as having parts, hence it is contradictory with being something that is partlessly one.*

Parallel answer (D1): [In the same way,] if the appearance [of white and visual consciousness] as distinct is erroneous, the object of this erroneous [cognition] is superimposed. Hence its being 'just true' is negated, and then its being 'true as one' is negated. If [the appearance as distinct] is not erroneous, they are true as distinct, hence their being 'true as one' is negated.[262]

B.b.2 It is not correct that the determined object is what is imagined[263]

Is the determined object of the determination as the two selves [i.e., a personal or a phenomenal self] the two selves themselves, or is it the void of them?

In the first case, since the definitional instance, the two selves, are not established, the definiens of 'imagined' is not established to be based on it.[264] Hence it is contradictory that they would be imagined. If a definiens were to exist as based [on a definitional basis] even though the definitional basis does not exist, then it would not be contradictory that the [characteristic

262 *Snying po* adds an objection positing that the apprehender and the apprehended appear as indistinct (hence escaping the consequences of the previous argument) but are determined to be distinct. Via a parallel with the case of a whole that appears to be partless but would be determined to have parts, Phya pa arrives at the conclusion that the determination as distinct cannot arise because the determination as indistinct is bound to be made, provided that what appears is 'with a feature' (here, being not distinct) and that one pays attention to it.

263 *Snying po* adds that this 'imagined' nature corresponds to an incorrect conventionality (*log pa'i kun rdzob*). This idea is reflected in the last sentence of the argument in the *Mun sel*.

264 This argument relies on a model of definition involving three elements: a definitional basis (for instance, a *śiṃśapā*), a definiens (e.g., 'leaves and branches, etc.'), a definiendum (e.g., the convention "tree"). "Being based on the definitional basis" is one of the three properties that define a proper definiens according to Phya pa. Cf. *'Od zer* 10b1-2: *gsum pa ni des na mtshan nyid kyi mtshan nyid ni chos gsum ste / rdzas yod yin pa dang tha snyad gzhan gyi rnam 'jog gi rgyu ma yin pa dang mtshan gzhi la rten par yod pa'o //* (parallel in *Mun sel* 17a4). In the next part of the argument, this property of the definiens is compared to one of the three characteristics that define a proper logical reason, namely "being a property of the subject" (*phyogs chos*, Skt. *pakṣadharmatva*), which cannot be fulfilled if the subject is not established. For introductory remarks on Phya pa's theory of definition see Hugon 2009.

of being a] property of the subject would be established even when the subject does not exist.[265]

If [the determined object] is the void of the two selves, if it appears to cognition, qua appearance it has the nature of consciousness, therefore it is contradictory that it would be imagined.[266] If it does not appear, since it does not have the nature of something conventional that is like a mirage, it is contradictory that it is imagined and that it is an incorrect conventionality.[267]

C. REPRESENTATIONAL REALISM, SAUTRĀNTIKA, ETC.

C.a. Presentation of representational realism

Also, representationalists such as the Sautrāntikas, etc., say the following:

> Since, qua appearances, [all the previously discussed objects] have the nature of consciousness, they are awareness [and are] dependent. Just like a man's face projects [its] aspect to a mirror, what projects the aspect of blue, etc., to consciousness is an object that exists externally; it is material [and is] dependent.[268] And the determined object of the determination of a non-existent personal self as existent is imagined.

C.b. Refutation

---

265 *Snying po*: "If the imagined that is what is being determined as an ultimate entity is an incorrect conventionality, is this imagined itself 'ultimate entity' or 'the void of this [i.e., of ultimate entity]'?

In the first case, does it have the definiens of incorrect conventionality or not?

In the first case [i.e., if it has the definiens], the definitional basis, an ultimate entity, would be established. If the definiens were to apply even though the basis is not established, it would not be contradictory that the [logical reason qua] property of the subject is established even though the subject is not established.

In the second case [i.e., if it does not have the definiens], it would not be possible to refute the application of the convention 'real' to concepts, etc., even though they do not have the definiens 'capacity to perform a function'."

266 *Snying po*: "In the first case [i.e., if the void of ultimate entity appears], according to your own position, qua appearance, it is consciousness [and hence dependent]. And if it is real, it is exclusively a correct conventionality. Therefore how can you say that it is imagined or an incorrect conventionality?"

267 *Mun sel* equates here 'like a mirage' with 'conventionality.' *Snying po* explains the example of the mirage as representative of something that appears but lacks a nature: "In the second case [i.e., if the void of ultimate entity does not appear], when negating in this regard the pervader 'appearance simpliciter', one negates the pervaded 'appearing and without a nature, like a mirage.' Therefore, insofar as it cannot even be just conventional, how could it be an incorrect conventionality? "

Snying po concludes: "Thus, [objects] determined as existent whereas they are inexistent are presumed to be existent by a wrong cognition, but, since their existence is negated by a valid cognition, no definiens or definiendum whatsoever is based on them."

268 *Snying po*: "Just like the aspect of the mirror is projected by a man's face, the aspect of consciousness also is projected by [one of] the five external [material phenomena] form, etc., whose nature consists of aggregated subtle atoms, and which is hidden. Hence what projects the aspect is material and a correct conventionality."

(i) In this case also, [the claim that] appearances are the mind and that the determined object is imagined are refuted by [pointing out] the very same faults as before [i.e., in the case of representational idealism].

(ii) Parallel between the external object (D1) and the demon (D2)[269]

Objection: And if one accepts that the appearance as blue is generated by an [external] object (D1), why not accept that it is generated by a demon (D2)?

Answer (D2)*: Since there is no perception of a demon itself, its being the cause of the appearance as blue is not established by perception and non-apprehension.*

Parallel answer (D1): Similarly, since there is no perception of the [external] object itself, its being the cause of the appearance as blue is not established by perception and non-apprehension.

D. OWN POSITION

Thus, mind and the mental factors, external objects, senses, and the physical world, etc., all of them, are real; [these objects and their cognition] exist as object and subject in that they are distinct, simultaneous, and have the same [causal] complex. Two moons, etc. and concepts are unreal, because they do not perform a function. Conventionally, these [objects] exist in the way they are recognized in the world.[270]

---

269 This argument by parallel is referred to in *Rigs gter* 51,13-25: *bod rnams phyi rol gyi don lkog na mo zhes bya ba rnam pa 'jog byed gos kyi lkog na lag pa yod pa lta bur bsams nas / phyi rol don gyis rnam pa bzhag na / 'o na de las gzhan pa sha zas bzhag go zhes mgo bsgre ba ni...*Glo bo mkhan chen identifies the "Tibetans" as "Phya pa, etc." (*Rigs gter nyi ma* 29,18: *slob dpon cha ba la sogs pa*). Śākya mchog ldan paraphrases the "demon argument" in *Rigs gter rol mtsho* 12b1-3 and identifies its source as "Phya pa's Summary" (*phya bsdus las...*). See also *Bsdus pa* 79a1-2: *don nyid nam yang mthong pa myed pas 'brel pa mi 'grub pa'i yang phyir te sha za bzhin no //*

270 *Snying po*: "Thus, the mind and mental factors are mental entities. What appears as the five senses, their five objects, and the physical world, are material entities. Object and consciousness, which are what is apprehended and what apprehends, are distinct and simultaneous; since they have the same collection of causes, they mutually generate an object and a subject: both what is apprehended and what apprehends are definitional bases of correct conventionality. Word-universal, concept and the apprehended object of erroneous non-conceptual cognition, all of them, are definitional bases of incorrect conventionality. The bases of correct and incorrect conventionality reject each other. Both of them and the basis of ultimate truth exist as having an undifferentiated nature."

Appendix III: The fourfold division in *'Od zer* 23b4-24a9

1. Tibetan text[271]

de ltar don spyi dang don rang gi mtshan nyid dang rtog myed 'khrul pa'i dmyigs pa gsum la'ang

[Cf. A.a.]

blo rnam par myed smra ba dag gis don spyi dang rtog myed 'khrul pa'i dmigs pa sgro btags pa'i dngos myed yin pa ltar gzung $_{23b5}$ cha gnas dang don dang lus su snang pa yang sgro btags dngos myed du 'dod la / sems dang sems las byung pa kho na dngos po yin zhes zer ro //

[Cf. A.b (i)]

de'i ltar na bde ba lasogs pa dngos myed yin pa cis 'gog par byed /

gal te de dag phan pa dang gnod pa'i don byed pa mthong ngo zhe na /

mye dang chu lasogs pa'ang sreg pa dang ngoms pa'i don byed par mthong ngo /

gal te don byed par mthong pa ni 'khrul$_{23b6}$ *pa yin te cha phye na gcig dang du mar ma rnyed*[272] *pas dngos por ma grub po zhe na /*

bde ba lasogs pa don byed par mthong pa'ang 'khrul pa yin te snga phyi'i dus kyi cha phye na gcig dang du mar ma rnyed pa'i phyir ro /

gal te cha myed pa'i gcig dang du ma bkag pas bde' ba la don dam pa'i dngos po khegs kyi kun rdzob pa'i dngos po dgag par myi nus so zhe na /

phyi rol la'ang de dang mtshungs so //

[Cf. A.b (ii)]

$_{23b7}$ *'o na rtag pa la'ang rim dang gcig char gyis don byed pas stong pas don dam pa'i dngos po khegs kyi kun rdzob pa'i dngos po dgag myi nus so zhe na /*

rim dang gcig char gyis don byed pas stong pas kun rdzob pa'i dngos po 'gegs na rtags de la skyon ci byung /

cha myed kyi gcig dang du ma dang bral bas kun rdzob pa'i dngos po 'gegs na rtags de la skyon ci byung zhe na /

rtags des myi mthun phyogs $_{23b8}$ kun rdzob pa'i dngos po la khyab par yod pas ldog pa ma grub pa yin no /

rim dang gcig char gyis don byed pas stong pa'ang de dang mtshungs so zhe na /

'o na kun rdzob pa'i dngos po rim dang gcig char gyis don byed pa stong pas byas pa stong par thal lo //

[Cf. B.a.]

---

271 The edition of the text follows the principles presented in Appendix II.1. The bold titles in square brackets refer to the parallel passages in the *Mun sel* (and the *Snying po*), cf. Appendix II.2.

272 Ms. snyed → rnyed

yang blo rnam pa dang bcas pa dag

gzung char snang pa yang[273] gsal ba'i rtags kyis shes par bsgrub par byed do /

$_{23b9}$ de'i khyab pa'ang nog lkog shal ba lang gi tha snyad kyis khyab pa ltar mtshan nyid la mtshon byas khyab pa 'dod pas spyod pa'i brda lan cig zhugs pas nges pa yin no /

gsal ba shes pa'i mtshan nyid yin na mar mye la khyab ches so zhes pa'i nyes pa'ang myed de mar me'ang shes pa nyid yin pa'i phyir dkar zal la nog dang lkog shal zhugs pa khyab ches pa ma yin pa bzhin no[274] /

$_{24a1}$ gzung pa la 'dzin char gsal ba bkag pas shes pa yin pa dgag par yang nus pa ma yin te / dkar zal la nag sgur gyi nog dang lkog shal bkag pas ba lang tsam myi[275] khegs pa ltar mtshan nyid gyi bye brag bkag pas mtshon bya dgag par myi nus pa'i phyir ro zhes zer ro //

[Cf. B.b.111.1]

de la gsal ba shes pa'i mtshan nyid du myi 'thad de gsal ba shes pa'i mtshan nyid yin[276] $_{24a2}$ na de la don byed nus pas khyab par 'gyur la / de 'dod na'ang zla ba gnyis dngos por ma grub pa'i skabs su gsal ba'i phyir don byed pa yin no zhes sgrub na yang dag pa'i rtags su 'gyur te phyogs kyi chos dang khyab pa tshang pa'i phyir ro / de 'dod na yod pa bsgrub byar byed pa la yod pa'i chos rtags su 'gyur ro //

[Cf. B.b.111.2]

gzhan yang gsal ba shes pa'i mtshan nyid yin na mkhas pa la $_{24a3}$ phyi rol gyi don la shes pa'i tha snyad mngon sum gyis grub par 'gyur ste / nog dang lkog shal mthong pa na mkhas pa la ba lang gi tha snyad mngon sum du 'grub pa bzhin no / des na phyi rol gyi don rdul phra rab dang yan lag can rjes dpag gis dgag myi dgos par 'gyur ro //

[Cf. B.b.112 (i)]

gsal ba shes pa'i mtshan nyid yin du chug kyang gzung cha mig shes las rdzas tha dad ni dgag $_{24a4}$ par myi nus te /

kha dog 'di gsal ba'i phyir mig shes las tha dad myed zhe na /

nog dang lkog shal dang ldan pa'i phyir ba lang nang tha dad myed par 'gyur ro /

[Cf. B.b.112 (ii)]

nog dang lkog shal dang ldan pa'i mtshan nyid tsam du gcig kyang dkar zal gyi nog dang lkog shal dang nag sgur gyi nog dang lkog shal rdzas tha dad pas na phan tshun gcig ma yin na ci 'gal zhe na /

shes pa'i mtshan[277] $_{24a5}$ nyid gsal ba tsam du tha myi dad kyang gzung char gsal ba dang 'dzin char gsal ba 'gal ba'i chos dang ldan pas gzung cha dang 'dzin cha nang tha dad na ci 'gal /

---

273 Ms. snang pa { }yang

274 Ms. bzhino

275 Ms. *yi

276 Ms. yi_{n}

277 Ms. $mtsha_{n}$

des na tha dad dus mnyam gyi gzung 'dzin dgag myi nus par 'gyur ro //

[Cf. B.b.123]

gzhan yang cha sna tshogs su snang pas yan lag can gyi rdzas cha myed kyi gcig yin pa 'gog pa ltar gzung cha dang 'dzin cha'ang tha dad du $_{24a6}$ snang pas rdzas cig ci'i phyir myi khegs /

tha dad du snang yang gcig du bden pa ci 'gal zhe na

cha bcas su snang yang cig du bden pa ci 'gal /

cha bcas su snang pa 'khrul na ni gzung pa de sgro btags yin la ma 'khrul na gzung pa de cha bcas nyid yin pas cha myed du bden pa 'gal lo zhe na /

tha dad du snang pa 'khrul na gzung ba sgro btags yin la ma 'khrul na gzung pa de tha dad $_{24a7}$ nyid du bden pas gcig yin pa khegs pa yin no /

des na gzung pa shes pa'i ngo bor myi 'thad do //

[Cf. B.b.2]

gzung pa thams cad[278] shes pa'i ngo bo yin na ni don spyi'ang shes pa'i ngo bo yin pas gzhan dbang nyid yin te kun brtags gtan myed par 'gyur ro /

gal te don spyi shes pa'i ngo bo yin mod kyi gang zag dang chos kyi bdag du zhen par byas pa'i zhen yul de kun brtags yin no zhe na /

$_{24a8}$ zhen yul de shes bya la yod dam myed / yod na ni tshad mas dgag myi nus par 'gyur ro / myed na ni de la kun brtags kyi mtshan nyid rten par myi 'thad de nam mkha'i pad ma la don byed nus pa rten par myed pa bzhin no / kun brtags kyi mtshan nyid myed na'ang ji ltar kun brtags su rjod //

[Cf. C.a and C.b (i)]

'dis ni mdo' sde ba dag snang pa shes pa'i ngo bor 'dod la de la rnam pa gtod mkhan $_{24a9}$ phyi rol na yod par 'dod pa'ang bsal ba yin to //

[Cf. D]

de bas na don spyi dang rtog myed 'khrul pa'i dmigs pa ni dngos myed yin la don rang gi mtshan nyid gzung par snang pa'i bems po dang 'dzin pa sems dang sems las byung pa ni dngos po yin no //

2. Translation

Thus, regarding concepts, object-particulars and referents of non-conceptual erroneous [cognition],

[Presentation of non-representational idealism (cf. A.a.)]

proponents of non-representationalism say:

> Concepts and the referents of erroneous non-conceptual cognitions are unreal superimpositions. In the same way, we accept that the apprehended part, what appears

278 Ms. thaMd

as a place[279], an object or a body, is also an unreal superimposition. Only mind and the mental factors are real.

[Refutation of non-representational idealism (cf. A.b.)]

(cf. a.b.i) parallel between material phenomena (d1) and mental phenomena (d2)

Objection (D2): According to this, what would refute [the view that] pleasure, etc. are unreal?

***Answer (D2)**: They are observed to perform the function of benefitting and harming.*

Parallel answer (D1): Fire and water, etc., also are observed to perform the function of burning and quenching thirst.

***Objection (D1)**: Perceiving them as performing a function is erroneous: Since when dividing them into spatial parts one does not find [something that is] one or many, they are not established to be real.*

Parallel objection (D2): Perceiving pleasure, etc. as performing a function also is erroneous, because when dividing them into temporal parts - previous, subsequent - one does not find [something that is] one or many.

***Answer (D2)**: By negating 'partlessly one or many' one negates that pleasure is an ultimate entity, but one cannot negate that it is a conventional entity.*

Parallel answer (D1): In the case of extramental [objects] also it is the same.

(cf. a.b.ii) parallel between the logical reason 'neither one nor many' (d1) and the logical reason 'void of gradually or instantaneously performing a function' (d2)

***Objection (D2)**: [The logical reason] 'void of gradually or instantaneously performing a function' also negates 'being an ultimate entity' for what is permanent, but is unable to negate 'being a conventional entity'.*

Retort (D2): If [the logical reason] 'void of gradually or instantaneously performing a function' negates 'conventional entity', what fault would arise for this logical reason?

***Parallel retort (D1)**: If [the logical reason] 'devoid of partless unity or multiplicity' negates 'being a conventional entity, what fault would arise for this logical reason?*

Answer (D1): The negative entailment is not established because this logical reason is pervading the dissimilar instances, namely conventional entities.

***Parallel answer (D2)**: This is the same for [the logical reason] 'void of gradually or instantaneously performing a function'.*

Objection (D2): [If it did pervade the dissimilar instances, namely, conventional entities], since conventional entities would be void of gradually or instantaneously performing a function, it would follow that they are void of being produced.

[Presentation of representational idealism (cf. B.a)]

---

279 Alternatively, one can read *gnas* together with *gzung cha* in the sense "what has the status of the apprehended part."

Further, representationalists say:

The logical reason "clear appearance" proves that what appears as the apprehended part is consciousness.

The pervasion of this [logical reason] is determined by a one-time occurrence of the applied agreement, since one accepts the pervasion of the definiens ['clear appearance'] by the definiendum ['consciousness'], just like in the case of the pervasion of '[having] a hump and a dewlap' by the convention 'cow.'

Further, there isn't the fault that "if 'clear appearance' is the definiens of consciousness, it would over-extensively apply to a lamp," because a lamp is precisely also consciousness itself, just like [the definiens of cow] '[having] a hump and a dewlap' that occurs in the case of a white cow is not over-inclusive.

It is also not possible to refute that what is apprehended is consciousness by negating its clear appearance as the apprehending part, because one cannot negate a definiendum by negating a specific instance of the definiens, just like one does not negate 'cow' simpliciter for a white cow by negating [its having] the hump and the dewlap of a black cow.

[Refutation of representational idealism]

[Cf. B.b.111.1]

In this regard, it is not correct that 'clear appearance' is the definiens of consciousness. This is because if 'clear appearance' was the definiens of consciousness, it would be pervaded by the ability to perform a function. And if one accepts that, if one proves, in the context where two moons have not been etablished to be real, that "since they clearly appear, they perform a function", it would be a correct logical reason, because [its being a] property of the subject and pervasion are fulfilled. If one accepts that, one would posit 'existence' as the probandum, and a property of existence would be the logical reason.

[Cf. B.b.111.2]

Further, if 'clear appearance' was the definiens of consciousness, the convention 'consciousness' for extramental objects would be established by perception for knowledgeable people, just like someone knowledgeable determines directly the convention 'cow' when perceiving a hump and a dewlap. Therefore, it would not be necessary to refute extramental objects by inferences [refuting] minute atoms or a whole made of parts.

[Cf. B.b.112 (i)] Parallel between the definiens 'clear appearance' (D1) and the definiens 'hump and dewlap' (D2)

Even if it 'clearly appearing' is the definiens of consciousness, this [logical reason] would not be able to refute that the apprehended part is substantially distinct from visual consciousness.

Objection (D1)*: This color is not distinct from visual consciousness, because it is clearly appearing.*

Parallel objection (D2): There wouldn't be a distinction among cows, because [all of them are qualified by] 'having a hump and a dewlap'.

[Cf. B.b.112 (ii)]

***Answer (D2)**: [All cows] are the same regarding the definiens 'having a hump and a dewlap' simpliciter. But since the hump and the dewlap of the white cow and the hump and the dewlap of the black cow are distinct substances, what contradiction is there if [the white cow and the black cow] are not identical with each other?*

Parallel answer (D1): [Color and visual consciousness] are not distinct regarding the definiens of consciousness 'clearly appearing' simpliciter. But since they have contradictory property, namely, clearly appearing as the apprehended part and clearly appearing as the apprehending part, what contradiction is there if there is a distinction between what is an apprehended part and what is an apprehending part?

Therefore, one would not be able to refute an apprehended and an apprehender that are distinct and simultaneous.

[Cf. B.b.123] Parallel between white and visual consciousness (D1) and a substantial whole (D2)

Further, just like one negates that a substantial whole is partlessly one because it appears as various parts (D2), why wouldn't one also negate that the apprehended part and the apprehending part are a single substance because they appear as distinct (D1)?

***Objection (D1)**: What contradiction is there in [the apprehended part and the apprehending part] being true as one although they appear as distinct?*

Parallel objection (D2): What contradiction is there in [the whole] being true as [partlessly] one althout it appears to have parts?

***Answer (D2)**: If the appearance as having parts is erroneous, what is apprehended is superimposed. If it is not erroneous, what is apprehended precisely has parts. Therefore it is contradictory with being true as partless.*

Parallel answer (D1): If the appearance [of the apprehended part and the apprehending part] as distinct is erroneous, what is apprehended is superimposed. If it is not erroneous, what is apprehended is true as being distinct. Therefore this negates its being one.

Thus, it is not correct that what is apprehended has the nature of consciousness.

[Cf. B.b.2]

If everything that is apprehended is of the nature of consciousness, concepts also would be of the nature of consciousness. Therefore they would be precisely 'dependent'. There wouldn't be anything that is 'imagined.'

***Objection**: It is indeed the case that concepts are of the nature of consciousness, but it is the determined object of the determination of a personal or a phenomenomenal self that is what is imagined.*

Answer: Is this determined object existent among what is knowable or not? If it is, it would not be possible to negate it by a valid cognition. If it is not, it is not correct that the definiens of 'imagined' is based on it, just like 'ability to perform a function' is not based on a sky-lotus. And

in the absence of the definiens of 'imagined', how can one term [something] 'imagined'?
[Refutation of the Sautrāntika (cf. C.a and C.b (i))]
By this [argument], one also eliminates the acceptance, by the Sautrāntika, that what appears has the nature of consciousness, and their acceptance that what projects [its] aspect to it [i.e., to consciousness] exists externally.
[Own view (=D)]
Thus, concepts and the referents of erroneous non-conceptual cognitions are unreal. Object-particulars - material objects that appear as what is being apprehended -, mind, which is what apprehends, and mental factors, are real.

Appendix IV: The fourfold division of Madhyamaka in Grub mtha' 29b3-30a6

1. Tibetan text[280]

*1.a [Cf. B.*a]
de yang shes bya nang gi dbu' ma bas 'dod pa ltar gzugs lasogs par [29b4] snang pa ma 'khrul ba'i blo dang bdag cig la skra shad lasogs par snang pa 'khrul pa'i blo dang bdag cig cing don spyi[281] dang sgra spyi 'ang rtog pa dang bdag cig pas snang pa thams cad shes pa'i ngo bo[282] yin te yang dag pa'i kun rdzob yin la / bdag cig bu [29b5] zhen par byas pa lasogs pa'i zhen yul log pa'i kun rdzob yin no zhes ni
1.b [Cf. B.b]
brjod pa mi bya ste /
1.b.1 [Cf. B.b.123]
gzung cha dang 'dzin cha tha dad du snang pas rdzas cig du tha dad du snang pas[283] yan lag can gyi rdzas cig po dgag par mi nus par 'gyur la
1.b.2 [Cf. B.b.122]

280 This portion of the *Grub mtha'* has been critically edited in Werner 2014: 106-107. Unlike in the present appendix, Werner's edition further normalizes the text according to the rules of classical Tibetan. I was made aware of Werner's edition after having edited the passage myself. I adopted some of the emendations he suggests that I had not initially made (these are noted below as "following Werner"), but kept to my initial decision in other cases. I record in the footnotes the few divergences that remain in our respective reading of the text.
281 Em. spyi : Ms. phyi
282 Em. ngo bo : Ms. ngo bor
283 Em. gzung cha dang 'dzin cha tha dad du snang yang rdzas cig du tha dad du snang pas (cf. the parallel passage in *Snying po* and *'Od zer*) : Ms. gzung cha dang 'dzin cha tha dad du rdzas cig du tha dad du snang pas. Werner suggests the following emendation: gzung cha dang 'dzin cha rdzas gcig tu tha dad du snang na.

tha dad [29b6] du[284] snang pas bde sdug tha dad du 'ang sgrub mi nus par 'gyur zhing

1.b.3 [Cf. B.b.121]

sngon po[285] lasogs pa la bde ba[286] lasogs de'i bdag nyid du yod pa mi khegs na sa phyogs dag pa na snang rung gi bum pa ma dmigs kyang yod pa mi khegs par 'gyur /

1.b.4 [Cf. B.b.2][287]

bdag gnyis su [29b7] zhen pa'i yul yang bdag gnyis yin na mtshan gzhi shes bya la med pas[288] log pa'i kun rdzob kyi mtshan nyid rten par ma 'grub pa dang / zhen yul bdag gnyis kyis stong pa yin na de blo la snang na shes pa dang rdzas <cig par>[30a1] khyed kyis[289] 'dod pas khyed nyid kyis dngos por[290] khas blangs pa'i phyir log pa'i kun rdzob du khas blangs par 'gal la mi snang na snang la bden pas stong pa'i sgyu ma lta bu ma yin pas[291] kun rdzob tsam yang ma yin [30a2] pas log pa'i kun rdzob du 'gal ba'i phyir ro //

2. [Cf. A.a]

sems tsam rnam med pa'i phyogs dang mthun pa'i[292] dbu ma yin na yang gzugs lasogs pa log pa'i[293] kun rdzob yin pa ltar[294] sems la yang ma yin la /[295]

284 Werner suggests the following emendation: tha mi dad du : Ms. tha dad du

285 Em. sngon po : Ms. slon po

286 Em. bde ba : Ms. dbed pa

287 The parallel between this portion of the *Grub mtha'* and B.2.b in *Mun sel* and *Snying po* is also noted by Werner (2014: 106, n. k).

288 Em. med pas : Ms. mos pa. Werner adopts the reading "med pa."

289 Em. kyis : Ms. gnyis

290 Em. por : Ms. pos

291 Em. ma yin pas : Ms. yin pas. My emendation is based on the parallel passage in *Snying po: snang la rang bzhin myed pa sgyu ma lta bu* ***khegs pas*** *de kun rdzob tsam yang ma yin na de log pa'i kun rdzob ji ltar yin*. Werner keeps the reeding "yin pas."

292 Em. (following Werner) pa'i : Ms. na'i

293 Em. log pa'i : Ms. lhag pa'i

294 Em. (following Werner) yin pa ltar : Ms. yin na ltar

295 In my understanding, this passage suggests a parallel between *gzugs* and *sems* similar to the parallel between *gzugs* and *bde* ba made in the parallel passage in the *Snying po: gzugs lasogs pa snang ba log pa'i kun rdzob yin na bde ba lasogs pa'ang log pa'i kun rdzob du ci ste mi brjod /*. Werner suggests that the text might be corrupt or incomplete (2014: 75, n. 207). One might want to emend the sentence in *Grub mtha'* to better identify the argument refuting this position, for instance: *sems la yang log pa'i kun rdzob du 'gyur ba'i phyir*, but the formulation in the manuscript can also be kept as it is, as it fits with the terse style of this passage. An alternative interpretation would be to take "*sems la yang*" in opposition to "*don yod pa*" in the following sentence, but this would leave position A without a refuting argument: "Even when form, etc., is mental, like for the Mādhyamikas who agree with the party of non-representational idealists, who [consider] that form, etc. are incorrect conventionalities, it is not [acceptable]. And for form that exists as an [external] object, in agreement with the Sautrāntika also..."

3. [Cf. C.b (i)]

don yod pa'i lugs[296] la mdo [30a3] sde ba dang yang mthun na yang sngar ltar gnod pa yod pas ma yin te /

4.

des na gtso bo'i sems kyi gzhi la sems rnam shes tshogs cig pa ni gtan ma yin te / yin la[297] rtog med la bum <pa> snang pa na rtogs pa[298] la yang bum don [30a4] spyi[299] snang pas yul cig la ltos nas rtogs pa dang rtog med ngo bo cig par thal ba dang / don ngo bo cig la[300] snang mi snang cha gnyis med pa ltar[301] shes pa'i ngo bo cig la yang 'dzin mi 'dzin gnyis med pas mig gis gzung pa ltar rna dang[302] [30a5] sna lasogs pas kyang gzugs mthong par thal zhes pa ninyes pa min na / tshogs drug gam brgyad ni 'dra'o //

5. [Cf. D.]

don spyi dang zla ba gnyis lasogs pa log pa'i kun rdzob[303] yin la / gzugs lasogs pa snang pa nyid bems po yang dag pa'i kun [30a6] rdzob dang sems dang sems las byung pa ni[304] rig pa yang dag pa'i kun rdzob yin no //

2. Translation[305]

1. (Representational) idealist Madhyamaka

1.a Presentation [cf. B.a]

Further [regarding] this (i.e., conventional reality), Mādhyamikas who hold that what is knowable is internal accept the following: "What appears as form, etc., is identical in nature with non-erroneous cognition. The appearance as a net of hairs, etc., is identical in nature with erroneous cognition. Concepts and term-universals are identical in nature with conceptual cognition. Therefore, all appearances have the nature of consciousness; they are [thereby]

296 Em. (following Werner) lugs : Ms. thugs. The emendation "gzugs" can also be considered.

297 Werner suggests the following emendation: yin na : Ms. yin la

298 Werner suggests the emendation "rtog pa" for this occurrence and the following occurrences of *rtogs pa*. I leave the reading *rtogs pa*, which is frequently found along with *rtog pa* in the manuscripts of this period. Here, of course, the term is to be understood in the sense of "conceptual" (*rtog pa*).

299 Werner suggests the following emendation: bum pa'i don spyi : Ms. bum don spyi

300 Em. (following Werner) cig la : Ms. cig

301 Em. pa ltar : Ms. par lta

302 Em. mig gis gzung pa ltar rna dang : Ms. mig gis gzung pas ltar snang pa dang. Werner suggests the emendation snang ba mig gis gzung pas ltar : Ms. mig gis gzungs pas ltar snang pa dang

303 Em. kun rdzob : Ms. skur <rdzob>

304 Em. pa ni : Ms. pa'i. Werner adopts the follwoing reading: byung ba'i : Ms. byung pa'i

305 See also Werner 2014: 72-76 for an annotated translation of the whole passage. Werner's translation also includes in his notes the translation of the parallel arguments he identified in the *Mun sel* and the *Snying po*.

correct conventionalities. And the determined object, for instance when a singular self is being determined, is an incorrect conventionality."

1.b Refutation [cf. B.b]

This should not be said for the following reasons:

1.b.1 [Cf. B.b.123]

Assuming that the apprehended part and the apprehending part are substantially identical although they appear as distinct [i.e., if their appearance as distinct does not refute their substantial identity], it would not be possible to refute a singular substantial whole by [the argument that its parts] appear as distinct.

1.b.2 [Cf. B.b.122]

And [if the appearance of apprehender and apprehended as distinct does not establish that they are distinct in reality] it would not be possible to prove that pleasure and suffering are distinct by [the argument that] they appear as distinct.

1.b.3 [Cf. B.b.121]

And if the existence of pleasure, etc., as having the nature of blue, in the case of [the appearance as] blue, etc., is not negated [by the argument that pleasure, etc., is not apprehended], the presence of a perceptible pot on a bare spot would not be negated even when it is not apprehended.

1.b.4 [Cf. B.b.2]

And regarding the object of the determination as the two selves [i.e., the determination as a personal or a phenomenal self], if it is the two selves [themselves,] since the definitional basis would not exist among knowable things, one could not establish that the definiens of incorrect conventional [reality] is based [on it].

And if the determined object is the void of the two selves [there are two options:] If it appears to cognition, since you accept that [appearances are] substantially identical with consciousness, you admit yourself that [the void of the two selves] is real. Therefore it is contradictory with accepting that it is an incorrect conventionality. If [the determined object consisting in the void of the two selves] does not appear [to cognition], since it would not be 'appearing and void of truth, like a mirage' it could not be a conventionality in general, hence it would be contradictory that it is an incorrect conventionality.[306]

2. Madhyamaka in agreement with non-representational Mind-only [Cf. A]

Also if one is a Mādhyamika in agreement with the party of non-representational Mind-only it is not [correct], [because it faces the absurd consequence that] just like form, etc., are incorrect

306 I understand this passage as the parallel passage in the *Snying po*, in which "appearing" is given as the pervader of "appearing and being like a mirage void of nature," which is equated with "conventional reality in general."

conventionalities, mind also [would be an incorrect conventionality].

3. [Madhyamaka] in agreement with Sautrāntika [Cf. C.]

And as far as the realist systems are concerned, if one agrees with Sautrāntika, it is also not [correct], because there is a means of refutation, like before.[307]

4. Faulty options regarding "mind" [308]

Then, with regard to the basis of the fundamental mind, [the view that] mind consists in a single collection of consciousness is absolutely not [correct]. In the case it is [a single consciousness], (i) there is the absurd consequence that when a pot appears to non-conceptual cognition, the concept of pot would also appear to conceptual cognition, hence, it would follow that conceptual and non-conceptual would have the same nature based on a single object.[309] And (ii) there is the absurd consequence, that just like [form] is apprehended by the eye, form would also be seen by the ear, the nose, etc., because just like an object that has a unique nature does not have two parts, one that appears and one that does not appear, the nature of cognition

---

307 "Like before" may refer to the arguments addressed against Madhyamaka who follow representational idealism (1.b.1-4). Cf. the similar reference to the "previous faults" in the *Mun sel* and the *Snying po* (C.b), which refers to the faults pointed out in B.b. Another possibility is that it is a reference to Phya pa's arguments against Sautrāntika in the non-Madhyamaka part of the *Grub mtha'* (*Grub mtha'* 23b2-24a1).

If one adopts the emendation "gzugs" for Ms. thugs, the "refutation" would refer more specifically to the argument targeting the view that forms, etc., are extramental objects (i.e., C.b).

308 The two arguments preceding "zhes pa ni" appear to echo two claims that are linked with proponents of representational idealism that support the view that there is a unique consciousness, referred to as "Byang chub sems dpa' cig pur smra ba dag" in the non-Madhyamaka part of the *Grub mtha'* (25b4-6) when discussing the "basis consisting in the mind" (sems kyi gzhi) (*see the following notes*). When discussing non-representational idealism, Phya pa mentions this option alongside the sixfold or eightfold consciousness in terms of "those who accept a single consciousness" (28b6: *rnam shes cig du 'dod pa*). See Werner 2014: 32-33 on this division, and 2014: 51-52 for the translation of this passage (edited on p. 96-97), and n. 34 on the expression Byang chub sems dpa' cig pur smra ba dag and the positions associated with it and further bibliographical references on this question.

309 Compare with *Grub mtha'* 25b5-6: *rtog pa cig la shes pa'i ldog pa'i don spyi yang snang la shes pa'i gsal ba ldog pa thams cad dbyer med pa'i (*rang gi mtshan nyid myong bas de'i don spyi mi snang ba mi 'gal ba bzhin du sngon po la sogs pa yang ldog pa phyogs re'i don spyi 'dzin pas / de la rtog pa'ang yin la ldog pa ma lus pa dang dbyer med pa'i*) gsal ba'i don rang gi mtshan nyid myong pas de'i don spyi mi snang zhing de la rtog pa med pa 'ang rdzas cig la mi 'gal ba yin no //* "For a given conceptual cognition, that the concept, which is the 'exclusion' of the cognition, appears, whereas, because there is the experience of an instance of cognition that is a particular objective instance that is not differentiated according to the various exclusions, the concept of this does not appear and there is absence of conceptualization are not contradictory for a unique substance." The idea behind this claim seems to be that a conceptual cognition is both experienced as a particular mental event and conceptualized as being a 'conceptual cognition.'

also does not have [two parts], one that apprehends and the other that does not apprehend.[310]

If these faults are not [to] apply, the [view that mind is a] sixfold collection and [the view that mind is] an eightfold collection are alike.[311]

5. Own position [Cf. D.]

Concepts and two moons, etc., are incorrect conventionalities. Form, etc., that appear themselves, are material correct conventionalities. Mind and the mental factors are mental correct conventionalities.[312]

[接上页]*-* Werner suspects a haplography at this point and suggests to correct the sentence by adding a passage present in the parallel passage in Klong chen's *Grub mtha' mdzod* (underlined). The version in Klong chen pa's text makes the same point, but adds the comparison with the particular blue, which can be both experienced and conceptualized as 'blue.' "It is not contradictory, for a single conceptual cognition, that there is appearance of a concept that is the 'exclusion' of the cognition, and that, because there is the experience of an instance of cognition that is a particular objective instance not differentiated according to the various exclusions, the concept of this does not appear. In the same way, in the case of blue, etc., it is not contradictory that there is, for a single substance, a conceptual cognition-because the concept of a particular exclusion is apprehended-and that there is a non-conceptual cognition and non-appearance of the concept of this insofar as there is the experience of a particular instance not differentiated according to all the exclusions."

310 Compare with *Grub mtha'* 25b4-5: *rnam par shes pa cig nyid yul du ma la 'jug ste / mig gi rnam par shes pa cig nyid yul du ma la 'jug ste / mig gi rnam par shes pa cig nyid la sngon po dang ser po lasogs du ma'i rnam pa 'char ba*ltar shes pa cig nyid la gzugs dang sgra lasogs pa du ma'i rnam pa 'char ba'ang mi 'gal la /* "A single cognition applies to many objects. Just like a single visual cognition applies to many objects, namely, the many aspects - blue and yellow etc.- appear to a single visual cognition, it is also not contradictory that many aspects - form, sound, etc.- appear to a single cognition."

*Em. 'char ba (following Werner, based on the parallel passage in Klong chen pa's *Grub mtha' mdzod*) : Ms. 'char ba mi 'char ba

311 It is unclear to me whether the last part of this section indicates that, in order to escape these faults, one should adopt a view in agreement with the sixfold or eightfold consciousness (reading "'dra" in the sense of "yin pa 'dra"). Alternatively, it could mean an implicit refutation of the latter two, in the sense that if the one-consciousness view is not faulty, the other option would similarly escape the faults. The latter interpretation would leave open the question of Phya pa's own position. Werner (2014: 32, n. 110) notes that Atiśa ascribes to Vaibhāṣika and Sautrāntika the adoption of the sixfold consciousness view, whereas idealists adopt six, eight or one, and most Mādhyamikas six. These positions with regard to Yogācāra are already mentioned by Bodhibhadra/Bhadrabodhi in his commentary on the *Jñānasārasamuccaya*.

312 See also *Grub mtha'* 29a7-b2 for a previous assessment that matter and mind are correct conventionalities, and two moons and concepts are incorrect conventionalities (*gzugs dang sems dang sems las byung pa dang de'i gnas skabs mi ldan pa'i 'du byed... yang dag pa'i kun rdzob yin la / zla ba gnyis lasogs par snang pa dang rtog pa la don spyi snang pa ni... log pa'i kun rdzob po //*).

Appendix V: Phya pa on the definition of the apprehended object in *Mun sel* (8a7-8b2)

1. Tibetan text

de'ang gzung yul gyi mtshan nyid ni gang zhig rang gi ngo bo nyid blo la snang pa ste /

1. rnam pa med par phyi rol gyi don rig par smra ba (=D)
kho bo cag rnam pa med par phyi rol gyi don rig par smra bas kyang shes pa la nus pa gsum ste / rang gsal ba dang / $_{8a8}$ gzhan gsal ba dang / med pa gsal ba'o //
(a)
dang po ni rang gi nyer len las rang rig du skyes pas shes pa thams cad la rang rig gis khyab pa ste de la'ang shes pa'i ngo bo nyid snang pa yin no //
(b)
bdag rkyen mig lasogs pa la rten nas res 'ga' gzugs lasogs pa gsal ba ste de la'ang gzugs lasogs pa'i ngo bo nyid snang pa yin no //
(c)
gsum pa ni bag chags las rtog pa la don spyi $_{8a9}$ snang pa dang rmyi lam gyi shes pa la rta glang snang pa dang dbang po nyams pa las zla ba gnyis lasogs pa snang pa ste de dag la'ang don spyi dang rta dang glang gi rnam pa dang zla ba gnyis kyi rnam pa'i ngo bo nyid snang pa yin no //

2. sems tsam rnam bcas pa (=B)
sems tsam rnam bcas pas shes pa'i nyer len las shes pa la rang gsal ba'i nus pa kho na 'dod de de dag gi ltar na'ang shes pa la shes pa'i ngo bo nyid snang pa yin no //

3. sems tsam rnam med par smra ba (=A)
sems tsam rnam $_{8b1}$ med par smra bas shes pa la nus pa gnyis te rang gsal[313] ba dang / med pa gsal ba'o //
(a)
dang po ni blo thams cad nyer len las rang gsal bar skyes pa ste de la'ang shes pa'i ngo bo nyid gsal la /
(b)
gnyis pa ni bag chags las[314] gzung char sgro btags snang pa ste de la'ang sgro btags pa'i ngo bo snang pas

313 Ms. pa <gnyis te rang> gsal
314 Em. las : Ms la

Grub mtha' gsum po de la gzung yul gyi mtshan nyid rang gi ngo bo nyid blo la snang pa la mi mthun pa med do //

4. mdo sde pa (=C)

mdo sde pas rang rig gi $_{8b2}$ gzung yul shes pa'i ngo bo yin pas de'i mtshan nyid bdag nyid gsal ba ste de ni myong pa'i yul lo //

gzhan rig la dkar dmar du gsal ba ni shes pa yin la de'i gzung pa ni mi'i[315] bzhin gyis me long la rnam pa gtad pa ltar lkog na yod pa'i don shes pa la rnam pa gtod pa po ste de'i mtshan nyid shes pa la rang dang 'dra ba'i rnam pa dngos su gtod pa 'i rgyu[316] ste de ni dmigs pa'i gzung yul yin pas /

bdag nyid gsal ba myong pa $_{8b3}$ yin // 'dra bar snang pa dmigs pa yin //

des na shes pa thams cad kyi // dmigs myong bdag nyid[317] tha dad gnas[318]

zhes 'dod pas gzung yul spyi'i mtshan nyid mi 'dod la rtog pa la don spyi gsal ba dang rtog med 'khrul pa la zla ba gnyis lasogs par snang pa dag la rnam pa gtod pa'i rgyu med pas 'khrul pa thams cad la gzung pa'i yul gtan med par 'dod pa yin no //[319]

2. Translation

Further, the definiens of an apprehended object is: something that is such that its very own nature appears to cognition.

1. Own view=non-representational external realism (=D)

According to ourselves, who profess the awareness of extramental objects without representation, consciousness has three capacities: (i) revealing itself, (ii) revealing something

315 Ms. mi'ï (ï=gigu log)

316 Ms. su <gtod pa'i> rgyu

317 The canonical Tibetan version of PV 3.460 (see the next fn.) reads *dag ni* instead of *bdag nyid*. However, since this verse is also cited with the reading *bdag nyid* in Chu mig pa's *Rnam rgyal* (A2a1, B2a4), I retain here this reading even though it introduces a reading of the verse that is slightly different from the Sanskrit version. It is possible that *bdag nyid* was introduced to provide an equivalent of *ātmā* in Skt. 460c. The canonical translation reads *rang nyid gsal ba* ***bdag*** *myong yin.*

318 Cf. PV 3.460: *des na shes pa thams cad kyi // dmigs myong dag ni tha dad yin // don dang 'dra ba dmigs pa ste // rang nyid gsal ba bdag myong yin //*; Skt. *bhinne jñānasya sarvasya tenālambanavedane / arthasārūpyam ālamba ātmā vittiḥ svayaṃ sphuṭaḥ //*

319 *Cited in Rigs gter rol mtsho 5a3 - 5: de la gzung yul gyi mtshan nyid ni / gang zhig rang gi ngo bo nyid blo la snang ba ste / kho bo cag rnam pa med par phyi rol gyi don rig par smra ba dang / sems tsam rnam bcas pa dang / rnam med pa ste / grub pa'i mtha' gsum ka la yang gzung yul gyi mtshan nyid dang / mtshan gzhi bshad ma thag pa gsum po de khas len pa la mi mthun pa med do // mdo sde pa ni don lkog na mo kho na* gzung yul du bshad nas / 'khrul pa'i shes pa thams cad la gzung yul med par 'dod do //…

else, and (iii) revealing something that does not exist.[320]

(a) Every consciousness is pervaded by reflexive awareness since, from its own substantial cause, there is the arising as reflexive awareness; in this case also, it is the appearance of the very nature of consciousness.

(b) Regarding the occasional revealing of form, etc., based on the dominant condition consisting in the eye, etc., in this case also, it is the appearance of the very nature of form, etc.

(c) The appearance, due to tendencies, of a concept to conceptual cognition, and of horses and elephants to a dream-consciousness, and the appearance, due to faulty sense organs, of two moons etc., in such cases also, it is the appearance of the very nature that has the aspect of a concept, of horses and elephants, or the aspect of two moons.

2. Representational Mind-only (=B)

[Proponents of] representational Mind-only accept only the capacity of consciousness to reveal itself, due to the substantial cause consisting in consciousness. According to them, it is the appearance to consciousness of the very nature of consciousness.

3. Non-representational Mind-only (=A)

According to non-representational Mind-only, consciousness has two capacities: (i) revealing itself and (ii) revealing something that does not exist.
(a) All cognitions arise as revealing themselves from their [own] substantial cause. In this case also, the very nature of cognition appears clearly.
(b) The appearance of superimpositions as an apprehended part coming from tendencies. In this case also, the nature of what is superimposed appears.

Therefore, there is no disagreement between these three philosophical systems regarding the definiens of the apprehended object as "the appearance of the own nature to cognition."

4. Sautrāntika

According to the Sautrāntika, since the apprehended object of reflexive awareness is the nature of consciousness, its definiens is "revealing itself." It is the object of experience.

In the case of the awareness of something else, the clear appearance as white or red is consciousness. And what is being apprehended by it is a remotely existing object that projects an aspect to consciousness, like the face of a person projects its aspect to a mirror. Its definiens is: the cause that directly projects an aspect similar to itself to consciousness. It is the

320 Since these three are designated as "capacities" (*nus pa*) of mind, I chose to translate "*gsal ba*" with the verb "revealing" rather than the expression "being a clear appearance of."

apprehended object that is the support.
Hence, they accept that:

The clear appearance of itself is experience. What appears as similar is the support.

Thus, for all the cognitions, the support and the experimenting mind itself remain distinct.

Therefore, they do not accept a generic definiens of the apprehended object.

Further, since, there is no cause that projects an aspect in the case of the clear appearance of a concept, and of the appearance of two moons, etc. to erroneous non-conceptual cognition, they accept that there is absolutely no apprehended objects for all the erroneous cognitions.

Appendix VI: Table of the location of the various tenets and arguments in Phya pa's texts and two later epistemological works

	Mun sel	*Snying po*	*'Od zer*	*Grub mtha' (on Madhyamaka)*	*Grub mtha'(on non-Madhyamaka)*	*Tshad bsdus*	*Sgron ma*
A.a	1b9-2a3	A28, B12a2	23b4-5		28b2-7 (ed. Werner 2014: 103, transl. Werner 2014: 65-66)	5,13-7,5	2a8-9
A.b (i)	2a3-5	A28-29, B12a4-7	23b5-6	30a2 (?)	28b7-29a5 (ed. Werner 2014: 66-67, transl. Werner 2014: 103-104)	7,6-16	2a9-b2
A.b (ii)	2a5-b1	A29-30, B12a7-b6	23b7-8	-	-	7,17-12,19	2b2-3
B.a	2b1-6	A30, B12b6-13a3	23b8-24a1	29b3-5	24a1-5 (transl. Werner 2014: 42-43)	12,20-15,20	2b3-3a1
B.b.111.1	2b7-8	A31-32, B13a4-6	24a1-2	-	-	16,1-17	≈3a2
B.b.111.2	2b8-9	A32, B13a6-7	24a2-3	-	-	16,18-18,9	-
B.b.112 (i)	2b8-3a2	A32, B13a7-b3	24a3-4	-	-	-	-
B.b.112 (ii)	3a2-3a3	A33, B13b3-b4	24a4-5	-	-	-	-
B.b.121	3a3-5	-	-	29b6	cf. C.b (i)	19,9-20,14	-
B.b.122	3a5-6	-	-	29b5-6	cf. C.b (i)	20,15-21,5	≈3a3-5
B.b.123	3a7	A33, B13b4-14a1	24a5-7	29b5	(≈28a4-7, v. 4-7)		
cf. C.b (i)	21,6-17	-					

B.b.2	3a7-9	A33-34, B14a1-4	24a7-8	29b7-30a2	28a1-4, v. 1-3 (ed. Werner 2014: 62-63, transl. Werner 2014: 101)	23,7-24,14	-
C.a	3a9-b1	A34, B14a4-6	24a8		22b1-23b2	24,15-25,16	
C.b (i)	3b1	A34, B14a6	24a8-9	30a2-3	23b2-3, v. 1-2 (=B. b.122)		
23b3-4, v.3 (=B.b.121)							
23b4-5, v. 4 (=B.b.123)	25,21-26,1	3a5-6					
C.b (ii)	3b1-2	A34-35, B14a6-7	-	-	23b5-6, v. 5-6ab	≈26,1-11	
D	3b2-3	A35, B14a7-b2	24a9	30a5-6		26,11-13	3a6

Bibliography

Indian texts

AK, AKBh

Vasubandhu, *Abhidharmakośa/Abhidharmakośabhāṣya*. Ed. by Pralhad Pradhan in *Abhidharmakośabhāṣya of Vasubandhu*, Patna: Kashi Prasad Jayaswal Research Institute, 1967.

Tattvasaṃgraha, Tattvasaṃgrahapañjikā

Śāntarakṣita, *Tattvasaṅgraha* and Kamalaśīla, *Tattvasaṅgrahapañjikā*. Ed. by Svāmī Dvārikādās Śāstrī in *Tattvasaṅgraha of Ācārya Śāntarakṣita with the Commentary Pañjikā of Śrī Kamalaśīla*, 2 vol., Varanasi: Bauddha Bharati, 1968.

Triṃśikā

Vasubandhu, *Triṃśikā Vijñaptimātratāsiddhiḥ*. See *Viṃśikā*.

PV I

Dharmakīrti, *Pramāṇavārttika* chap. I and *Pramāṇavārttikasvavṛtti*. Ed. by R. Gnoli in *The Pramāṇavārttikam of Dharmakīrti: The First Chapter with the Autocommentary*, Rome: Istituto Italiano per il Medio ed Estremo Oriente (Serie Orientale Roma 23), 1960.

PV II, III, IV

Dharmakīrti, *Pramāṇavārttika*. Ed. by Y. Miyasaka in Acta Indologica 2. My numbering of the chapters follows the order: II *pramāṇasiddhi*, III *pratyakṣa*, IV *parārthānumāna*, 1972.

PVin Skt. 1

Dharmakīrti, *Pramāṇaviniścaya*. Chap. 1 (Sanskrit version). Ed. by E. Steinkellner in

Dharmakīrti's Pramāṇaviniścayaḥ, Chapters 1 and 2. (Sanskrit Texts from the Tibetan Autonomous Region 2) Beijing/Vienna: China Tibetology Publishing House / Austrian Academy of Sciences Press, 2007. Chap. 3 ed. by P. Hugon and T. Tomabechi in *Dharmakīrti's Pramāṇaviniścaya, Chapter 3 (parārthānumāna). With a preface by T. J.F. Tillemans*. (Sanskrit Texts from the Tibetan Autonomous Region 8) Beijing/Vienna: China Tibetology Publishing House / Austrian Academy of Sciences Press, 2011.

PVin Tib. 1

Dharmakīrti, *Pramāṇaviniścaya*. Chap. 1 (Tibetan translation). Ed. in Vetter 1966.

PVV

Manorathanandin, *Pramāṇavārttikavṛtti*. Ed. by Rāhula Sāṅkṛtyāyana in *Pramaṇavārttikavṛttiḥ: Dharmakīrti's Pramāṇavārttika with a Commentary by Manorathanandin*, Appendix to *Journal fo the Bihar and Orissa Research Society* 24-26, Patna, 1938-40.

**Bāhyārthasiddhikārikā*

Śubhagupta, **Bāhyārthasiddhikārikā*. Tib. ed. and translation by N. A. Shastri in *Bāhyārthasiddhikārikā, Bulletin of Tibetology* IV, 1980, 1-97.

Madhyamakālaṅkāra, Madhyamakālaṅkāravṛtti

Śāntarakṣikta, *Madhyamakālaṅkāra, Madhyamakālaṅkāravṛtti*. Crit. ed. by Masamichi Ichigō in *Madhyamakālaṃkāra of Śāntarakṣita with his own commentary or Vṛtti and with the subcommentary or Pañjikā of Kamalaśīla*, Kyoto: Kyoto Sangyo University, 1985.

Ratnāvalī

Nāgārjuna, *Ratnāvalī*. In Giuseppe Tucci, "The Ratnāvalī of Nāgārjuna," *The Journal of the Royal Asiatic Society of Great Britain and Ireland* (1934), 307-325.

Viṃśikā

Vasubandu, *Viṃśikā Vijñaptimātratāsiddhiḥ*. Ed. by Sylvain Lévi in *Vijñaptimātratāsiddhi: Deux Traités de Vasubandhu: Viṃśatikā et Triṃśikā*, Paris: Librairie Ancienne Honoré Champion, 1925.

Tibetan texts

Dka' gnas

Rngog Lo tsā ba Blo ldan shes rab, *Tshad ma rnam nges kyi dka' ba'i gnas rnam par bshad pa*. Ed. by Sun Wenjing, Xi'ning: Krung go'i bod kyi shes rig dpe skrun khang, 1994.

Bka' gdams gsung 'bum

Bka' gdams gsung 'bum phyogs bsgrigs thengs dang po/gnyis pa/gsum pa. Ed. Dpal brtsegs bod yig dpe rnying zhib 'jug khang. Vols. 1-30, 2006; vols. 31-60, 2007; vols. 61-90; 2009, Chengdu: Si khron mi rigs dpe skrun khang.

Grub mtha'

Phya pa Chos kyi seng ge, *Bde bar gshegs pa dang phyi rol pa'i gzhung rnam par 'byed pa*. In *Bka' gdams gsung 'bum*, vol. 9, 7-73.

Grub mtha' mdzod

Klong chen 'byams pa Dri med 'Od zer, *Theg pa mtha' dag gi don gsal bar byed pa grub pa'i mtha' rin po che'i mdzod, Gsung 'bum- Dri med 'Od zer* (*sde dge par ma*), vol. 2 (*kha*), 969-1264 (TBRC W00EGS1016299).

Dga' byed

Gser mdog paṇ chen Śākya mchog ldan, *Tshad ma'i mdo dang bstan bcos kyi shing rta'i srol rnams ji ltar byung ba'i tshul gtam bya ba nyin mor byed pa'i snang bas dpyod ldan mtha' dag dga' bar byed pa.* In *Gsung 'bum*, vol. 19, 1-50.

Rgyan bshad

Phya pa Chos kyi seng ge, *Dbu ma brgyan gyi 'grel pa rgya cher bshad pa*. In *Bka' gdams gsung 'bum*, vol.6, 433-518.

Sgron ma

Mtshur ston Gzhon nu seng ge, *Tshad ma shes rab sgron ma*, ed. by Pascale Hugon,Wien: Arbeitskreis für tibetische und buddhistische Studien - Universität Wien (Wiener Studien zur Tibetologie und Buddhismuskunde 60), 2004.

Nges don rab gsal

Go rams pa Bsod nams seng ge, *Rgyal ba thams cad kyi thugs kyi dgongs pa zab mo Dbu ma'i de kho na nyid spyi'i ngag gyis ston pa nges don rab gsal*. In *Kun-mkhyen Go-bo Rab-'byams-pa Bsod-nams-sen-ge'i bka' 'bum*, Dehra-Dun: Sakya College, vol. 5, 1a-208a (pp. 1-415), 1979.

Snying po

Phya pa Chos kyi seng ge, *Dbu ma de kho na nyid kyi Snying po*. A=Ms. edited by H. Tauscher in *Phya pa Chos kyi seṅ ge: Dbu ma śar gsum gyi stoṅ thun*, Vienna: Arbeitskreis für Tibetische und Buddhistische Studien (Wiener Studien zur Tibetologie und Buddhismuskunde 43). B=Ms.published in *Bka' gdams gsung 'bum*, vol.7, 15-129, 1999. References in the body of the article are to A.

Bstan rim chen mo

Gro lung pa Blo gros 'byung gnas, *Bstan rim chen mo*. Mundgod: Khri byang bla brang dpe mdzod (TBRC W1PD45157), 2001.

Bsdus pa

Gtsang nag pa brtson 'grus seng ge, *Tshad ma rnam par nges pa'i ṭi ka legs bshad bsdus pa*. Otani University Tibetan Works Series, Volume II. Kyoto: Rinsen Book Co, 1989.

Rnam Rgyal

Chu mig pa Seng ge dpal, *Gzhan gyi phyogs thams cad las rnam par rgyal ba. A= Bka' gdams gsung 'bum*, vol. 87, 315-448; B=*Bka' gdams gsung 'bum*, vol. 45, 11-163.

Rnam nges bsdus don

Phya pa Chos kyi seng ge, *Rnam nges bsdus don*. In *Bka' gdams gsung 'bum*, vol. 8, 3-28.

See Pascale Hugon, "Table of Phya pa Chos kyi seng ge's *Tshad ma rnam nges bsdus don*." Version 1. 86 pages. http://ikga.oeaw.ac.at/Mat/hugon_Table_version1_2009.pdf.

Dbu ma de kho na nyid

Rgya dmar pa, *Dbu ma'i de kho na nyid gtan la dbab pa*. In *Bka' gdams gsung 'bum*, vol. 31, 8-67.

Dbu ma'i byung tshul

Gser mdog paṇ chen Śākya mchog ldan, *Dbu ma'i byung tshul rnam par bshad pa'i gtam yid bzhin lhun po*. In *gsung 'bum*, vol. 4, 1a-20b (pp. 209-248).

Mun sel

Phya pa Chos kyi seng ge, *Tshad ma yid kyi mun pa sel pa*. Manuscript reproduced in *Bka' gdams gsung 'bum*,vol. 8, 434-626 and Tibetan Buddhist Resource Center (TBRC, Volume Number 2077, Work Number 12171). Modern *Dbu can* edition in: Phya pa Chos kyi seng ge. *Phya pa chos kyi seng ge'i gsung gces btus dbu tshad kyi yig cha*. Lhasa: Bod ljongs bod yig dpe rnying dpe skrun khang (Byang chub ljon bzang, no. 6), 2012: 585-916.

Tshad bsdus

Anonymous (attributed to Klong chen rab 'byams pa), *Tshad ma'i de kho na nyid bsdus pa*. Ed. by Padma tshul khrims, Chengdu: Si khron mi rigs dpe skrun khang, 2000.

'Od zer

Phya pa Chos kyi seng ge, *Tshad ma rnam par nges pa'i 'grel bshad yi ge dang rigs pa'i gnad la 'jug pa'i shes rab kyi 'od zer*. In *Bka' gdams gsung 'bum*,vol. 8, 35-427.

Rigs gter

Sa skya Paṇḍita Kun dga' rgyal mtshan, *Tshad ma rigs pa'i gter* and *Tshad ma rigs pa'i gter gyi rang gi 'grel pa*. Ed. by Nor brang o rgyan in *Tshad ma rigs pa'i gter gyi rang gi 'grel pa*, Lhasa: Bod ljongs mi dmangs dpe skrun khang, 1989.

Rigs gter nyi ma

Glo bo mkhan chen Bsod nams lhun grub, *Sde bdun mdo dang bcas pa'i dgongs 'grel tshad ma rigs pa'i gter gyi 'grel pa'i rnam bshad rigs lam gsal ba'i nyi ma*. Ed. by Rdo rje rgyal po in *Tshad ma rigs gter gyi 'grel pa*, Xi'ning: Krung go'i bod kyi shes rig dpe skrun khang, 1991: 1-262.

Rigs gter pham byed

Gser mdog paṇ chen Śākya mchog ldan, *Tshad ma rigs pa'i gter dgongs rgyan lung dang rigs pa'i 'khor los lugs ngan pham byed*. In *gsung 'bum*,vol. 9 (Ta) and 10 (Tha).

Rigs gter rol mtsho

Gser mdog paṇ chen Śākya mchog ldan, *Tshad ma rigs pa'i gter gyi rnam par bshad pa sde bdun ngag gi rol mtsho*. In *gsung 'bum*, vol. 19, 447-749.

Gsal byed

Gtsang drug pa Rdo rje 'od zer, *Yang dag rigs pa'i gsal byed*. In *Bka' gdams gsung 'bum*, vol. 47, 11-165.

Gsung 'bum

The Complete Works (gsung 'bum) of Gser mdog paṇ chen Śākya mchog ldan. Ed. Kunzang Tobgey, Timphu, 1975 [Reprint Nagwang Topgyal, Delhi, 1988].

Modern studies

Akahane, Ritsu. 2010. "Three Tibetan Commentaries on *Dbu ma bden gnyis*" (in Japanese), *Report of the Japanese Association for Tibetan Studies* 56, 77-85.

Akimoto, Masaru. 2004. "Buddhist Definition of Existence: *Kāritra* to *Arthakriyā*," in *Three Mountains and Seven Rivers. Prof. Musashi Tachikawa's Felicitation Volume*, Shoun Hino and Toshihiro Wada (eds.), Delhi: Motilal Banarsidass, 107-116.

Almogi, Orna. 2009. *Rong-zom-pa's Discourses on Buddhology: A Study of Various Conceptions of Buddhahood in Indian Sources with Special Reference to the Controversy Surrounding the Existence of Gnosis (jñāna: ye shes) as Presented by the Eleventh-Century Tibetan Scholar Rong-zom Chos-kyi-bzang-po*. Tokyo: International Institute for Buddhist Studies (Studia Philologica Buddhica Monograph Series 24).

——2010. "Māyopamādvayavāda versus Sarvadharmāpratiṣṭānavāda: A Late Indian Subclassification of Madhyamaka and its Reception in Tibet," *Journal of Indian and Buddhist Studies* 14, 135-212.

Arnold, Dan. 2008. "Buddhist Idealism, Epistemic and Otherwise: Thoughts on the Alternating Perspectives of Dharmakīrti," SOPHIA 47: 3-28.

Dreyfus, Georges. 1997. *Recognizing Reality. Dharmakīrti's Philosophy and Its Tibetan Interpretations*, Albany, N.Y.: State University of New York Press.

Dreyfus, Georges and Lindtner, Christian. 1989. "The Yogācāra philosophy of Dignāga and Dharmakīrti." In *Studies in Central and East Asian Religions* (Journal of the Seminar for Buddhist Studies, Copenhagen and Aarhus)2, 27-52.

Dunne, John. 2004. *Foundations of Dharmakīrti's Philosophy*, Boston: Widsom Publications (Studies in Indian and Tibetan Buddhism).

Eckel, Malcolm David. 2008. *Bhāviveka and his Buddhist Opponents*, Cambridge, Massachusetts: Harvard University Press (Harvard Oriental Series 70).

Franco, Eli and Notake, Miyako. 2014. *Dharmakīrti on the Duality of the Object: Pramāṇavārttika III 1-63*, Berlin; Münster; Wien; Zürich; London: LIT-Verlag (Leipziger Studien zu Kultur und Geschichte Süd- und Zentralasiens 5).

Hugon, Pascale. 2008a. *Trésors du raisonnement. Sa skya Paṇḍita et ses prédécesseurs tibétains sur les modes de fonctionnement de la pensée et le fondement de l'inférence. Edition et traduction annotée du quatrième chapitre et d'une section du dixième chapitre du Tshad ma rigs pa'i gter*. Wien: Arbeitskreis für tibetische und buddhistische Studien -

Universität Wien (Wiener Studien zur Tibetologie und Buddhismuskunde 69.1 and 69.2).

——2008b. "Arguments by Parallels in the Epistemological Works of Phya pa Chos kyi seng ge," *Argumentation* 22.1, 93-114 (DOI 10.1007/s10503-007-9074-7).

——2009. "The Origin of the Theory of Definition and its Place in Phya pa Chos kyi seng ge's Epistemological System," in *Tibetan Scholasticism in the 11th and 12th Centuries - Contributions to a panel at the XVth Congress of the International Association of Buddhist Studies, Atlanta, 23-28 June 2008. Journal of the International Association of Buddhist Studies* 32 (2009) [2010], P. Hugon and K. Vose (eds.), 319–368.

——2011a. "Phya pa Chos kyi seng ge's Views on Perception," in *Religion and Logic in Buddhist Philosophical Analysis. Proceedings of the Fourth International Dharmakīrti Conference. Vienna, August 23-27, 2005*, H. Krasser, H. Lasic, E. Franco and B. Kellner (eds.), Wien, 2011: Verlag der Österreichischen Akademie der Wisschenschaften, 159-176.

——2011b. "Is Dharmakīrti Grabbing the Rabbit by the Horns? A Reassessment of the Scope of *prameya* in Dharmakīrtian Epistemology," *Journal of Indian Philosophy* 39.4-5, 367-389 (DOI 10.1007/s10781-011-9137-9).

——2011c. "Argumentation Theory in the Early Tibetan Epistemological Tradition, "*Journal of the International Association of Buddhist Studies* 34.1–2 (2011)[2012], 97–148.

——2012. "Inherited Opponents and New Opponents - A Look at Informal Argumentation in the *Tshad ma rigs gter*," *Journal of Tibetology* 8, 26-57.

——2014."Tracing the Early Developments of Tibetan Epistemological Categories in Rngog Blo ldan shes rab's (1059-1109) Concise Guide to the *Nyāyabinduṭīkā*," *Journal of Tibetology* 9, 194-234.

——2015a. "Text Re-use in Early Tibetan Epistemological Works," in *Quotations, References and Re-use of Texts in Indian Philosophical Literature*, E. Freschi (ed.), *Journal of Indian Philosophy* 43.4, 453-491 (DOI 10.1007/s10781-014-9244-5).

——2015b. "Proving Emptiness - The Epistemological Background for the 'Neither One nor Many' Argument and the Nature of its Probandum in Phya pa Chos kyi seng ge's Works," *Journal of Buddhist Philosophy* 1, 58-94.

Iwata, Takashi. 1991. *Sahopalambhaniyama - Struktur Und Entwicklung des Schlusses von der Tatsache, Dass Erkenntnis Und Gegenstand Ausschliesslich Zusammen Wahrgenommen Werden, Auf Deren Nichtverschiedenheit*, 2 vols., Stuttgart: Franz Steiner Verlag.

Jackson, David. 1987. *The Entrance Gate for the Wise (Section III). Sa-skya Paṇḍita on Indian and Tibetan Traditions of Pramāṇa and Philosophical Debate*, Wien: Arbeitskreis für tibetische und buddhistische Studien - Universität Wien (Wiener Studien zur Tibetologie und Buddhismuskunde17.1 and 17.2).

Kano, Kazuo. 2007. "Rngog Blo ldan shes rab cho Shokan kanro no shizuku: Kōtei text to naiyō gaikan" [Rngog Blo ldan shes rab's *Springs yig bdud rtsi'i thig le*: Critical edition and survey], *Kōyasan daigaku mikkyōbunka kenkyūjo kiyō* 20, 1-58.

——2016. *Buddha-Nature and Emptiness -Rngog Blo-ldan-shes-rab and The Transmission of the Ratnagotravibhāga from India to Tibet*, Wien: Arbeitskreis für tibetische und buddhistische Studien - Universität Wien (Wiener Studien zur Tibetologie und Buddhismuskunde 91).

Kapstein, Matthew. 2009. "Preliminary Remarks on the Grub mtha' chen mo of Bya 'Chad kha ba Ye shes rdo rje," in *Sanskrit Manuscripts in China. Proceedings of a Panel at the 2008 Beijing Seminar on Tibetan Studies, October 13 to 17*, E. Steinkellner (ed.), in collaboration with D. Qing and H. Krasser, Beijing: China Tibetology Publishing House,137-152.

Kellner, Birgit. 2011. "Dharmakīrti's criticism of external realism and the sliding scale of analysis." In *Religion and Logic in Buddhist Philosophical Analysis. Proceedings of the Fourth International Dharmakīrti Conference. Vienna, August 23-27, 2005*, H. Krasser, H. Lasic, E. Franco and B. Kellner (eds.), Wien, 2011: Verlag der Österreichischen Akademie der Wisschenschaften, 159-176.

Kellner, Birgit and McClintock, Sara. 2014. "*Ākāra* in Buddhis Philosophical and Soteriological Analysis: Introduction," *Journal of Indian Philosophy* 42.4, 427-432.

Kellner, Birgit and Taber, John. 2014. "Studies in Yogācāra-Vijñānavāda idealism I: The interpretation of Vasubandhu's *Viṃśikā*," ASIA 68.3, 709-756.

Krasser, Helmut. 1997. "Rngog lotsāba on the *Sahopalambhaniyama* Proof in Dharmakīrti's *Pramāṇaviniścaya*," *Studia Indologiczne* (Oriental Institute Warsaw Univ.), 63-87.

Lindtner, Christian. 1986. "Bhavya's Critique of Yogācāra in the *Madhyamakaratnapradīpa*, Chapter IV," in *Buddhist Logic and Epistemology*, B. K. Matilal and R. D. Evans (eds.), 239-263.

McClintock, Sara. 2003."The Role of the 'Given' in the Classification of Śāntarakṣita and Kamalaśīla as Svātantrika-Mādhyamikas," in *The Svātantrika-Prāsaṅgika distinction: what difference does a difference make?*, G. Dreyfus and S. McClintock (eds.), Somerville, MA: Wisdom Publications, 125-171.

Mikogami. Esho. 1993. "Śubhagupta's Theory of Sense-Perception. Disputes between Realists and the Vijñānavādins," in *Studies in Buddhism in honour of Professor A. K. Warder*, N. K. Wagle and F. Watanabe (eds.), Toronto: University of Toronto Centre for South Asian Studies (South Asian Studies Papers 5), 86-99.

Mimaki, Katsumi. 1982. *Blo gsal grub mtha': Chapitres IX (Vaibhāṣika) et XI (Yogācāra) édités et Chapitre XII (Mādhyamika) édité et traduit*, Kyoto: Université de Kyoto, Zinbun Kagaku Kenkyusyo, 1982.

Nishizawa, Fumihito. 2012.「『論理学意闇払拭』におけるチャパの思想的立場」["The Philosophical Standpoint of Phya pa chos kyi seng ge Found in his *Tshad ma yid kyi mun sel*"], *Journal of Indian and Buddhist Studies* (印仏研) 60.2, 1062-1059.

——2013.「チャパ・チューキセンゲの教義書」["The Grub mtha' Literature of Phya pa

Chos kyi seng ge"], *Report of the Japanese Association for Tibetan Studies* (『日本西蔵学会々報』) 59, 67-84.

Ratié, Isabelle. 2014. "On the Distinction Between Epistemic and Metaphysical Buddhist Idealisms: A Śaiva Perspective," *Journal of Indian Philosophy* 42, 353-375.

Rinbochay, Lati and Napper, Elizabeth. 1980. *Mind in Tibetan Buddhism*, Ithaca, N.Y.: Snow Lion Publications.

Saccone, Margherita Serena. 2014. "Śubhagupta on the Cognitive Process," *Journal of Indian Philosophy* 42, 377-399.

Seyfort Ruegg, David. 2000. *Studies in Indian and Tibetan Madhyamaka thought, Part 1 -Three Studies in the History of Indian and Tibetan Madhyamaka Philosophy*, Wien: Arbeitskreis für Tibetische und Buddhistische Studien, Universität Wien (Wiener Studien zur Tibetologie und Buddhismuskunde 50).

——2002. *Studies in Indian and Tibetan Madhyamaka thought, Part 2 - Two Prolegomena to Madhyamaka Philosophy*, Wien: Arbeitskreis für Tibetische und Buddhistische Studien, Universität Wien (Wiener Studien zur Tibetologie und Buddhismuskunde 54).

Steinkellner, Ernst. 1990. "Is Dharmakīrti a Mādhyamika?" In *Earliest Buddhism and Madhyamaka*, Brill, 72-90.

Steinkellner, Ernst and Much, Michael Torsten. 1995. *Texte der erkenntnistheoretischen Schule des Buddhismus - Systematische Übersicht über die buddhistische Sanskrit-Literatur II*, Göttingen: Vandenhoeck & Ruprecht (Abhandlungen der Akademie der Wissenschaften, Philologisch-Historische Klasse, Dritte Folge 214).

Tauscher, Helmut. 2009-2010. "Remarks on Phya pa Chos kyi seng ge and his Madhyamaka Treatises," *The Tibet Journal* 34.3-4 and 35.1–2, 1-35.

van der Kuijp, Leonard W. J.. 1983. *Contributions to the Development of Tibetan Buddhist Epistemology*, Wiesbaden: Franz Steiner.

——1985. "On the Authorship of the Gzhung-lugs legs-par bshad-pa attributed to Sa-skya Paṇḍita," *Journal of the Nepalese Research Center* 7, 75-86.

——2003. "A Treatise on Buddhist Epistemology and Logic Attributed to Klong chen Rab 'byams pa (1308-1364) and Its Place in Indo-Tibetan Intellectual History," *Journal of Indian Philosophy* 31, 381-437.

——2013a. "Notes on Jñānamitra's Commentary on the *Abhidharmasamuccaya*." In *The Foundation for Yoga Practitioners. The Buddhist Yogācārabhūmi Treatise and Its Adaptation in India, East Asia, and Tibet*, U.T. Kragh (ed.), Cambridge: Department of South Asian Studies (Harvard Oriental Series 75), 1388-1429.

——2013b. "A Note on Manorathanandin's *Pramāṇavārttikavṛtti* in Tibet." In *Wading into the Stream of Wisdom. Essays in Honor of Leslie S. Kawamura*, Sarah Haynes and Michelle Sorensen (eds.), Honolulu: University of Hawai'i Press (Contemporary Issues in Buddhist Studies Series), 161-192.

Vetter, Tilmann(ed. and transl.). 1966. *Dharmakīrti's Pramāṇaviniścayaḥ, 1. Kapitel: Pratyakṣam*, Wien: Verlag der Österreichischen Akademie der Wissenschaften.

Vose, Kevin. 2015. "Do Mādhyamikas See What the Rest of Us See? Early Bka' gdams pas on "Commonly Appearing Subjects" (*chos can mthun snang ba*)," *Journal of Buddhist Philosophy* 1, 95-135.

Werner, Eric. 2014. *Phywa-pa Chos-kyi-seng-ge's (1109-1169) Depiction of Māhāyāna Philosophy - A Critical Edition and Annotated Translation of the Chapters on Yogācāra and Mādhyamaka Philosophy from the Gzhung lugs rnam 'byed, a Doxography of the Twelfth Century*. Wissenschaftliche Hausarbeit zur Erlangung des akademischen Grades Master of Arts der Universität Hamburg. Unpublished.

Zwilling, Leonard. 1981. "Sa skya Paṇḍita's version of Pramāṇavārttikam III. 3 - A Case Study on the Influence of Exegesis upon Translation in Tibet." In *Studies in Indian Philosophy, A Memorial Volume in Honour of Pandit Sukhlaji Sanghavi*, Ahmedabad, 305-313.

◆ Author: Pascale Hugon, Research fellow, Austrian Academy of Sciences

夏鲁寺多闻天王和八大马主组像的图像与文本研究 *

贾维维

内容摘要：本文从夏鲁寺 14 世纪的多闻天王和八大马主图像入手，结合梵、藏、汉文文献以及西藏、敦煌、印度等地的图像材料，深入讨论这一组像的文本和图像发展脉络。作者认为该图像是依据布顿传承的“桑噶派”多闻天王与八大马主图像体系绘制，并将汉、藏与其他地区和民族的文化因素融于一体。西藏本土在 14 世纪之后骤然涌现大量同题材艺术作品的原因，与元代皇室对西夏佛教信仰传统的继承政策、元代中央政府与西藏地方政教势力之间的密切关系、布顿大师对相关文本和图像体系的规定与推崇等多种因素都有密切关系。

位于西藏日喀则市甲措雄乡夏鲁村的夏鲁寺（ཞ་ལུ་དགོན）是见证 11 至 14 世纪西藏多边文化交流史实的珍贵遗存，对西藏宗教、历史、艺术等诸多领域的研究均有重要意义。值得注意的是，根据以往学者的研究成果[1]和笔者的现场调查，可以发现该寺内保留

* 本文是国家社科基金重大项目“文物遗存、图像、文本与西藏艺术史构建”（15ZDB121）的阶段性研究成果。

1 见贾玉平：《夏鲁寺壁画中多闻子图像考察》，《西藏研究》，2010（3）：64 － 72。贾玉平：《藏传佛教美术中多闻子图像及其信仰——以夏鲁寺为例》，《考古与文物》，2011（3）：92 － 96。

有多闻天王图像的佛殿竟然多达十一间，风格类型和组合方式各式各样，它们构成了西藏早期艺术中保存最完整、图像类型最为丰富的多闻天王图像资料，也充分说明当时的多闻天王信仰盛极一时。本文主要针对夏鲁寺多闻天王和八大马主这种组合方式展开调查，深入探讨这一组像的图像与文本发展序列。

多闻天王（Vaiśravaṇa）是四大天王中的北方天王，藏文作 རྣམ་ཐོས་སྲས，རྣམ་ཐོས་ཀྱི་བུ 或 རྣམ་སྲས，汉译佛典多采用音译称其为毗沙门或吠室啰摩那[2]等。八大马主藏文作 རྟ་བདག་བརྒྱད，是多闻天王的八位眷属神，不过我们这里所说的“八大马主”有别于 13 – 14 世纪之前绘塑作品中财神瞻巴拉（Jambhala）或宝藏神库贝罗（Kubera）的眷属“八大药叉”，关于这一点下文将展开详细讨论。在卫藏地区迄今可见最早的多闻天王与八大马主图像就是出现在夏鲁寺 14 世纪的壁画中，自此始开该图像在卫藏流行之盛况。

一、夏鲁寺壁画中的多闻天王与八大马主

夏鲁寺十一间佛殿内的多闻天王绘塑作品，有四处为多闻天王与八大马主的组合配置，其中西无量宫东壁北侧的多闻天王像中仅出现两位马主，故不列入讨论范围，仅将其他三处图像描述如下：

1. 护法殿东壁北侧，多闻天王与八大马主、七政宝绘制在祥云之上，八大马主环绕在主尊周围，各位马主乘骑骏马，左手握吐宝鼠，右手持物各不相同，自主尊左上方按顺时针依次是持楼阁、剑、长矛、火焰珠、摩尼宝、剑与盾牌、瓶和五股叶（图一）。

2. 罗汉殿殿门右侧北壁，八大马主共分四组，分别安置在多闻天王头顶两侧和坐骑下方两侧[3]。

3. 北无量宫南壁西侧多闻天王曼荼罗，主尊多闻天王居坐在内院中央，一面二臂黄色身，诸种庄严加身，八位马主各乘骏马，安置在主尊四方四隅。曼荼罗内院之外又绘制多围院落，每一围严格按照仪轨规定安置不同级类的药叉、药叉女、护法等等。这铺壁画是夏鲁寺唯一一铺结构完整、尊格俱全的多闻天王曼荼罗图像（图二）。

夏鲁寺如此兴盛的多闻天王信仰，究其原因，应当与夏鲁万户受到元代皇室因素的

2　如《大正藏》第 1246 号经典，般若斫羯啰译《摩诃吠室啰末那野提婆喝啰阇陀罗尼仪轨》。希麟《续一切经音义》卷六又云：“毗沙门，梵语也，或云毗舍罗婆拏，或云吠室啰末那，此译云普闻，或云多闻。”

3　笔者数次前往夏鲁寺，均未得见这铺壁画，相关描述参见贾玉平：《夏鲁寺壁画中多闻子图像考察》，《西藏研究》，2010（3）：68。夏鲁寺堪布洛色嘉措（བློ་གསལ་རྒྱ་མཚོ）所著 དཔལ་ཞ་ལུ་གསེར་ཁང་གཙུག་ལག་ཁང་གི་ངོ་མཚར་ཆེན་དང་བརྟེན་པར་བཅས་པའི་དཀར་ཆག་གངས་དཀར་གྱི་འདབ་མ།（ཞ་ལུ་དགོན། ལྷ་ས། 2009：38）对该图像也有记载。

图一　夏鲁寺护法殿多闻天王像（谢继胜摄）

图二　夏鲁寺北无量宫南壁多闻天王曼荼罗（廖旸摄）

影响有关。受元廷资助、主持夏鲁寺第二次扩建工程的古相 · 扎巴坚赞（སྐུ་ཞང་གྲགས་པ་རྒྱལ་མཚན）曾被誉为毗沙门的化身[4]，他在任时把神变门楼改建为护法神殿，在寺内多处绘制多闻天王造像以取其护国之意，正是在他 1306 年执掌夏鲁寺之后多闻天王的信仰才进一步被强化。而在图像和文本方面对多闻天王与八大马主这一固定组合造成关键影响的，是布顿 · 仁钦珠（བུ་སྟོན་རིན་ཆེན་གྲུབ། 1290-1364 年）大师。

《布顿全集》（བུ་སྟོན་གསུང་འབུམ）中共有六部与多闻天王有关的仪轨，其中两部提及八大马主的身相特征，即《多闻子大王现证出生》[5] 和《多闻子大王赞颂·王心极喜》[6]，尤以第二部记载最为详尽，它完整记述了具足数百位尊格的多闻天王大曼荼罗，现将文中关于八大马主的内容摘译如下 ：

> 药叉之王昏瞶神，身色灿黄右手宝，是为断离贫穷苦，居坐东方我礼赞。满贤其身示灿黄，从中既得利益事，妙贤宝瓶右手持，居坐南方我礼赞。宝贤身色如满月，右手敬持摩尼宝，满足轮回众生愿，居坐西方我礼赞。大马主王库贝罗，青黑忿怒持利剑，勇猛根除敌魔碍，居坐北方我礼赞。自性智之尽知主，执持黄色智慧剑，斩断无明身色黄，居坐东南我礼赞。黑色忿怒旷野主，调伏天人之魔军，右手执持锋利矛，居坐西南我礼赞。昼夜投掷五股骰，五娱马主身浅黄，右手执持宝楼阁，居坐西北我礼赞。柔滑发髻海螺色，般若兵刃破他碍，右持自卫剑与盾，居坐东北我礼赞。唯愿诸丑拥光辉，庄严加身着甲胄，各各乘骑勇猛马，左手持鼠我礼赞[7]。

4　觉囊多罗那他著，佘万治译 :《后藏志》，拉萨 : 西藏人民出版社，1994 : 92。

5　བུ་སྟོན་རིན་ཆེན་གྲུབ། རྒྱལ་པོ་རྣམ་ཐོས་སྲས་ཀྱི་མངོན་རྟོགས་དགོས་འདོད་འབྱུང་བ། གསུང་འབུམ། ཞོལ་པར་མ་ལྡི་ལིར་བསྐྱར་པར་བརྒྱབ་པ། New Delhi : International Academy of Indian Culture, 1965-1971（14）: 789-804.

6　བུ་སྟོན་རིན་ཆེན་གྲུབ། རྒྱལ་པོ་ཆེན་པོ་རྣམ་ཐོས་སྲས་ཀྱི་བསྟོད་པ་རྒྱལ་པོའི་ཐུགས་རབ་ཏུ་མཉེས་བྱེད། གསུང་འབུམ།1965-1971（14）: 806-841.

7　གནོད་སྦྱིན་དབང་པོ་རྨུགས་འཛིན་ནི། །གསེར་མདོག་ཕྱག་གཡས་རིན་ཆེན་འཛིན། །དབུལ་བའི་སྡུག་བསྔལ་སེལ་མཛད་པ། །ཤར་ཕྱོགས་གནས་ལ་ཕྱག་འཚལ་ལོ། །གང་བ་བཟང་པོ་སྐུ་མདོག་སེར། །ཅི་དགོས་ནང་ནས་འབྱུང་བ་ཡི། །བུམ་པ་བཟང་པོ་གཡས་པས་འཛིན། །ལྷོ་ཕྱོགས་གནས་ལ་ཕྱག་འཚལ་ལོ། །ནོར་བུ་བཟང་པོ་ཟླ་རྒྱས་མདོག །ཕྱག་གཡས་ཡིད་བཞིན་ནོར་བུ་ཡིས། །འགྲོ་བའི་རེ་བ་རྫོགས་མཛད་པ། །ནུབ་ཕྱོགས་གནས་ལ་ཕྱག་འཚལ་ལོ། །རྟ་བདག་ཆེན་པོ་ཀུ་བེ་ར། །མཐིང་ནག་ཁྲོས་པ་རལ་གྲི་འཛིན། །དགྲ་བགེགས་རྩད་ནས་གཅོད་མཛད་པ། །བྱང་ཕྱོགས་གནས་ལ་ཕྱག་འཚལ་ལོ། །དེ་ཉིད་ཤེས་པའི་ཡང་དག་ཤེས། །ཤེས་རབ་གསེར་གྱི་རལ་གྲི་འཛིན། །མི་ཤེས་གཅོད་པ་སྐུ་མདོག་སེར། །མེ་མཚམས་གནས་ལ་ཕྱག་འཚལ་ལོ། འབྲོག་གནས་རབ་ཏུ་ཁྲོས་ཤིང་ནག །ལྷ་མིའི་བདུད་ཀྱི་དཔུང་འཇོམས་པའི། །མདུང་རྣོན་མཚོན་ཆ་གཡས་པས་འཛིན། །བདེན་བྲལ་གནས་ལ་ཕྱག་འཚལ་ལོ། །ཉིན་མཚན་ཅོ་ལོ་ལྔ་རྩེ་མཛད་པའི། །ལྔ་རྩེ་ན་སེར་སྐྱ་རྒྱས་པ་ཡི། །རི་དགས་གཡས་ན་ཁང་བརྩེགས་བསྣམས། །རླུང་མཚམས་གནས་ལ་ཕྱག་འཚལ་ལོ། །འཇམ་པོ་འཁྱིལ་པ་དུང་གི་མདོག །ཤེས་རབ་གོ་ཆས་གཞན་འཇོམས་ཤིང་། །རང་སྲུང་གི་ཕུབ་གཡས་པས་འཛིན། །དབང་ལྡན་གནས་ལ་ཕྱག་འཚལ་ལོ། །ཐམས་ཅད་མི་སྡུག་བརྗིད་འཛིན་ལ་ཇམ། །སྣ་ཚོགས་རྒྱན་ཅན་གོ་ཆ་བགོས། །རྫུ་འཕྲུལ་རྟ་ཆིབས་གཡོན་པ་ན། །ནེའུ་ལེ་བསྣམས་ལ་ཕྱག་འཚལ་ལོ། །རྒྱལ་པོ་ཆེན་པོ་རྣམ་ཐོས་སྲས་ཀྱི་བསྟོད་པ་རྒྱལ་པོའི་ཐུགས་རབ་ཏུ་མཉེས་བྱེད། 1965-1971（14）: 813-814.

《多闻子大王现证出生》所记内容相比而言较为简略，各马主的身色持物与前文完全一致[8]。布顿文本中记载的八大马主具体身相特征可参见下表：

序号	方位	名号	身色	持物	
				右手	左手
1	东	昏聩马主 藏：རྒྱུགས་འཛིན；梵：Jambhala	黄	宝	吐宝鼠
2	南	满贤马主 藏：གང་བ་བཟང་པོ；梵：Pūrṇabhadra	黄	瓶	
3	西	宝贤马主 藏：ནོར་བུ་བཟང་པོ；梵：Māṇibhadra	白	摩尼宝	
4	北	俱毗罗马主 藏：ཀུ་བེར；梵：Kuvera	黑	剑	
5	东南	尽知马主（亦称散支马主） 藏：ཡང་དག་ཤེས་རབ；梵：Saṃjñeya	黄	剑	
6	西南	旷野马主（亦称戳聂马主） 藏：འབྲོག་གནས；梵：Āṭavaka	黑	矛	
7	西北	五娱马主（亦称般支迦马主） 藏：ལྔ་རྩེན；梵：Pañcika	淡黄	楼阁	
8	东北	妙聚马主（亦称瞻部庆巴马主） 藏：འཀམ་པོ་འཁྱིལ་པ；梵：Bījakuṇḍa	白	剑与盾	

根据布顿文本的描述，我们可以进一步对护法殿和北无量宫八大马主的身份作出判断，护法殿多闻天王壁画中的八大马主自主尊左上方按顺时针依次是五娱马主、俱毗罗马主、旷野马主、昏聩马主、宝贤马主、妙聚马主、满贤马主和尽知马主[9]，北无量宫多闻天王曼荼罗内院八大马主自主尊上方按顺时针依次是宝贤马主、旷野马主、满贤马主、尽知马主、昏聩马主、妙聚马主、俱毗罗马主、五娱马主[10]。在方位配置上，北无量宫曼荼罗显然比护法殿多闻天王图像更为严整规范。

8 དེ་ནས་ཤར་གྱི་ཁང་བརྩེགས་ཀྱི་ནང་དུ་པད་པའི་སྟེང་དུ་རྒྱུགས་འཛིན་སེར་པོ། ཕྱག་གཡས་ན་རིན་པོ་ཆེ་བསྣམས་པ། དེ་བཞིན་དུ་ལྷོར་གང་བ་བཟང་པོ་སེར་པོ། རིན་པོ་ཆེའི་བུམ་པ་བསྣམས་པ། ནུབ་ཏུ་ནོར་བུ་བཟང་པོ་དཀར་པོ། ནོར་བུ་བསྣམས་པ། བྱང་དུ་ཀུ་བེར་ནག་པོ། རལ་གྱི་བསྣམས་པ། ཤར་ལྷོར་ཡང་དག་ཤེས་རབ་སེར་པོ། སེར་གྱི་བསྣམས་པ། ལྷོར་ནུབ་ཏུ་འབྲོག་གནས་ནག་པོ། རིན་པོ་ཆེའི་མདུང་ཐོགས་པ། ནུབ་བྱང་དུ་ལྔ་རྩེན་སེར་སྐྱ། ཁང་བརྩེགས་བསྣམས་པ། བྱང་ཤར་དུ་འཀམ་པོ་འཁྱིལ་པ་དཀར་པོ། གྲི་དང་ཕུབ་བསྣམས་པ། ཐམས་ཅད་ཀྱང་གཡོན་ན་གཏེར་གྱི་ནེའུ་ལེ་བསྣམས་པ། རང་རང་གི་སྐུ་མདོག་དང་མཚུངས་པའི་རྟ་ལ་ཆིབས་པ། རྒྱན་སྣ་ཚོགས་ཀྱིས་སྤྲས་པ། 见 བུ་སྟོན་རིན་ཆེན་གྲུབ། རྒྱལ་པོ་རྣམ་ཐོས་སྲས་ཀྱི་མངོན་རྟོགས་དགོས་འདོད་འབྱུང་བ། གསུང་འབུམ། ཞོལ་པར་མ་ལྷི་ཞིར་བསྐྲུར་པར་བརྒྱབ་པ། 1965-1971（14）：782.

9 壁画中宝贤马主的身色与文本描述不一致，尽知马主的身色和持物与文本描述均不一致。

10 壁画中昏聩马主的持物与文本描述不符。

二、多闻天王与八大马主文本与图像在西夏元时期的发展序列

布顿在《多闻子大王密法现证出生》中明确提到，他所传承的多闻天王图像属于“桑噶派”（སངས་དཀར་ལུགས）[11]，他的另一篇文本《多闻大王敬答之见》记载了更为详尽的传承序列，这一序列自金刚总持开始，经过克什米尔贡巴瓦、桑噶译师等人接续不断的弘扬而传至布顿大师[12]。从布顿大师之后，藏传佛教艺术品中的多闻天王与八大马主才构成固定组像并大量制作，在此之前的文本和图像材料中，虽有类似的“八大药叉”组合，但是药叉的尊名及其随侍的主尊与布顿传承“桑噶派”均不相同。

根据前辈学者的研究，我们知道多闻天王信仰可分为汉藏两种系统，自唐吐蕃时期开始就借由汉、藏等多民族之间的互动交流而依循不同轨迹交互发展，留存作品数量较多[13]，但若论及多闻天王和八大马主（或药叉）的组合，汉译佛典中仅有唐一行著《大毗卢遮那成佛经疏》[14]和宋法天译《佛说宝藏神大明曼拏罗仪轨经》简要论及，并没有记载各尊持物或具体形象特征[15]，敦煌出土艺术品和现存 11 世纪之前壁画作品中的多闻天王也未见八大药叉随侍。这八大药叉分别是：摩尼跋陀罗（Māṇibhadra），布噜那跋陀罗（Pūrṇabhadra），半枳迦（Pañcika），沙多祁里（Śātagiri），醯摩嚩多（Haimavata），毗洒迦（Viśakha），阿托嚩迦（Āṭavaka），半遮罗（Pañcāla），仅有四名药叉名与布顿文本一致，系两种体系。

---

11 བུ་སྟོན་རིན་ཆེན་གྲུབ། རྒྱལ་པོ་རྣམ་ཐོས་སྲས་ཀྱི་མན་ངག་མངོན་རྟོགས་དགོས་འདོད་འབྱུང་བ། གསུང་འབུམ། 1965-1971(28): 154.

12 这一传承序列为：金刚大持、金刚手、班丹衮杜桑布、卓桑宁布、班第达仁钦多吉、喀且贡巴瓦、喇嘛桑噶译师、觉尔波觉顿、楚·索南仁钦、吉土白玛扎西、聂巴觉桑、译师强巴贝、喇钦索南旺秋、卓浦索南桑格、喇嘛仁钦桑格、堪钦布顿仁波切。

　　རྡོ་རྗེ་འཆང་ཆེན་པོ། ཕྱག་ན་རྡོ་རྗེ། དཔལ་ལྡན་ཀུན་ཏུ་བཟང་པོ། སློབ་དཔོན་འགྲོ་བཟང་སྙིང་པོ། པཎྜི་ཏ་རིན་ཆེན་རྡོ་རྗེ། ཁ་ཆེ་དགོན་པ་བ། བླ་མ་སངས་དཀར་ལོ་ཙྪ་བ། སྐྱུར་པོ་རྗེ་སྟོན། མཚུར་བསོད་ནམས་རིན་ཆེན། འཇིད་ཐུབ་པད་མ་བཀྲ་ཤིས། སྟག་པ་རྗེ་བཟང་། ལོ་ཙྪ་བ་བྱམས་པའི་དཔལ། བླ་ཆེན་བསོད་ནམས་དབང་ཕྱུག །རིན་པོ་ཆེན་ཁྲོ་ཕུ་བ་བསོད་ནམས་སེང་གེ། བླ་མ་རིན་ཆེན་སེང་གེ། མཁན་ཆེན་བུ་སྟོན་རིན་པོ་ཆེ། བུ་སྟོན་རིན་ཆེན་གྲུབ། རྒྱལ་པོ་ཆེན་པོ་རྣམ་ཐོས་ཀྱི་རྗེས་གནང་ཕྱག་ལེན་ཇི་ལྟ་བ་བཞིན། 1965-1971(28): 799.

13 有关汉藏两种造像系统中多闻天王（毗沙门）像的研究，可参见谢继胜：《西夏藏传绘画——黑水城出土西夏唐卡研究》，石家庄：河北教育出版社，2001：145 － 153，另见其文《榆林窟 15 窟天王像与吐蕃天王图像演变分析》，《装饰》2008（6）：54 － 59。

14 《大毗卢遮那成佛经疏》卷五《入漫荼罗具缘品之余》，《大正藏》NO.1796：0634。

15 “于宝藏神大夜叉王两边有夜叉，一名吉隶二名摩隶，恒倾宝藏。北方名舍也（二合）摩夜叉、妙满夜叉、满贤夜叉；东方获财夜叉、大财夜叉，亦倾宝藏大腹一切庄严大夜叉王。此八眷属夜叉王东方满贤、南方多闻、西方获财、北方宝贤等真言。此八大夜叉王，居八地自在大菩萨位，于其利生善能取舍，安住三界一切财宝。于宝藏神右边，安置清净宝瓶，及吉隶夜叉摩隶夜叉。此二是宝藏神兄弟，亦居最上菩萨位，一住西南角，誓愿度脱一切众生。一住东北方，具大精进所见真是发欢喜誓愿。若念名者所求皆得。”《大正藏》NO.1283（21）：0343。

再来检索梵藏文文献，可以发现 11-13 世纪成书的几部成就法集中并没有关于多闻天王与八大马主（药叉）这一组合的记载，拥有八位药叉胁侍的是瞻巴拉或库贝罗，多闻天仅是八位药叉中的一员，其他几位药叉与布顿系的八大马主也不完全吻合。《成就法鬘》[16]、《巴哩百法》[17]、《成就法海》[18]、《究竟瑜伽鬘》[19] 等书记载的内容属于同一系统，具体信息可参见下表：

<table>
<tr><th colspan="2">《巴哩百法》</th><th colspan="2">《究竟瑜伽鬘》第 21 篇《法界语自在曼荼罗》（未做方位说明）</th><th colspan="2">《成就法鬘》第 284 篇</th><th colspan="2">《成就法海》</th></tr>
<tr><td>东</td><td>གང་བ་བཟང་པོ
Pūrṇabhadra</td><td>གང་བ་བཟང་པོ
Pūrṇabhadra</td><td rowspan="8">所有药叉均右手持枸橼（佛手柑）的果实，左手持吐宝兽</td><td>Pūrṇabhadra</td><td rowspan="8">所有药叉均右手持枸橼（佛手柑）的果实，左手持吐宝兽</td><td>东</td><td>ནོར་བུ་བཟང་པོ
Māṇibhadra</td></tr>
<tr><td>南</td><td>རྣམ་ཐོས་སྲས
Vaiśravaṇa</td><td>ནོར་བུ་བཟང་པོ
Māṇibhadra</td><td>Māṇibhadra</td><td>南</td><td>གང་བ་བཟང་པ
Pūrṇabhadrā</td></tr>
<tr><td>西</td><td>ནོར་སྦྱིན
Dhanada</td><td>ནོར་སྦྱིན
Dhanada</td><td>Dhanada</td><td>西</td><td>ནོར་སྦྱིན
Dhanada</td></tr>
<tr><td>北</td><td>ནོར་བུ་བཟང་པོ
Māṇibhadra</td><td>རྣམ་ཐོས་ཀྱི་སྲས
Vaiśravaṇa</td><td>Vaiśravaṇa</td><td>北</td><td>རྣམ་ཐོས་སྲས
Vaiśravaṇa</td></tr>
<tr><td>东南</td><td>བི་ཙི་ཀུཎྜ་ལི
Vicitrakuṇḍalin</td><td>བི་ཙི་ཀུཎྜ་ལི
Civikuṇḍalin</td><td>Civikuṇḍalī</td><td>东南</td><td>ཀཱེ་ལི་མ་ལཱི
Keli-mālī</td></tr>
<tr><td>西南</td><td>ཀེ་ལི་མ་ལི
Keli-mālī</td><td>ཀེ་ལི་མ་ལཱི
Kelimālin</td><td>Keli-mālī</td><td>西南</td><td>བི་ཙི་ཀུཎྜ་ལི
Vicitrakuṇḍalin</td></tr>
<tr><td>西北</td><td>ཙ་རེནྡྲ
Carendra</td><td>སྐྱིའི་དབང་པོ
Sukhendra</td><td>Mukhendra</td><td>西北</td><td>སུ་ཁེནྡྲ
Sukhendra</td></tr>
<tr><td>东北</td><td>སུ་ཁེནྡྲ
Sukhendra</td><td>སྐྱིད་པའི་དབང་པོ
Carendra</td><td>Carendra</td><td>东北</td><td>ཙ་རེནྡྲ
Carendra</td></tr>
</table>

这一时期成就法记载的八大药叉依次是：宝贤（Māṇibhadra）、满贤（Pūrṇabhadra）、施财（Dhanada）、多闻子（Vaiśravaṇa）、戏鬘（Keli-mālī）、湿毗昆怛梨（Civikuṇḍalī）、窣昆陀罗（Sukhendra）和迦仁陀罗（Carendra），主要出现在瞻巴拉（或库贝罗）与财

16 Benoytosh Bhattacharyya, *The Indian Buddhist Iconography: Mainly Based on the Sādhanamālā and cognate Tāntric Texts of Rituals*, Calcutta, 1958: 237-38.

17 ངག་དབང་བསྟན་འཛིན་འཕྲིན་ལས། བ་རི་བརྒྱ་རྩའི་ལྷའི་མངོན་རྟོགས་རྣམས། གསུང་འབུམ་ངག་དབང་བསྟན་འཛིན་འཕྲིན་ལས། ལྷ་ས་ཞོལ་པར་ཁང་གསར་པ། 2000:1036.

18 《成就法海》（སྒྲུབ་ཐབས་རྒྱ་མཚོ）是 11 世纪成书的印度成就法集，在 13 世纪时被翻译成藏文，后经 18 世纪学者强巴 · 南喀吉美编辑成册，收入《成就法集》第 12 册。本表中所列的八药叉内容见第 838 页《黄色瞻巴拉九尊成就法》：འདབ་མ་བརྒྱད་ལ་ཤར་དུ་ནོར་བུ་བཟང་པོ། ལྷོར་གང་བ་བཟང་པོ། ནུབ་ཏུ་ནོར་སྦྱིན། བྱང་དུ་རྣམ་ཐོས་སྲས། མེར་ཀཱེ་ལི་མཱ་ལཱི། བདེན་བྲལ་དུ་བི་ཙི་ཀུཎྜ་ལི། རླུང་དུ་སུ་ཁེནྡྲ། དབང་ལྡན་དུ་ཙ་རེནྡྲ་ཐམས་ཅད་ཀྱང་ཞལ་གཅིག་ཅེས་པ་ནས་བརྒྱན་པ།

19 རྫོགས་པའི་རྣལ་འབྱོར་གྱི་ཕྲེང་བ། བསྟན་འགྱུར་དཔེ་བསྡུར་མ། པེ་ཅིན། ཀྲུང་གོའི་བོད་རིག་པའི་དཔེ་སྐྲུན་ཁང་། 1994-2008：344.

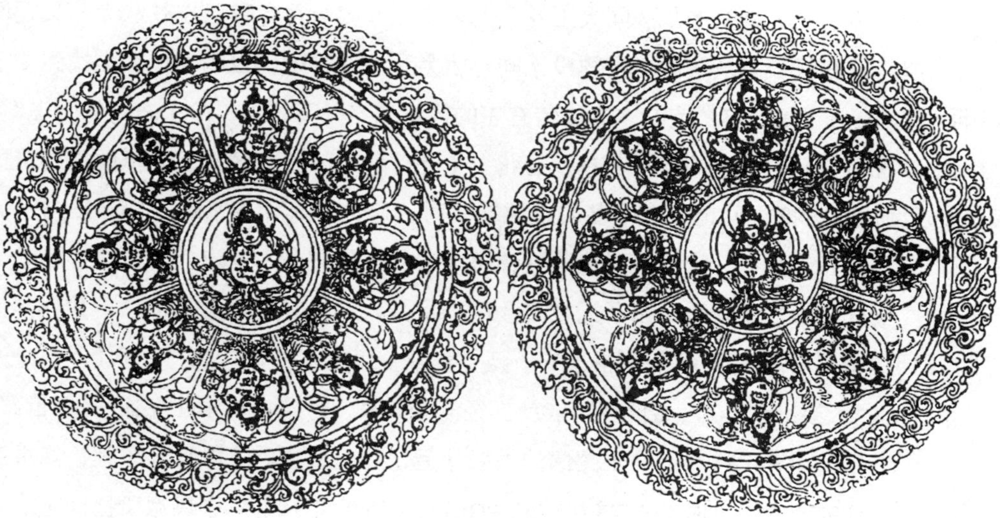

图三 瞻巴拉与财续佛母曼荼罗版画（采自 Lokesh Chandra, *Dictionary of Buddhist Iconography*, 1999 (5): 1505）

续佛母双身像的曼荼罗中，因此他们也有各自的药叉女相伴[20]，一件西藏版画作品精准地描绘了这组图像[21]（图三），瞻巴拉和财续佛母各居曼荼罗中央，八大药叉和八大药叉女分别被安置在八瓣莲花之上。一些早期作品亦能表明这种图像曾经在印度流行一时，比如印度新德里博物馆收藏的瞻巴拉与八大药叉立体曼荼罗由青铜铸造而成，主尊瞻巴拉呈游戏坐居于中央，张开莲瓣内的八大药叉面向瞻巴拉围坐一周[22]。

在印度佛教艺术中原本隶属瞻巴拉（库贝罗）的八大药叉是如何变成多闻天王的八大马主的呢？根据大史诗《摩诃婆罗多》的记载，库贝罗是住在喜马拉雅山上的财神，由众多夜叉护卫着，佛教认为他经常陪侍在佛的左右听法并保护佛法，所以将他封为北方天王，名为“多闻”。因此库贝罗周围的八大药叉便顺理成章的成为多闻天王的眷属神，库贝罗（瞻巴拉）也与多闻天王进行了角色转换，前者由原来的主尊变成后者的胁侍马主之一。

20 如《成就法鬘》第 284 篇记载这八大药叉女分别为画女（Citrakālī）、供女（Dattā）、善施女（Sudattā）、圣女（Āryā）、善贤女（Subhadra）、护女（Guptā）、天女（Devī）、妙音女（Sarasvatī），八位夜叉女与瞻巴拉的明妃财续佛母一样，黄色身，双手分别持谷穗和施与愿印。见 Benoytosh Bhattacharyya, *The Indian Buddhist Iconography: Mainly Based on the Sādhanamālā and cognate Tāntric Texts of Rituals*, 1958: 238.

21 该图见 Lokesh Chandra, *Dictionary of Buddhist Iconography*, New Delhi: International Academy of Indian Culture and Aditya Prakashan, 1999(5): 1505.

22 赖富本宏：《密教仏の研究》，法藏馆，1990：660。

布顿所传承的“桑噶派”多闻天王并八大马主图像应当曾与瞻巴拉并八大药叉图像并行发展，但在很长一段时间之内湮没无闻，因为我们在印度、卫藏等地很难找到早于14世纪的作品，可是这与藏文文本中流传有序的传承脉络并不相符。除了布顿大师在《多闻大王敬答之见》中列出的传承名单，莲花生也是“桑噶派”多闻天王图像的重要传播者。《五世达赖喇嘛传》记载在吐蕃与汉地交战时，莲花生大师召请毗沙门天王与八大马王，向王臣显示神通，毗沙门天王及其眷属等形象一起被画入旌旗之中，庇护藏军大获全胜。王子牟汝赞普亲眼目睹了无数毗沙门的化身，遂将其形象绘制下来，并称其为“毗沙门形象图”[23],后藏江孜却伦措巴寺所藏“姜域多闻旗”和“似姜域多闻旗”当是源出与此[24],说明这组造像在吐蕃时期可能就已经流传开来。这条史料虽然完成于17世纪，但是莲花生与多闻天王并八大马王图像的关联从另一篇成就法中可以得到印证，绛贡工珠洛珠它耶（འཇམ་མགོན་ཀོང་སྤྲུལ་བློ་གྲོས་མཐའ་ཡས། 1813-1899年）汇总宁玛派所掘伏藏法宝的《伏藏宝库》(རིན་ཆེན་གཏེར་མཛོད་ཆེན་མོ) 收有一部《莲花生大成就师作云中黄色多闻子天王九尊随许成就法资粮》[25]，文中有关此九尊身相特征、持物、坐骑等的内容如下：

> 彼尊身前狮座上,“be”中光明集散处,夜叉王主多闻子。身黄面一臂有二,右手执持珍宝幢，左手盈握吐宝鼬，宝冠耳铛与璎珞。并饰骷髅人首鬘，口中喷吐珍宝雨，日轮月轮左右悬，大腹便便跏趺坐。其前“dzam”字生瞻巴拉，身色灿黄手持宝。其右黄色满贤主，宝幡净瓶手执持。其左黑色库贝罗，黑衣加身擎黑旗。其后白色宝贤主，手中执持火焰珠。东南清净施碍主，身色为黄手持剑。西南黑色旷野主,手中持举宝旗幡。西北黄色五娱主,手中宝楼层垒叠。东北白色妙聚主，手中秉持剑与盾。诸主鼠鼬左手握，宝饰严身马作骑。各拥

---

23 五世达赖喇嘛阿旺洛桑嘉措著，陈庆英、马连龙、马林译：《五世达赖喇嘛传》(上)，北京：中国藏学出版社，2006：22。有关五世达赖喇嘛家世血统历史的英译内容，见 Giuseppe Tucci, *Tibetan Painting Scrolls*, Rinsen Book Co., Kyoto, Japan, 1980: 734-36.

姜域（འཇང་ཡུལ 或 ལྗང་ཡུལ）即南诏，或是为了纪念吐蕃与南诏交战这一历史事件而将其命名为“姜域多闻子像”。

24 扎雅活佛著，谢继胜译：《西藏宗教艺术》，拉萨：西藏人民出版社，1997：80-81。

25 འཇམ་མགོན་ཀོང་སྤྲུལ་བློ་གྲོས་མཐའ་ཡས། རྒྱལ་ཆེན་རྣམ་ཐོས་སྲས་སེར་ཆེན་ལྷ་དགུ་སྤྲིན་གསེབ་མར་གྲགས་པ་སློབ་དཔོན་པདྨ་འབྱུང་གནས་ཀྱིས་མཛད་པ་རྗེས་གནང་སྒྲུབ་ཐབས་ལས་ཚོགས་དང་བཅས་པ། རིན་ཆེན་གཏེར་མཛོད་ཆེན་མོ། TBRC, W20578, 1976-1980(80): 26-53.

图四 《那塘百法》中的多闻天九尊像（采自［瑞士］布劳恩、威尔森著，张彦译：《藏传佛教本尊大全艺术鉴赏图典》，兰州：甘肃人民美术出版社，2014：145）

图五 东千佛洞第5窟多闻天王曼荼罗（谢继胜摄）

侍从一亿众，如是即得八成就。[26]

该成就法题名明确表示是莲花生所传法门，相传为阿底峡尊者（Atiśa，982-1054年）口授传承的《纳塘百法》（སྣར་ཐང་བརྒྱ་རྩ）记载的“黄色大多闻子九尊”（རྣམ་སྲས་སེར་ཆེན་ལྷ་དགུ）身色与持物与上译文可相对应（图四）。

饶有趣味的是，虽然14世纪之前卫藏多闻天王与八大马主图像缺失，我们在敦煌地区西夏时期（11-13世纪）的艺术品中却能找到不少例证，这批造像是迄今发现最早将密典文字转换为艺术表现形式的一批作品。甘肃瓜州踏实河沿岸的榆林窟第三窟是一

26 དེ་ཡི་མདུན་དུ་སེང་ཁྲིའི་སྟེང་། དེ་ལས་འོད་ཟེར་འཕྲོ་འདུ་ལས། གནོད་སྦྱིན་རྒྱལ་པོ་རྣམ་ཐོས་སྲས། གསེར་མདོག་ཞལ་གཅིག་ཕྱག་གཉིས་པ། གཡས་ན་རིན་ཆེན་རྒྱལ་མཚན་འཛིན། གཡོན་ན་གཏེར་གྱི་ནེའུ་ལེ་བསྣམས། རིན་ཆེན་ཅོད་པན་ན་རྒྱན་དང་། མགུལ་རྒྱན་དང་ནི་དོ་ཤལ་དང་། དཔུང་ཁྲིམ་ཆེ་ལ་སྐྱིལ་ཀྲུང་བཞུགས། དེ་མདུན་ཛམ་ལས་ཛམ་བྷ་ལ། སེར་པོ་རིན་ཆེན་ཐོགས་པར་བསྐྱེད། གཡས་སུ་གང་བ་བཟང་པོ་སེར། རྒྱལ་མཚན་ཐུམ་པ་ཐོགས་པར་བསྐྱེད། གཡོན་དུ་ཀུ་བེར་ནག་པོ། གོས་ནག་གོན་ནས་དར་ནག་ཐོགས། རྒྱབ་ཏུ་ནོར་བུ་བཟང་པོ་དཀར། རིན་ཆེན་འབར་བ་ལག་ན་ཐོགས། ཤར་ལྷོར་གནོད་སྦྱིན་ཡང་དག་ཤེས། སེར་པོ་རལ་གྲི་ཐོགས་པར་བསྐྱེད། ལྷོར་ནུབ་འཕྲོག་གནས་ནག་པོ་ནི། དར་མདུང་ལག་ན་ཐོགས་པར་བསྐྱེད། ནུབ་བྱང་ལྷས་ཅེ་ན་སེར་སྐྱ་ལ། ལག་ན་ཁང་བུ་བརྩེགས་པ་ཐོགས། བྱང་ཤར་པི་ཙི་ཀུཎྜ་དཀར། ལག་ན་གྲི་དང་ཞུབ་བྱང་ཐོགས། ཀུན་ཀྱང་གཡོན་ན་ནེའུ་ལེ་བསྣམས། རིན་ཆེན་རྒྱན་ལྡན་རྟ་ལ་ཆིབས། འཁོར་ནི་གནོད་སྦྱིན་བྱེ་བས་བསྐོར། བཀའ་ཉན་དངོས་གྲུབ་སྟེར་བར་བསྐྱེད། 见 རྒྱལ་ཆེན་རྣམ་ཐོས་སྲས་སེར་ཆེན་ལྷ་དགུ་ཕྲིན་གསེབ་མར་གྲགས་པ་སློབ་དཔོན་པདྨ་འབྱུང་གནས་ཀྱིས་མཛད་པ་རྗེས་གནང་སྒྲུབ་ཐབས་ལས་ཚོགས་དང་བཅས་པ། 1976-1980 (80) :32-33.

图六　俄国艾尔米塔什博物馆第 X2403 号藏品（采自［俄］米开罗·比奥特罗夫斯基著，许洋主译：《丝路上消失的王国——10 至 13 世纪西夏黑水城的佛教艺术》，台北：国立历史博物馆，1993：图版 56）

图七　俄国艾尔米塔什博物馆第 X2382 号藏品毗沙门天王唐卡（采自许洋主译：《丝路上消失的王国——10 至 13 世纪西夏黑水城的佛教艺术》，1993：图版 55）

座西夏窟室，北壁西侧金刚界曼荼罗下方绘多闻天王并八大马主，多闻天王为正面坐像，半跏趺坐于青狮背上，身着过膝铠甲，右手持伞幢，左手持吐宝兽。多闻天王左右两侧侍立两位供养人，其中右侧女供养人手中托举供物，左侧男供养人作武士装扮，身着甲胄，手中亦有供养物品，但对这组人物的确切身份学界仍未达成共识[27]。多闻天王和二供养人被虹光和圆光包围，在圆光之外东西两端的空间分别绘制四身被祥云承托、乘骑宝马的

27　图齐认为其分别是被毗沙门调伏的龙王与龙母（见 Giuseppe Tucci: *Tibetan Painting Scrolls*, Rinsen Book Co., Kyoto, Japan, 1980: 575）；Franco Ricca 与 Erberto Lo Bue 确认为印度女神拉克什米（Lakshmi）与毗沙门天王的父亲或祖父补罗婆底耶（Pulastya）（见 Franco Ricca & Erberto Lo Bue, *The Great Stupa of Gyantse: A Complete Tiebtan Pantheon of the Fifteenth Century*, London: Serindia, 1993: 93-94）等等。笔者认为这组人物很有可能是多闻天王的父母，因为白居寺吉祥多门塔二层第十二间佛殿有藏文题记云："东面小壁为善趣金刚手、多闻子大王及其父多闻仙人和其母吉祥天女，下部为持红矛……八马主。"见图齐著、魏正中、萨尔吉主编：《梵天佛地》第四卷第二册，上海：上海古籍出版社，2009：337。

马王，多闻天王左侧持摩尼宝者为昏聩马主，持三叉戟者似为旷野主，多闻天王右侧持楼阁者为五娱马主，持剑者为尽知马主，其余马主的持物漶漫不清。

除此之外我们还可以找到 3 组创作于西夏时期的同题材作品，说明这组图像在西夏社会流行一时。东千佛洞第 5 窟中心柱南侧壁画（图五）和俄国艾尔米塔什博物馆第 X2403 号藏品（图六）在图像学特征和构图方式上均较为相似，以青狮为坐骑的毗沙门天王居坐中央，头戴三叶宝冠，身着甲胄，左手皆持吐宝兽，不同的是东千佛洞第 5 窟的毗沙门天王右手持宝幢，而 X2403 号藏品中毗沙门天王右手持物为三角旗。两幅作品选择曼荼罗样式安置各尊，却又不是典型的圆形曼荼罗构图，八大马王被安置在围绕中央主尊的八瓣莲花或八等分同心圆内，各马王骑坐马上，左手均持吐宝兽，右手各执不同持物以区分身份。艾尔米塔什博物馆第 X2382 号藏品也是一幅毗沙门天王唐卡(图七)，构图与前述两个作品不同，八大马王虽然仍被安置环绕在主尊四方四隅似乎犹未脱离曼荼罗样式的制约，但已相对灵活多变，并增加其他夜叉、龙王、随众等形象，人物的衣着、器物、装饰细节等也传达出汉地造像特点。

现存图像遗存表明，西夏早于卫藏甚至印度地区出现多闻天王并八大马主组像，那么其文本依据和图像来源是什么呢？笔者认为，对西夏时期多闻天王并八大马主造像构成直接影响的是当时从藏文或梵文译出的汉文和西夏文密教文献。现藏于俄罗斯科学院东方研究所圣彼得堡分所的黑水城出土西夏汉文文书 Φ214《亲诵仪》与藏文大藏经中的《多闻子随行供物仪轨》（རྣམ་ཐོས་སྲས་རྗེས་སུ་འབྲང་བའི་གཏོར་མའི་ཆོ་ག）有关[28]。描述更加详尽、与西夏多闻天王图像契合度最高的是另一部文书 Φ.222《多闻天施食仪轨》[29]，其所对应的藏文或梵文原文暂不能同定，文中对多闻天王和八大马主形象的描述如下：

> 唵，咩室啰（此三字旁写：外色勒）末耶，萨末哩末日啰，末日啰，三麻耶拔，吽。钵和唵咩□□□□（旁写：外□□□□）。来时便验者，或空中有衣钾声，或壁面上生火炎（焰），或自己恐怖，毛竖心战□，或傍人依前所现时，其咒莫念。

28　见沈卫荣：《序说有关西夏、元朝所传藏传密法之汉文文献——以黑水城所见汉译藏传佛教仪轨文书为中心》，《欧亚学刊》第 7 辑，中华书局，2006：注 55。《亲诵仪》全文参见《俄藏黑水城文献》第 6 册，上海：上海古籍出版社，2000：70 － 72。

29　原名《多闻天陀罗尼仪轨》，后由宗舜法师更正为《多闻天施食仪轨》，见宗舜：《〈俄藏黑水城文献〉之汉文佛教文献续考》，见于苏州戒幢佛学研究所戒幢教育网揭载《宗舜法师文集》，2005：104 － 105。http://www.jcedu.org/dispfile.php?id=5077。

当尊天王，黄色一面二臂，右手持七宝幢，左手鼠狼袋，乘青师子，请在莲花心中。

八施碍各乘白马，住八叶上：

东面拶末捺（施碍），黄色，右手持宝珠。

南面圆满施碍，赤黄色，右手持净瓶。

西面宝珠施碍，白色，右手火焰珠。

北面马主施碍，黑色，右手持钩。

东南角尽知施碍，赤色，右手持刀。

西南角参巴拔你施碍，黄白色，右手持枪。

西北角五尖施碍，黄白色，右手持宝楼。

东北角唧弥布怛里施碍，白色，右手持傍牌。

八施碍左手尽持鼠狼袋，吐七宝，乘白马，各随侍从，每一亿，各持种种器械。

这件文书记载的各尊身形与持物和藏文文献的记述大致吻合，其中拶末捺即 Jambhala，参巴拔你即 Āṭavaka（旷野主），唧弥布怛里为 Civikuṇḍalin（妙聚马主），并且能将俄藏 X2403、X2382 号唐卡与东千佛洞第 5 窟中心柱南侧所绘多闻天王并八大马主的形象对照辨识[30]。

此外，另一件黑水城出土文书、被判定为元代写本的 A21《吉祥金刚手烧坛仪》同样提及相关内容，但是各马主的名称与持物略有区别："修习人若作多闻天王坛……外层莲花上作八施碍，东叶上拶麻（米 + 鹿）神手持宝，南方叶满贤施（碍去掉石）持净瓶，西方叶上宝贤施（碍去掉石）持宫殿，北方叶上身施（碍去掉石）持剑，东南方角叶上真性施（碍去掉石）持钞刀，西南叶上愿是施（碍去掉石）手持枪，西北叶上把拶割施（碍去掉石）手持宝珠，东北方叶上恶积施（碍去掉石）手持榜牌"[31]，元末高僧阿尤喜固什所作的《毗沙门斡布桑》也记载了八大马主的形象特征[32]。这些材料说明在西夏至元时

30 对俄藏 X2382 号唐卡内容的分析见谢继胜：《西夏藏传绘画——黑水城出土西夏唐卡研究》，2001：145 － 153。另见荣新江：《〈俄藏敦煌文献〉中的黑水城文献》，收于《辨伪与存真——敦煌学论集》，上海：上海古籍出版社，2010：176-180。关于东千佛洞第 5 窟壁画的研究，见刘永增：《安西东千佛洞第 5 窟毗沙门天王与八大夜叉曼荼罗解说》，《敦煌研究》，2006（3）：1 － 5。

31 俄罗斯科学院东方研究所圣彼得堡分所、中国社会科学院民族研究所、上海古籍出版社出版，《俄藏黑水城文献》第 5 册，上海：上海古籍出版社，1996：293 － 294。

32 娜琳阿盖、隼鹘尔：《新发现的阿尤喜固什的仪轨文〈毗沙门斡布桑〉初探》，《蒙古学信息》，1997（4）：22 － 23。

图八　白居寺吉祥多门塔多闻天王像（廖旸摄）

期，多闻天王与八大马主的文本与图像已有一定流行度。

再回到西藏本土来看，这一组像成为 14 世纪之后西藏寺院壁画和唐卡的常见题材，除夏鲁寺外，萨迦寺、白居寺、托林寺、古格故城均有发现，国内和西方各大博物馆和私人收藏的同题材唐卡也数量可观。建于 15 世纪上半叶的江孜白居寺吉祥多门塔一层第 17 间殿为多闻天王殿，北壁塑有塑像三尊一铺，即主尊多闻天王及其父多闻仙上与母吉祥天女，根据题记和《江孜法王传》记载，东壁壁中为三层柳叶宫，主尊为汉式多闻天王，其眷属八马王、金刚手、红色秘密成就持矛多闻天，胜舞多闻天等环绕周围（图八）。托林寺白殿壁画完成于 15 世纪下半叶，南壁东侧的多闻天王曼荼罗应是西藏寺院壁画中最精美的一铺作品，多闻天王及其众多眷属居住在柳叶宫内，主尊正面坐像，半跏趺坐在青狮背上，身着甲胄，右手持幢，左手持露吐宝兽。主尊左右两侧分别有四位马主，各骑宝马安置在各自行宫内，左侧从上至下依次是旷野马主、满贤马主、尽知马主、昏聩马主，右侧依次是宝贤马主、五娱马主、俱毗罗马主、妙聚马主（图九）。在迄今发现的唐卡中，与布顿文本和夏鲁寺壁画完成时间最为接近的是法国吉美国立亚洲

图九 托林寺白殿多闻天王像（浙江大学文化遗产研究院数字化采集成果）

艺术博物馆的一件唐卡作品[33]，创作年代为 14 世纪下半叶，它采用的构图，类似于早期唐卡常用的棋格式，主尊占据主要空间，其他眷属按特定比例安置在四边，但又通过一些细节打破边缘线的限制，使画面更加生动。唐卡中绘制了多闻天王的诸种眷属、上师及其护法神等等，八大马主位于画面下方，按示意图中的编号 1 – 8 依次为：宝贤马主、昏聩马主、尽知马主、旷野马主、满贤马主、俱毗罗马主、五娱马主、妙聚马主（图十），与布顿文本的描述完全一致。

33 Steven M. Kossak and Jane Casey Singer, *Sacred Visions: Early Paintings from Central Tibet*, New York: Metropolitan Museum of Art, 1998: 183.

图十　法国集美国立亚洲艺术博物馆藏品（见 Steven M. Kossak and Jane Casey Singer, *Sacred Visions: Early Paintings from Central Tibet*, 1998: 183）

三、结语

通过上文的梳理，可以发现夏鲁寺多闻天王与八大马主图像既是西藏同题材造像流行的肇始，亦是高峰，并将汉、藏与其他地区和民族的文化因素融于一体。西藏本土在14世纪之后骤然涌现大量同题材艺术作品，究其原因，与元代皇室对西夏佛教信仰传统的继承政策、元代中央政府与西藏地方政教势力之间的密切关系、布顿大师对相关文本和图像体系的规定与推崇等多种因素都有密切关系。布顿的几部文本对后世文献造成深刻影响，他所传承的“桑噶派”多闻天王与八大马主图像体系被各个教派的学者推崇，15世纪之后的多闻天九尊成就法仪轨数量急增，如那却米久多吉（གནམ་ཆོས་མི་འགྱུར་རྡོ་རྗེ། 1645 – 1667年）《大明多闻子九尊成就王作法资粮》[34]、三世土观洛桑却吉尼玛（ཐུའུ་བཀྭན་བློ་བཟང་ཆོས་ཀྱི་ཉི་མ། 1737 – 1802年）所著《黄色大多闻子施食总摄》[35]、19世纪编辑而成的《成就法集》（སྒྲུབ་ཐབས་ཀུན་བཏུས）之《大天王多闻子现证出生》[36]等等，协贝多吉（བཞད་པའི་རྡོ་རྗེ།1697 – 1740年）的《护法尊大海传记》[37]甚至将布顿的几部多闻天王文本进行注释。总体来说，藏文文献中记载的多闻天王形象基本固定，八大马主的体现在极个别尊神的名称、身色、持物方面，依然可将其划入同一种传承体系，从吐蕃到清持续不断。

◆贾维维　浙江大学文化遗产研究院助理研究员

34 གནམ་ཆོས་མི་འགྱུར་རྡོ་རྗེ་དང་རྒྱ་ཆགས་མེད། རྣམ་སྲས་རིགས་ཆེན་དགུ་སྒྲུབ་པ་དབང་ལས་ཚོགས་དང་ཅས་པ། གནམ་ཆོས། Bhoutan, 1983(4): 444-450, TBRC. W21578.

35 བློ་བཟང་ཆོས་ཀྱི་ཉི་མ། རྣམ་སྲས་སེར་ཆེན་གྱི་གཏོར་ཆོག་ཤིན་ཏུ་བསྡུས་པ་དངོས་གྲུབ་ཆར་འབེབས། བློ་བཟང་ཆོས་ཀྱི་ཉི་མའི་གསུང་འབུམ། TBRC. W21507, 1969-1971(5): 479-484.

36 མཁྱེན་བརྩེའི་དབང་པོ་དང་བློ་གཏེར་དབང་པོ། རྒྱལ་པོ་ཆེན་པོ་རྣམ་མང་ཐོས་སྲས་ཀྱི་མངོན་རྟོགས་དགོས་འདོད་འབྱུང་བ་བཞུགས་སོ། སྒྲུབ་ཐབས་ཀུན་བཏུས། Kangara, H.P., India, 1902(9): 36-50.

37 བཞད་པའི་རྡོ་རྗེ། དམ་ཅན་བསྟན་སྲུང་རྒྱ་མཚོའི་རྣམ་ཐར། Thimphu, 1979.

两枚明清中央政府颁赐西藏地方官员印章考释 *

朱德涛

内容摘要：在西藏的博物馆和寺庙内，至今保存着大量历朝中央政府颁赐给西藏地方官员的敕诰印信，这些珍贵的文物资料承载着重要的历史，是汉藏民族政治和文化关系的重要见证。文章选取两枚明清时期中央政府颁赐给西藏地方的印章——“净修通悟国师”印和“慧通禅师之印”，作者在前人研究基础上，结合新发掘的汉藏文史料，认为前者是明代永乐皇帝颁赐给西藏达隆寺第九任法座扎西贝孜的国师印，后者为乾隆皇帝颁赐给第七世济咙活佛的印章，并确认其封授时间为乾隆十八年。印章的封赐反映了明代西藏与达隆寺之间的关系往来以及清代前期统治者与西藏济咙活佛一系的关系，本文还兼讨论了清朝政府对国师禅师的封赠等问题。

元代以来，随着西藏纳入祖国版图，西藏地方的主要僧俗官员都由中央政府任免。封官授职、印信为凭。中央朝廷每封一个地方官员都要赐给不同的诰敕印信，使之成为朝廷的一员命官。因此，大量敕诰印信随着中央政府对西藏的施政而进入西藏，成为西藏与祖国政治关系的直接物证。上世纪八十年代末，欧朝贵等先生公示了西藏寺院和博物馆中存留的上百枚中央政府颁赐给西藏地方官员的印章，并对其中多数印章的主人及

* 本文为国家社会科学基金重大招标项目“文物考古中西藏与中原关系资料整理与研究”（11&ZD121）阶段性成果。

图一　净修通悟国师印印纽

图二　净修通悟国师印印面

历史信息给予考证，为我们认识和研究西藏与祖国的政治、文化关系呈现了丰富的实物资料[1]。但因当时资料所限，尚有一部分印章主人无考。笔者注意到，虽然有些印章的封授情况在汉文史书中缺载，但在藏文史籍中却有记录，为我们弄清印章的主人提供了线索。考虑到印章对于研究藏族历史和藏区与中央的关系均有益处，笔者不揣浅薄，拟对其中的两枚印章略作考述，求教于方家！

一、明朝皇帝颁赐藏僧净修通悟国师印

这枚印章现藏西藏罗布林卡，印呈镂花系纽铜包铁印，方形，通高 4 厘米，边长 4.5 厘米（图一）。印章纽头前后刻有兽面纹，另在印座的立面上雕刻有“祥云如意纹”。印面字体呈上下排列、自左向右篆刻，印文是汉文九叠篆，内容为“净修通悟国师印”[2]（图二）。“净修”和“通悟”是明朝赐给西藏高僧的封号中常见的词眼[3]。

1　欧朝贵、其美：《西藏历代藏印》，拉萨：西藏人民出版社，1991 年。

2　《西藏历代藏印》，1991：39。

3　例如“净修崇善国师”，见《明英宗实录》卷一百二十，正统九年八月辛亥；“净修弘善大国师锁南坚参”，见《明宪宗实录》卷一七三，成化十三年十二月癸卯；“高日瓦禅伯为灌顶通悟弘济大国师”，见王祖成、王观容等编：《明实录藏族史料》第 2 集，拉萨：西藏人民出版社，1982：1308；“妙智通悟国师永隆坚参巴藏卜”，见《明实录藏族史料》第 2 集，1982：764。

关于印面上篆刻的“净修通悟国师”名号，汉文文献缺载。笔者在藏文文献《达隆教史》中发现达隆寺第九任法座（ཆོས་ཁྲི）扎西贝孜（བཀྲ་ཤིས་དཔལ་བརྩེགས）的传记中有他曾被明朝皇帝封为国师的记载。扎西贝孜在追述那枚皇帝赐封的印章时说道：“我有灌顶国师的封号，也得到银印、诰命封赏。‘静修通悟国师’（ཙིང་ཟིའུ་ཐུང་ཨུ་གུའི་ཤྲི）名号，意为遍知一切的大禅师，也是帝师。这枚银印与蒙古皇帝赐给尊者冉达尕让（རཏྣ་ཀ་ར）的水晶印章，在后来寺庙发生的火灾中，被大火焚烧，只是水晶印的布绸受到小损伤，而印章则完好无损，真是神奇呀！”[4]此处国师的藏文名号“ཙིང་ཟིའུ་ཐུང་ཨུ་གུའི་ཤྲི”是“净修通悟国师”的藏文音译撰写，从而为求证这枚国师印章的主人提供了线索。

据《达隆教史》记载，扎西贝孜，于藏历第六饶迥之土猪年（1359 年），在塔域邓康（དར་ཡུལ་སྟེང་ཁང）出生，父亲名云达钦波衮嘎也协（ཡོན་བདག་ཆེན་པོ་ཀུན་དགའ་ཡེ་ཤེས），母亲名江贝吉（འཇམ་དཔལ་སྐྱིད）。四五岁时，依止具有贤正善良威德的善知识仁钦贝哇（རིན་ཆེན་དཔལ་བ）听闻诸多佛法，通晓其义。17 岁时，藏历第六饶迥木兔年（1375 年），由法主南喀贝桑波（ནམ་མཁའ་དཔལ་བཟང་པོ）作亲教师，上座仁钦斡（གནས་བརྟན་རིན་ཆེན་འོད）作规范师，削发出家，法名也与法主日丹钦波（ཆོས་རྗེ་རིགས་ལྡན་ཆེན་པོ）梦中授记一致，取名为扎西贝孜 · 尼麦汪波松沃科恰（བཀྲ་ཤིས་དཔལ་བརྩེགས་ཉི་མའི་དབང་པོ་བསྲུང་བའི་གོ་ཆ）成为具三学者（བསླབ་པ་གསུམ་ལྡན）。18 岁，藏历第六饶迥之火龙年（1376 年）一月八日，继任达隆寺法座。20 岁，藏历第六饶迥之土马年（1378 年）内，来到吉雪（སྐྱིད་ཤོད），在大昭寺释迦牟尼像前，由贝钦皮热巴变化贤哲（དཔལ་ཆེན་པིར་པའི་རྣམ་འཕྲུལ་མཁས་གྲུབ）、无与伦比的大译师（ཟླ་མེད་པའི་ལོ་ཙཱ་བ་ཆེན་པོ）绛秋孜莫（བྱང་ཆུབ་རྩེ་མོ）作亲教师，大译师扎巴坚赞（ལོ་ཆེན་གྲགས་པ་རྒྱལ་མཚན）作规范师，译师南喀桑波（ནམ་མཁའ་བཟབ་པོ）作屏教师，洛本觉莫敦杰（སློབ་དཔོན་ཇོ་མོ་སྟོན་རྒྱལ）为敬信喇嘛，受比丘戒。

第悉帕木竹巴（སྡེ་སྲིད་ཕག་མོ་གྲུ་པ）大军入澎域（འཕན་ཡུལ），斥责嘉麻瓦（རྒྱ་མ་བ），嘉麻瓦有直贡派做后盾，因而生起事变，扎西贝孜于心不忍，前往劝说，首先签订撤军协议，延后协商成功。那时宗其坚参桑波（རྫོང་རྗེ་རྒྱལ་མཚན་བཟང་པོ）着手向宗宁湖（རྫོང་སྙིང་མཚོ）投放剧烈毒物，扎西贝孜告诫阻挡，宗其坚参桑波遂将剧烈毒物埋于地下。扎西贝孜还调停直贡派与将领热瓦（དམག་དཔོན་ར་བ）和解。他亲赴绛堆顿波（བྱང་སྟོན་

4 རང་གི་ངོ་བོ་ཀོན་ཏིང་གུའི་ཤྲིའི་ལས་ཀ་ཡིན་ཞིང་། དངུལ་ཐམ་གྱི་ཁ་བྱང་ལའང་། ཙིང་ཟིའུ་ཐུང་ཨུ་གུའི་ཤྲི་ཞེས་སྒོམ་ཆེན་ཐམས་ཅད་མཁྱེན་པ་རྒྱལ་པོའི་བླ་མ་རྒྱལ་ཁམས་ཀྱི་སློབ་དཔོན་ཡིན་བྱ་བ་འབྱུང་ལ་འདི་དུས་ཕུལ་བའི་དངུལ་ཐམ་དང་རྗེ་རཏྣ་ཀ་ར་ལ་ཧོར་གྱི་རྒྱལ་པོས་ཕུལ་བའི་ཤེལ་ཐམ་གཉིས་ཀ་ཕྱིས་གཙུག་ལག་ཁང་ལ་མེ་དགྲ་བྱུང་དུས་ཀྱང་ཆུད་མ་ཟོས་པར་མེ་རྟགས་སུ་ཕེབས་ལ་ཐ་ན་ཤེལ་དམ་དྲིལ་ཚོས་ཀྱི་དར་ལའང་མེ་ཐིག་ཆུང་དུ་ཙམ་ལས་ཅི་ཡང་མ་ཉེས་པའི་ངོ་མཚར་མངོན་སུམ་དུ་གསལ་བ་འདིའོ།

མཐོན་པོ）使无数众生成熟解脱，用金钱赎回上千畜生性命。之后，他返回达隆寺，闭关七年，潜心修习。后来，由于第悉帕木竹巴发生内乱，导致达隆以外的整个卫藏动荡不宁，扎西贝孜亲赴调解，使内乱得以平息。他来到拉萨，觐见帕木竹巴灌顶国师扎巴坚赞（ཕག་མོ་གྲུ་པའི་ཀོན་ཏིང་གུའི་ཤྲི་གྲགས་པ་རྒྱལ་མཚན），敬仰不已，后到大昭寺、小昭寺、蔡公堂等处供养。

后来，汉地皇帝金字使者抵达琼波（ཁྱུང་པོ，今昌都地区），听说汉军将入藏，他于心不忍，于是前往琼波，途中作了无量供养。回到达隆寺后，他又调解了直贡（འབྲི་གུང་པ）与荣波（རོང་པོ）之间的矛盾。汉地大明皇帝派人赏赐印度大象（ཏཱ་ཞིང），并授皇帝谕旨："朕以为，达隆仁波切之功德不同于他人，依法蒂之力，讲经弘法，美妙殊胜，将众生引入善道，是世间怙主。当赏赐你谕旨和供物"[5]。

由于他有以上无量功德，明朝皇帝对其厚爱有加，不但敕赐扎西贝孜银印和诰命，还赐给他许多佛教用具和日常用品。《达隆教史》对此有详细记载："击退大军，此世依靠长生天的气力，普天之下、大地之上的帝释天汉地大明皇帝，派遣以驽衮（ནུལ་གོན）为首的四大金字使者带来皇帝敕谕：'当今卫地，所有喇嘛善知识中，达隆仁波切扎西贝孜者不愧为顶饰，当封给国师名号，并赐银印、诰命及礼品'。金字使者来到扎西贝孜近前，将皇帝赏赐的诰命、银印、礼品等交给扎西贝孜，诰命和银印装在上等的檀木小盒子里，盒子外围镶嵌各种珍宝，并装饰有各类吉祥图案。再用金箔包裹，随圣旨赏赐的礼品有：金铸佛像、贡品、灌顶器具、身之用具，提花如意小床榻等绸缎，水晶类、宝石类、金属类珠宝做成和天然形成的其它物品，以前未曾有过的特产茶等等，犹如上等海量供云的庄严"[6]。扎西贝孜领受了大明皇帝的赏赐，并以佛法和丰富的礼物作为回赠。明朝皇帝封授扎西贝孜的事迹，在郭译师（འགོས་ལོ་ཙཱ་བ）的《青史》中也有记载："明

5 དེ་སྐབས་རྒྱ་ནག་ཏཱ་མིང་རྒྱལ་པོས་རྒྱ་གར་ཏཱ་ཞིང་ལ་སོགས་པ་འབུལ་སྐྱེལ་དུ་མངགས་ཏེ་རྒྱལ་པོའི་ལུང་ལས། དེད་ཀྱི་བསམ་པ་ལ་སྟག་ལུང་རིན་པོ་ཆེ་ཁྱོད་ཀྱི་ཡོན་ཏན་ཐམས་ཅད་གཞན་དང་མི་འདྲ། ཆོས་ཀྱི་བདེན་པའི་སྟོབས་ལ་བརྟེན་ནས། ཆོས་བྱེད་ཀྱི་ནང་ནས་མཛེས་ཤིང་མཆོག་ཏུ་གྱུར་པ་མི་ཐམས་ཅད་དགེ་བའི་ལམ་ལ་འཇུག་པ། རྒྱལ་ཁམས་ཀྱི་སྲུང་སྐྱོབ་ཡིན། ཁྱོད་ལ་ནན་ཏར། ད་པར་འོས་ཞེས་པའི་ལུང་དང་འབུལ་བ་བྱུང་བ་བཞེས།བརྒྱུད་པ་ཡིད་བཞིན་ནོར་བུའི་རྟོགས་པ་བརྗོད་པ་ངོ་མཚར་རྒྱ་མཚོ་སྟག་ལུང་ངག་དབང་རྣམ་རྒྱལ་གྱིས་མཛད་པ།ལྷ་ས། 1992 : 379.

6 གོང་མས་སྩལ་བ་བཀའ་བསྒྲོན་པའི་དཔྱད་ཆེན་བཟློག དེ་སྐབས་ཆེ་རིང་གནམ་གྱི་ཤེ་མོང་ལ་བརྟེན་ནས་ཉི་འོག་རྒྱལ་ཁམས་ཆེན་པོ་ལ་དབང་བསྒྱུར་བ་སའི་བརྒྱ་བྱིན་རྒྱ་ནག་གོང་མ་རྒྱལ་པོ་ཏཱ་མིང་གིས། ནུལ་གོན་ཆེན་པོ་བཞིས་མགོས་བྱས་པའི་གསེར་ཡིག་པ་བཏང་ནས། དེང་སང་དབུས་ཀྱི་ས་ཆ་ལ་ཡོད་པའི་བླ་མ་དགེ་བའི་བཤེས་གཉེན་རྣམས་ཀྱི་ནང་ནས་གཙུག་གི་ནོར་བུ་ལྟར་གྱུར་བ་སྟག་ལུང་རིན་པོ་ཆེ་བཀྲ་ཤིས་དཔལ་བརྩེགས་ཞེས་བྱ་བ་ཡོད་པར་འདུག་པས། དེ་ལ་གུའི་ཤྲིའི་མཚན་གསོལ་བ་དང་། དངུལ་ཐམ་ཀའོ་མིང་ཧྲེན་དང་བཅས་པ་འདི་རྣམས་ཕུལ་ལ་ཤོག་ཅེས་མངགས་པའི་ཕོ་ཉ་རྣམས་ཞབས་དྲུང་དུ་འབྱོར། ཀའོ་མིང་དང་དངུལ་ཐམ་ཙནྡན་ས་མཆོག་གི་སྒྲོམ་བུ་ཕྱི་ནས་རིན་པོ་ཆེ་སྣ་ཚོགས་ཀྱི་སྤྲ་དང་བཀྲ་ཤིས་པའི་རྟགས་ཀྱིས་སྤྲས་པར་བཅུགས་སྟེ། གསེར་གྱི་རྒྱ་དཔྱེ་བར་དཀའ་བས་བསྡམས་པ་དང་། བཀའ་ལུང་བཟང་པོ་ཉེ་བར་སྒྲོག་པའི་རྗེས། གསེར་གར་བླུགས་ཀྱི་བསྟན་གཙོའི་སྐུ། མཆོད་རྫས། དབང་ཆས། སྐུའི་ཉེར་སྤྱད། ཡིད་བཞིན་ཁྲིའུའི་རི་མོས་མཚན་པ་ལ་སོགས་པ་གོས་དར། ཤེལ་རིགས་དང་། རྡོ་རིགས་དང་། ལྕགས་རིགས་ཀྱི་རིན་པོ་ཆེ་ལས་སུ་བགྱིས་པ་དང་རང་བྱུང་བ་ཇི་སྙེད། སྔོན་མེད་པའི་ཁྱད་ཇ་ལ་སོགས་པ་ཀུན་བཟང་གི་རྣམ་འཕྲུལ་ལྟ་བུའི་མཆོད་སྤྲིན་རྒྱ་མཚོའི་བཀོད་པ་དང་བཅས་པ་ཕུལ། སྟག་ལུང་པ་ངག་དབང་རྣམ་རྒྱལ། བརྒྱུད་པ་ཡིད་བཞིན་ནོར་བུའི་རྟོགས་པ་བརྗོད་པ་ངོ་མཚར་རྒྱ་མཚོ་སྟག་ལུང་ངག་དབང་རྣམ་རྒྱལ་གྱིས་མཛད་པ། 1992: 386-387.

朝永乐皇帝（རྒྱལ་པོ་ཡི་དབང）赐予他（扎西贝孜）国师称号、银印、诰命等许多赏赐”[7]。由于喉症痼之疾病，他在藏历第七饶迥之木龙年（1426 年）年逝世，享寿 66 岁。

从以上藏文史料可以看出，这枚印章正是明代永乐皇帝颁赐给西藏达隆寺第九任法座扎西贝孜的国师印。该印章不但印证了藏文史书的记载，而且可以弥补汉文史书记载的不足，对于研究明代西藏达隆寺历史和汉藏关系，都十分珍贵。

二、清朝皇帝颁赐藏僧慧通禅师印

此枚印章为银印，呈如意纽头方形印座（图三）。印章通高 6.5 厘米，边长为 7.8 X 7.8 厘米。该印印文为满、汉、藏三种文字，右侧为藏文，中间为汉文，左侧为满文，汉文内容为“慧通禅师之印”，藏文为“ཡེ་ཤེས་ཡོངས་རྫོགས་བསམ་གཏན་མཁན་པོའི་ཐམ་ཀ”是汉文的意译[8]，在印面满文和汉文文字之间嵌有三行宝珠，用意不明。印背和印边有汉文和满文款识，右侧为“慧通禅师之印”，左侧为相同的满文内容；边款为汉文的“乾隆拾玖年叁月日”、“乾字叁佰叁拾捌号”和“礼部造”等字样[9]（图四）。

据文献记载，清代被封为“慧通禅师”的藏族僧人有两位，分别是西藏转世活佛系统中的第七和第八世济咙呼图克图(རྗེ་དྲུང་ཧོ་ཐོག་ཐུ)。济咙呼图克图，也称巴索活佛(དཔའ་བོད་རིན་པོ་ཆེ)、达察活佛（རྟ་ཚག་རིན་པོ་ཆེ)、达察呼图克图（རྟ་ཚག་ཧོ་ཐོག་ཐུ)、达察济咙呼图克图（རྟ་ཚག་རྗེ་དྲུང་ཧོ་ཐོག་ཐུ)、功德林呼图克图（ཀུན་བདེ་ཆོས་འཁོར་གླིང་ཧོ་ཐོག་ཐུ)、通善呼图克图等，是西藏地区一个重要的活佛转世系统，为格鲁派中起源最早、变化最复杂与清代许多政治事件密切相关的活佛转世系统之一。所谓“济咙”也作“济隆”、“吉仲”、“济仲”、“杰仲”等。济咙呼图克图是清代四大呼图克图之一，也是西藏著名的“四大林”(གཞུང་དགོན་གླིང་བཞི)、“四大摄政”(རྒྱལ་ཚབ་བཞི། 功德林济咙活佛、丹吉林第穆活佛、锡德林热振活佛、策墨林活佛）之一，昌都或康区的四大呼图克图（帕巴拉呼图克图、察雅切仓罗登西绕呼图克图、类乌齐帕曲呼图克图、八宿达察济咙呼图克图）之一。由于光绪三年（1877 年）皇帝赐给十世济咙 · 阿旺贝丹却吉坚赞（ངག་དབང་དཔལ་ལྡན་ཆོས་ཀྱི་

7　གོང་ནས་རྒྱལ་པོ་ཡི་དབང་གིས་ གུ་ཤྲཱིའི་ལས་ཀ། དངུལ་གི་ཐམ་ཁ་ག་ཏོ་མི་དང་བཅས་པའི་གནང་སྦྱིན་མང་པོ་གནང་ནས་སྐྱེལ། འགོས་ལོ་ཙཱ་བ་གཞོན་ནུ་དཔལ། དེབ་ཐེར་སྔོན་པོ། སི་ཁྲོན་མི་རིགས་དཔེ་སྐྲུན་ཁང་། 1985：757.汉译本见王启龙译：《青史》（下），北京：中国社会科学出版社，2012：545。

8　有学者将“ཡེ་ཤེས་ཡོངས་རྫོགས”译作“智圆”，不妥，应当结合实物，汉藏文对照译作“慧通”。见民族图书馆编：《藏文典籍目录》，北京：民族出版社，1989：296。

9　欧朝贵、其美：《西藏历代藏印》，拉萨：西藏人民出版社，1991：81。

图三　慧通禅师之印印纽

图四　慧通禅师之印印面

རྒྱལ་མཚན།1855-1886 年）“通善禅师”名号，济咙呼图克图又称“通善胡图克图”[10]。

关于济咙活佛受封呼图克图的时间，以往学界存在不同看法。如《西藏综览》称：济咙“敕封呼图克图之年月，《雅州府志》言在雍正七年，而《西藏图考》则称康熙五十八年”[11]。李德成认为因六世济咙·阿旺官却尼玛（ངག་དབང་དཀོན་མཆོག་ཉི་མ། 1653 － 1705 年）与五世达赖喇嘛有师徒关系而称其为“济咙”，这就是其后历辈达察活佛冠以“济咙”的由来。由于七世济咙·洛桑贝丹坚赞（1708 － 1759 年）被清政府封赐为“呼图克图”，此后济咙活佛世系才被冠以“呼图克图”职衔。他推测济咙活佛被清政府赐为“呼图克图”应是在康熙五十八年（1719 年）或雍正七年（1729 年）[12]。土呷根据西藏档案馆藏的一份登记册，推断济咙呼图克图受封的时间可能是康熙四十二年（1703 年）[13]。

笔者认为，以上观点尚有讨论的空间。近年来，随着蒙文、藏文档案史料的发掘，为我们对此问题做进一步探讨提供了可能。根据汉文文献《亲征平定朔漠方略》的记载，

10　李德成：《清代驻京八大胡图克图述略》，《中国藏学》，2011（S2）：64 － 80。

11　李亦人：《西藏综览》，台北：正中书局，1946：138。

12　李德成：《清代驻京八大呼图克图述略》，《中国藏学》2011（S2）：64 － 80。

13　土呷：《昌都清代的四大呼图克图》，《中国藏学》2001（4）：39 － 51。

康熙二十九年(1690 年)平定朔漠事件中已多次提到“济隆呼图克图”的名号[14]。这就表明，“济咙呼图克图”称号的出现是在康熙二十九年以前。关于清朝格鲁派济咙呼图克图的称谓，还有一点值得注意。大量档案史料表明，早在清朝入关以前，后金政权就已经与西藏地方建立起了联系，并频繁互通使者，常有书信往来。太宗年间，皇太极曾致西藏僧俗领袖书翰，其中崇德八年（1643 年）皇太极遣使覆书西藏的济东呼图克图和顺治元年（1644 年）济东呼图克图给顺治帝的复函，都以蒙古文的形式保存下来。在现存的三封书信中，都出现了“rjidongqutuϒtu”即 རྗེ་དོང་ཧོ་ཐོག་ཐུ 的称谓[15]。有学者认为，此处的“济东呼图克图”即清朝格鲁派转世活佛济咙呼图克图[16]，实际上，他们并非属于同一个宗派世系。从这三封书函的首尾落款可以看出，后金时期与皇太极和顺治帝互通书信的济东呼图克图是住在萨迦寺的萨迦派高僧，据蒙藏关系史的学者考证[17]，这两位济东呼图克图分别是萨迦派的强巴索南伦珠扎西扎巴坚赞贝桑布（བྱམས་པ་བསོད་ནམས་ལྷུན་གྲུབ་བཀྲ་ཤིས་གྲགས་པ་རྒྱལ་མཚན་དཔལ་བཟང་པོ）和加漾滚嘎索南顿珠扎西扎巴坚赞贝桑布（འཇམ་དབྱངས་ཀུན་དགའ་བསོད་ནམས་དོན་གྲུབ་བཀྲ་ཤིས་གྲགས་པ་རྒྱལ་མཚན་དཔལ་བཟང་པོ)。有清一朝，由于萨迦派地位的衰落，自顺治初年以后，萨迦派济东呼图克图在清廷逐渐被淡忘，随着格鲁派地位的不断上升，格鲁派济咙呼图克图世系屡屡活跃于西藏地方与中原朝廷之间。

七世济咙 · 洛桑丹贝坚赞（རྗེ་དྲུང་བློ་བཟང་ལྷན་དཔལ་རྒྱལ་མཚན། 1708 – 1759 年)，在康区类乌齐之拉喀桑哇地方出世（ཁམས་རི་བོ་ཆེ་ལ་ཁ་ཟང་བར་འཁྲུངས)，经四世班禅大师授记寻找被认定为七世济咙活佛。乾隆九年（1744 年）雍和宫改寺时，乾隆皇帝除下令让七世达赖喇嘛从西藏派来扎仓堪布和经师外，还考虑从西藏请一位地位较高的活佛来参加对雍和宫寺院的管理，三世章嘉呼图克图遂举荐七世济咙呼图克图。《清代雍和宫档案史料》内收录有召请七世济咙呼图克图进京的满文档案，其内容为：

14　如康熙二十九年（1690 年）七月十八日“阿密达奏济咙呼图克图等各遣属下前来为噶尔丹扰掠辩解”；八月初二日“索额图奏噶尔丹坚持索取土谢图汗等而济咙呼图克图则欲福全亲往议和”；八月初三日“福全等奏济咙呼图克图为噶尔丹说项奉旨责以误失机宜”等条。见中国藏学研究中心、中国第一历史档案馆、中国第二历史档案馆、西藏自治区档案馆、四川省档案馆合编：《元以来西藏地方与中央政府关系档案史料汇编》第 2 册，北京：中国藏学出版社，1994：271 – 274。

15　分别见齐木德道尔吉、吴元丰、萨·那日松主编：《清内秘书院蒙古文档案》，呼和浩特：内蒙古人民出版社，第 1 册，2003：373 – 374、第 2 册，2003：163 – 167。另外“济东呼图克图”这一称谓也见于清代崇德八年（1643 年）的汉文史料，见《清太宗实录》卷六十四，台北：华文书局影印，1969：1071。

16　李勤璞：《蒙古之道：西藏佛教与太宗时代的清朝国家》，内蒙古大学博士学位论文，2007：97 – 98、117。

17　关于萨迦派济东呼图克图与格鲁派济咙呼图克图的关系，承蒙哈佛大学范德康教授（Prof. Leonard van der Kuijp）见告，特致谢忱！另参见乌云毕力格、石岩刚：《萨斯迦派与清朝崇德顺治朝廷》，载沈卫荣主编：《西域历史语言研究集刊》第七辑，北京：科学出版社，2014：403 – 417。

副都统臣傅清谨奏，为请旨事。

准理藩院咨文内开：办理雍和宫事务处来文内称，吾处奏准，为遵旨议奏事。乾隆十一年十一月二十七日奉上谕：章嘉呼图克图奏称，西藏济隆呼图克图乃学艺精良高僧。将此咨文达赖喇嘛，著将济隆呼图克图送来，主持雍和宫，总管教习学经喇嘛。钦此。钦遵。除咨文达赖喇嘛外，经查，济隆呼图克图现居西藏鄂博勒硕般多地方，若赴藏复又遣返，因往返行走时日长久，故咨文副都统傅清、王颇罗鼐，将济隆呼图克图照先前所送喇嘛等之例办理，即送至京城。除跟役外，随从徒弟不得过二十名。（中略）遵此将此咨文驻藏办事大臣傅清、郡王颇罗鼐，敬谨查勘谕旨内事宜，明白转告达赖喇嘛，立即遵办。等语到来。奴才傅清我将此立即照部咨文，详禀达赖喇嘛、郡王颇罗鼐。惟由部指派之处，教经喇嘛务必由已出天花喇嘛内选送等语，并无提起济隆呼图克图之处。惟济隆呼图克图现尚未出痘，是否即刻送去之处，奴才岂敢不预先奏闻皇上[18]。

此事在《章嘉 · 若必多吉传》也有记载 ：“大皇帝下令，从西藏迎请一位功德良善的大活佛前来担任噶丹津恰林（དགའ་ལྡན་བྱིན་ཆགས་གླིང་། 雍和宫）的堪布。章嘉活佛奏称，大拭济隆朱巴古（སྤྲུལ་པའི་སྐུ）自巴索 · 却吉坚赞以来，数辈之化身均为修持宗喀巴尊者教法的善士，当今之世，就其教别及功德与他人相较，诚为大善士。故大皇帝降旨，迎请济隆朱巴古罗桑班丹巴至京师。及见到（章嘉），如母子不期而遇，相互喜不可言”[19]。

乾隆十二年（1747 年），《七世达赖喇嘛传》载 ：“这时，数世以来成为佛陀第二教法美饰之大德达察济仲活佛奉文殊大皇帝命启程去内地，他从自己寺院出发来拉萨，奉

18 乾隆十二年二月初九日《驻藏办事大臣傅清奏请济隆呼图克图未出天花应否送京及达赖喇嘛贡使应由何路进京折》，中国第一历史档案、雍和宫管理处编 ：《清代雍和宫档案史料》，北京 ：中国民族摄影艺术出版社，第四册，2004 ：252 － 249（因为满文排版是自左向右的，和汉文的相反，故页码是反向的）。关于济隆呼图克图进京的其它满文档案分别参见乾隆十二年七月十一日《驻藏办事大臣傅清奏请济隆呼图克图情愿进京俟准噶尔熬茶使者离藏后再令起程事折》；乾隆十三年五月十五日《驻藏办事大臣索拜奏闻料理济隆呼图克图起程赴京事折》；乾隆十三年八月十五日《办理青海番众事务副都统众佛保奏闻护送济隆呼图克图等进京事折》；乾隆十三年八月二十五日《以索拜办理济隆呼图克图途径西宁来京多费银两令其赔补事字寄办理青海番众事务副都统众佛保》，见《清代雍和宫档案史料》第四册，2004 ：252 － 249、291 － 285、第五册，2004 ：35 － 33、65 － 63、76 － 66。另参见赵令志：《济隆七世呼图克图入京考》，《吉林师范大学学报》，2015（4）：1 － 9。

19 ཐུའུ་བཀྭན་བློ་བཟང་ཆོས་ཀྱི་ཉི་མ། ལྕང་སྐྱ་རོལ་པའི་རྡོ་རྗེའི་རྣམ་ཐར། ཀན་སུའུ་མི་རིགས་དཔེ་སྐྲུན་ཁང་། 1989 ：244. 汉译本见陈庆英、马连龙译 ：《章嘉国师 · 若必多吉传》，北京 ：中国藏学出版社，1988 ：153.

献大批财物谒见喇嘛，与喇嘛倾心交谈”[20]。十三年(1748年)，济咙到了北京。十四年(1749年)，济咙活佛已位居章嘉呼图克图和噶尔丹锡呼图克图之列，在京城讲习经典[21]。十八年(1753年)受封为“慧通禅师”。西藏档案馆保存有“赐封济咙活佛慧通禅师名号敕谕”，谕诰内容：

> 皇帝敕谕慧通禅师济隆胡图克图：朕惟黄教开宗，聿彰西土，经诠授受，端重师资。其有阐法乘之精微，启真如之妙谛者，褒嘉之典，在所宜施。尔济隆胡图克图乃西藏大喇嘛，性根慧照，法解通灵。自藏召取来京，住持雍和宫，教习学艺喇嘛以来，尽心释典，笃行勤修，为梵教之正宗，实僧徒之觉范，提持净业，朕甚嘉焉，兹封尔为慧通禅师。尔若其益契，性真宏开，妙法永协，皈依佛法，即承奖励之心。钦哉！钦哉！[22]

《元以来西藏地方与中央政府关系档案史料汇编》一书中，将封赐时间记为“乾隆二十四年（1759年）十一月十七日”，后来，张伯桢在其著作《西藏大呼毕勒汗考》中，也沿用《汇编》中的年份，得出“1759年，乾隆帝下诏‘赐封济咙活佛慧通禅师名号’”[23]的结论。这显然是不准确的，因为从后来发表的西藏档案所存清代公文档案目录可知，这封诏书即“乾隆帝赏赐济仲呼图克图‘慧通禅师’名号之敕谕”的落款时间是“乾隆十八年十一月十七日”[24]。另外，在《光绪大清会典事例》中也明确记载“(乾隆)十八年(1753年)，封济隆呼图克图为慧通禅师，给予旧印”[25]。实际上，“乾隆二十四年”是济咙呼图克图圆寂的年份。

据大清会典记录，乾隆二十四年（1759年）“又议奏：‘慧通禅师济隆呼图克图圆寂’，在他圆寂以后，“所有旧印，交伊徒收存，其所属噶木巴庙宇徒众甚多，且唐古特人等

20 ལྕང་སྐྱ་རོལ་པའི་རྡོ་རྗེ། རྒྱལ་བའི་དབང་པོ་ཐམས་ཅད་མཁྱེན་གཟིགས་རྡོ་རྗེ་འཆང་བློ་བཟང་བསྐལ་བཟང་རྒྱ་མཚོ་དཔལ་བཟང་པོའི་ཞལ་སྔ་ནས་ཀྱི་རྣམ་ཐར་མདོ་ཙམ་བརྗོད་པ་དཔག་བསམ་རིན་པོ་ཆེའི་སྙེ་མ། 1975：339. 汉译本见蒲文成译：《七世达赖喇嘛传》，北京：中国藏学出版社，2006：255 － 256.

21 乾隆十四年三月庚申条记载“(上谕) 京中庙宇甚多，如章嘉呼图克图、噶尔丹锡呼图克图、济隆呼图克图等不一其人，讲习经典亦属便易”。顾祖成、王观容编：《清实录藏族史料》2册，拉萨：西藏人民出版社，1982：1056。

22 《元以来西藏地方与中央政府关系档案史料汇编》第5册，1994：2128。

23 张伯桢：《西藏大呼毕勒汗考》，郑州：河南中州古籍出版社，1986：2。

24 《西藏档案馆所存部分清代藏汉对照公文档案目录》，《中国藏学》，2012（S1）：418 － 445。

25 《光绪大清会典事例》卷974，见张羽新编著：《清朝治藏典章研究》(中卷)，北京：中国藏学出版社，2002：701。

亦其所辖，现今虽系济隆呼图克图之弟阿旺诺尔布暂行管理，未经奏明，不足以资弹压’。奉旨：‘济隆呼图克图之弟阿旺诺尔布，著赏给关防。钦此！’遵旨。议给统辖济隆呼图克图属下巴克硕特第十八庙字生徒唐古特等札萨克喇嘛之关防”[26]。

此后，八世济咙 · 益希洛桑丹贝贡布（རྗེ་དྲུང་ཡེ་ཤེས་བློ་བཟང་བསྟན་པའི་མགོན་པོ）被认定为七世济咙转世，继续驻京效力朝廷。乾隆五十六年九月丁酉条上谕言：“济咙呼图克图业经抵藏”[27]。而后，因他在反击廓尔喀入侵之战中办理军务有力，乾隆五十七年（1792年），恩准续封慧通禅师法号，《清实录》收录有续封八世济咙的谕诰：

> 济咙呼图克图及藏内各寺堪布、扎萨克喇嘛、嘎布伦等，因办理军务各奋勉图报，将达赖喇嘛库内存贮火药、铅弹尽行交出备用，又备马百匹以利军行，深堪嘉尚。济咙呼图克图，著加恩仍准续封慧通禅师法号，该衙门换给新改牒文札付[28]。

从以上史料可以看出，西藏济咙活佛一系继六世济咙之后[29]，第七世济咙·洛桑丹贝坚赞受乾隆皇帝邀请，于乾隆十三年抵达北京，担任雍和宫堪布，管理寺院、讲经说法，具有无量功德，而被封为“慧通禅师”名号。此后，第八世济咙 · 益希洛桑丹贝贡布因处理廓尔喀军务有功，承袭慧通禅师法号。从这印章落款的时间“乾隆拾玖年叁月”可以知道，它正是乾隆赐给第七世济咙活佛的印章。清朝康熙后期和雍乾之世，曾重点对国师禅师的封赠问题进行过整顿[30]。在此过程中，严肃国师禅师封授资格，“国师名爵甚大，非有功绩，不得滥授”，同时对受封的国师、禅师也多加限制，如规定各封赠的国师和禅师名号不得兼任，更不得世袭，只封赠给当世之活佛，待伊圆寂，所有国师、禅师印信及国师所用金顶黄轿、九龙黄坐褥便要指定专人保管存放，待下世灵童坐床后，视情况另加恩赏后才能启用[31]。相较以前，清朝所封禅师不多，所存禅师印章更是稀少，因此，这枚慧通禅师之印尤显弥足珍贵。

---

26 《光绪大清会典事例》974 卷“理藩院 · 喇嘛封号”。

27 陈家琏编：《清实录藏族史料》（七），拉萨：西藏人民出版社，1982：3282。

28 陈家琏编：《清实录藏族史料》（七），1982：3368。

29 六世济咙·阿旺衮乔尼玛（རྗེ་དྲུང་ངག་དབང་དཀོན་མཆོག་ཉི་མ）是历辈济咙活佛中首位驻京的呼图克图，见房建昌：《西藏八宿县小史及寺院与活佛》，《中国藏学》，1992（4）：84 － 101。

30 参见白文固：《清代对藏传佛教的禁约和整饬》，《中国藏学》，2005（3）：169 － 175。

31 《大清会典事例》卷 875，《清朝治藏典章研究》（中卷），2002：709。

三、结语

以史鉴物，以物证史，官印是官员权力和身份的凭证，历朝对此非常重视。这两枚印章不仅印证了汉藏文献的记载，也反映了明清两朝中央政府对西藏地方的行政管辖，是中央政府民族与宗教政策的实物见证，同时也是民族团结、和睦相处的象征。

◆朱德涛 四川大学历史文化学院博士研究生

从藏文史籍中有关朱元璋的记载看明清时期藏人对中原的认知

黄辛建　陈东

内容摘要：朱元璋是汉藏关系发展史上一位重要的皇帝。明清时期的诸多藏文史籍中对朱元璋的出身、建立明朝的过程及其与佛教的关系等有着较多的记载。文章结合不同藏文史籍成书的时代背景梳理了这些记载的发展脉络，并在此基础上分析了藏文史籍有关中原叙事的资料来源途径及其内容的佛教色彩，总结了藏族史家发掘利用这些资料的发展轨迹和明清时期藏人对中原的认知。

明清时期，在汉藏交流互动日益频繁、密切的大背景下，不少藏文史籍均将有关中原人物、王统更迭、风土人情以及宗教发展的记述作为其重要组成部分。这些记载，无论其是否与历史真相相符或悖离，皆为汉文正史的有益补充，具有重要的研究价值，且可为我们认识和探讨历史时期藏族的中原观、尤其是理解汉藏民族交往在文化心理结构上的深层表征提供重要视角。有关朱元璋的叙事即是其中一例，明清时期一些藏文史籍中对朱元璋的出身、他建立明朝的过程及其与佛教的关系等有着较多的记载。目前，对于藏文史籍中有关朱元璋的记载的研究还未见专文论及，藏文史籍中有关中原记载的相关研究成果也还不多[1]。有鉴于此，笔者拟在已有研究的基础上，结合相关史料，对藏文史籍中有关朱元璋的记载加以梳理和论述。

一、藏文史籍对朱元璋的记载

藏文史籍中有关朱元璋的记载主要见于明清时期。其中，最早记载朱元璋的是成书于 1454 年的《汉藏史籍》，共有 4 处。其一为：

> 先前，在杭州宫殿被蒙古人火烧之时，蛮子之皇子向蒙古皇帝归顺了，但不得信任，被放逐他乡，到了萨迦地方，修习佛法，人群集聚在他周围。此后，蒙古皇帝的卜算师们说："将有西方僧人反叛，夺取皇位。"皇帝派人去查看，见许多随从簇拥此蛮子合尊，将此情向皇帝奏报，皇帝命将其斩首。赴杀场时，他发原说："我并未想反叛，竟然被杀，愿我下一世夺此蒙古皇位。"由此愿力，他转生为汉人大明皇帝，夺取蒙古之皇位。[2]

上文中把朱元璋同宋朝最后一位皇帝赵㬎联系在了一起，将朱元璋描述为了赵㬎的转世。在《汉藏史籍》的另一处记载中，作者称朱元璋是汉僧牟果之子。所云大略为：元朝发兵弹压叛乱，随征的一名十夫长因故寻汉僧牟果代其出征被发现，牟果及其下十名兵士被鞭挞几死，后汉僧反叛，"自称大明王"，后众人拥大明王之子"上帝位，上尊号大明皇帝，成为社稷之主"[3]。

《汉藏史籍》中其它两处关于朱元璋的内容是完全一致的，均称"蒙古最后一个皇帝妥欢贴睦尔被汉人大明皇帝在阳土猴年夺去帝位"[4]。

综合上述内容，《汉藏史集》中所记载的朱元璋是这样的：朱元璋是宋朝最后一位皇帝赵㬎的转世；转世后成为了"大明王"汉僧牟果之子，最后被拥戴成为大明皇帝。

藏文史籍中关于朱元璋的出身还有一种说法。在成书于 1643 年的《西藏王臣记》

1　相关研究成果有：张云、曾现江：《藏文史籍有关中原的记载及其研究价值》，《西南民族大学学报》，2012（5）：1 － 5；石硕：《从藏文史籍中的四个称谓看吐蕃对唐太宗的认知——兼论吐蕃的中原观》，《中国藏学》，2015（3）：269 － 277；韩腾、石硕：《从藏文史料对唐太宗的记载看藏族史学观》，《西藏大学学报》，2015（1）：66 － 73。

2　达仓宗巴 · 班觉桑布著、陈庆英译：《汉藏史集》，拉萨：西藏人民出版社，1999：141。

3　《汉藏史集》，1999：141 － 143。

4　《汉藏史集》，1999：64。

一书中，五世达赖喇嘛称朱元璋是受元朝皇帝派遣前往汉地“收敛赋税”的官员，称“相传妥欢贴木耳为皇帝时，曾派朱太祖（朱元璋）往汉地各处大区，收敛赋税。”[5] 在成书于1743年、由松巴堪布·益西班觉所著的《松巴佛教史》之中，对朱元璋的出身及其建立明朝的记载甚为详细。作者称：

> 从土猴年（公元1368年）起由汉大明太祖皇帝统治，明太祖的族氏来源，作者未得到明确的记载。有的说大明第一代皇帝原是名朱它拉朱（ཀུ་ཐ་ལ་ཀྲུ）的税收官，因造反而称帝，说其子建文，建文子为永乐。然按现今汉史所载，则第一代皇帝原是皇觉寺僧人。元顺帝时期，天下大乱，以二十三位大盗为首的匪军横行各地。时有匪首率军到皇觉寺，此僧人想若逃跑，则三所依将被拆毁，若降顺则要加入匪军中，遂至佛像前抽签求问，得签上言降顺则吉利，但其不信，将签摔于地，签却直立起来，僧甚感惊奇！于是降顺匪军，成为首领的亲信，匪首死去后，自任这支匪军的首领，逐渐夺得元朝江山。[6]

成书于1773年，由拉卜楞寺寺主二世嘉木样·久美昂波大师所著的《西藏的佛教》一书，与《松巴佛教史》所述内容大体一致，只是多了一些渲染性的形容语句，当依据《松巴佛教史》而成。

在其它的一些明清时期的藏文文献中，还有一些有关朱元璋的记载，但记述较为简单。如成书于1538年的《新红史》中称：“关于汉地佛教重新出现的情况，汉地猪脸皇帝于土猴年取得蒙古王位。”[7] 著于1476—1481年的《青史》叙述：“从戊申起即为大明皇帝统治国土。从戊申起到现在丙申年，算来已过一百零八年。”[8]

综上所述，明清时期成书的藏文史籍的记载中，关于朱元璋的出身，出现了“宋朝末代皇帝赵㬎的转世”、“汉僧牟果之子”、“元朝的税收官”、“皇觉寺僧人”等数种。与以上说法相对应的是，藏文史籍关于朱元璋建立明王朝一事亦存在三种表述：一是汉僧牟果自称“大明王”，攻下元都后“将此大明王之子拥上帝位”，其子即赵㬎转生的朱元璋；二是朱元璋利用外出收税之机，以解运赋银为名，围困皇宫，逼走元帝，代元而有天下；

5　五世达赖喇嘛著、刘立千译注：《西藏王臣记》，北京：民族出版社，2000：96。

6　松巴堪布·益西班觉著、蒲文成、才让译：《松巴佛教史》，兰州：甘肃民族出版社，2013：506 － 507。

7　班钦索南查巴著、黄颢译：《新红史》，拉萨：西藏人民出版社，2002：35。

8　廓诺·迅鲁伯著、郭和卿译：《青史》，拉萨：西藏人民出版社，2003：34。

三是朱元璋为保存佛教寺庙、佛像及经典，被迫投降叛军，后成为叛军之首，灭元称帝，建立大明朝。

二、对藏文史籍中有关朱元璋记载的分析

据《明实录》、《明史》等官修正史记载，朱元璋为江苏沛县人，本出身贫贱，上过短期私塾，后因家贫辍学；1344 年，濠州旱灾、蝗灾频发，瘟疫遍地，其家人相继病死，被迫到皇觉寺出家；不到 2 个月，皇觉寺也因灾荒取消僧侣的供应，他只得离寺在淮西一带乞讨；1352 年，朱元璋投奔壕州郭子兴率领的红巾军，很快引为心腹；1368 年，朱元璋称帝，成为大明开国皇帝。但通过前面的梳理，我们发现，藏文史籍中有关朱元璋的记载分歧和差异较大，不仅与汉文史籍的记载有出入，而且不同的藏文史籍的叙述也千差万别。

1. 关于朱元璋的四种出身

首先，对于宋朝末代皇帝赵㬎转世一说。这一表述仅见于《汉藏史籍》之中。将朱元璋作为“赵㬎的转世”当是作者的附会。对于赵㬎，汉藏文诸多史籍中均有记载。据《宋史》、《元史》等汉文文献记载，1276 年，伯颜率蒙古大军至临安，年甫 7 岁的南宋德祐帝赵㬎随之降元，被封为瀛国公，后于 1288 年被迫出家，被遣至藏地学习佛法。但是，被封为瀛国公的赵㬎出家后的境况若何？死于哪一年？怎样死的？死在什么地方？汉文史籍未作说明，成为了明清之间的一桩疑案，引起种种传说，其中流传最广的传说是“元顺帝乃瀛国公之子”。然而，通过对《红史》、《青史》、《新红史》、《贤者喜宴》及《松巴佛教史》等藏文史料的发掘发现，瀛国公赵㬎到藏地后常住于萨迦大寺，曾任主持，更名合尊法师，成为了名望较高的高僧大德，1323 年被赐死于河西[9]。我们现在已无法考证作者为何将朱元璋附会为赵㬎的转世，但作者在叙述朱元璋的出身时加入佛教因果循环因素，将曾任萨迦寺住持的宋朝末代皇帝赵㬎附会为朱元璋的前世，这在当时的政治价值和宗教意义无疑是巨大的。

其次，对于汉僧牟果之子一说。这一表述同样仅见于《汉藏史籍》。作者提出这一说法的根据是什么呢？据《汉藏史集》的记载，作者系“据当时从乌斯藏到朝廷去的法

9　王尧：《藏汉文化考述》，北京：中国藏学出版社，2011：66 － 70。

师们的谈论”[10]。也就是说，达仓宗巴·班觉桑布在著作中对朱元璋进行的长达1600余字的描述来于曾亲往明廷的藏地高僧们的言论，即系据藏地僧人在中原内地的“道听途说”而成。那么，既然此一说法来自于中原地区，我们是否能在汉文史籍中找到类似的记载呢？通过对汉文史籍的检视，我们并没有找到这方面的印证史料。

再次，对于元朝官员一说。此说见于《西藏王臣记》一书中，《松巴佛教史》中所称的“有的说大明第一代皇帝原是名朱它拉朱的税收官，因造反而称帝”这一说法当是参照《西藏王臣记》而来的。有意思的是，无论是《汉藏史籍》还是《西藏王臣记》，对于朱元璋的出身问题均系采自传闻，这可能与朱元璋得天下后明廷对外讳言其家庭背景有关，才导致民间有多个版本流传，或言其为僧人之子，或言其为收税官等，并传播到藏区得载于藏文史籍，而这些传闻反倒在内地逐渐“湮没”。

最后，对于皇觉寺僧人一说。此说首见于《松巴佛教史》之中，《西藏的佛教》沿袭了这一说法。这两部藏文史籍均成书于清代中叶。在《松巴佛教史》文中有关朱元璋出身的记载中，作者列出了朱元璋为元代的税收官和皇觉寺僧人两种叙述。从其叙述的语境来看，作者先是称他未在藏文文献中找到明确的记载，但根据一些说法称朱元璋系元代的税收官。可见，《松巴佛教史》对此前藏文史籍中有关朱元璋出身的叙述是持怀疑态度的；同时采用了“现今汉史”的记载，称朱元璋系皇觉寺僧人。

2. 关于朱元璋建立明朝的过程

有如下两种说法：一是父亲起事“坐拥天下”。此说见于《汉藏史集》之中。该书描述了“汉僧牟果”的起事及朱元璋继位的过程，颇为形象生动。大致为：先是汉人占卜者称：“现在皇位有失落的危险，如果让皇太子现在继位，还可以禳解此灾。”但太子坚决不允。此时，“适值发兵前往蛮子地方弹压之际，乃命太子为元帅”前往镇压，“建大功业”。此时，宫中卫军中有一名十夫长，“彼自身染病，儿子幼小，又寻不着他人代替出征”，不得已之下，“乃将此情告诉结有善缘、平素常以财物供养之汉僧牟果，求他前去”，汉僧“顾念施主之情，又见有食粮等享用，遂穿上军衣出征”，被发现后被“鞭笞无数，几乎死去”。不久后，此汉僧乃倡言反叛，自称为“大明王”，众人响应，“权势逐年增长”，与当初请他代替出征的施主以及他当十夫长时的朋友部下等里应外合，夺取了政权。此后，众人“将此大明王之子拥上帝位，上尊号大明皇帝，成为社稷之主”[11]。

10 《汉藏史集》，1999：141。
11 《汉藏史集》，1999：141 － 143。

二是自己起事“代元而有天下”。此说见于其它对朱元璋有所记载的明清时期的藏文文献之中。具体来看，在《西藏王臣记》中，作者称作为元朝的官员的朱元璋借外出收税之机，其“与少数汉官共谋，造大车多辆，下层藏匿兵丁，上置珠宝绸缎，伪作解运贡赋，驱车直至王宫附近，立即围困皇宫，元帝乃自暗门逃遁，朱元璋遂代元而有天下。”[12]《松巴佛教史》和《西藏的佛教》则根据汉史的记载，描述了朱元璋从一名皇觉寺僧人，为了保护佛教三宝，投靠起义军并成为首领，最终夺取了政权，建立了明朝。

3. 关于朱元璋与佛教的关系

在明清时期藏文史籍关于朱元璋的叙述还有一个现象值得注意，即尽可能地将其与佛教相联系。这一点主要体现在两个方面：

首先，是将朱元璋的出身与佛教联系在一起。在《汉藏史籍》中，作者在对宋代最后一位皇帝赵㬎的描述中，叙述了赵㬎成为萨迦派上师并受人尊敬的过程，将朱元璋描述为赵㬎的转世。同时称朱元璋之父是名为牟果的汉族僧人，因报元宫中一名十夫长的“供养”之恩，顾念施主之情，遂穿上军衣替其出征，被发现后受到残酷的惩罚，后依托寺庙反元而得天下[13]。在《松巴佛教史》和《西藏的佛教》中，则强调了朱元璋作为皇觉寺僧人的身份，渲染了其为保存佛教寺庙、佛像及经典，被迫投降叛军，后成为叛军之首，灭元称帝，建立大明朝的经历。

其次，是记载了朱元璋所采取的宗教政策。在《西藏王臣记》中，五世达赖喇嘛高度评价了明朝对藏地的佛教政策，并对明代多位皇帝进行了佛教色彩的渲染。同样，《松巴佛教史》的作者强调了朱元璋为保存佛教寺庙、佛像及经典，被迫投降叛军，后成为叛军之首，灭元称帝，建立大明朝；叙述了朱元璋同藏传佛教噶举、止贡间的密切关系，称“明太祖虽未像元一样统治西部和北部，但国力强盛，同噶举、止贡间关系密切，对僧、苯波（道师）、儒（明学）三教一视同仁”[14]。

三、藏文史籍有关朱元璋记载的背景

前面，我们对明清时期藏文文献中有关朱元璋的记载进行了讨论和分析，找出了其

12 《西藏王臣记》，2000：96。
13 《汉藏史集》，1999：141 – 143。
14 《松巴佛教史》，2013：507。

中的一些差异。那么，一个实质性的问题是：什么原因造成了这些差异性的存在呢？下面，我们结合这些藏文史籍的作者撰写时的时代背景来进行分析。

最早出现有关朱元璋记载的藏文史籍《汉藏史集》成书于1454年。此时正值景泰帝（1449 – 1457年）在位时期。此时，明王朝对待藏区政教首领采取怀柔政策，凡来者辄授予官职，并对僧俗首领丰赏厚赐，故向中原流动的藏人数量、规模和范围迅速扩大。根据石硕教授的统计，宣德（1425 – 1435年）、正统（1435 – 1449年、1457 – 1464年两次在位）年间西藏朝贡人数一般为30 – 40人。到了景泰年间，人数陡然增至200 – 300人，到天顺（1457 – 1464年）年间猛增至2000 – 3000人[15]。这样一来，藏地高僧大德、地方首领在汉地的所闻所见和实际体验，自然成了《汉藏史籍》的作者达仓宗巴·班觉桑布生活年代前后藏地史家的通用手法，这也正是达仓宗巴·班觉桑布撰写《汉藏史籍》中有关朱元璋内容的信息来源渠道。《汉藏史集》中对中原人物和史实的记述采自前往汉地高僧大德的“道听途说”并不仅限于有关朱元璋这一例，其有关五代十国、宋、辽、金的历史系“根据赞跋拉多斯衮所说而记录”，有关金国到明代的王统更替的历史来自于“日辛巴之上师细顿去汉地献马并朝见皇帝后所说的史实”[16]。在其他同时期的藏文文献中，著于1376年的《雅隆尊者教法史》一书中的五代与宋的历史“系瞻巴拉国师怙主所述书之”[17]，著于1476 – 1481年的《青史》中关于元代的历史则“据说系藏跋拉即吉祥怙主所说，衮嘎多杰（普庆金刚）所记”[18]，在1538年成书的《红史》中，其“汉地由梁至南宋的历史简述”一节是“依赞巴拉德室利衮所说而写成的”[19]。

到1643年五世达赖喇嘛撰写完成《西藏王臣记》之际，藏地的政教形势已经发生了翻天覆地的变化。1638年，固始汗率领和硕特蒙古军队在格鲁派势力的支持下自青海进入康区。1641年，白利土司被击败后逃走。不久后，白利土司被俘获，并在昌都地区被活埋入泥坑之中而死。《西藏王臣记》成书的前一年，固始汗的军队进入卫藏地区，并击败藏巴汗政权，藏区由此进入以固始汗为首的和硕特蒙古部落统治时期。此时，虽然五世达赖喇嘛在和硕特蒙古的支持下成为卫藏的政教领袖，但清朝尚未正式一统中原，明清两朝的王朝交替尚未完成，事关明朝史事之类的史籍资料还未开始编修。例如，被誉为《明史》在1679年（康熙十八年）才正式组织班子编写，到1739年（乾隆四年）

15 石硕：《历史上藏人向中原地区的流动及与西藏社会发展的关联》，《中国藏学》，2012（2）：36。

16 《汉藏史集》，1999：141。

17 释迦仁钦德著、汤池安译：《雅隆尊者教法史》，拉萨：西藏人民出版社，2002：25 – 27。

18 《青史》，2003：27 – 33。

19 蔡巴·贡噶多吉著、陈庆英、周润年译：《红史》，拉萨：西藏人民出版社，1988：21。

才最后定稿，进呈刊刻。《西藏王臣记》正是在此背景下产生的，其有关明朝的叙事并无汉文史料作为支撑，仍系源自藏地高僧的旧说。不过，在有关朱元璋建立明朝一事上，《西藏王臣记》显然较《汉藏史集》更进了一步，即朱元璋系自己起事“代元而有天下”，而不是通过自己的父亲起事“坐拥天下”的。

与《汉藏史籍》及《西藏王臣记》所不同的是，《松巴佛教史》、《西藏的佛教》等藏文史籍分别成书于 1743 年和 1773 年。此时已是清代中叶。一方面，明朝在当时已经成为“过去”，有关朱元璋的出身及其建立明朝的历史不再有秘密可言；另一方面，清朝对明史的编修工作也已经完成并刊刻出来；同时，由于清代汉藏文明交流达到了一个前所未有的高度，大量汉地历史书籍被译成藏文，从而给藏地史家提供了权威的史料来源。《松巴佛教史》作者松巴堪布·益西班觉说，其对于朱元璋所述系依据“现今汉史所载”，并说“有不少关于汉地王统的史著陆续被译成藏文”[20]，当指此而言。因此，但相较上述两部藏文史籍而言，《松巴佛教史》、《西藏的佛教》两部藏文史籍有关朱元璋建立明朝的表述与汉文史籍的记载最为接近，这显然与其当时已具备参阅汉文史籍的条件有关。

综上所述，明清时期藏族对朱元璋及其建立明朝的认知经历了一个较为长期的发展演变过程。在这一过程中，随着西藏与内地、西藏地方与中央王朝的联系与交往不断加深，藏文史籍中有关朱元璋的叙述也最终接近了汉文史籍的记载，藏族对中原的认知也愈加客观、认同度也不断增强，而这正是西藏文明不断向中原靠拢的内在驱动力。

四、几点认识

通过以上对藏文史籍中有关朱元璋记载的梳理和分析，我们可以得出如下几点认识：

第一，是藏文史籍有关中原叙事的材料来源问题。主要有两个途径：

一是“道听途说”，即来自有汉地游历背景僧人或藏区前往内地朝贡僧俗首领的口耳相传。对于“道听途说”的材料，现今大多已无法在汉文献中找到可印证的史料。究其原因，可能为中央王朝统治阶层出于政治需要刻意遮掩而致使汉文史籍“故意”出现漏载，也可能是不同历史时期存在且已佚失的坊间传说，但无意间却经游方僧人之口被录入了藏文史籍。值得珍视的是，有些“道听途说”恰恰弥补了汉文正史的缺环。有关南宋末代皇帝德祐帝赵㬎即为典型案例。因此，对于这些“道听途说”材料，可视为汉

20 《松巴佛教史》，2013：502。

文史籍的重要补充，其对我们今天更加全面深入认识历史具有重要意义。

二是参阅汉地正史材料。对于参阅汉地正史材料修史，应是藏地史家的一个传统。藏族学者根敦群培在其历史著作《白史》中就说，《新唐书·吐蕃传》在元代时曾被藏族学者十分看重，并由译师姜主安辛与仁青扎巴国师译成藏文而被藏文史书大量引用[21]。在后弘期，以《新唐书》为代表的大量汉文史籍被翻译为藏文在藏地广泛传播。在《新红史》[22]、《萨迦世系史》[23]、《雅隆尊者教法史》[24]等藏文文献中，作者论及中原史实时就直接提出利用了汉文典籍。成书于1388年的《西藏王统记》一书对于“汉土霍尔两地佛法如何宏扬和出现若干朝代等情”系“根据精通汉族霍尔史籍之曾泽大师·喜饶耶协在贡塘所译历史”[25]。不过，能参阅正史显然是有其前提条件，即通过汉藏间的频繁接触与密切联系，藏人得以有机会全面、系统地了解中原汉文典籍并将其译为藏文。《松巴佛教史》、《西藏的佛教》记述朱元璋事迹较之《汉藏史籍》、《西藏王臣记》更接近历史事实，显然与其当时已具备参阅“现今汉史”条件有关。

由上可见，不管是通过“道听途说”，还是参阅汉地正史材料并最终呈现在藏文史籍中有关中原的记载，均“可在一定程度上发挥对汉藏关系史及中原地区历史相关史实的澄清、补充和纠谬作用，从而完善对汉藏关系历史面貌的认识与理解”[26]，乃是我们认识和研究汉藏关系、深化中原历史研究不可忽视的重要史料。

第二，藏地史家在叙述中原史实时习惯将重要人物、重大事件与佛教相联系，即将汉地史实用佛教思维方式加以表述。

事实上，这种将汉地历史人物与佛教相联系的现象普见于后弘期藏文史籍。如成书年代不晚于12世纪的《拔协》称唐太宗“是观音菩萨的化身。……他有360部经典，被誉为汉地的经典皇帝。”[27]孙林先生对此曾指出，“就藏族史学观念的总体特征而言，我们首先遇到一个最显著的现象是，拥有较为庞大史学群体的藏族史学在史学观念上带有很浓重的神权历史学或宗教历史学的色彩。”[28]如《汉藏史籍》言南宋末帝赵㬎转世为朱元璋、朱元璋之父为僧人，《西藏王臣记》、《松巴佛教史》、《西藏的佛教》等在叙事时也

21 根敦群培著：《根敦群培文集精要》，北京：中国藏学出版社，1996：148 － 149。
22 班钦索南查巴、黄颢译：《新红史》，拉萨：西藏人民出版社，2002：10 － 15。
23 阿旺贡噶索南著，陈庆英、高禾福、周润年译注：《萨迦世系史》，拉萨：西藏人民出版社，2002：173。
24 《雅隆尊者教法史》，拉萨：西藏人民出版社，2002：25 － 27。
25 索南坚赞著，刘立千译：《西藏王统记》，北京：民族出版社，2001：12 － 16。
26 张云、曾现江：《藏文史籍有关中原的记载及其研究价值》，《西南民族大学学报》，2012（5）：5。
27 拔·赛囊著，佟锦华、黄布凡译注：《拔协》（增补本），成都：四川民族出版社，1990：2。
28 孙林：《藏族史学发展史纲要》，北京：中国藏学出版社，2006：29。

着重突出朱元璋与佛教的关系。其他后弘期藏文史籍在叙述中原史实时也莫不如此。至于此点，可能与后弘期以来藏传佛教在青藏高原不断勃兴，以《教法史》、《王统记》为主体的后弘期藏文文献主要为藏地高僧大德所著有关。可见，以佛教思维看待中原历史，或将中原历史人物、重大事件纳入佛教文化体系，或将重要人物与佛教的关系夸大化是其叙事的一贯风格。

第三，藏文文献对朱元璋的记载，在很大程度反映了明清时期藏人对中原的认知。从不同年代藏文史籍对朱元璋有关记载来看，呈现出由初期的“道听途说”——采信于他人，到后期直接参阅史书——“按现今汉史所载”的转变。藏族史家对中原地区历史阐释态度与观点的转变之所以能够实现，正是以西藏与中原及藏汉民族之间文化交流不断加深为首要前提，这体现了藏地史家在书写汉地历史时不囿于成说并尊重汉地历史事实的精神。正如张云等学者所言 ：“这些记载以其独特的方式折射出藏族史家从自身的世界观、历史观、文化观和价值观等立场出发，阐发了他们对中原地区及中原历史、文化的态度与观点，其内容既包含了古代藏族的中原观，也从观念层面深刻地反映了古代藏汉民族之间深层次的内在关系。”[29] 从某种意义上说，这正是后弘期藏地史家加强西藏与中原认同在文化心理结构层面的重要表征之一，也在很大程度上反映出了明清时期藏人对中原的认知及藏人的中原观。

◆ 黄辛建　四川省社会科学院、四川大学联合培养在站博士后，阿坝师范学院副教授
陈东　四川省民族研究所副研究员

29 张云、曾现江 ：《藏文史籍有关中原的记载及其研究价值》，《西南民族大学学报》，2012（5）：5。

从清代档案看金川地形地貌特点及其对清军的影响[*]

王惠敏

内容摘要：地形和地貌是人类生存和发展的地理环境要素，对人类的生产、生活具有不容忽视的影响。战争作为一种社会现象，可视为人类的特殊活动，同样要受到地形和地貌的制约。乾隆皇帝视为“十大武功之首”的金川战争便受到藏东地区“跬步皆山”、“林深箐密”、“崖磡陡立”的地形地貌的极大制约。本文以《清高宗实录》为导向，以《金川档》、《宫中档乾隆朝奏折》等清代档案史料为基础，考察以大小金川为代表的嘉绒藏族地区迥异于内地的地形地貌特点，分析其对清军后勤运输和进剿行动产生的多重影响，以便充实我们对大批清军难以攻克金川的原因的认识。

乾隆朝两次征金川以历时久、伤亡多、耗费巨而闻名于世，亦因此，自清代以来就有不少人对大小金川战争问题进行研究，但多聚焦于两场战争的经过、结果、性质，以及善后等问题，却未重视当地特殊的地形地貌给清军造成的多方面影响[1]。本文欲以两次

* 本文系2016年教育部人文社科青年基金项目“从化外到化内：乾隆朝金川地区的社会文化变迁”项目、中国博士后科学基金第59批面上资助一等资助项目（2016M590920）、中央高校基本科研业务费专项资金项目（16SZYB07）阶段性研究成果。

1 王惠敏：《乾隆朝大小金川战争问题研究述评》，《昆明学院学报》，2014（5）：66 － 70。

平定金川战役的有关奏折和上谕为依据，结合其文献和田野调查资料，聚焦两金川及其邻近土司境内的地形和地貌特点，并分析其对清军后勤运输和战事进程造成诸多掣肘，进而有助于我们认真反思这两次战争蕴藏的深层的历史问题。

一、大小金川“跬步皆山”且“地多负险”

大小金川土司地区僻处川西北一隅，与中央王朝的直接往来极其有限，因此，在两次金川战争之前，清廷对其地形地貌实况甚为陌生。随着战争的推进，乾隆皇帝和前线将领才逐渐认识到，两金川地区环睹皆山，陡峭无比，险隘情状比之西南苗疆更甚。

首征金川期间（1737 － 1739 年），张广泗先后奏称：“查蛮境寸步皆山，高出云表，故盛夏犹有积雪，然地处西南，与北塞稍异……即金川贼境四面皆有雪山”，“本省暨滇楚苗疆，因皆系高山密菁，不利驮载”，“今川省出师金川，自打箭炉与维州两路出口则跬步皆山，较之苗疆之险实为更甚”，“臣自入番境，经由各地所见尺寸皆山，陡峭无比”[2]。乾隆皇帝亦在上谕中提及：“至若金川，正在众番蛮至中，深邃幽险”，“且尺寸皆山，菁深沟隘”，“雪山重叠”[3]。而《平定金川方略》之《金川图》则直观地反映了该地千沟万壑、崇山叠岭的景观[4]。另据《金川图说》曰:“金川为……其地距保县五百九十里，东与木坪董卜司接壤二百四十里，南与沃日接壤三十里，西与扣色吉生番接壤一百二十里，北与杂谷接壤三百里，皆崇山峻岭，鸟道羊肠”，“近巢穴（土司官寨）十余里道路尤险，于石崖之上架木为栈，仅容一人，马骡则去鞍以绳悬系扶拽而行”，“自勒歪（勒乌围官寨所在地）之党坝，约五十里，中有木耳金冈、革什戎冈、当噶、日旁诸山”[5]。藉此不难想见该地山多地险之概况。

清军再征金川历时五载（1771 － 1776 年），前线将领对两金川及其周边土司山形地势的了解更为详细，相关奏报亦更丰富。乾隆三十六年八月，乾隆皇帝在上谕中责问阿桂等前线将领：“小金川地界虽与金川毗连，其路径并非若金川险隘，昔年官兵进剿，取道安行，未闻小阻，何至今日忽变为崄巇难于罙入”[6]。事实上，第一次征金川时清军经

2 《西南史地文献 · 平定金川方略》卷 4，乾隆十二年十二月乙亥，兰州：兰州大学出版社，2003：73。

3 《西南史地文献·平定金川方略》卷 3，乾隆十二年七月甲寅、乾隆十二年九月乙未，兰州:兰州大学出版社，2003：52 － 53，59。

4 《西南史地文献 · 平定金川方略》之《金川图》，兰州：兰州大学出版社，2003：4。

5 《西南史地文献 · 平定金川方略》之《金川图说》，兰州：兰州大学出版社，2003：5。

6 《金川档》第 1 册，乾隆三十六年八月十六日阿桂等奉上谕，国立故宫博物院，44。

过小金川没有受阻，是因为后者为形势所迫配合清军进剿大金川，而不是其地不如大金川险阻。笔者于 2010 年 5 月上旬抵达两金川进行田野调查发现，小金川远没有大金川地势开阔，目之所及，高山耸立，连绵不断。乾隆三十六年（1771 年）十二月，乾隆皇帝在仔细阅看了桂林等进呈川西北各土司地图后，不禁发出“竟系跬步皆山，略无平地”[7]的感慨。王昶于乾隆三十七年（1772 年）三月十六日跟随阿桂登普尔玛山，观察川西北土司地区的山形地势，发现沃日土司（小金川土司近邻）以东形势阻隘，山势西折，则山址交错，极为险峻，北折皆雪山照耀、林立云际[8]。在经历一系列溃败后，乾隆三十七年（1772 年）十二月，乾隆皇帝不得不在上谕中承认：“其（小金川）地多山负险”[9]。

待清军逐渐抵达川西时，前线将帅很快发现大小金川土司所在地区地势陡削，进兵形势不容乐观。乾隆三十八年（1773 年）闰三月温福奏：“伏查番境多山，有险足恃，而两金川多出要隘，大有一夫可守之势”[10]。阿桂等亦奏：“臣等查金川贼境形如釜底，四面环以高岭，俱系雪山”[11]。乾隆四十年（1775 年）三月刘秉恬密陈：“办理（大）金川一事……未能迅即捣穴擒渠者，差以贼境跬步皆山，处处有险可据”[12]。金川南面之卡卡角（又名赓额特），与之隔沟正西面壁立千仞，前后虽有可攻道路，实为一夫当关，万难措手，正名山脚直插河流，惟半山腰羊肠一线[13]。乾隆四十年（1775 年）二月阿桂等奏：“番地重山复岭、峰峦起伏之处，在在皆然”，如“自日尔巴旁噶陡玛当噶以至沿河，已属自高而下，其实支脉纵横，一大山之左右辄有山腿数道，而一山腿左右又各有小山腿数道”，又如“当噶山势逶迤，自郎车尔宗已为上山之路，计至山巅约有八九十里”，而“木果木一带山势更高”[14]。乾隆四十年（1775 年）七月，阿桂等再次强调：“查促浸（大金川）、

7 《金川档》第 1 册，乾隆三十六年十二月初四日副将军温福等奉上谕，国立故宫博物院，321。

8 王昶：《蜀徼纪闻》，乾隆三十七年三月十六日条，张羽新主编：《中国西藏及甘青川滇藏区方志汇编》第 43 册，北京：学苑出版社，2003：341。

9 《金川档》第 1 册，乾隆三十七年十二月十三日丰升额等奉上谕，国立故宫博物院，816。

10 《军机处录副奏折》，民族类，缩微胶卷号 589，档号 7965 － 62，题名：温福奏分赏地方一节遵旨断不肯假借由，具文日期：乾隆三十八年闰三月二十七日。

11 《军机处录副奏折》，缩微胶卷号 589，档号 7966 － 26，题名：阿桂等奏官兵攻过谷噶丫口杀贼情形。

12 《军机处录副奏折》，民族类，缩微胶卷号 590，档号 7987 － 35，题名：刘秉恬密陈造船进剿机宜，具文日期：乾隆四十年三月初十日。

13 《西南史地文献 · 平定两金川方略》（中册）卷 89，乾隆三十九年二月癸巳，兰州：兰州大学出版社，2003：541。

14 《军机处录副奏折》，民族类，缩微胶卷号 590，档号 7983 － 34，题名：阿桂等奏拟进攻噶口并调拨川省兵由，具文日期：乾隆四十年二月初四日。

拉（小金川）地方峻岭崇山，在在无非险隘”[15]。

此外，官兵每攻克一处，将领须细心察访各处地名并绘图进呈，阿桂等由此总结出："至蒙古地方多以水为名，而番地多以山为名"[16]。乾隆四十一年（1776 年）正月明亮、舒常亦奏："因自河西其内重峦叠障、犬牙相错，一时未及悉行图画，只将顺河而南紧要地名所有层层山腿，现在遵旨添绘一图"[17]。清军彻底平定大小金川后不久，乾隆皇帝连发数道上谕，著明亮、舒常等绘图以垂示永久。然而，明亮等却奏称："查自达尔图由西北至东南通至噶喇依一带，所有踰险摧坚，经将士奋勇剿杀而得者大都皆重峦峭壁，密菁深沟，官军取道盘曲而前或绕出其后，或高据其岭……其应画作战图八幅，缘营中调到画手俱不堪用，一遇重叠湾环至处即不能分晰界限，似非所以仰副皇上列图紫阁，垂示永久之意"，不得已，由明亮等人只好"将拟绘八图底稿，于层次路径亲加勾画清楚，派员带至成都觅匠照画"[18]。由此可以窥见该处地形盘错复杂之一斑。

王昶参加了第二次金川战争。他的《金川纪事诗》中不乏记载瓦寺、小金川、大金川等土司地区山崖险绝、道路崎岖之句。譬如，《奉旨移师往讨金川启程途中有作》云："雪山玉垒又绝险"，又如《军抵山神沟》曰："层崖远迈羊肠恶，骏马十步九步却。岂无健儿好身手，尚恐虚沙崩欲落。生平豪气老不除，挥鞭径上凌崎岖。垂堂之言宁足戒，但恨奇险难为书"[19]。王昶还在《蜀徼纪闻》中提到："过斑斓山，山石巉岈 确，无数尺平者……崖陵步步须人扶掖"[20]。

乾隆四十八年（1783 年）赴金川绥靖屯任职李心衡亲历当地关山重叠、险峻难行的自然环境，亦不禁发出这般感叹："（金川）与十八家土司部落毗连，犬牙相错，然重关叠隘，山路险巇，马蹶不能驰，人喘不能骋，分疆而守，若天有以限绝，使不得兼并者。自灌陴至金川……而牛头巴朗诸山，石仄水横，尤难投足，危坡绝壁，架偏桥飞跨百余丈，

15 《军机处录副奏折》，民族类，缩微胶卷号 590，档号 7987 － 38，题名：阿桂、丰升额奏于成都另觅画工绘出历次战功进呈由，具文日期：乾隆四十年七月初一日。

16 《军机处录副奏折》，民族类，缩微胶卷号 590，档号 7983 － 13，题名：阿桂等奏进到另绘雅玛朋等处新图，具文日期：乾隆四十年闰十月初一日。

17 《军机处录副奏折》，民族类，缩微胶卷号 590，档号 7990 － 47，题名：明亮、舒常奏攻克前后地方绘图贴说，具文日期：乾隆四十一年正月十二日。

18 《军机处录副奏折》，民族类，缩微胶卷号 591，档号 7993 － 68，题名：明亮、舒常奏恭进图说，具文日期：乾隆四十一年四月初六日。

19 王昶：《金川纪事诗》之《奉旨移师往讨金川启程途中有作》、《军抵山神沟》，张羽新主编：《中国西藏及甘青川滇藏区方志汇编》第 43 册，北京：学苑出版社，2003：251，256。

20 王昶：《蜀徼纪闻》，乾隆三十六年十二月十七日条，张羽新主编：《中国西藏及甘青川滇藏区方志汇编》第 43 册，北京：学苑出版社，2003：335。

通一线路偶被雨潦冲圮，咫尺前途，不能飞跃，坐待修葺，伐木椎石，动经旬余，常有绝粮患。丁未戊申间有余姓道士董其事，凿山开道，余亦捐助俸银……然其地险仄者，未可枚举，不能尽钱而平之，亦一憾事！”[21]

无论是金川战争的前线将领的奏报，还是亲历战争者及战后赴任者的亲述，均反映了他们对大小金川所在地区山多路险地形特点的深刻、具体认识。倘若在战前清廷能够对两金川的地形特点有准确的认知，乾隆皇帝大概也不会盲目自大地以为“兵多粮足”就能速战速决而轻启战端，也就不会有大批清军长期不能速进，陷入战争泥淖不能自拔的窘况。

二、大小金川境内遍布深沟密箐、河道狭窄

大小金川及其邻近土司地区不仅高山耸立、道路险隘，而且诸多山梁和深沟遍布深林密箐，亦成为清军进剿之重大障碍。除前引乾隆皇帝上谕和前线将领明亮奏报中分别提到“箐深沟隘”、“密箐深沟”外，大小金川被俘头人的供词亦专门提到当地树林深密的地貌。大金川头人尼马噶喇克巴对不愿交出小金川土司僧格桑一事辩称：“我们地方也大，林箐也深，僧格桑藏在哪里不得知道……我如今派人遍山箐林里找寻”[22]。大金川喇嘛达固拉僧格供称：“我两年前曾跟莎罗奔自勒乌围往噶喇依去，因河内发水，是从科布曲上山奏的，山顶上地名叫则朗噶克，一路都是树林”[23]。小金川的著名头人七图安堵尔亦供：“逊克尔宗这一路山梁路径本来险窄，从逊克尔宗至科思果木这一条路我原只走过一次，是一道沟还是两道沟实在记不清，那路径虽比逊克尔宗略好些，但是树林也是深密，山道也是险仄的。我们番子走惯山路是可以走的，至内地官兵是走不惯，是难走的”[24]。此外，战争期间两金川人投诚时亦多经山林逃出[25]。

另《川西北嘉绒藏族羌族社会调查》中对大小金川所在嘉绒十八土司地区深林密布的情形有这样的叙述：“嘉绒区森林较多，如巴朗山、虹桥山、牛头山及绰斯甲上寨、四土（卓克基、从噶克、丹坝和梭磨四土司）的北部都有较大的森林区”[26]。《阿坝州志·林

21 李心衡：《金川琐记》卷2，中华书局，丛书集成初编，1985：11。

22 《军机处录副奏折》，民族类，缩微胶卷号590，档号7989 － 25，题名：张坤忠供单。

23 《军机处录副奏折》，民族类，缩微胶卷号590，档号7989 － 99，题名：达固拉僧格供单。

24 《金川档》第4册，七图安堵尔供单，国立故宫博物院，2835。

25 《军机处录副奏折》，民族类，缩微胶卷号590，档号7980-43，题名：投番克塔尔等供单。这类例子可详见附录三之《两金川投诚或被俘土民情况表》内“备注栏”，故不再一一列举。

26 西南民族大学西南民族研究院编：《川西北藏族羌族社会调查》，北京：民族出版社，2008：16。

业志》亦云："阿坝州因地形、地貌、气候等多种因素的制约，形成以亚高山暗针叶林为主的多种森林类型，其分布以海拔、坡向等在水平方向上由西北向东南呈规律性变化，大致以松潘、龙日坝、观音桥（今属金川县）一线为界。其西北部森林类型和树种组成较为单一，向东南侧较为复杂多样。森林主要分布于各大山脉主山脊两侧。各大河流上游及支沟尾部较集中，尤其阴坡和半阴坡，是亚高山暗针叶林的集中分布地带"[27]。1954年12月，据四川省林业厅调查队调查，仅大金和绰斯甲中、下寨地区就共有森林面积156.426万亩，蓄积28，932，457立方米[28]。由这些实地调查数据可知，大小金川所在地区的森林覆盖率十分可观。

大小金川所在的川西北土司地区不仅跬步皆山，菁林丛深，而且境内沿河地带崖礀壁立，河谷地势险仄，亦为清军进剿两金川之天然阻碍。首征金川后，清廷在《金川图说》中这样描述："泸河发源，志乘无考，由郭罗克会绰斯甲布之水，绕日旁山入金川界，过勒歪（勒乌围）与小金川诸山至章谷会合，由木坪大河入泸定桥，水势不一，平处则用皮船，过滩则负船盘滩沿岸而过，方可乘舟"，并且，"自刮耳崖桥之卡撒约四十余里，其间有左梁、右梁，阿利丹噶、木冈、昔岭、色尔力、木达诸山，俱干宵蔽日、壁立万仞"，同样地，"近巢穴（勒乌围官寨）数里皆土崖夹石，临河陡立"[29]。

显然，大小金川深沟密林、河道深切且沿河崖礀陡立的地貌特点，给惯于山地战且善于利用自制皮筏渡河的大小金川土民提供了有利作战条件，而对长途跋涉而来并不熟悉高山密林作战的大批清军来说，无疑是雪上加霜。

三、大小金川的地形地貌对清军的多重阻遏

综合前面的论述可知，大小金川所在的川西北地方多崇山峻岭，山上沟深林密，河道狭窄，沿河地带崖礀壁立，险隘异常，实属易守难攻之地。那么，大小金川及其邻近土司地区如此险隘的地形地貌对乾隆朝清军两次大规模的征剿行动造成了何种程度的阻遏和压力呢？

《孙子兵法·地形篇》曰："夫地形者，兵之助也，料敌制胜，计险厄远近，上将之道也。

27 阿坝州志编纂委员会：《阿坝州志》（中），1994：971。

28 金川县地方志编纂委员会：《金川县志》，北京：民族出版社，1994：529。

29 《西南史地文献·平定金川方略》之《金川图说》，2003：5。

知此而用战者必胜，不知此而用战者必败”[30]。这是说，地形乃用兵之辅助条件，将领必须准确判断敌情，谋划取胜策略，研究地形之险厄、道路之远近，懂得这些并用以指导作战，则必定获胜，反之，则必定失败。清军两次进剿金川无不极大地受制于当地山高地险之不利地形地貌。

首先，长距离、大规模的军需转运因当地山险路仄而艰难倍至。清军首征金川，草率深入腹地，两年间承受极大的军需压力，并为此付出了沉重的代价。乾隆十二年（1747年）三月，四川总督庆复在接到出兵金川上谕后奏言："臣愚以为金川四面环山，羊肠鸟道，用兵之际馈运艰难，止可令镇将带兵各据要害，仍用以蛮攻蛮之法……我兵既无深入之忧，可行可止，操之在我，似为得策”[31]，但乾隆皇帝已决心借金川战争来洗刷瞻对之役草率了事的耻辱而不予采纳。战争伊始，乾隆皇帝便谕令张广泗等应以瞻对之役为前事之鉴，注意山峻林密馈运艰难的问题[32]，纪山等亦积极筹办各项后勤运输工作，如设立台站、设置粮务、派兵护运等，但庆复、纪山不久便会奏："川西一路事属草创，挽运尤难。臣纪山于未接廷议以前，已派拨新都、重庆等处仓谷碾米二万石起运，因党八、沃日二路中隔雪山，背夫多有皲坼，及雪气伤目者。现在雪尚未消，若不增加台站，蛮夫皆裹足不前”，又“今热笼围解，运道已通，但计算止杂谷闹一路转运，恐粮石不敷支给”，而“自泰宁至吉地，甚属荒凉，难安短站”，“明正所属番民”已经“不敷挽运”[33]。此后又增设台站，以缩短站与站的距离，并大规模雇佣汉夫和乌拉帮运，却因天寒冰冻，山路更为难行，以致“运饷进兵俱难得济”[34]。比之粮饷运输之难，沉重的军需炮位更因道路崎岖、林木丛杂而解送匪易[35]。为保障军需无虞，清廷为之费尽周折，且耗费不菲。及至大兵撤出金川前夕，乾隆皇帝亦叹曰：“（金川等地）艰苦视内地倍甚，挽运军需，全资民力”[36]。

殆及清军再征两金川，比首征金川投入的人力、物力更多，战时拉得更长，军需挽运的压力更甚，亦不避免当地山险路长之阻遏。乾隆三十六年（1771年）十二月，军营

30 陈曦译注：《孙子兵法》，上海：中华书局，2011：183。

31 《西南史地文献·平定金川方略》卷1，乾隆十二年三月戊戌，2003：23。

32 尽管清军进攻伊始便遭遇溃败，乾隆皇帝急命军机大臣等传谕张广泗曰："逆酋敢于侵扰伤及官兵，猖獗若此，皆由此前瞻对之事办理未善，无所惩创，不足以震摄蛮心，且所遣将弁，轻率寡谋，不知用兵节制，兼之崇山密菁，馈运艰难，旷日失时，乌拉死伤甚众，此皆前事之失，可为炯鉴。”见《西南史地文献·平定金川方略》卷1，2003：28。

33 《西南史地文献·平定金川方略》卷1，乾隆十二年五月丁未，2003：43，44。

34 《西南史地文献·平定金川方略》卷4，乾隆十二年十月癸未，2003：68，69。

35 《西南史地文献·平定金川方略》卷5，乾隆十三年三月丙戌，2003：93。

36 《清高宗实录》卷331，乾隆十三年十二月戊申。

主事王昶曰："四川行兵旧例，以山径峭仄，不可用马驮载，故皆役州县民背运粮米、火药、铜铁诸物，谓之站夫。(进剿小金川之）西路兵万余人，日支粮百余石，须夫三百人运之。又应运火药、铜铁之夫称是。自草坡至向阳坪十四站，已须站夫万人，而凡绿营兵一千人，须长夫四百人，合计满汉兵万余人，又须夫四千余人。前此军需局虽派各州县民一万二千以应西路之用，然地方官只令乡保率领以行，沿途无程限、无检验，往往迟留停滞，甚有逋逸者。是以兵抵达汶川时，夫用不足。查君礼撤站夫为长夫以应之，而站夫又缺。及是，兵至达围距向阳坪三战，复须站夫几二千人，无可拨者。粮缺乏，军中瞰粥三日。是晚，督粮事、重庆府君一嵩以粮数百石至，众心始定"[37]。此时距清廷宣战才半年，军需运输便因道路险远而如此不堪，最终粮运趋紧又会导致军心不稳。

至乾隆三十七年（1772 年）正月，军需局奏报西、南、北三路官兵夫役共约计八万人，此前所运粮十四万石已经消耗过半，须再从各州县征派米十六万石以为半年之用[38]。军需运输压力之大可见一斑。此后，各路军营兵力和夫役不断增加，而金川一带运道和气候俱恶劣，使得军需运输十分不易，其中粮运尤为艰难。乾隆三十八年（1773 年）九月前线奏称南路一带山险路长，天寒雪早，而转运尤为吃紧[39]。同年十二月，负责粮石运输的颜希深奏称："丹巴所需米粮距省站远，且多高山险路，时值寒冬，挽运维艰"。乾隆三十九年（1774 年）正月，富勒浑等奏："安设粮台随阿桂大营前进，按站接济……至谷噶军营一路树木丛杂，道路险仄，冰凌难行"[40]。这年十月，日尔拉山一带气候极寒，风雪甚大，难以行走，造成粮运阻隔[41]。乾隆四十年（1775 年）正月，天气日渐和暖，而积雪亦渐消融，粮道更为泥泞[42]。可见，清军再征金川数年间，因道路险恶，粮运的压力未曾须臾缓解。

一旦粮运受阻，必然会影响战事进程。譬如，乾隆三十七年（1772 年）十月上谕："据温福奏：'沈宽于六月初六日至梦笔山，初七日即至纳云达，因粮运不敷，裹带稍为等候，又因山路逼仄，必须修开（道路），未能速进'"[43]。

其次，两次金川战役均因地形险恶而难以速进。首征金川伊始，乾隆皇帝本以为起用治苗有功的张广泗率部进剿，一定能速灭金川，张广泗亦自视甚高，以为出兵当年年

37 王昶：《蜀徼纪闻》，乾隆三十六年十二月二十二日条，2003：335。

38 参见王昶：《蜀徼纪闻》，乾隆三十七年正月二十日条，2003：337。

39 《清高宗实录》卷 942，乾隆三十八年九月庚申。

40 《金川档》第 3 册，乾隆三十九年正月二十八日阿桂、富勒浑等奉上谕，2041。

41 《清高宗实录》卷 969，乾隆三十九年十月壬寅。

42 《清高宗实录》卷 975，乾隆四十年正月庚午。

43 《金川档》第 1 册，乾隆三十七年十月初四日温福等奉上谕，473，477。

内即可奏捷，但很快便因金川人负险顽抗而无法“迅奏肤功”[44]。乾隆十二年（1747年）张广泗奏请调兵三万，兵分两路，一由川西攻（金川）河东，一由川南入攻（金川）河西，而河东又分为四路，以两路攻勒乌围，以两路攻噶尔崖，河西亦分三路攻赓（特）额诸山，以为当年即可告捷，不料“险阻不前”，只好“复请增兵万”[45]。然而，及至乾隆十四年（1749年）春，清军损兵折将却仍未能攻克大金川。乾隆皇帝则迁怒讷亲、张广泗未早实奏“（金川）其地险力艰不足殚师旅”，遂借“屡奉皇太后‘息武宁边’之谕”，命傅恒班师回朝，而傅恒亦奏：“金川军事，误于初起之时，蛮酋本在化外，止可略惕以威，不必深入其阻，一误再误，以迄于今”[46]。乾隆皇帝亦承认此次“用兵金川”，“辗转乖谬”，“久未成功”，“实为大不称心”[47]。

清军再征金川亦频遭川西北土司地区崇山峻岭之险阻，进剿殊为不易。起初，乾隆皇帝以为小金川不比大金川险隘，不难长驱直入，不料竟费时一年多才彻底平定该司。乾隆三十六年（1771年）八月，四川提督董天弼带兵从山神沟进讨小金川，迅速溃败；松潘镇总兵福昌攻斑斕山亦败，面对如此战况，主事王昶已认识到这与金川等地路险不可攻有关[48]。该年九、十月，董天弼领兵五千四百余名，因西路山险峻，而不得不决计从山神沟往木坪绕道进剿小金川之甲金达[49]。是年十二月三十日，清军与小金川人在万沃日南山激战，亲自督战的王昶不禁感慨“（大小金川地区）殆非人境！”[50]乾隆三十七年正月，参赞大臣至别思满与小金川人相遇，因“雪深山险，未得进”[51]。是年二月下旬，乾隆皇帝见官兵攻围日耳月余，担心师老气疲，命将领觅间道绕行，以期速捷，但因各处山梁要隘俱为小金川人设卡立碉死守，导致清军兵力不敷分拨，同时，阿桂所率官兵抵墨垄沟，亦因山险路窄、小金川人固守，且雨雪多而不能前进[52]。温福率部攻打小金川资哩南北山梁等处、桂林进攻东山梁和墨垄沟，俱因地险隘路窄致使兵力难施，累月不克[53]。乾隆

44 详见本章附录之附表1、附表2。

45 魏源：《圣武记》卷7之《乾隆初定金川土司记》，北京：中华书局，1984：298。

46 魏源：《圣武记》卷7之《乾隆初定金川土司记》，上海：中华书局，1984：301。另参见程穆衡：《金川纪略》卷2，张羽新主编：《中国西藏及甘青川滇藏区方志汇编》第43册，北京：学苑出版社，2003：100。

47 《金川案》（元），乾隆十三年十二月辛卯，上谕诸王大臣共议讷亲张广泗之置，张羽新主编：《中国西藏及甘青川滇藏区方志汇编》第43册，北京：学苑出版社，2003：13。

48 参见王昶：《蜀徼纪闻》，乾隆三十六年九月条，2003：328。

49 王昶：《蜀徼纪闻》，乾隆三十六年十月二十一日条，2003：331。

50 王昶：《蜀徼纪闻》，乾隆三十六年十二月三十日条，2003：336。

51 王昶：《蜀徼纪闻》，乾隆三十七年正月十六日条，2003：337。

52 王昶：《蜀徼纪闻》，乾隆三十七年二月十八、十九日条，2003：339。

53 参见《清高宗实录》卷901至卷905，乾隆三十七年正月戊午、乾隆三十七年二月丁卯（乙亥、巳卯、癸未、甲申、癸巳）、乾隆三十七年三月庚子（壬寅、癸丑）等条。

三十七年六月，福隆安等奏:“阅看达乌一带，路径险峻，势难进攻。若从东山绕道前进，仍须于墨垄沟一带夹攻，自非多兵不可”，面对如此困境，上谕曰:“此处正路，既极险恶，自不宜令兵丁冒险攻坚，用力于无可著力之地。至觅径绕道，固为胜算，亦难必其果出万全”[54]。乾隆三十七年十月阿桂一路攻打甲尔木山梁各峰,官兵必须下至山坳向上仰攻，至为不易[55]。直至乾隆三十七年十二月才得以进抵小金川土司官寨美诺及岱多喇嘛寺,而土司森格桑已带领千余土民从美卧沟逃往大金川。

清军平定小金川后，全力进剿大金川却因地势险阻，未能长驱直入，西、南各路几乎都靠绕道仰攻，才得以逐步推进。乾隆三十八年正月，阿桂一路攻打金川当噶尔拉山未克，丰升额等率部进攻金川之达尔图、日旁等处，亦因山高路险受阻[56]。据阿桂、明亮奏："臣等统兵前抵当噶尔拉相机进取……惟是当噶尔拉，山高路险，官兵虽俱踊跃思奋，而从纳围纳札木进抵贼碉尚有二十余里，步步仰攻，究不免于疲顿"，而且“查当噶尔拉山形，贼碉愈近，崖势愈陡，官兵步步仰攻，殊为费力”[57]。同年七月，清军分兵数路进剿金川后，亦很快就察觉“昔岭、当噶及宜喜三路皆系仰攻，未必有益”[58]，及至九月丰升额等仍奏称日旁、宜喜两山乃金川北部门户，仰攻颇为费力，难觅易于进兵之路[59]。乾隆三十九年七月，清军逼近逊克尔宗后发现，该处只有一面可以仰攻，或断其水道，或从拉库（枯）喇嘛寺绕袭[60]。乾隆三十七年八月，阿桂进奏金川地形图，荣噶尔博近在逊克尔宗之下，但荣噶尔博与逊克尔宗尚隔着山沟，过沟仍须仰攻不能得势，必须斜上攻取日尔八当噶，再由此上通卡立叶，然则大金川人据险力守，加上道路丛杂，使得清军既要严防后路被截，又不能迅速剿洗各要处，各路攻剿俱殊为不便[61]。而且，清军每兵一人，计所带火药、铅丸各二百，鸟枪一杆，腰刀一把，火绳十盘，即已不下三十斤，又须带十天口粮，合计几及四十余斤，官兵如此负重，越险攀高，自然颇为费力，难以速行[62]。乾隆四十年正月，上谕:“现在官兵攻剿促浸，距贼巢不远，迩日急盼捷音，而各路进兵惟阿桂一路更为吃紧……阿桂前日奏到尚须觅路再办，则是阿桂等亦无法可

54《清高宗实录》卷 911，乾隆三十七年六月癸巳。

55《清高宗实录》卷 919，乾隆三十七年十月壬午、乾隆三十七年十月乙酉。

56《清高宗实录》卷 925，乾隆三十八年正月乙卯、乾隆三十八年正月巳未。

57《西南史地文献 · 平定两金川方略》（中册）卷 49，乾隆三十八年正月巳未，乾隆三十八年二月丙寅，2003：117，125。

58《金川档》第 2 册，乾隆三十八年七月十六日阿桂奉上谕，1069。

59《金川档》第 2 册，乾隆三十八年九月十二日阿桂等奉上谕，1445。

60《金川档》第 3 册，乾隆三十九年七月三十日阿桂明亮等奉上谕，2478。

61《金川档》第 3 册，乾隆三十九年八月二十日阿桂丰升额奉上谕，2537-2540。

62《西南史地文献 · 平定两金川方略》（中册）卷 86，乾隆三十九年正月壬申，2003：516。

施……自谷噶进兵以来，系处处仰攻”[63]。几乎同一时间，明亮一路进攻正地一带（金川极险之地）未得尺寸，乾隆皇帝闻之甚为烦闷[64]。乾隆四十年九月，上谕："阿桂自进攻促浸以来，所攻险隘，俱系设法绕攻而得”[65]。

再次，大小金川等地深林密菁的地貌，为该二司土民伺机趁间进攻或秘密往来联络提供了天然屏障，并使得清军进退均受掣肘。乾隆三十七年正月十七日，侍卫乌什哈达率二百人循北山阴西行，与小金川土兵相遇，官兵力战得以占据山巅，但夜间小金川人潜行林莽间，突然奔出，反据山巅，官兵溃走[66]。是年正月二十八日，牛天畀等率一千四百人分三队，欲再夺阿喀木雅，当此之时，小金川人突从松林中袭出，前两队官兵溃败，虽有最后一队官兵坚持作战，但小金川人下山后仍据卡以守[67]。又二月初十日，侍卫三达尔率兵占据南山山巅，因小金川人断绝官兵水道，粮食亦不继，只好慢慢撤出，小金川人便趁机从树林中用火枪发起攻击，侍卫三达尔中枪而亡，另有数十人受枪伤，官兵恐而争走下山时，又有二百余人“蹶而触木石伤”，狼狈不堪[68]。将军温福等亦称“路险菁深，加之雪冻，更非急切可以着力”[69]。是年十二月初三日，五六百名小金川人分三路从东涧密林袭出滋扰舒常一路官兵；次日小金川人又由西涧林中分队来袭[70]。

乾隆三十八年正月，丰升额、舒常一路连日攻打达尔图山梁，俱因坚碉难扑未能得手，又有二三百金川人从东坡密林中袭出，截中间一队官兵后路[71]。阿桂一路所在的纳围地方，周边树林深密，遂有百余金川人潜出偷劫营盘[72]。乾隆三十八年三月，从金川脱出之小金川人按叭喇供："（从）美卧沟到勒乌围有一百六七十里路，僧格桑去年从美卧沟去的时节雪很大，路又难走，七十多里路全是大树林”[73]。乾隆三十八年夏，小金川投降民众复叛，此乃先前逃往大金川之头人等夜间从树林深密处行走，往来联通各处土民所为，竟然从未被官兵发觉[74]。

63 《金川档》第 4 册，乾隆四十年正月十七日阿桂等奉上谕，2975。
64 《金川档》第 4 册，乾隆四十年正月二十日阿桂丰升额明亮等奉上谕，2983。
65 《金川档》第 5 册，乾隆四十年九月二十一日阿桂丰升额明亮舒常等奉上谕，3538。
66 王昶：《蜀徼纪闻》，乾隆三十七年正月十七日条，2003：337。
67 王昶：《蜀徼纪闻》，乾隆三十七年正月二十八日条，2003：338。
68 王昶：《蜀徼纪闻》，乾隆三十七年二月初十日条，2003：339。
69 《金川档》第 1 册，乾隆三十七年十月二十四日温福等奉上谕，583。
70 《西南史地文献 · 平定两金川方略》（中册）卷 46，乾隆三十七年十二月戊子，2003：88。
71 《西南史地文献 · 平定两金川方略》（中册）卷 49，乾隆三十八年正月乙卯，2003：113。
72 《西南史地文献 · 平定两金川方略》（中册）卷 50，乾隆三十八年二月甲戌，2003：130。
73 《军机处录副奏折》，民族类，缩微胶卷号 589，档号 7956—14，题名：脱出金川番人供单，具文日期：乾隆三十八年三月二十七日。
74 《军机处录副奏折》，民族类，缩微胶卷号 590，档号 7991—24，题名：七图甲噶尔思布供单。

乾隆三十九年初，金川降民策旺、土守备阿拉查看卡立叶山南北情况后禀称："查得达尔扎克对面有山名摩尔敏，沿山穿林行二三十余里，过沟一道即系卡立叶中间山梁，其地名底噶喇木咱，上有大碉一座，数小碉，由下向上亦穿树林而行"[75]。又，明亮在马奈一带探明可由骆驼沟发兵取卡卡角，但路远山高，林深菁密，须逐步攀越而上绕出，最为不易[76]。丰升额一路进剿卡立叶（凯立叶）不克，正欲退兵便遭大金川人从林内潜出袭击[77]。乾隆三十九年六月，阿桂一路在色淜普山梁遭遇群碉阻遏，而碉前后两旁树林蒙密，官兵穿林前进，必须佝偻而行，加之天气恶劣，路途陡险异常，官兵不能攻取[78]。乾隆三十九年七月初五，明亮、舒常奏："达尔图一带山梁子东北以至西南横亘数里……实为至限额之地，由此直至俄坡垭口……其陡磡之下俱系深林密菁围绕其间"[79]。乾隆三十九年十一月，明亮奏称："木克什以下菁林深密，左右两旁贼人皆可抄截，非多兵不足接应"[80]。不久，清兵赴水卡取水，二十余名大金川人便从菁林沟内冲出袭击取水弁兵[81]。乾隆三十九年十二月，颜希琛奏："大兵移驻带石军营已及一日，其地虽系新克贼疆，口口菁林深密"[82]。同月，官兵"因菁深路窄，必须与贯前行"，又因"道路险恶延长，运送火药、口粮甚难接续"[83]。阿桂等则奏："查番地山高路仄，林菁丛深，其衣服稍长趋步每不便，是以战裙一项，官兵从不备用"[84]。

乾隆四十年正月，清军分路由日尔巴越沟过河，须穿出菁林潜往攻打喀尔西碉寨，但喀尔西、科拉木达两路均山陡林密，夜间尤难行走，结果延宕至该年二月，明亮一路

75 《金川档》第 3 册，乾隆三十九年二月初八日阿桂、丰升额、明亮奉上谕，国立故宫博物院，2079。

76 《西南史地文献 · 平定两金川方略》（中册）卷 86，乾隆三十九年正月乙丑，2003 : 506。

77 《西南史地文献 · 平定两金川方略》（中册）卷 87，乾隆三十九年正月戊寅，2003 : 524。

78 《西南史地文献 · 平定两金川方略》（下册）卷 98，乾隆三十九年六月丁未，2003 : 78。

79 《军机处录副奏折》，民族类，缩微胶卷号 590，档号 7979-62，题名 : 明亮、舒常攻克宜喜之达尔图一带山梁碉卡先筹趁胜进取情形，具文日期 : 乾隆三十九年七月初五日。

80 《军机处录副奏折》，民族类，缩微胶卷号 590，档号 7975-40，题名 : 明亮等近日筹办对敌情形，具文日期 : 乾隆三十九年十月二十日。

81 《军机处录副奏折》，民族类，缩微胶卷号 590，档号 7975-43，题名 : 架浆取水弁兵金川番人袭击，具文日期 : 乾隆三十九年十二月初八日。

82 《军机处录副奏折》，民族类，缩微胶卷号 590，档号 7976-7，题名 : 颜希琛覆奏防范周叟军营后路由，具文日期 : 乾隆三十九年十二月十一日。

83 《军机处录副奏折》，民族类，缩微胶卷号 590，档号 7982-1，题名 : 特成额等穿林越菁堵御情形，具文日期 : 乾隆三十九年十二月廿五日。

84 《军机处录副奏折》，民族类，缩微胶卷号 589，档号 7972-56，题名 : 阿桂等奏制备战裙不必解送等由。

官兵因该处山险林密，小径蜿蜒，乃至功败垂成[85]。阿桂等亦奏："从日旁而至沙坝、宜喜山，半绕行，路遥约有三十余里，该处峦壑起伏，林菁丛深，非多兵不能接续"[86]。这年正月阿桂率部进至勒吉尔博山梁时亦发现："该处菁林丛深，坡磡陡削，较之空萨尔（山梁）尤为甚"[87]。富德亦奏："贼地自拉窠、马尼、绒布……及沈角太约山梁占据地面绵长、陡仄不下二百余里，且重山叠嶂，深沟险涧，更兼菁林丛杂"[88]。乾隆四十年三月下旬，明亮等自日旁奔赴宜喜，遭遇数尺深大雪，官兵仍须穿林入菁，几乎无路可寻[89]。事实上，"各路（官兵）绕道深入，沿途菁林丛密"，以致"贼人俱可从旁抄截"[90]。乾隆四十年五月，明亮一路官兵先在驻守基木斯当噶时夜遇藏于深林密菁中的大金川人四出滋扰，后进攻额尔替山，因甲索山梁下拖山腿直插河流，横截去路，只好从敖成所驻头敌统兵前进，不料"彼处林密山深"，致使"（官兵）后路极为散漫"[91]。乾隆四十年七月，阿桂领兵克获形势最为扼要的昆色尔各处碉寨后，火速攻至舍图枉卡，发现在此守御的金川土民便藏在菁林中间的一岩洞内，随后又发现蚌噶有两座碉寨对峙路旁，却因其遮蔽于林菁之中，竟至"从上下视未能看出"[92]。乾隆四十年十月二十日、二十一日大雪，大金川人占据西里山梁阴坡，因其上菁林深密，以致积雪尚存，难以进攻[93]。乾隆四十年闰十月，清军推进至日斯满山梁一带，"其间山峰层层陡起，险峻异常"，"向阳南坡另拖山腿一条，

85 《军机处录副奏折》，民族类，缩微胶卷号 590，档号 7981 － 36、7981 － 37，题名（相同）：明亮、舒常奏进攻喀尔西科拉木达等处寨落，具文日期分别为：乾隆四十年正月初九、十三日；档号 7981 － 38，题名：明亮、舒常筹办进攻喀尔西、科拉木达等处情形，具文日期：乾隆四十年二月初二日。

86 《军机处录副奏折》，民族类，缩微胶卷号 590，档号 7980 － 1. 题名：阿桂等奏现在尚不能过河由，具文日期：乾隆四十年正月廿七日。

87 《军机处录副奏折》，民族类，缩微胶卷号 590，档号 7981 － 54，题名：阿桂等攻克甲尔纳堪布卓沿河各碉寨等由，具文日期：乾隆四十年正月二十日。

88 《军机处录副奏折》，民族类，缩微胶卷号 590，档号 7983 － 3，题名：富德奏绒布一鲁现在占据各山梁要隘情形，具文日期：乾隆四十年正月廿六日。

89 《军机处录副奏折》，民族类，缩微胶卷号 590，档号 7979 － 78，题名：名两等奏覆改至初二日会攻并声东击西由，具文日期：乾隆四十年三月廿七日。

90 《军机处录副奏折》，民族类，缩微胶卷号 590，档号 7979 － 82，题名：明亮等奏攻克宜喜等处情形，具文日期：乾隆四十年四月十四日。

91 《军机处录副奏折》，民族类，缩微胶卷号 590，档号 7980 － 18，题名：明亮等奏攻获巴布里碉寨情形，具文日期：乾隆四十年五月初七日；档号 7980-38，题名：明亮、舒常奏进攻额尔替山抢夺石城碉卡并痛歼贼众情形，具文日期：乾隆四十年五月二十三日。

92 《军机处录副奏折》，民族类，缩微胶卷号 590，档号 7982 － 4，题名：阿桂等奏攻克昆色尔各处碉寨，具文日期：乾隆四十年七月初六日；档号 7982 － 5，题名：阿桂等攻克章噶等处碉寨及相机攻截情形，具文日期：乾隆四十年七月十一日。

93 《军机处录副奏折》，民族类，缩微胶卷号 590，档号 7981 － 1，题名：阿桂等分路攻打西里山梁筹议必克情形，具文日期：乾隆四十年闰十月初一日。

地名日得谷，西面下有深沟一道，均系菁林周匝”，而“守碉贼人即从沟内菁林中间密为上下”[94]。乾隆四十年十一月，阿桂率部上攻科布曲山梁，原以为“扪覩斯、索隆古等处菁林广大”，不料“西里山梁一带林木幽深，峰峦迴合，道路亦甚丛杂”[95]。乾隆四十年十二月，阿桂率领西路官兵由索隆古前进，将朗阿古、布哈尔、则朗噶克垭口丹札布六寨逐一攻克，即于噶占等处发兵直捣噶喇依官寨，在攻打马尔古当噶时，不仅要仰攻，官兵还须从菁林丛深之中潜行并设法爬越山梁[96]。此外，为防范金川土民藏匿深林密菁之中伺机偷袭官军或抢夺粮台，清军不惜采取搜山、烧山等措施[97]。

总之，大小金川地区林木丛杂的地貌为该处土民潜伏并伺间袭击官兵、抢掠物资和夫役提供了极好的掩蔽，而清军则因之难以侦查大小金川二司实情，进而严重阻碍了清军的后勤运输及军事进剿行动的进程。

最后，清军因金川等地河道狭窄、河水汹急、且河岸崖磡陡立而不能迅速推进。第二次征金川时，清军刚进入两金川地区，乾隆皇帝便命前线将领留心考察该区河川形势。乾隆三十八年十月，定边将军阿桂奏称：“小金川之河，东南一支发源于巴朗拉，由资哩、鄂克什而西，其东北一支发源于沙木角拉、孟拜拉尔两山之间，又底木达、布朗郭宗而西，南流至明郭宗会合，又西流经美诺、达乌至章谷等处，始与金川之河会合。其金川之河，发源于丹坝境外西北地方，由绰斯甲布竹孜官寨一带流入金川，经勒乌围、噶喇依寨之西南，又经巴旺、布拉克底及革布什咱境至明正章谷之甲木楚河，而合于小金川河之下游，归入打箭炉河。两河皆系经流千万万壑，所汇波涛汹涌，断无可决可塞之法”[98]。乾隆四十年正月，阿桂等又奏：“伏查促浸（金川）河流系从绰斯甲布、丹坝之间流入其境，缘番地濒河之处两山逼迫，是以崖磡更为陡削，非如内地河身两边皆有宽平大道可比。前此绘图仅能将山梁、山腿至形画出大概，而于沿河崖磡不能绘出其实，沿河一带陡削不能行走之处甚多”[99]。

阿桂等所奏绝非浮言，清人王昶《金川纪事诗》之《行碉草坡间作》一诗云：“碉

94 《军机处录副奏折》，民族类，缩微胶卷号 590，档号 7980 － 21，题名：明亮等奏攻克上巴布里截断日斯满后路情形，具文日期：乾隆四十年闰十月十九日。
95 《军机处录副奏折》，民族类，缩微胶卷号 590，档号 7983 － 13，题名：阿桂等奏攻克舍勒固租鲁等寨即抢上科布曲山梁等由，具文日期：乾隆四十年十一月十二日。
96 《军机处录副奏折》，民族类，缩微胶卷号 590，档号 7990 － 24，阿桂等奏大兵攻克喇乌喇乌马尔古当噶一带并克取得尔陇抢占舍齐喇嘛寺各情形，具文日期：乾隆四十年十二月二十二日。
97 《军机处录副奏折》，民族类，缩微胶卷号 590，档号 7976 － 4，题名：派定巡哨搜山员弁兵丁数目清单。
98 《西南史地文献 · 平定两金川方略》（中册）卷 78，乾隆三十八年十月辛巳，430。
99 《军机处录副奏折》，民族类，缩微胶卷号 590，档号 7980 － 1，题名：阿桂等奏现在不能过河夹击由，具文日期：乾隆四十年正月廿七日。

头之路如蚁旋，陡削翠壁千寻悬。怪石林林万仞剑，下护绝底蚊龙渊。行人一望头眩目，骏马哀鸣踵流汗”[100]。《金川县志》曰:“境内山高谷深,谷坡陡峭”[101]。乾隆皇帝遣人向金川河边的甲索山神至祭曰:“徼靖蚕丛，犄角重夹河之势，崖旋螺迳”[102]。《阿坝州志》之《金川水路》亦云：“大金川为大渡河上游正流，自北向南流过金川县，长一百余公里。其上游有麻尔曲河（又称脚木足河）、梭磨河和杜柯河三条支流”，“抚边河和沃日河在小金县猛固桥汇合后称小金川（流经小金县境26公里于丹巴县境交汇后，下游始称大渡河)”，而“小金川河谷地势陡峻，河道险窄，行舟困难”[103]。时至今日，昔日大小金川、绰斯甲布、三杂谷、明正等嘉绒土司所在的各县或乡镇沿河一带已修筑了柏油公路，交通状况大为改善，但两岸仍是高崖耸立，山上皆羊肠小道，一遇大雨即不免飞石自山上滚落路面，甚至频频爆发可怕的泥石流，河中则黄浪急漩。

两金川河道窄而水势不一，以及临河处崖岸耸立的地理环境为大金川土司官寨增加了防御筹码，还提供了迅速转移物资的通道[104]，而清军却难以通过船只转运军需及官兵。首先，两金川人在两崖磡立碉设卡，占据要隘，清军欲渡河往来须冒很大风险。其次，两金川河道与内地河道不同，一般只能以皮船载二三人过渡，且须掌握专门技术的水手才能驾驭，这样一来，大批清军若靠皮船渡河，自然给两岸据险守御之大小金川人以绝佳战机。据《金川档》载：“(乾隆三十六年八月）阿尔泰奏称：‘小金川与明正交界，隔有大河，因皮船过渡不能多载’，须‘赶造木舡’”，最终因担心小金川人从河道两岸施加枪炮，使船只难于过渡而作罢[105]。又据王昶《蜀徼纪行》载:“章谷距约咱二十余里，中隔河，夷人用皮船往来，今造舟以渡”，结果因预备不足没有下文[106]。乾隆三十九年三月，明亮一路进攻喀咱普大碉，用大炮逼近轰摧，然大金川人死命守御，官兵难以乘船径渡[107]。乾隆四十年正月上谕:“带石左手沿河一带俱系陡磡峭壁，间有小径均经贼人碉卡分布据守，难展兵力”[108]。乾隆四十年夏，据富德奏称金川河水陡涨且浑浊，不无毒

100 王昶《金川纪事诗》之《行碉草坡间作》，张羽新主编：《中国西藏及甘青川滇藏区方志汇编》第43册，2003：256。

101 金川县地方志编纂委员会：《金川县志·自然环境》，北京：民族出版社，1994：167。

102 李心衡：《金川琐记》卷1，《恭录钦颁山川祭文》，上海：中华书局，丛书集成初编，1985：5。

103 阿坝州志编纂委员会：《阿坝州志》（中），1994：1381。

104 如金川土司还利用皮船日夜转移重要物资，如勒乌围、纳木底、茹寨所有东西、粮食俱用牛皮船日夜运往噶喇依，参见《军机处录副奏折》民族类，卷590，档号7981－49，题名：投出促浸番人供单。

105《金川档》第1册，乾隆三十六年八月十六日阿尔泰等奉上谕，43，44。

106 王昶：《蜀徼纪闻》，乾隆三十六年十月二十一日条，2003：331。

107《西南史地文献·平定两金川方略》（下册）卷92，乾隆三十九年三月壬申，8。

108《军机处录副奏折》，民族类，缩微胶卷号590，档号7981－39，乾隆四十年正月二十二日上谕。

瘴，只得通饬兵人等不得汲引大河之水[109]。这样一来，众多官兵和沿山夫役取水更为艰难。乾隆四十年九月，金川河水暴涨，若非军移营早一步，则沿滩木栅等必被冲淹[110]。乾隆四十年十二月，明亮、舒常奏："独松一到山梁横插河流，三面俱系陡壁峭立，仅一线上通之路建有贼碉，凭高阻拒"[111]。乾隆四十一年正月明亮等奏："甲索下拖山腿直插河流，横截去路"[112]。

结语

乾隆朝两次征讨金川，数以十万计的满汉官兵以暴力方式强势进入嘉绒土司地区，首战两度春秋，再战五易寒暑，与乾隆皇帝和主战官员设想的速战速决的战争预期相去甚远。在经年累月的残酷战争中，前线将领和乾隆皇帝逐渐认识到大小金川土司如此难以攻克实与其独特的自然地理环境紧密相关。大小金川处处有高山险隘可凭，山中沟谷多深林密箐作天然掩蔽，而濒河处崖磡陡立、河道狭窄且水势不一可造成舟行困难，因而在两次金川战役中，大小金川土民可谓占尽地利。相比之下，远距离奔赴两金川作战的大批清军和夫役则饱尝山险路仄、沟深林密、河道难渡之艰辛，在军需运输、军事进剿及防守等方面均遭到深重阻碍，以致陷入长期战争泥淖难以自拔。总之，在对两金川地形地貌特点进行仔细考察的基础上，具体分析当地独特地形地貌对清军行动产生的各种影响，有助于我们认识清军难以攻克大小金川的原因。藉此，亦能对这两场影响深远的战争实况有更为细致、深入的理解和体会：正是清廷对"地不足千里、兵不满三万"的金川地区的自然地理、气候，以及当地族群特定的生活方式、社会组织等方面独特情况的隔膜，导致清军在两次战争中频频受挫。

从根本上讲，对于熟知古代中国传统文明价值体系的清朝统治者来说，迥异于内地的大小金川土司社会文化（诸如群体的团结与社会稳固，财富的争夺和积累，土民对土司的极端忠诚，勇敢奋进的战场道德精神，尊重社会阶序权力等等）所造成的陌生感，极大地挑战他们既有的信念；对于执念于自身政治传统的大小金川土司来说，他们亦对

109《金川档》第 5 册，乾隆四十年七月初三日阿桂等奉上谕，3253。

110《金川档》第 5 册，乾隆四十年九月十一日阿桂丰升额等奉上谕，3502。

111《军机处录副奏折》，民族类，缩微胶卷号 590，档号 7990 – 23，题名：明亮等奏攻克独松并卡拉尔舍斯满一带地方现拟直捣甲尔木马邦以便接通南路扫尽河西贼境由，具文日期：乾隆四十年十二月二十日。

112《军机处录副奏折》，民族类，缩微胶卷号 590，档号 7980 – 38，题名：明亮、舒常奏进攻额尔替山抢夺石城碉卡并痛歼贼众情形，具文日期：乾隆四十年五月二十三日。

清廷极力宣示王威、干涉其扩大地盘的做法十分不解，认为誓死抵抗清军乃是理所当然。倘若清廷对大小金川土司有较为清晰的认识，乾隆皇帝大概也就不会贸然发动战争，希图以暴力形式解决土司间争夺地盘的纷争。

◆ 王惠敏　中国社科院历史学博士，陕西师范大学中国史博士后流动站博士后

族群地域与政区构建关系研究

——以清至民国时期华热藏区为例*

冯玉新

内容摘要："华热"是甘青藏区发展过程中形成的族群地理概念，伴随着清代对这一区域的进一步政治整合，华热族群地域逐渐形成，民国时期针对华热地方的"划界事件"又进一步促使其"族群界域"的巩固与加强，并随之奠定了当代天祝藏族自治县行政区划的基础。通过对清至民国时期华热族群地域与政区构建过程的系统研究，该文认为在族群地域形成的过程中，国家持续地政治整合会对族群地理空间和文化空间的形成产生重要影响，而"族群边界"一旦强化则会对地方政区的构建产生较为积极而深远的影响。

"华热"是甘青藏区形成历史上的族群地理概念，广义上的"华热"地域范围，大致包括今河西走廊东部甘、青交界的甘肃天祝，肃南和青海门源、大通、互助、乐都北山等地，历史上它是安多藏区的重要组成部分。华热藏区地处黄土高原、青藏高原、内蒙古高原三大地理单元的交汇区，它不仅是历史上中原连接河湟地区、河西走廊的重要通道，而且是明清蒙、藏族群互动的交叉区域，由于政治、军事、文化、民族迁徙和

* 本文为2013年度国家社科基金西部项目"甘青地区新石器时期社会复杂化进程与文明起源研究"(13XKG001)、2015年度甘肃省高等学校科研项目"清代甘肃政区变动与地方社会构建关系研究"(2015A——009)、西北师范大学青年教师科研能力提升计划社科一般项目的阶段性成果。

地理环境诸多因素的影响，该地形成了一套相对独特的族群人文体系——“华热文化”。在华热藏区地域的动态演变过程中，由于历史文化的承继和族群认同的变迁，位于河西走廊东端的天祝藏族自治县成为其核心地域。清代以来，伴随着中央对华热地方控制的加强，清政府初步完成了对这一区域的政治整合，华热族群地域逐渐形成，民国时期的“哈溪滩划界事件”折射出华热“族群边界”认同的进一步巩固和加强，并随之对当代天祝藏族自治县行政区划形成产生重要的影响。

从以往的研究看，关于华热藏区的研究，学者多从华热部落形成过程与社会文化变迁[1]、部落结构与形态[2]、族群关系[3]、民俗文化[4]等角度切入，而对于华热地方行政管理体制问题鲜少问及。本文以清至民国时期华热地方政区构建过程为切入点，探讨这一时期河西走廊东部边缘地区族群地域的形成与地方政区构建之间的相互关系。

一、“华热”族群地域的演变与形成

关于“华热”族群的来源，目前学界有藏族部落迁徙和军队驻守两种说法[5]。学界虽对华热族群的来源暂无定论，但无论“迁徙”或“驻守”，都为我们传递了华热藏族“迁移形成”的信息，表明“华热”并非自古就是藏族世居之地，而是藏族先民们东向发展形成的族群地理空间。

爬梳相关文献记载，藏族部落最早迁入华热藏区的时间，应在公元 7 世纪以后。据《旧唐书》曾记载，唐圣历二年（699 年），由于吐蕃内讧，长期戍守东境的吐蕃大相钦陵之弟赞婆遂“率所部千余人及其兄子莽布支”归降唐朝，唐王朝封授赞婆为归德郡王、辅国大将军、行右卫大将军等职[6]，并安置其部众于凉州昌松县附近洪源谷一带（即今甘肃武威东南、古浪西北一带）。这是正史中吐蕃部落进入今华热地区最早的记载。另明

1　乔高才让、李成森、洲塔：《华热藏族史略》，兰州：甘肃民族出版社，1998。更藏卓玛：《华锐藏族形成考述》，西藏大学硕士学位论文，2013。切排：《华锐藏区社会文化变迁研究》，兰州大学博士学位沦文，2005。

2　乔高才让：《天祝藏族部落辨析》，《天祝藏族自治县志》，北京：方志出版社，2007。洲塔、吕志祥：《华锐藏族部落社会形态分析》，《中国藏学》，2008（2）。

3　陈涛：《汉藏文化交流背景下华锐藏族冠汉姓现象及其文化释读》，《青海社会科学》，2012（6）。翟建红：《十六至十八世纪蒙古族势力在华热藏区的活动——以藏传佛教为中心》，西北师范大学硕士学位论文，2009。

4　华锐·东智：《华锐民俗文化》，兰州：甘肃民族出版社，2008。华锐·东智：《华锐藏区的神话传说透视》，《西北民族大学学报》，2005（6）。霍续龙：《华热藏区朵仓措哇山神祭祀研究》，兰州大学硕士学位论文，2013。洪军：《华热地区藏族婚姻习俗述略》，《青海民族研究》，2001（4）。

5　东永寿，苏得华编译：《华锐历史文献选编》，兰州：甘肃民族出版杜，1994：3 － 4。

6　（后晋）刘昫等：《旧唐书》卷 196《吐蕃传》上，北京：中华书局，1975：5225 － 5226。

人巴卧·祖拉陈哇所著的《贤者喜宴》一书中，记载了公元7世纪松赞干布任吐蕃赞普时，所统辖诸部落的首领、活动地域及部族英雄事迹的大量史实，其书提及当时吐蕃有三勇部、中勇部、下勇部等三大部落军事组织。玛朋木热以下（即大积石山下）[7]为下勇部驻守的地域。复据藏文《多麦政教史》记载：在松赞干布、赤松德赞、赤热巴金执政时期，藏族法王世族扎、智、东三大姓随吐蕃东征之师迁入安多地区（迁入时间大概在天宝十四年至德宗建中十三年间），吐蕃王朝崩溃后，上述三部就逐渐定居于华热地区。据学者考证这三个部是西藏最古老的种姓[8]，在今河湟一带还有这些部落的后裔，并判断出其迁徙地点大致为今互助（华锐扎提部的前身，后发展到庄浪河流域一带），门源（智部，后发展到庄浪河流域一带），乐都（东部，从四川、青海而来）一带[9]。由上，结合正史中唐王朝安置吐蕃降众的事件与相关藏族地方史资料可以判定，吐蕃军队下勇武部与华热早期族源的形成应有一定的关联，扎、智、东三大种姓很可能是构成后来华热藏族的主要族群成份，河湟流域包括今河西走廊东部庄浪河流域应是华热藏族先民们较早活动的地域之一。故而，唐代中后期是华热藏区形成史上具有重要意义的阶段，这一时期吐蕃诸部落迁入河湟以及其势力向河西走廊的扩展，并与羌人、吐谷浑等民族融合，组成了华热早期的族群结构。

唐亡后，这批自青藏高原迁徙而来，由吐蕃东征之军队、东迁之部落与羌人、吐谷浑等民族融合组成的早期华热部落，其族群结构和活动地域在历史演进的过程中有了新的变动和发展。到公元9世纪曾有吐蕃末代赞普朗达玛之后裔赤帝到多康在青海建立政权，称万户首领，统治过宗喀十八部等多麦大部。吐蕃分裂之后，其后裔又建立了以青唐城为中心的唃厮啰政权[10]。五代之时，“凉州郭外数十里，尚有汉民陷没者耕作，余皆吐蕃”[11]，吐蕃部族势力已完成了向河西走廊渗透发展，并渐趋稳固。五代宋初，迁居凉州一带的吐蕃部众在河西走廊东部建立了地方政权——凉州六谷蕃部。“六谷部”至折逋游龙钵统治时期势力颇盛，其所辖范围：

……东至故原州一千五百里，南至雪山、吐谷浑、兰州界三百五十里，西

7　巴卧·祖拉陈哇著，黄颢、周润年译：《贤者喜宴——吐蕃史译注》，北京：中央民族大学出版社，2010：35。

8　多识：《华锐人文历史探源》，《第二届“藏族传统文化与和谐社会建设”学术研讨会论文集》，兰州：甘肃民族出版社，2008：74。

9　东本·乔高才让：《天祝藏区史考略（初稿）》（内部资料），1986：22。

10　智观巴·贡却乎丹巴绕吉著，吴均等译：《安多政教史》，兰州：甘肃民族出版社，1989：85－87。

11　（元）脱脱：《宋史》卷492《吐蕃传》，北京：中华书局，1977：14152。

至甘州同城界六百里，北至部落三百里。周回平川二千里。旧领姑臧、神乌、蕃禾、昌松、嘉麟五县，户二万五千六百九十三，口十二万八千一百九十二。今但有汉民三百户……[12]

这一时期，西至河西走廊黑河流域、东至贺兰山、南至河湟流域，包括广大祁连山北麓地区以及渭水上游的部分农区已成为六谷部的势力范围。六谷蕃部是由迁居凉州耕牧的吐蕃部众及驻守军队在华热地区形成的第一个吐蕃部落联盟和建立的第一个统一地方政权，它的形成和出现，开创了河西走廊东部祁连山北麓地区以藏族为聚居主体的先河，并奠定了后来华热族群广义上的地域基础。

此后，以六谷蕃部为基础的华热藏族与世居或迁徙于河湟及河西走廊东部地区的蒙古、土、汉诸民族不断交流融合，迄至清代，“华热”已形成一个专有的族群地域概念。清代华热藏区的范围四至在《青海史》中有详细的记载，其载：

在广阔的汉地有十三州府，有众多山脉及佛教四大名山，并四条大江大河。由此到达西部腹地，有以前萨迦班智达大师和印度来的噶玛拉西天师（即莲花戒师）等居住过的凉州四镇及贺兰山等地。该地的西北部是安多华热地区，位于该地西边的青海地区，过去是藏族及其他各部居住的地方，现今是厄鲁特人的住地。华热的左方是普若部。其上方居住着班达霍尔、夏拉裕固及藏族的当那诸部。华热地区的右前方，宗喀山脉以上是果目地区。……而在其东南方分别是隆务、热岗、文都地区及外教撒拉等的居住地。由该地向南是卡加、甘加地方。在这两地的南部，由北向南分别是康巴地区的毛尔盖、若尔盖、格底、阿坝、作阳、夏吾、久茂、霍索娜、扎玛尔等地方。由这些地方直到黑河之间，散居有众多的部落。从凉州四镇直至康巴这块地域之间，有着数不胜数的扎仓、寺观及显宗讲习院，格鲁派盛行。[13]

依据这段史料，我们可以大致勾勒出清代中期“华热”藏区的范围：华热藏区西与

12（宋）李焘：《续资治通鉴长编》卷 43《真宗皇帝纪一》咸平元年十一月丙辰朔条，北京：中华书局，1977：921。

13 松巴·益希班觉著，谢健、谢伟译：《青海史》（二），《青海民族学院学报》，1984（1）：46。

班达霍尔[14]、夏拉裕固及藏族的当那诸部接壤；北临普若部；南至宗喀山脉（即积石山脉）；东南与今循化撒拉族为邻。可以看出，清中期华热藏区的范围介于庄浪河、湟水、大通河流域之间，对应今天的地域范围，文中"华热"藏区范围包括今甘肃省天祝藏族自治县为中心的祁连山东端（冷龙岭）南北麓地区，北接张掖市肃南裕固族自治县，金昌市永昌县及武威凉州区等区县，东与永登、古浪毗邻，东靠青海湟水以北的乐都北山、互助、大通、门源等县。

可见，经过几个世纪的发展演变，华热这一族群地域，由最初的吐蕃时期的"下英雄部落"这一较为模糊的、变化的地域指向，至清代中期已成为具有特定地域空间特征的族群地理概念。自清代华热这一族群地理概念形成后，华热族群地域认同就已持续加强并趋于稳固，延及民国，祁连山牧区"东起永登松山（今天祝松山），西至甘州黑河者为华来番（即华热藏族）"[15]，共有人口 9085 人[16]。时至今日，由于河湟及河西走廊东部地区的民族不断融合，原属华热的觉仓（今青海乐都、民和南山）以北地区、祁连山北麓的肃南一带分别成为了以回族、土族和裕固族为主体的民族聚居区，而位于今河西走廊东端的天祝藏族自治县逐渐演变成华热藏区的核心地域，"华热"这一族群地域概念得到当地藏族民众的普遍认同[17]。

二、清政府对华热藏区的治理及地方疆界纷争

如前所述，唐末以来吐蕃势力虽已经进入华热地区，但是从唐至明，无论是中原王朝抑或是地方割据政权，均未实现对华热藏族部落直接有效的统治，多采取"多封众建""因俗而治"的羁縻政策。明代以来，华热藏区人口、部落又有所增加。据《庄浪汇记》记载，明万历年间，庄浪卫约有思鹅科、朵卜藏、隆卜、朱巴、阿美等三十多个藏族部落[18]，驻牧于今河西走廊东部天祝、永登两县境内南山一带。明末清初，和硕特蒙古入主青海后，华热藏族诸部落又为麦力干役属。

14　据藏族学者松巴·益西班觉考证，班达霍尔也称巴达霍尔，即所谓汉地（肃州一带）霍尔黄帐部落，也就是历史上的撒里畏兀尔（即今裕固族之先民）。参见格勒著:《论藏族文化的起源形成与周边民族的关系》，广州：中山大学出版社，1988：479。

15　廖楷陶：《甘肃民族问题》，《西北民族宗教史料文摘（甘肃分册）》，兰州：甘肃省图书馆，1984：152。

16　（民国）佚名：《永登的番包》，《西北民族宗教史料文摘（甘肃分册）》，兰州：甘肃省图书馆，1984：98。

17　据笔者访谈得知今天的甘肃天祝当地藏民自称"华热哇"。

18　（明）李作舟撰：《万历庄浪汇记》卷 1《庄浪卫》，《中国地方集成·甘肃府县志辑》（第 6 册），南京：凤凰出版社，2008：491 – 496。

清朝雍正元年（1723 年），青海蒙古和硕特部亲王罗卜藏丹津举兵叛乱。同年十月，驻牧于庄浪西部甘、青边界诸山中的谢尔苏族擅据桌子山、棋子山与凉州南崇寺之沙马、拉木扎木巴等族反叛，与蒙古通联，“抢掠新城、张义等堡”[19]。当时清廷正忙于在青海平叛，无暇顾及凉、庄，曾敕谕“西山番族”安分守己，但诸部落“终究不能安帖”[20]。雍正二年（1724 年）谢尔苏族又与西宁纳朱公、朝天堂、加尔多寺番人以及从西宁郭隆寺、郭莽寺逃出的喇嘛相互串通对抗清军，屡行劫掠。在击溃罗卜藏丹津叛军后，雍正二年四月十五日，川陕总督、抚远大将军年羹尧即命奋威将军岳钟琪、副将纪成斌、总兵黄喜林、凉庄道蒋泂、土司鲁华龄等率绿旗、土司兵十一路，全面进击凉州、庄浪、西宁等地叛众，奋战五十余日[21]，平复东黄羊川、南冲寺、不毛山等处，擒谢尔苏族头目阿旺策凌，剿捕阿落等族，余则皆降[22]。在庄、凉之战后，为加强对华热藏区的统治，清政府对该地区的政治、经济等方面进行整顿改革。

（一）分授千户，政教合一

在平定罗卜藏丹津以后，清廷在甘青藏区着力推行千百户制度，以分化“西番”实力，便于统治。据载，该制度在华热地方得到严格的贯彻执行。乾隆元年（1736 年），清廷以沙喇卜为千户管武威“黑番三族”，二年（1737 年）始设土千户王国相、管卜他分别管理约束平番、古浪境内藏民[23]，众千户又下辖数个百户，管理事务。乾隆十七年（1752 年），又改为实行“头目”“闾长”制度，总设大头目一至二名，下设“措哇”小头目若干人，措哇下面另设闾长若干人，协助头目办理措哇的内外事务[24]。除设立千户外，清廷在华热地方又陆续分封了一批格鲁派著名活佛为呼图克图和其他尊号、职官，作为世袭地方官。当时在华热受分封的有达隆寺寺主达隆华丹土登嘉措（被康熙帝封为大喇嘛）、松山报恩寺寺主达克隆（被乾隆帝封“呼图克图”名号）[25]、洪山堡报恩寺阎氏僧人（被授予都纲之职，后被乾隆钦赐“呼图克图”名号），以及天堂寺寺主东科佛（被乾隆帝

19 《清实录》卷 20 雍正二年五月庚申条，北京：中华书局，1985：325 － 332。

20 （清）年羹尧撰，季永海、李盘胜等翻译点校：《年羹尧满汉奏折译编》，《无年月奏片 · 附奏凉州、庄浪番族悖逆片》，天津：天津古籍出版社，1995：357 － 358。

21 《清实录》卷 20 雍正二年五月庚申条，北京：中华书局，1985：325 － 332。

22 王继光：《安多藏区土司家族谱辑录研究》，卷 2《（乾隆）鲁氏家谱 · 十二世祖传》，北京：民族出版社，2000：117。

23 （清）昆冈等：《钦定大清会典事例》卷 586《兵部 · 土司》，《续修四库全书》（第 807 册），上海：上海古籍出版社，2002：193。

24 陈庆英主编，青海省社会科学院藏学研究所编：《中国藏族部落》，北京：中国藏学出版社，2004：442。

25 赵云田点校：《钦定大清会典事例 · 理藩院》卷 975《喇嘛封号》，北京：中国藏学出版社，2007：170。

封“辅印喇嘛”和“掌印喇嘛”）等。清廷通过一系列的封授，使千户（头目）与喇嘛成为其统治华热的直接“代言人”，在华热基本上形成了政教合一的基层政权组织形式，加强了清廷对华热地方社会的控制力度。

（二）分而治之，承地纳（马）粮

按照分而治之的思想，清政府将活动于今甘青边界、庄浪河流域、大通河流域一带的华热诸部落从地域上加以切割分离，通过安插、归属的形式将其分属于连城鲁土司、凉州府平番县、武威县、古浪县、永昌县分辖，使各部难以形成强大的政治联盟，以达到宁辑地方的目的。雍正元年(1723 年),清廷在剿抚部分参与凉庄叛乱的“番族”部落后，将原属青海蒙古郡王勒尔得尼管辖的上马尔、下马尔、尔加穰、单约、铁多尔、恩加木、尔加藏、尔卜八族，交由连城鲁土司就近管辖约束，此八族被安置在连城、洛洛城、赛什斯等地区[26]。又据《平番县志·番夷》记载，雍正二年，清廷设平番县后，由该县所管辖的“番族”部落，有华藏上托的、上朵卜藏、麻吉、阿谢、马家、罗家、耳家定、思冬奔、色异、都尔谷等 19 族，共 3981 口，统一由煞尔吉族部落头目王相国统领约束，每年“共纳水旱粮一百一十八石九斗四升六合，大草六十束”，共贡马十八匹[27]。此外，除大通河沿岸连城鲁土司管辖的 8 族及平番县所辖 19 族外，清政府将其余“番族”部落安插于庄浪河沿岸、石羊河上游、哈溪滩、毛毛山、马雅雪山一带，令武威、古浪、永昌等县统辖。

（三）改革地方行政制度，设置庄浪厅

据咸丰三年（1853 年）任庄浪茶马同知的裕文所撰《庄浪属署题名碑记》载，康熙二年(1663 年)清廷改庄浪卫为所,“设巩昌分府监屯同知,雍正三年……改庄浪监屯厅”[28]。《大清会典事例》记载了清代庄浪厅所属土司授职的情况，其文曰：

> 甘肃庄浪厅所属：武威番千户一人。乾隆元年，以沙喇卜为千户，管黑番三族，现有番民二百六十一户，纳仓斗粮三十二石。古浪番千户一人管卜他，于雍正元年投诚，乾隆二年授土千户，管番民二族，现有番民三百一十五户，

26 （清）张玿美修，曾钧等纂：《五凉全志》卷 5《平番县志 · 兵防志》，台北：成文出版社有限公司，1976：621。
27 （清）张玿美修，曾钧等纂：《五凉全志》卷 5《平番县志 · 风俗志》，1976：602 － 603。
28 （清）裕文：《庄浪属署题名碑记》，《华锐历史文献选编》，兰州：甘肃民族出版社，1994：178。

纳仓斗粮四十八石。平番番千户一人王化民，于雍正元年投诚，乾隆二年授土千户，管番民十有五族，现有番民一千一百五十九户，纳仓斗粮一百九十石九斗四升六合[29]。

可见，这一时期庄浪厅不仅负有管理“番户”之职责，而且负责征收赋税，俨然已成为管理华热“番族”事务之地方行政机构。乾隆三年（1738年）九月，清政府设庄浪理事通判[30]。乾隆十七年，清廷又在凉州府下设庄浪茶马同知[31]，“兼辖熟番三十四族”[32]。雍正、乾隆之世，庄浪同知不仅开始负责归附藏族岁输额粮征收及色异等族岁贡马匹相关事宜，还负责供应“喇嘛衣单口粮之需”[33]，并有了管理茶马贸易的职能。从《庄浪属署题名碑记》所反映的情况来看，这一时期庄浪厅已经成为“实土”的政区，庄浪茶马同知管辖范围，东至皋兰县界，南至苦水界，西至碾伯县界，北至古浪县界，东南至红水界，西南至连城土司界，西北至武威县上古城界，东北至中卫县界[34]。在政区设置上，庄浪厅并无独立的治所，而是寄治在平番县城之中。据《平番县志·建置志》载，庄浪理事厅署位于城南，平番县衙则位于城北。值得注意的是，庄浪厅与平番县虽两官同城，但“厅治藏民，县理汉族，两官同城，政权各别”[35]，二者事权并不一致。庄浪厅署除“寄居”平番外，且有平番县知县兼署庄浪茶马同知之例[36]，这在在清代地方行政建置中情况颇为特殊。地理空间上，庄浪厅“皆倚南山为控制”[37]，与平番县界壤相错，呈犬牙相错之势。

清廷对华热藏区的深入治理，对该区域的政治、社会、经济发展产生了重要影响，特别是庄浪厅的设置，标志着清廷对华热藏区统治力度的加强，并对华热区域社会的发展产生了较为深远的影响。在相对稳定的政治环境下，加上受周围汉族农耕文化影响，华热地方经济、文化结构逐渐发生了变化，大批藏民开始从事定居农耕，转变为“熟番”。

---

29 （清）昆冈等：《钦定大清会典事例》卷586《兵部·土司》土司授职一，《续修四库全书》（第807册），上海：上海古籍出版社，2002：193。

30 《清实录》卷77，乾隆三年九月辛未条。按：以往认为乾隆三年九月置庄浪厅，当误。参见傅林祥、林涓等著：《中国行政区划通史》（清代卷），上海：复旦大学出版社，2013：389。

31 《清实录》卷420，乾隆十七年八月乙丑条，北京：中华书局，1986：498。

32 （清）裕文：《庄浪属署题名碑记》，《华锐历史文献选编》，兰州：甘肃民族出版社，1994：178。

33 （清）傅恒等撰：《皇清职贡图》卷5，沈阳：辽沈书社，1991：508－509。

34 （清）裕文：《庄浪属署题名碑记》，《华锐历史文献选编》，兰州：甘肃民族出版社，1994：178。

35 甘肃省档案馆：甘肃省政府复永登县天祝乡民肯将该乡免划分古浪、武威受辖一案俟报府后在核办的咨（1946年3月16日）民国甘肃省民政厅档案，档号：14-永久-001-557，兰州：甘肃省档案馆藏。

36 （清）裕文：《庄浪属署题名碑记》，《华锐历史文献选编》，兰州：甘肃民族出版社，1994：178。

37 （清）曾钧：《凉州疆域总图说》，《五凉全志》，台北：成文出版社有限公司，1976：8。

明代以来一向为华热“番族”生息之地的大小松山地区，到清代已是“西番驻牧，番汉住来，户口鱼鳞，松山滩视同内地矣”[38]。雍正元年，由鲁土司所辖的上马尔族、下马尔族、尔加穰族、单约族、钱多尔族、恩加木族、尔加藏族、尔卜族等八族，已开始“与土民夹杂，学习耕种”[39]。乾、嘉年间，凉州黄羊河上游哈溪滩一带“番汉”民众，“甚相契合，故将护林渐次砍伐开垦”[40]。清朝统治时期，伴随着农业开发的不断深入和疆界错乱的影响，华热藏区多次爆发争界纠纷事件。史载，清乾隆年间，平番县大通河流域的可思滩、葛大山、小喜鹊岭一带，居住着朵卜藏、思鹅稞、写尔素等部落，部落之间“为开垦地亩获利起见”，互相争占领地并时常发生械斗，结讼多年[41]。华热“番族毗连乐都、互助、门源、永昌等县边界，均系番民，境界虽未划清，尚少争执，与武威、古浪等县接壤之处，多系汉民，因番民习尚游牧，逐水草而居，罔知耕耘，汉民初到番地系佃租草原，放牧牲畜（俗称牛户），后渐开垦荒地，侵占地权，造后番民渐知垦荒，从事农业，遂集合各族，阻止汉民开垦，以边界不清，易起争端”[42]。又据档案资料记载，乾隆八年（1743 年），因黄渠上游番民肆意开垦土地，致使下游灌溉不足，引起武威县黄渠民众与大红沟地番民发生争端。后经由清廷派员处理，划定番汉地界“东至大红沟斜路为界”，并勘立石碑于山间[43]。乾隆十八年（1753 年），甘肃督署奉旨清查甘省一带汉番接壤界址，经过派员会勘庄浪厅与平番县边界，议定大红山（位于今永登县庄浪河东岸）为界，南番北汉，并在大红沟竖立石碑，上书“汉番分界处”，沿边筑立界墩（至民国遗迹尚存），以图“汉番相安”[44]。

清时，庄浪厅与邻县的纠纷除土地疆界之外，还有森林资源的分配利用问题。清初，为保持水源，维护人民生计，雍正年间任甘肃平番知县的牛运震曾上奏甘肃督抚，严禁民商私自砍伐祁连山中林木[45]。迨至清末，禁令废弛，加上无人保护，武威、古浪等县人民，“侵入番地，私行滥伐，为争夺林权归属，汉藏争执，往往酿成命案，互相诉讼，动辄数年”。

---

38 （民国）慕寿祺：《甘宁青史略副编》卷 2《山水调查记中篇》，收入中国西北文献丛书第三辑（97），兰州：兰州古籍书店影印，1990：16。

39 （清）张玿美修，曾钧等纂：《五凉全志》卷 5《平番县志 · 兵防志》，1976：621。

40 甘肃省档案馆：《清末甘肃奏折 · 遵札查勘南山林木并提讯番汉头目各情形酌拟办法折》，兰州：甘肃省档案馆藏。

41 永登县档案馆：清乾隆四十四年（1779 年）至乾隆五十六年（1791 年）平番县土地执照、告示，永登：永登县档案馆藏。

42 （民国）章金泷：《永登县番族状况暨改进意见书》（手抄本），兰州：甘肃省图书馆，1943。

43 甘肃省档案馆：六区行政专员公署复孟楼生等呈控龚淑堂等一案请鉴核示遵呈文（1942 年 11 月 2 日），民国甘肃省民政厅档案，档号：15- 永久 -009-34，兰州：甘肃省档案馆藏。

44 （民国）章金泷：《永登县番族状况暨改进意见书》（手抄本），兰州：甘肃省图书馆，1943。

45 （清）牛运震：《查覆封闭山林事宜状》，《清经世文编》卷 38《户政十三》，北京：中华书局，1992：944。

光绪年间，有古浪南冲寺番僧李达吉、赵田僧“视林木为渔利之薮，借番地为敛财之具”，招徕西宁各处游民百十余户，假冒藏民，盘踞哈溪滩等处，偷伐林木，开种水源，屡经民众禀明朝廷驱逐封禁，但“旋遵旋翻”，并无成效。光绪三十二年（1906 年），督宪升巡视凉州府时，地方士绅张措基、康致和等据情上控揭发此事，经藩司委派甘凉道白、凉州府联守同省委员廖牧，会同庄浪厅刘丞、武威县赵令亲往该处勘查明确，同堂会讯，并查阅新旧案卷批定章程六条，规定“番地民众”只能在哈溪滩北面、古城南面开垦播种，不得“越岭过界有违定章而碍水源”[46]。

如前述及，清代以来，清廷通过对华热藏区的治理，已基本上完成了对该区域的“政治整合”。与此同时，伴随着农业开发的持续进行，华热藏区传统经济形态已开始在农牧互动与冲突中不断地调试，并开始形成了新的经济、族群关系，加上原本地界混乱的不稳定因素，地界问题必然会成为农牧双方关注的焦点，并延伸成为民国时期的生态与政治问题。

三、调整与归属：民国华热地方的地界管理

民国初期，华热藏区的地方行政管理体制出现了变动。民国三年（1914 年），甘肃省裁庄浪茶马同知，设庄浪茶马理番委员（庄浪茶马理番厅），由平番县长兼任，管辖“三十六族十四寺”地区[47]，归属于甘凉道。民国十八年（1929 年），华热地方实现了改土归流，同时原管理华热藏区的理番委员被取消，三十六族划由永登县政府直接管辖[48]。民国二十四年（1935 年），国民政府在甘肃实行行政督察区制度，华热先划归第一区，后直属于省政府。次年，国民政府开始在永登藏区推行保甲制度，由原各部头人充任保

46 甘肃省档案馆：民国二年（1913 年）凉州总兵官等会衔布告，民国甘肃省民政厅档案，档号：15- 永久 -010-376，兰州：甘肃省档案馆藏。

47 三十六族即东山八族（撒尔族、佘夷族、阿谢族、阿盖族、阿罗族、加丁族、且保族、马且族）、红番五族（扎提族、阿罗族、夹登族、尕维族、杂马族）、石门四族（加丁族、马加族、加东族、录仓族）、南山四族（旦马族、沙马族、录述族、赫尔托巴族）、哈溪五族（尕马族、常冒族、那述族、扎提族、茶岗族）、安远六族（欧措族、加东族、旦马族、且扎族、尕什族、阿罗族）、前山莫科族、后山莫科族、西坪山东本族、华藏族；十四寺院为天堂寺、祝贡寺、达隆寺、南冲寺、尕什寺、极乐寺、白土坡寺、上大水寺、下大水寺、上延禧寺、下延禧寺、毛藏寺、石门寺、华藏寺，皆为三十六族所建。参见甘肃省图书馆：《永登之番民种族及其分布区域》油印本。（民国）佚名：《甘肃永登番民调查》，《西北民族宗教史料文摘（甘肃分册）》，兰州：甘肃省图书馆出版，1985：99。

48 民国十九年说乃误，此据民国甘肃省民政厅档案。甘肃省档案馆：甘肃省政府为将该县县长职务撤销具报训令（1943 年 5 月 10 日），民国甘肃省民政厅档案，档号：15- 永久 -009-34，兰州：甘肃省档案馆藏。

（甲）长，并成立天祝乡（乡公所设在永登县城内），乡设八保半（西坪山东本族为半个保的建制）、101甲（不含八族保、镇武保）。管辖祁连、哈溪、夏玛、莫科、不毛山（毛毛山）南北等处番民36族计8332人[49]。总体看来，经民初调整后的永登县管辖范围，是以清代平番县域为基础，将庄浪厅所辖藏民区域加以整合，形成的一个新的县级政区。但是由于将处于马牙雪山、不毛山、雷公山之麓"番民"聚居区的划入，使永登北部县境越乌鞘岭而治，呈现为一狭长形势，并与古浪、武威二县形成犬牙相错之势。

民国时期，华热藏区地方行政区划虽经调整，但由于清代遗留下来的地界错乱问题没有得到有效解决，到这一时期又引发了新的社会矛盾。民国初期，国民政府虽将华热藏区划归永登隶属，但是由于并没有过多地考虑"山川形便"的地理因素，致使调整后的永登县境北部"多处山内，为匪盗逋藏之薮，永登以山岳阻隔，路途艰险，致鞭长莫及，管理困难"。尤其是永登县与武威县张义乡西南交界的哈溪滩一带，"位当武威县祁连山之间，北与武威县耕地犬牙交错达二百余里；南与青海省相界于祁连山之不毛、天梯、车轮、磨脐等山之分水线，又南带祁连之磨脐、大雪、雷公诸山与永登县相连；西与武威西沙马族番民驻在地接壤于西山顶次；东与武威县地大小干沟相连"[50]，成为武威与永登二县疆界之"畸形区"，加上自清中叶以来哈溪滩与武威张义乡划界及水利纠纷一直未决，使该地成为易于爆发冲突的敏感地区。

（一）永登、武威二县哈溪滩之争

民国二年（1913年）九月，武威县黄渠七条坝民众周大治、赵以侯等七人以哈溪滩民众伐卖林木、开垦水源破坏前订规制，禀请会衔出示前禁。后经凉州总兵官与河西视察使及武威县知事会同勘查，将哈溪滩已垦之地与禁垦之地界限划清，并限制哈溪滩民众随意苛取草头税，准许张义堡人民畜牧，发放布告，严令各方遵照执行。从民国相关民政档案来看，清代遗留的哈溪滩地界错壤问题经此次厘正，似乎得到了最大努力的纠正，在过后的几十年时间里，再无出现有关双方民众械斗争界事件的发生。但是事实上通过行政强制进行边界划分的做法，只能起到稳定地方的"短期效应"，由于"哈溪滩问题"从根本上涉及地方民众与双方所属县府关切的核心利益，到民国三十一年（1942

49 （民国）新甘肃月刊资料室：《甘肃之藏族》，《西北民族宗教史料文摘（甘肃分册）》，兰州：甘肃省图书馆出版，1985：43。

50 甘肃省档案馆：六区行政专员公署 为呈复会勘永武番区（插花飞地）各种计划图表请鉴核呈文，（1943年2月22日），民国甘肃省民政厅档案，档号：15-永久-009-34，兰州：甘肃省档案馆藏。

年），永登、武威二县围绕哈溪滩划界的问题再次浮出水面。

是年六月十八日，武威县进行户口总编查时，金塔乡乡长杨广华等奉县政府训令前赴哈溪滩编查藏民，牵扯出了当地藏民孟楼生等呈控武威县民龚淑堂、胡国才等“蒙混妄报强拆县界”一案。事件发生之后，甘肃省政府派六区行政专员公署进驻哈溪滩进行详细调查，相关人员认为武威县越界编民，实为永、武二县“插花有待彻底解决”之问题。调查结论认为哈溪滩交由永登管辖“多有不便”，由于治理困难致使该地几为瓯脱，建议甘肃省府将哈溪滩藏区就近划归武威县管辖。

此议一出，立刻引起武威黄渠民众的积极响应。民国三十一年十二月三日，黄渠民众代表谢子玉、杨澍、满大年、孙炎山等以保护森林而维水源以济民生为由，呈请甘肃省政府重新划分永、武县界，要求省府将哈溪滩划归武威，并详述划拨之理由。从呈文来看，武威黄渠民众划拨哈溪滩的理由可谓十分充分：以地势论，该“番区”为一盆地，与武威张义堡相毗连，与永登则有重山隔绝，如划归武威则与自然形势绝对相合；以交通论，欲自永登往返哈溪滩，须经过古浪县龙沟堡折西进入，道路较远，有时还须翻越雪山，行路维艰。而自武威往返该区则途较为平衍，且一日可达；以治所论，哈溪滩乡公所设在永登县城，治理哈溪滩“番区”较为不便，而武威张义堡乡公所则“近在尺咫，极便统理”[51]。总体而言，武威黄渠民众认为哈溪滩划拨武威管辖，不仅可以实现“保护山林水源，达到维持黄渠民众生活之目的”，而且可实现永、武二县地方治理上的便利，有利于政令的统一和地方自治的推进。

武威黄渠民意上达后，经由甘肃省府会议，认为武威所请划拨永、武番区插花飞地一事尚属可行，便于民国三十一年十一月二十五日，下发民一戌字第 8770 号指令，饬令六区行政专员公署视察员荆清溪会同永登县政府指导员徐子英、武威县政府社会科科长王大基前往会勘哈溪滩地界，并要求拟具武、永“番区”畸形区域整理意见，重新勘划永、武两县地界。后经多方会勘后认为，“该畸形番区”（哈溪滩）东西北三面均与武威县境毗连，仅南面一段，斜带祁连之磨脐、大雪、雷公诸山与永登相接而不相通，其与武威县境相连处又皆犬牙错出，参差过甚。所以会勘人员一致认为，应依据民国二十九年（1940 年）七月省政府颁布的各县畸形区域整理办法第三条规定，依照天然形势重新划定武、永两县县界。具体做法是：首先，厘清永、武交错参差之县界。即将所有哈溪滩、大红沟、小台子，茂藏寺南岔、石坊、康路等永登“番区”全部划归武威就

51　甘肃省档案馆：六区行政专员公署 据武威县黄渠民众代表谢子玉等为呈请划分县界等情核示饬送呈文（1942 年 12 月 3 日），民国甘肃省民政厅档案，档号：15- 永久 -009-34，兰州：甘肃省档案馆藏。

近管理，避免两县以后“无谓之纠纷”。其次，以祁连山之车轮、磨脐、大雪、雷公等山之分水线延至古浪县境之乌沙岭为永、武二县新界。至于划归武威管辖“番族”之西部边界，则以甘肃省与青海毗连之省界为界[52]。经过此次多方会勘后拟调整的永登、武威两县边界，大体上以祁连山之车轮、磨脐、大雪、雷公诸山之分水线，延伸至古浪县境之乌沙岭止为界。即按照诸山之分水线为界，以北完全划归武威，以南则仍归永登，“与天然形势适相吻合”。

永、武两县新界整理办法提交省政府后，经民国三十二年（1943年）二月甘肃民政厅第1030次会议决议通过，将哈溪滩划归武威管辖，并分饬第六区专署及永、武二县遵照办理。由此看来，在省府的行政干预下，永、武重划县界似乎已成顺理成章之事，但事实上进展很不顺利。据档案资料反映，在划拨决议出台还不到两个月的时间，甘肃省政府又以密件的形式告知暂从缓办。缓办之原因，主要是由于永登方面恐划界执行难度较大，时任永登县县长章金泷函称，虽然将哈溪滩划归武威似管理较便利，但势必造成整个种族割裂，加上“番民”以语言宗教之不同，深恐“愚悍成性”的“无知番民”抗不受命。若严厉执行，难免滋生事端，引起“汉番”冲突，地方治安堪虑。此外，哈溪滩方面也认为，“番民”向以煤炭畜粪为燃料，居处亦系茅屋草棚，并不需用木料，没有砍伐木材摧毁森林必要，盗伐木材出售渔利，乃全系汉民所为，“番民”并未参与其事，若严禁汉民前往哈溪滩伐木，则森林自可保护，水源自无妨碍。他们认为武威县以上游“番民”任意摧毁哈溪滩森林影响黄渠水源，使下游张义、靖边等乡居民农事全废，生活恐慌，因而请求将哈溪滩地区划归其管辖以便保护黄渠水源之理由，以偏概全，有失妥当。故哈溪滩方面坚决反对划归武威，“以免割裂宗教系统”。在收到永登县函报及哈溪滩方面的意见之后，甘肃省府也深感问题的棘手，由于执行困难，划拨问题被搁置下来。

后来随着哈溪滩匪患问题的出现，又给永、武划界问题的处理带来了新的契机。前已提及，因地理环境因素，永登县对哈溪滩的治理难以周济，致该地土匪滋扰，不法之徒乘机啸聚，已形同瓯脱之势。到民国三十三年（1944年）时，哈溪滩再次爆发匪乱，当时六区行政专员公署曾派保安警察队前往武威张义堡堵剿，并调武威预七师分兵一营驻堡暂时震慑，才使哈溪滩匪患得以平定，后因该地属永登，军队撤防。哈溪滩匪患平息之后，六区公署电告省政府认为“哈溪滩藏垢纳污，（乃）永登管辖不周酿成匪患”，以永登不作

52 甘肃省档案馆：六区行政专员公署为呈复会勘永武番区（插花飞地）各种计划图表请鉴核呈文（1943年2月22日），民国甘肃省民政厅档案，档号：15-永久-009-34，兰州：甘肃省档案馆藏。

为为由，再次建议将哈溪滩改隶武威县管理并在当地设立区署，以维护地方稳定[53]。从档案可见，此次哈溪滩爆发匪乱又为武威划拨哈溪滩增加了筹码，加上六区公署的支持，武威县政府开始着手在哈溪滩一带筹设黄渠区署，并编造设署计划书，编制各项费用预算，为接受做准备，然而随着古浪县介入哈溪滩问题又使永武划界出现了戏剧性的转变。

（二）古浪县的介入

民国三十三年（1944 年）八月十五日，古浪政府以保护森林调节水源为由，呈请甘肃民政厅将永登县天祝乡红番五族地区划拨该县管辖。据第六区专署该年八月一未字第 340 号代电称："以古浪要求划拨天祝乡与武威要求划拨之哈溪滩均属同一地区，而哈溪滩为天祝乡之大部分"[54]。由于古浪县的介入，使原本就棘手的哈溪滩问题更为复杂化，武威、古浪与永登之间互相争执划拨哈溪滩地方，并要求省府派员主持勘划哈溪滩一带，以确定三县地域。

从档案材料来看，在古浪县介入划界问题的同时，武威县加快了划拨哈溪滩的步伐。鉴于甘肃省府之前业已明确将哈溪滩划归武威，武威县参议会遂向甘肃省参议会提交催办咨议。民国三十五年（1946 年），武威县临时参议会议员潘珩与地方士绅汪锡福、薛进文、郭永禄等人联署"为请省政府准予解决哈溪滩问题保护水源"的提案，咨请省政府迅速解决哈溪滩划拨问题，以保护水源而免永、武二县纠纷案[55]。

然而，古浪县参议员崔清川也针锋相对地于同年六月，向省参议会提交了"建议省政府将永登所属天祝乡依照天然形势划拨古浪管辖以保水源以利民生案"的提案。该提议未果后，民国三十六年（1947 年）六月，古浪县贾参议员等再一次向省参议会提出关于永、古划界问题的议案，并直接向时任甘肃省参议长的张维递交了请愿书。请愿书内容主要以水利维系古浪民生为要点，指出天祝乡划拨古浪县之必要性[56]。但文中所称古浪划拨一案业经前主席谷正伦准予勘划，确纯属将甘肃省政府前令永登、古浪遵照办理限制森林砍伐的意见肆意扩大，上升到划界层面，有失事实。从相关档案材料来分析，古

53 甘肃省档案馆：六区行政专员公署为哈溪滩划界案请遵明令执行呈文（1944 年 4 月 20 日），民国甘肃省民政厅档案，档号：15- 永久 -009-34，兰州：甘肃省档案馆藏。

54 甘肃省档案馆：民政厅第一科永登天祝乡红番五族地区划拨案拟请仍由钧府派员勘划以结悬案签呈（1944 年 8 月 15 日），民国甘肃省民政厅档案，档号：15- 永久 -009-34，兰州：甘肃省档案馆藏。

55 甘肃省档案馆：参议员潘珩为请省政府准予解决哈溪滩问题保护水源的提案（1946 年 1 月 17 日），民国甘肃省民政厅档案，档号：14- 永久 -002-356，兰州：甘肃省档案馆藏。

56 甘肃省档案馆：甘肃省参议会达本会贾参议员等提关于划界问题一案（附请愿书）（1947 年 6 月 18 日），民国甘肃省民政厅档案，档号：15-10-376，兰州：甘肃省档案馆藏。

浪此举意在能希望从哈溪滩划拨纠纷中分享到既得的经济利益。

（三）地方民众对划界的态度

武威县参议员提议拟将天祝乡所属之哈溪滩划归该县管辖，古浪县参议员又提议将天祝乡划拨已县，二县所持理由均以上游民众乱垦滥伐破坏水源，致下游民不聊生为由，二县划拨理由可谓是如出一辙。如前述及，甘肃省政府先前在经省参议会对永、武二县划拨哈溪滩一带的提议会议之后，都相继给予了行政层面的决断。但由于受到哈溪滩民众的阻碍，省政府将哈溪滩划拨武威的行政命令根本就无法实施，而古浪县又介入纷争，不仅使划界问题更为复杂化，而且再一次激起了哈溪滩地方民众更为强烈的抗争。民国三十五年（1946年）二月，永登县天祝乡民罗富学等向甘肃省临时参议会提交了一份“请将本乡免划分古浪、武威以免纷扰”的呈辞，并向甘肃省政府直接递交了请愿书，详述了哈溪滩毋需划拨武威、古浪二县之理由。档案原文如下：

敬呈者

窃闻省府已决定将永登天祝乡划古浪、武威等县管辖，并列入三十五年度工作计划之中，并已由甘肃省政府移请钧会审议等因，我藏民如听晴天霹雳，惶骇万状，恳请钧会电鉴舆情，准依麿界早树碣石，俾慰藏心，而免徙扰事。窃藏民等世居边荒，游牧为业，语言文字，吉凶庆弔，衣食住行，风俗习惯在与汉民大相径庭。例如：汉民系以村居为生，世世固定，得联村庄、组织乡镇而行自治；藏则以游牧为业，追逐水草，张幕为屋，朝东暮西，住无所定，行自治则须联部落设乡公所，必须在县城内或附近县城之番寺实施自治，推行乡政。若将三五藏民归入汉民区域，或将少数汉民划于藏民部落，不恃日常生活不能同致，势必发生若干纷扰，地方自治县政推行反行其功，倍事半矣！藏民等于此八年抗战中，恪遵建国须先建乡之旨，仍沿明清数百年来之治区，精诚团结、实事求是，由永登县属三十六藏族、十四佛寺编组为天祝乡，设乡公所于华藏寺，与他乡镇努力齐驱役政银政，协助政府推行极称顺利，效率尤为卓著，治绩之所在：

一、对于国家之贡献早于蒙地方政府，所推许民等万难欺饰者也，如以数百年团结一致之部落，牢不可破之宗教文字语言，不同之民族一旦鳞划数县分治，犹如赤子之失，怙恃不问他人蹂躏与否，而本身太不健全，自必流离失所，前途危矣殆！讵可思量我，钧鉴体念藏氓之弱小；

一、本中央四届三中全会对于筹边决议之明文：关于开发边疆之一切设施，应偎先以为各族地方土著人民谋幸福为原则，潜移默化，循序徐促改进。若至藏民文化发达知识增高，即使鳞划自无积重难返之可虞，杆格不入之问题，而藏民之男女老幼亦无恐惶失措之现象矣！

缘此，谨将藏区数百年概况暨暂行不可鳞划各情形一一缕呈之：

（一）庄浪茶马厅之称，自明而清管理藏番，清设平番县仍于（与）庄浪并称，厅治藏民，县理汉族，两官同城，政权各别。民国成立，首倡五族共和。又改茶马厅为理番委员，一仍旧治，未便更动。民国十五年，国军入甘，改平番为永登，理番委员由县长黄任之。二十八年，编组保甲。民等藏族专设一乡，名曰天祝。以语言文字风俗种种之隔阂，乡长一职始终由藏族中有声望者任之，政府认为办理顺乎，即此次田粮处丈量藏族土地仍列入天祝乡内。民等受治庄浪由来久矣，至今旧称难改，印信缴销，藏民心理仍视永登县为茶马厅，崇仰无懈于昔日。今以相沿数百年之整个部落，一旦鳞划他县，于风于俗动感困难，安辑之策恐成酿祸之源，此民等呼愿免于划分者一也。

（二）武、古两县民人自废清光绪十六年起，一迄于本美名争获水源，实在觊觎藏界森林，蓄意侵夺，与民等相互寻衅仇杀争讼，双方案牍列宪，几积如山，今若以无智藏民愚分划于武、古，吴越一家自必同室操戈，蹂躏之毒祸患之危当可逆料，此民等应请 钧会体恤免于划分者二也。

（三）政治方面。民等信教则崇拜活佛，信官则遵奉理番委员，兼信藏绅之任乡长者，故理番委员会之政令，行于乡公所转行族内雷厉风行，如兵役、田赋以及各项差款，踊跃输将，争先恐后，曾未贻误令。五族一家同为中国之领土，同属中华之民族，以相安无事之藏民改编就绪之区域，重事分划，于国家毫无所增益，而无知识之弱小民族，受害不可思议矣！此又民等呼愿者三也。

（四）森林方面。祁连山之森林绵亘数千里，民等私人所有区之森林犹且不易保护，况其他广大森林乎？武、古之民始则觊觎侵夺，继则所谋不遂，大肆偷伐，反倒假（嫁）祸于人，反谓民等砍伐山林破坏水源，今夏武威民人砍伐毛藏山林，由毛藏河下运，中央早有保护祁连山森林明文，故民等当即呈报省政府转令永、武两县府严予获禁在案。如将祁连山下之藏民区划归武、古，彼等数十年之谋成计，遂不徒祁连山童，而民等恐难为生矣！此民等恳请体恤者四也。

（五）种族方面。藏区民众文化落伍，知识未开，语言不同，文字不明，倘闻划拨，不特民等闻风惊惶，弃家远携，即族内而如原始民族之妇孺亦同声不表同情，势必携幕仍归故里也。是又为全区藏民等，势必须郑重声明，叩恳钧会鉴核，俯加注意提会主持公道，救济弱小民族免予分划，仍照旧界各自遵守，以防纷扰而顺舆情不胜，迫切待命之至。

谨呈

甘肃省参议会议长张（维）

官卜什加 孔继世 李生荣 秦欢角儿 义马端主 陈得江 东得昌 包小多什加

张全才 董拉尔但

永登县天祝乡藏民代表

罗富学 杨玉贵 孔继周 达得胜 托三主才郎 哇麻才花 李九彪 相阿旦主 卢英珠才郎 托三主 马寿长 阿凑[57]

由上，天祝乡地方民众、士绅以请愿书的形式表达了对划界之态度。从内容来看这份请愿书主要是从历史传统的角度说明天祝乡与庄浪厅及后来的永登县之紧密联系，着眼于民族自治及今后的建设与管理。天祝民众认为维持现状应为最佳选择，他们逐一针对武、古方面呈请划拨理由而提出反驳意见，并一再强调维护“种族完整”的重要性，强烈要求甘肃省参议会主持公道，并转请甘肃省政府收回成命，免滋纷扰。天祝乡民众的行动，得到永登县参议会的支持，永登方面认为藏民隶属永登历史悠久，与整个国家利益既无冲突，并且对地方行政问题亦无太大阻碍，武威、古浪方面以培护森林保持水源作为分拨理由，实应就事论事，“政府对此事之解决办法，尽可建立森林警察或制定严格保护森林之单行法规”，不必牵涉县界。由于永登方面及哈溪滩民众一致主张反对划拨土地，以“割裂将我少数藏民分划数县，不仅有违昔日国父之民族政策与现在推行民主政治亦背道而驰”[58]，并将划界提升到了政治和民族政策的高度来看待，表现出了当地民众反对划界的决心。

在天祝民众的呼吁抗争之下，民国三十六年七月四日，甘肃省政府首先对古浪县参议会提请划界一案，给予电复。甘肃省府认为天祝乡藏民三十六族隶属永登由来已久并无不便，且该地与古浪既非畸形又非插花，明确指出天祝乡应仍照旧管辖，并饬

57 甘肃省档案馆：甘肃省政府复永登县天祝乡民肯将该乡免划分古浪、武威受辖一案俟报府后在核办的咨（1946 年 3 月 16 日），民国甘肃省民政厅档案，档号：14- 永久 -002-385，兰州：甘肃省档案藏。

58 甘肃省档案馆：永登县参议会请转省府免划本县天祝乡为古浪、武威所辖快邮代电（1946 年 8 月 30 日），档号：14- 永久 -002-385，兰州：甘肃省档案馆藏。

令古浪“免滋纷扰，至水利问题已令两县会同拟定保护办法呈核实施”，[59]永、古纷争至此作罢。同年十一月，由省参议会议长张维亲自提议，甘肃省参议会召开了专门讨论永登要求撤销划界原议的特种审查会，经过讨论，参议会最终作出了准予撤销的决议，并将这一决议咨请甘肃省政府处理。从档案资料来看，甘肃省政府对武威县并没有立即下达撤销哈溪滩划界的行文，直到民国三十八年（1949 年），时任武威县县长王昭文再次呈请甘肃省政府派员勘划哈溪滩与黄渠水源地界限时，省府才于三月二十三日刊发指令，以郝尔托把族藏民呈请反对为由，批饬勘划地界事宜应从缓议，并要求永、古二县仍照旧管辖，免滋纷扰。至时，永登与武威二县的划界纠葛无果而终。

四、结语

本文通过对清至民国时期华热藏区个案的研究，探讨了族群地域的形成与地方政区建构之间的相互关系。纵观中央王朝对华热地方的经营，经历了由羁縻向归流的发展演变，这个变化轨迹，反映了国家对民族地区统治逐渐加强的一般规律。但是自清中期以来，清王朝通过对华热地方政治、经济以及文化上的一系列治理实践，实现了对这一区域社会的重新建构，并将国家权力进一步延伸、渗透到这一民族边缘地区。事实上，庄浪厅的设置是清王朝在华热地区直接行使权力的显著表征，随着民国以来国家力量的进一步强势介入，华热藏区这一传统边缘区域已彻底转变成为国家的一个正常基层行政区，民国以来华热藏区在整体上已被纳入国家控制体系之中。

清中期华热族群地域的形成，表明生活在这一区域的藏族部落经过长时间的融合业已形成了较为稳定的“族群边界”。周振鹤认为行政区划对于政治、经济、文化都会产生深远的影响，这种影响使得层级政区之内的语言、风俗等文化因素趋向一体化[60]。从这个意义上讲，清代庄浪厅的设置，某种程度上对华热文化区的形成产生了重要影响，并对这一文化区起到了强化与巩固的作用。正因为如此，庄浪厅的行政建制一直能稳定地延续至清末，从而民国初年将华热地方划拨永登县管辖时，没遇到太大的阻力。

由于本身复杂的地理环境因素，民国初期在对华热地方行政权力调整的过程中，又营造出诸如哈溪滩这种地界错壤的特殊环境，地方行政管理的缺失和社会控制的薄弱，

59 甘肃省档案馆：甘肃省政府复贾参议员等提请划界各案办理情形请查照代电（1947 年 7 月 4 日），民国甘肃省民政厅档案，档号：15-10-376，兰州：甘肃省档案馆藏。

60 周振鹤、游汝杰：《方言与中国文化》，上海：上海人民出版社，1997：59 － 66。

成为这一区域的基本特征，最终致使哈溪滩成为“盗贼渊薮”之区，并进而影响到了区域社会的稳定。加之清末民国之时华热藏区农业开发的不断深入，使地处上游的哈溪滩生态环境遭到破坏，还直接影响到下游地区民众的农业生产，随之引发了武威、古浪二县划拨华热藏区所属区域的要求。我们认为，甘肃省府在哈溪滩地方社会变乱的情形之下，依照山川形变原则将哈溪滩划拨武威管辖的行政决策，仅是考虑到通过哈溪滩的划拨将有利于弭盗安民，有助于消除地方动乱，但是却忽视了对华热藏区归属的历史社会因素以及对保持华热文化区域完整性的充分认识。因而，随着华热地方局势稳定之后，在将哈溪滩划归武威县的实际执行过程中，却遭到华热地方民众的强烈反对。武、古二县要求划拨哈溪滩事件最终均告失败。

通过我们对这一个案的分析，事实证明，民族地方政区的建构也应充分考虑保持文化区相对完整的原则。庄浪厅的设置对华热文化区形成的影响是非常直接的，某种程度而言，庄浪厅相对稳定的政区边界业已成为华热文化区有别与其他文化区域的界限。民国时期天祝藏族民众之所以要求维持永登县管辖华热的现状，最根本的原因就是这一现状会使华热藏区一直保持一个相对完整的“宗教文化区域”而不致被割裂。由此我们不难理解，天祝地方民众坚决抵制分割划拨领县的请愿书不仅仅是地方民意的传递，更是为保持完整文化区的要求及信念的表达。

行政区划本身就是国家为加强中央集权而进行的地方权利空间的配置，因而政区划界原则的选择也应以有利于维护地方稳定为根本目地。民国时期武威、古浪二县与永登县划界事件的背后，其核心诱因是经济利益之争，同时自然因素与文化因素又对行政区划的变动或调整过程产生了重要影响。武威、古浪二县在经济利益和竞争水资源的驱使下与永登县围绕哈溪滩的划界事件过程中，文化区域原则与自然区域原则的相互对立，是导致甘肃省府行政决断两难的直接原因。在此事件中，当划界原则的确定影响到地方稳定时，政区的调整会倾向于“山川形便”的原则，但是随着地方局势的逐步稳定，文化区的稳定性要求就会凸显出来，并从相互博弈中胜出。所以在民族边缘地区地界管理上，不仅要综合考虑到自然环境与政治区划的相统一，也要注重政区变动或调整中的“族群文化空间”因素。在此基础上我们也更应充分认识到，民族边缘地区人口、资源与环境的失衡，亦会使不同族群之间打破已有的界域平衡，致使争夺资源的纠纷频频，诉讼不断，而纷争的平息需要国家与地方政府通过有效的行政手段，均衡和协调各方利益，通过界域调整或其他方式来确认各方对资源的归属，以达到维护地方稳定的目的。

◆ 冯玉新　西北师范大学旅游学院副教授

双重矛盾制约下的西藏社会和谐及相关问题研究

罗绒战堆　彭衡

内容摘要：进入经济转轨和社会转型的西藏在"托克维尔"效应和市场经济的"势利眼"效应作用下，不可避免地会出现一些新的矛盾和问题，但其实质仍属于可以调和的社会基本矛盾。笔者对西藏长期调研积累的材料和案例，以影响西藏发展和稳定的一些重大理论和现实问题为线索，就双重矛盾——即西藏落后的社会生产力和西藏各族群众不断增大的物质文化需求的主要矛盾，以及各族人民同以达赖集团分裂势力之间的特殊矛盾——制约下的西藏社会和谐及相关问题开展研究。最后，就教育对西藏和谐与进步所产生的重大意义进行了阐述，并认为大力发展现代教育是实现西藏长治久安的最佳路径。

一、问题的提出

西藏经过民主改革50多年特别是改革开放30多年来的不懈努力，各项事业的发展进入了历史的新起点。用联合国颁布的人类发展指数（HDI）衡量，2012年西藏人均

GDP 达到 22936 元，较改革开发之初（1984 年）人均 142 元增长了 161 倍[1]；现阶段西藏人均预期寿命为 67 岁，较旧西藏的 35.5 岁，增加了 31.5 岁[2]；2012 年，自治区小学、初中和高中入学率分别达到 99.4%、98.6% 和 70.2%, 高等教育入学率 27.4%[3]，人均受教育年限从旧西藏时期的不足 1 年提高到 2012 年的 7.9 年[4]。在西藏调研期间，常听到农牧民群众和干部职工讲，改革开放以来的 30 多年是西藏面貌改变最大，人民生产、生活条件改善最快，各阶层人民、尤其是农牧民受益最多的一段时期。2013 年初，来自全国 34 个省、市、自治区一千多万网友参与投票描绘出的“中国幸福地图”板块中，西藏综合幸福指数排名第一。

上述事实说明，中国共产党领导的人民政府在提升西藏落后的社会生产力，满足西藏各族群众不断增长的物质文化需求领域，取得了历史性的成就，西藏社会当前的主要矛盾[5]得到相当程度的缓解。然而，随着改革的深入，西藏社会的稳定与和谐屡屡遭遇挑战，1987 年以来，仅在拉萨就出现大大小小近百次骚乱事件，其中，最令人记忆犹新的是 2008 年发生在拉萨“3·14”严重骚乱事件。对此，人们不禁要问：西藏社会到底怎么了？是什么深层次的矛盾制约着西藏社会的和谐与稳定？

不可否认，改革开放在促进西藏经济增长和现代化进程的同时，正在对不同阶层人们的利益进行重构。资讯极为发达的今天，各种思潮正在快速影响和冲击着人们的思想，西藏社会正在经历快速的经济转轨和社会转型。在这样的历史背景下，不可避免地会带来新的矛盾并激化旧的矛盾。即便如此，西藏社会在转轨和转型期间所凸显矛盾的实质，仍为人民日益增长的物质文化需要同落后的社会生产之间的矛盾这一当前中国社会的主要矛盾，这类矛盾并非不可调和，更不至于诉诸打、砸、抢、烧这样的暴力手段可化解，其症结正如中央第五次西藏工作座谈会议上指出的那样，“西藏还存在着各族人民同以达赖集团分裂势力之间的特殊矛盾”。[6]正是这一特殊矛盾的存在与作用，使本来不具有对抗性的问题，表现为外部的对抗，成为影响西藏社会和谐稳定的问题。

---

1 《2013 年西藏统计年鉴》，北京：中国统计出版社，2013：20。

2 西藏新闻网：“西藏综合幸福指数”，2013, 3, 27，http://roll.sohu.com/20130327/n370561176.shtml，2013, 6, 28。

3 《2013 年西藏统计年鉴》，2013：289。

4 Sina 新闻中心，“西藏人均受教育年限达到 7.9 年教育成果显著”，2012, 1, 10。http://news.sina.com.cn/c/2012-01-10/183723777801.shtml 访问时间：2016, 12, 5, 12:30。

5 主要矛盾：西藏落后的社会生产力和西藏各族群众不断增长的物质文化需求之间的矛盾。

6 胡锦涛，《在中央第五次西藏工作座谈会上的讲话》，2010, 1, 21，http://baike.baidu.com/view/3227068.htm，2013, 6, 28。

以下，将结合笔者对西藏长期调研积累的材料和案例，以影响西藏发展和稳定的一些重大理论和现实问题为线索，就双重矛盾制约下的西藏社会和谐及相关问题开展研究。

二、旧西藏绝非人间和谐天堂——香格里拉

和谐是对立事物之间在一定的条件下具体、动态、相对、辩证的统一，是不同事物之间相同相成、相反相成、相辅相成、互助合作、互利互惠、互促互补、共同发展的关系。究竟什么是和谐社会呢？和谐社会究竟是谁的社会，又是怎样的和谐呢？胡锦涛同志对“和谐社会”下了这样的定义：我们所要建设的社会主义和谐社会，应该是民主法治、公平正义、诚信友爱、充满活力、安定有序、人与自然和谐相处的社会。从这个定义我们可以看出，和谐社会是以人为本，以民为本的社会；是人与人之间、人与自然之间协调发展的社会；是城乡并重、脑体并重的社会。简言之，和谐社会就是公平而有序的社会，是一种德国社会学大师韦伯所说的社会的“理想型”。在这个理想的社会中，人们各尽其能，各得其所，社会秩序井井有条、安定有序，人们过着富裕的生活，整个社会充满活力。

1959年民主改革以前，除少量的家庭手工业外，广袤的西藏大地几乎没有现代意义上的其他产业，农牧业就是西藏居民几乎唯一的生计来源。与此同时，这一时期的产权关系非常明晰，事关人民生计的耕地、牧场等生产资料的绝大部分被神权阶层、贵族和官员占有[7]，绝大多数普通农牧民只能在其属地上，以属民的名义从其主人处租赁耕地和草场，除维持简单生计所需的生产产品外，其余的剩余产品也被主人占有。这种以主人、属地、属民的形式，对生产资料、人力资源和生产成果的占有，严重遏制生产要素的自由流动，再加之当时几乎没有现代意义上的基础设施，所有的运输依靠人力和畜力，一位美国学者就为此感叹道：“世界上没有其他地区像西藏那样，仍然没有带轮子的交通工具……”[8]。可见，生产要素欲要流动，也缺乏基本的载体和媒介。换言之，当时的产权制度、分配制度、生产力水平和客观要素也不可能造就更多的机会和生产效益，没有机会就谈不上机会均等。

从现代理性经济人的视角看，旧西藏的制度安排不仅严重制约经济增长，而且缺乏

7　官方的调查认为，95%的生产资料被三大领主，即神权阶层、贵族阶层和官僚阶层占有。

8　北京大学社会学人类学研究所与中国藏学研究中心合编：《西藏社会发展研究》，北京：中国藏学出版社，1997：20。

基本的公正。需要指出的是，这种制度安排在中国的其他民族，中世纪欧洲历史上也曾出现过，且维持时间较长，最终导致没有机会、开始绝望的人民揭竿而起，经过剧烈的社会动荡乃至武装起义，对制度进行革命性的颠覆。然而，从1642年藏传佛教格鲁派在皇权辖治下，执掌西藏政教大权，西藏地方形成完备的政教合一制并统治西藏到1950年的三个半世纪以来，虽然西藏地方上层，即机会的主人们对权利和利益的博弈从未停止，但西藏中部地区的属民们面对各种机会的缺失却似乎熟视无睹，除了逃亡以外，几乎没有出现过较大规模属民起义的事件，属地社区显得异常平静。欲对此现象深究，只能从西藏地方的政教合一制度，尤其是藏传佛教独有的运转系统上寻求答案。

众所周知，藏传佛教有别于其他宗教的一个显著特点就是活佛转世体系，处于权利顶峰的活佛、高僧大德等神权阶层，既是生产资料和诸多生产要素的主人，又被宗教信徒视为精神家园的守护者，实现美好轮回的宗教引领者，具有主人与上师的双重地位，凡人与神灵的双重身份，与其分享机会就是与神灵抗争，就是违反天伦，就会遭致轮回报应。

从社会结构和经济运行分析，旧西藏时期西藏社会的寂静以及平民与上层、平民与平民间的相对和睦绝非现代意义上的和谐。

第一，生产资料和劳动成果被极少数人占有，生产要素被封闭于属地无法流动，资源的配置由少数人决定，社会无法给人民创造更多的机会且缺乏活力，人们各尽其能，却不能各得其所。

第二，这一时期经济发展停滞不前，人口规模不仅没有扩大，而且缩小[9]。20世纪80年代末，笔者在距拉萨市东、北、南各100公里三个农村社区实地研究的结果表明，1950年以前，这些社区的农户在交完主人的各种差税后，人均年占有的粮食（包括口粮和种子）不足100公斤。虽然农户也经营畜牧业，然而健在的许多老人讲，旧西藏时期，他们几乎没有吃过成块的牛羊肉，营养不良十分普遍，人均期望寿命仅有40多岁，初生婴儿死亡率高达10%—20%。可见，当时社会的基本矛盾非常尖锐，大多数人民生活在极度的贫困之中。

第三，以人为本是衡量社会和谐度的一个关键因素。在政教合一统治下的旧西藏，宗教不仅是一种慰藉精神的信仰，而且被神权阶层作为管理经济、治理社会、控制资源和约束精神的重要工具，旧西藏是一个以宗教为本且等级森严的社会，人被分为三等，

9　对此问题研究在此不再赘述，可参阅中国藏学研究中心主编：《西藏封建农奴制形态研究》，北京：中国藏学出版社，2010。

绝大多数的属民和农奴之命价仅为草绳一根，上等领主之命价却贵为同等体重的黄金[10]。许多老人讲，旧西藏时期，在主人面前就不敢直起腰板做人[11]，见到宗教上层和头人，就习惯性地躬身、低头、抓耳、吐舌。见到尊者，躬身低头是世间之常礼，但为什么还要抓耳吐舌？一位80多岁的西藏日喀则老人讲，狗见到主人，通常要摆尾、吐舌，这一致礼方式可能就是模仿狗的动作。这位老人的解析是否属实，难以定论，但有一点可以定论，旧西藏时期，广大的普通民众在其主人面前，就没有过上过体面和有尊严的生活。因此，旧西藏绝非《消失的地平线》[12]所描述的那样是人间天堂——香格里拉。

三、改革开放与利益竞争

作为中华人民共和国的一个行政省区，西藏自治区于1984年再次对生产资料的所有制形式进行重大改革。在农村，将耕地和牲畜分配给农户，实行包产到户，且长期不变。在牧区，将牲畜和冬季草场分配给牧户，且长期不变。经过此次改革，西藏农牧区的生产关系从旧西藏的生产资料神权占有时代和“文革”时期的公有时代，过渡到生产资料使用权的农牧户占有的新时期。与以往相比，西藏的生产力和生产关系发生深刻的变化，并可总结为：

经过此次改革，无论是就业、创业和增收的机会等，已从旧西藏时期的领主垄断和占有，从“文革”时期有计划的均衡分配进入以市场配置为主、政府调控为辅的一个时代，进入机会竞争的新时代，且为机会的产生、供给、把握等赋予新的内涵。

首先，耕地与冬季草场的使用权完全由农牧户支配，牲畜的使用权和所有权则完全归属农牧户，农户成为具有相对独立产权的基本生产和经营单位。与此同时，市场机制被引入，市场开始在供需关系、资源配置和价格机制等方面发挥基础作用。因此，农牧户的生产和经营效益主要取决于自身的能力、期求和努力程度。农牧户间不同能力差异开始导致不同的经营效益和贫富差距，当然包括对机会的创造、把握和使用。

其次，西藏开始破除计划经济时代对生产要素自由流动所设立的限制和壁垒，实行对内、对外开放政策，使得劳动力要素可以在不同行政区划和产业空间自由流动。换言之，在开放的西藏社会，法律许可和规则允许的各种逐利演绎就可能发生，也允许发生。

10 中央政府门户网站：2009, 3, 2，图表：旧西藏森严的等级制度，www.gov.cn，2014, 6, 28。

11 罗绒战堆：《伦珠措姆的故事》，北京：中国藏学出版社，2009：20。

12 希尔顿（James Hilton）著，胡蕊、张颖、郭净译：《消失的地平线》，昆明：云南人民出版社，2013。

西藏的藏族农户即便要在家门口寻求和把握其发展机会，也要参与演绎和角逐，需要面对来自不同民族、不同信仰和不同行业背景的城里人、内地人乃至外国人的竞争。

再有，西藏的改革与发展一直受到中央政府的高度关注和支持，从1984年开始，中央先后召开了五次专门会议，讨论促进西藏的和谐、稳定和发展，每次会议除对关系西藏稳定与发展重大问题作出战略部署外，一项实质性的内容就是规划中央财政对西藏的转移支付、项目支持，并安排其他发展相对先行的省市对西藏的对口支持。也就是说，中央借助自身的财力，用行政力量将资金这一稀缺资源和重要的生产要素大规模配置给西藏地方，并给西藏带来前所未有的大量置业、发展和创收的机会。常言道：无利不起早，在机会和利益的驱动下，前来西藏逐利寻机的外地人纷至沓来，其规模更是前所未有。此时，在利益与机会的角逐场上，西藏农牧民更多的是要面对那些更熟知现代生产方式，更具经营意识，更有创新精神的外来劳动大军。此时此地，在市场与开放的规则里，人力资源的积累程度就成为决定竞争胜负的一个关键因素。显而易见，能力相对低下的西藏农牧民在机会的角逐中处于下风就在所难免。

纵观世界各国、各地区的发展史，这是相对落后地区人民在增长与发展过程中必须经历的阶段，必须承受的阵痛。许多案例及其历史的经验证明，当穷人尤其是少数族群无法通过自身的能力禀赋谋得机会和利益时，就有可能通过其他手段，包括政治、精神、宗教、文化等手段和形式表达自己的诉求。尤其是在西藏这样一个长期封闭，单一民族高度聚居，拥有强烈的民族心理且多数成员笃信宗教的社会里，当社会成员无法在利益和机会逐利场上获得充分满足时，就极有可能诉诸其他方式并滋生社会风险。尤其是特殊矛盾的作用下，达赖分裂势力和反华势力一直欲用所谓的西藏问题为己牟利，一直在千方百计地煽动、怂恿、蛊惑藏族居民采取非理性的方法表达诉求，其中包括暴力的方式。最明显的例证就是2008年发生在拉萨的“3 · 14”事件。

可见，改革开放以后西藏出现一些不稳定的因素和社会出现的一些不和谐的现象，起初可能缘于利益，在特殊矛盾的作用下，被人蓄意扩大、利用，使之可能演化成貌似政治、民族和宗教等问题，甚至演变为暴力的诉求。

四、增长与市场的双刃剑作用

改革开放以后，中国经济进入快车道，伴随着国家整体经济实力的增强和中央财政收入的增多，更鉴于西藏这个地处封闭边远的少数民族地区发展水平的严重滞后和自我发展能力的严重不足，中央政府逐步加大对西藏财政支持和项目投入力度。“十一五”

时期，中央政府对西藏财政补贴和项目支持资金分别为1161亿元和1378亿元[13]，两项投入之和为2539亿元，甚至超过西藏同一时期创造的1976亿元的国民生产总值。根据“中央第五次西藏工作座谈会”的部署，“十二五”期间，中央政府对西藏的财政补贴和项目支持的资金将分别达到2124亿元和3305亿元[14]，如果把这些资金平均投入到每一个西藏居民，人均可收获3.6万元的资金，远远高于目前西藏农牧民年均5000元上下的纯收入水平。很多年以来，自治区重大建设项及其地方日常性财政支出的九成以上[15]依靠中央的补贴。难怪在西藏经常能听到的一句话就是：“我们这里每花10块钱里，9块多来自中央”。

国家的巨大投入犹如一剂强心针，极大地拉动了西藏地方经济的高速增长。从1995年开始，西藏经济开始高速增长，GDP年均增幅已超越10个百分点，在从未有过的高位上运行，西藏社会并由此开始生产方式的深刻变化，不同产业和地理区位之重要性的此消彼涨，不同类型劳动力稀缺性的重新洗牌，不同利益攸关方在利益分配上的重新整合，均对西藏传统的生产体系、分配体系乃至价值体系提出了挑战。让人想到吉利斯·帕金斯·罗摩和斯洛道格拉斯在其《发展经济学》教科书中提到的：“经济发展本身，尤其是在其超期阶段，会造成社会与政治的高度紧张，从而破坏经济增长所必须的稳定局面。”[16]与此同时，已有太多经典案例表明，许多地区在从低收入水平向中等收入水平迅速迈进时，社会动荡爆发的频率反而更高，即所谓的“托克维尔”效应[17]。为此不得不让人想到，西藏无论多么特殊，总归是人类社会的一员，地球村的一角，其经济在投入驱动下，从低水平基础上出现的高速增长和社会从低发育程度向现代成熟社会的演进中，西藏社会落入“托克维尔”陷阱，出现这样或那样的不和谐因素。对于这一现象，正直客观的学人们将其理解为经济增长进程中难以避免的现象，但对一些倾向特殊的“政治学”人、特别是达赖集团而言，就成为其玩弄于股掌的资源和资本。

有一位美国学者，在拉萨市某个理发店门旁边拍到了一则“本店招小工数名（藏族除外）”的招工启事。据店主介绍，该店过去也雇佣过当地藏族小工，但其中的许多员

---

13 《“十一五”期间中央给西藏投资近800亿元》，2008, 5, 21，http://news.sohu.com/20080521/n256999388.shtml，2014, 6, 30。访问时间：2016, 12, 5, 12:30.

14 胡锦涛，《在中央第五次西藏工作座谈会上的讲话》，2010, 1, 21，http://baike.baidu.com/view/3227068.htm，2014, 6, 30。访问时间：2016, 12, 5, 12:30.

15 国家统计局：《2011年中国统计年鉴》，北京：中国统计出版社，2011：281。

16 吴敬琏：《当代中国经济改革》，上海：上海远东出版社，2004：337。

17 李军：“经济增长与就业机会以及与社会稳定的关系”，2009, 9, 16。http://www.xiandaishangye.cn/index.asp?xAction=xReadNews&NewsID=2392，2014, 6, 28。访问时间：2016, 12, 5, 12: 30.

工不遵守作息时间，且掌握一点技术就违约跳槽。为此，经营者讲："强龙压不过地头蛇，小店不敢再雇佣当地藏族小工，不得已才在启示中加了这样一个括号"。可见，此事与所谓的人权没有一点内在关联。可这位美国学者对此做足文章，甚至将其提交美国国会，作为美国国会和达赖集团攻击中国政府对藏人进行歧视和边缘化的直接证据。这位在西藏做过大量实地调查的学者应该知道，鉴于政府对当地藏族在就业、就学和置业方面给予的大力扶持和优惠政策，连同这位理发店老板在内的许多在藏汉族置业者的一个强烈愿望，就是将自己的民族成分改变为藏族。

可见，在特殊矛盾的作用下，不同利益攸关方对所谓西藏问题得出不同的解读。其中，分裂集团及其支持者不顾基本事实、不顾人民生计，一直在千方百计地将西藏发展进程中不可避免的利益冲突与"西藏问题"相互搀和，将发展问题政治化，利益问题民族化，过程问题结果化，局部问题全局化，地区问题国际化，进而实现自身利益最大化。

投入驱动下西藏经济出现的高速增长，统计数据上表现的是增长率或者增幅，但在实际的社会生产、生活中意味着更多的就业机会、福利机会、创收机会和其他机会，这些机会通过舆论的催化，唤起西藏居民，尤其是农牧民一个非常乐观的收益预期。广大农牧民期待着通过自身的努力，大展宏图，从当地经济增长所给予的预期红利中分得一大块。有经济学人认为，能够让所有成员产生稳定预期的社会，就是和谐社会。换言之，如果人们做了努力，社会就能给予回报，那么，这个社会就是一个比较和谐的社会[18]。然而，预期与现实、付出与回报之间往往会有落差。就如那句老话描述的那样："期望越大，失望可能就越大。"因为还有一句至理名言讲："机会往往只眷顾那些有准备的人"。

从20世纪80年代末开始，西藏引入市场机制以后，市场对于机会的调节和配置开始发挥越来越重要的作用。然而，市场经济的一个重要特质就是"势利眼"效应，更趋向于将资源和机会配置给强人。换言之，市场经济是公开的强人经济，它以大多数人对少数机遇的捕捉来激励社会。为此，在开放的市场经济条件下，面对西藏经济快速增长创造的大量机会，西藏居民，尤其是占西藏总人口85%以上的农牧民准备好了吗？

有学者在《中国藏学》撰文，例举生活在拉萨市八廓街的一位康巴[19]商人次旺讲述的经历。2003年夏季，拉萨市八廓街道路翻修，次旺之妻得到一份每天30元钱的打工

18 马克思·韦伯著，阎克文编译：《经济与社会》，南宁：广西师范大学出版社，2004：96。

19 康巴，及生活在康区的藏族同胞。历史上，藏地被分为三个区域，"卫藏"地区是指拉萨地区（卫，即中心之意）和日喀则地区（即"藏"，也称"后藏"）；现今的西藏昌都地区，四川的甘孜州、云南的迪庆州和青海的玉树州被称为"康"，青海、甘肃和四川阿坝州北部藏族聚居区称之为"安多地区。"

机会，工种是劳动强度较大的铲土和搬运土石等粗活；而每天工资80元、100元等技术含量较高且比较轻松的工种基本被内地来藏务工人员垄断。眼见劳动强度和工资的巨大差异，这位商人对一位在其门前施工的内地泥水匠抱怨："为什么你的工作这样轻松，可工资还如此高？"这位泥水匠抿嘴一笑，指着身旁水泥袋上的标号说："认识这些标号吗？知道用法吗？"听罢，商人无言应答，只好作罢[20]。

同年，藏北那曲地区某县上马一个投入逾百万的桥梁工程，县委书记去工地现场检查工作时发现，当地牧民寥寥无几，书记见状很生气，于是要求承建商一定要将搬石运土这样的简单工种交给当地牧民。一把手的指示很快得到贯彻，可后面发生的事情，谁也始料未及。交通局负责人反映，因为当地牧民的参与，工程进度受到影响，支出超预算，工期无法保证，希望追加投入，延长工期。因为筑桥需人力搬运上百公斤的条石，内地民工一般是四人用扁担抬运，当地牧民不会此法，就两人用蛮力抱运，在海拔4500米左右的高原，含氧量只有海平面的60%，几经周折，牧民就气喘吁吁，上气不接下气，个别牧民甚至出现较为严重的高山反应症状。最后的结局是牧民知难而退，工程延期、增投，书记收回成命[21]。

上述案例仅仅是诸多类似案例的冰山一角，从中不难看出，面对西藏现代化建设进程中不断涌现的机会，西藏广大农牧民群众无论在心理、生理乃至能力等方面，尚未做好充足的准备，在发展领域最令老百姓不满、失望和沮丧的莫过于机会的缺失和流失。不仅如此，农牧民很少谈及自身的能力缺失、准备不足和市场的作用，很多时候将机会配置不公与社会不公、政府不作为甚至于社会腐败等相关联。与此同时，一些外部势力有意或无意地对此添油加醋，推波助澜，将其说成是中国政府对藏人有意进行边缘化的结果[22]。

五、教育对构建和谐西藏的重要作用

孩子是父母的心头肉，是家庭和国家的未来和希望。在与农户的长期相处中，现代教育是一个焦点话题。诚然，我们听到农户对现代教育的美好期待和评价，意料之外的是，农户对现代教育也有诸多的抱怨乃至指责。

---

20 罗绒战堆：《西藏农牧民收入问题研究》，《中国藏学》，2005（1）：84。

21 资料来源：笔者于1996年在藏北那曲地区安多县牧区的访谈笔录。

22 罗绒战堆，《西藏农牧民收入问题研究》，《中国藏学》，2005（1）：86。

绝大多数的家长对孩子的期望就是上大学，而后参加公考，当干部。甚至有不少家长讲，如果有孩子当上干部，农户就可以在经济上实现真正意义的翻身。2006 年，西藏取消对西藏籍大学生包分配工作后，挫伤许多农户送孩子上高中的积极性，短期内就有一些孩子在家长的要求下从高中辍学。因此，当干部做官不仅是激励农户送其子女上学最大的动力，也是对教育给予的最大偏好。面对广大农牧民的期待和偏好，政府做出积极响应，将“三包”从小初中延伸到高中阶段的同时，2011 年新一届自治区党委书记陈全国上任以后的一个重大举措，就是恢复对西藏籍大学生的包工作分配政策。为此，不少尝到这一政策甜头的农牧民据“陈全国”三个字的藏语谐音，称其为“大恩人”(དྲིན་ཆེན་པོ)。

经常听农户讲，从城里学校毕业，没有找到工作回到农村的孩子，既不想也不会种地放牧，整天憧憬城里的生活，游手好闲。如果不上学，起码还能够在家务农、放牛、纺线织氆氇等等，孩子不至于成为多识几个字的“废人”。过去，在书本和现实生活中有闻“读书无用论”，鲜有人提及“读书浪费论”。

还有农户讲，从学校毕业的孩子与没有上过学的孩子就是格格不入，不仅很多事情自作主张，甚至不遵循乃至敢于挑战自己社区的传统习俗，让家长无地自容。2012 年夏季，笔者在昌都三岩地区调研时，来到一个村长家里，正好撞上该农户为儿子娶妻，本想与村长聊聊村里孩子的教育问题，不料话一出口，村长就对现代义务教育大加指责。原来，这家小儿子在县城上高中，坚决不接受父亲为其和兄长们安排的这场共娶一妻的婚礼，这在当地被认为是大逆不道的事情。还有农户讲，学校毕业的孩子对农村丰富多彩的宗教活动也敢非议，甚至抱怨家里将太多的钱花在宗教生活上，还不如用这个钱给他卖个好手机。对于上述案例提及的农牧民对现代教育的抱怨，研究者可以也应该作出自身的解读。

首先，对农牧户而言，农牧业及其少量的手工业是千百年来他们的生存之本和能力的生成源泉。当前，干部这个行业可以为其带来比从事农牧业更稳定和更丰盛的收益，而通过教育最有可能使其子弟成为干部。与此同时，由于西藏其他产业发展相当滞后，即便有高投入拉动的一些临时性就业机会，其自身的能力缺失和传统社会对一些新兴行业的鄙视，势必会使其付出更大的机会成本和心理成本，换言之，农牧民对现代教育的这种期待和相关抱怨有其自身的经济层面上的合理性。

其次，虽然农牧民对于现代教育有怨言，然从本世纪初开始，西藏通过法律手段并辅之以对教育的巨大投入，基本普及九年制义务教育以后，随着成批的学生从学堂走入社会，西藏社会出现了许多深刻的变革。

1951年3月西藏第一所小学成立于昌都；也就是说，昌都是西藏现代教育的发源地。从那个时候开始，一批又一批的学生走进学堂，又走入社会，但仍未撼动三岩地区保留了上千年且具有父系社会特征的社区传统，其理由很直观，当时的教育没有惠及到绝大多数的适龄儿童，而现在的九年义务制教育几乎惠及90%以上的适龄儿童，当一代孩子觉醒并向传统提出挑战时，传统防线必然难以支撑。一夫一妻是法律规定的中国唯一的婚姻制度，然这个制度在昌都三岩地区和其他个别地区却难以推行。随着一代从中学走出的三岩子弟一妻多夫对这一婚姻制度的集体抵制，这一婚姻制度连同其他的一些传统才会真正面临社会的挑战。还有，经济增长和人员往来的增加为西藏提供许多新的就业机会，可是，相当多的机会对生活在传统社区的农牧民而言，不但陌生而且可能不被传统社会所接受。比如，2000年前后，随着旅游业的兴起，休闲娱乐业在西藏大中城镇异军突起，然在多如牛毛的发廊和洗脚房里，藏族服务员凤毛麟角。为此，笔者于2003年前后与拉萨市附近诸多农户讨论过此问题。当时，95%以上的年轻人对此行业嗤之以鼻，许多年轻人讲："我们连父母的头脚都没洗过，怎么会洗别人的脚"。但不足十年就时过境迁。2012年夏季笔者对拉萨市一些中高档发廊进行调查时看到，就业发廊的藏族技师的比例分别达到50%和70%。2012年对农户的回访表明，对此行业不屑一顾的年轻人的比重已从2003年的90%下降到30%，可见多数人的观念已发生巨变。

调查还发现，在拉萨市休闲娱乐业就业的当地藏族中，约80%的人们不是别人，正是那些从中学毕业不愿回家务农，在城里"游荡"且被其家长称之为"被浪费"了的农牧民子弟。不仅如此，其余在此行业就业的20%的农牧民子弟，也是因为这些受过初中教育农牧民子弟的召唤、带动和影响。

六、结语

建立和谐社会是人类的梦想和追求，增长、发展和改革是通往和谐世界的必由之路。构建和谐社会的一个重要内容，就是要妥善处理好各方面的利益关系，让西藏居民可以充分享受改革开放和经济发展的成果。由于种种原因，特别是历史遗留下的地区差距和现存的城乡差距，西藏自治区的农牧民面对机会失落应运而生的社会颓丧，是当前孕育不和谐因素的一个重要缘由。西藏社会的特殊矛盾是以西藏社会主要矛盾为根本基础与前提，并表现为西藏社会主要矛盾的特殊性。这要求政府更加重视解决当前西藏社会面临的主要矛盾，决不可因为特殊矛盾的尖锐化，转移政府工作的注意力；必须高度重视西藏的三农问题，千方百计提高农牧民的生活水平，特别是通过大力发展教育，提供更多、更完善的公共服务，赋予农牧民更多的科学文化知识和市场竞争能力，从根本上提高农牧民们把握机会和利用机会的能力，使其在发展中参与，参与中分享，分享中增强对中华人民共和国及其中华民族的国家和民族认同，进而实现西藏经济健康发展和社会的长治久安，构建一个和谐、幸福和安定的西藏。

◆ 罗绒战堆　四川大学社会发展与西部开发研究院教授，西南民族大学教授
彭衡　四川大学社会发展与西部开发研究院硕士研究生

Abstracts

A Brief Survey of the Narration of the Buddha's Life: From the Four Great Events to the Twelve Deeds

Saerji

(Department of South Asian Studies, School of Foreign Languages, Peking University)

In describing the Buddha's life, there is a dynamic progress both in Buddhist literature and art history. At the beginning, the depiction of the physical appearance of the Buddha was avoided; then the four great events of his life were presented, and later the eight great events of his life were depicted, and in the end the twelve deeds of the Buddha's life were presented in Indo-Tibetan Buddhism. Based on the relevant Sanskrit, Tibetan, and Chinese literary sources and their comparison with visual artistic sources, this paper analyzes the formation of narrative topics of the Buddha's life, especially his twelve deeds, thereby revealing their gradual development. The main texts used in the paper are the *Daśabhūmikasūtra*, the *Ratnagotravibhāga*, the *Mdzad pa bcu gnyis kyi tshul la bstod pa*, *Bu ston's Buddhist History*, etc. Through the discussion of texts and their comparison with artistic sources, this paper intends to deepen our understanding of the narrative strategy used to present the Buddha's life.

An Analysis of the Titles of the Tang Officials in the "Alliance Tablet of Tang and Tibet"

Liang Xiaoqiang

(Qujing Normal University, Yunnan)

The titles of the Tang officials in the "Alliance Tablet of Tang and Tibet" are divided into three sections, and in each section, the connotation of the positions and titles of the officials who participated in the alliance ceremony is different. In order to facilitate the participation of the alliance ceremony, the positions and duties of some officials were adjusted. Except for the Prime Minister Li Fengji, whose name was added later, the positions and duties of the officials were based on those inscribed on the tablet at the time of the alliance ceremony, and had nothing to do with later changes. By analyzing the order of the titles of Tang officials inscribed on the tablet, we learn that the order was arranged in accordance with the emperor's personal likes and dislikes, rather than being arranged on the basis of the order of the actual positions of these officials. This reflects Tang Muzong's will.

The Envoy of Peace and Cultural Exchange between Tang and Tubo: The Sangha of the Tubo Kingdom

Zhang Yanqing & Yang Benjia

(Center for Tibetan Studies, Sichuan University, Chengdu;

Northwest University for Nationalities, Lanzhou)

As a regime that rose to power at the same time as the Tang Dynasty, the Tubo kingdom engaged in extensive and deep political, economic, religious and cultural exchange with its neighboring nations and states, especially with the Tang dynasty. This exchange had a profound impact on the economic development and cultural prosperity of the Tubo kingdom. At the turn of the ninth century, as a newly emerging force, the Sangha community of Buddhist clerics appeared on the stage of the history of Tubo kingdom. Having been active on the Silk Road, the Sangha played the role of facilitating the alliance and cultural exchange between the Tang and Tubo kingdom, and also made a great contribution toward the introduction of foreign cultures into the Tubo kingdom. With their unremitting effort, the Sangha of the Tubo kingdom eventually helped to bring about the alliance between Tang and Tubo in 821. As a religious holy site and a famous historical and cultural city, Dunhuang attracted a large number of monks from the Tubo kingdom. Having travelled to Dunhuang from afar, these monks translated different texts into Tibetan and brought back advanced cultural and civilizational achievements upon their return to the Qinghai-Tibetan Plateau. They were indeed the true envoys of peace and cultural exchange between Tang andTubo.

能同时成为中观师、秘密毗婆沙师和法称的忠实译者吗？
——恰巴·却吉僧格的宗义分类及其哲学立场

帕斯卡尔·于贡
（奥地利科学院）

本文探讨了藏族佛教学者恰巴·却吉僧格（1109—1169年）在界定的四重选择——理想主义与现实主义，表象主义和非表象主义中所采取的哲学立场。这些表现了中观框架里与传统有关的立场。通过对于恰巴四部相关著作的类比讨论（他的宗义著作、中观概要、知识论概要和法称《量抉择论》注疏），本文考察了恰巴对其中三个观点的反驳，从中可以看出他自己所采取的立场——非表象的外在现实主义。本文还讨论了恰巴的“毗婆沙—中观”观点在后期的描述中得到了何种程度的具体化，以及在法称认识论注释的框架里因为采取这样一个观点所引发的问题。附录中，作者提供了本文所讨论的四部著作的相关篇章的文本和英译。

A Critical Study of the Iconography and Texts of Vaiśravaṇa and the Eight Horsemen in Zhwa lu Monastery

Jia Weiwei
(Cultural Heritage Institute, Zhejiang University, Hangzhou)

Using multi-linguistic literarysourcesin Sanskrit, Tibetan and Chinese as well as pictorial materials in the Tibet area, Dunhuang, and India, this article aims to provide an in-depth analysis of the iconographical origin and transmission of the 14th century images of Vaiśravaṇa and the eight horsemen in Zhwa lu Monastery. The author argues that this image basically follows the tradition of the Zangkar School as transmitted by Bu ston Rin chen grub while being influenced by cultural factors of Chinese, Tibetan and other regions. The reason there suddenly appeared a great number of art works with the same motif in Tibet proper after the 14th century is closely related to the Yuan imperial court's policy of continuing the Tangut Buddhist tradition and the close ties that were forged between the Yuan central government and local Tibetan political and religious forces. It is also closely related to Bu ston Rin chen grub's active promotion of related iconographic and textual systems.

An Investigation into Two Seals Granted to Local Tibetan Officials by the Ming and Qing Central Governments

Zhu Detao

(Doctoral Student, School of History and Culture, Sichuan University, Chengdu)

Tibetan museums and monasteries house a great number of edicts and seals granted to local Tibetan officials by the successive central governments of China. Carrying important historical information, these precious cultural relics bear important witness to the crucial political and cultural ties between Tibet and the central government. Using Chinese and Tibetan historical materials, this article explores two seals granted to local Tibetan officials by the Ming and Qing governments from the perspective of political history and the Sino-Tibetan relationship. The author believes that the first seal of Jingxiu tongwu guoshi 净修通悟国师 was granted by the Yongle emperor of the Ming dynasty to Bkra shis dpal brtsegs, the ninth abbot (*chos khri*) of Stag lung monastery. The second seal with the inscription of "Huitong chanshi zhi yin" 慧通禅师之印 was granted by the Qianlong emperor of the Qing dynasty to the seventh Rje drung Qutuqtu in the year of 1753. The granting of the two seals respectively reflect the relationship of the Ming court with Stag lung monastery and the early Qing court with the system of the Rje drung Qutuqtu reincarnations. This paper also deals with the imperial title granting system of Guoshi and Chanshi in the Qing Dynasty.

The Tibetan Perception of the Central China from the Records about Zhu Yuanzhang in Tibetan Historical Texts

Huang Xinjian & Chen Dong

(Post-doctor, Sichuan Academy of Social Sciences & Sichuan University;

Institute for Ethnic Studies of Sichuan Province, Chengdu)

Zhu Yuanzhang, the founder of the Ming dynasty, was an important emperor in the history of Sino-Tibetan relations. There are many records about the origins of his family, the process of establishing the Ming dynasty, and its relationship with Buddhism in many Tibetan historical records of the Ming and Qing periods. According to the historical background of a variety of Tibetan historical records, the article summarizes the context in which they developed, and analyzes the sources of their materials concerning Central China. Having discussed the influence of Buddhism on their content, the paper summarizes development trends of discovering and using these sources by Tibetan historians as well as the Tibetan perception of Central China during the Ming and Qing.

The Characteristics of Jinchuan (Chu chen) Topography and Its Influence on the Qing Army from the Archives of the Qing Dynasty

Wang Huimin

(Postdoctor, School of Historical Culture, Shaanxi Normal University, Xi'an)

The Jinchuan War, being regarded as "the top ten martial exploits" of the Qianlong emperor, was extremely hindered by the special topography of the eastern Tibetan area with its mountains, dense-forest and steep cliffs. Basing himself on the historical text *Qing Gaozong Records* and archives such as *Jichuan Archives, Archives in the Palace: Memorials to the Throne in the Reign of Emperor Qianlong*, the author examines the characteristics of Jinchuan topography, which is quite different from central China, and analyzes the multiple constraints it imposed onthe logistics and transportation of the Qing military. This will enrich our understanding of the reasons why the large number of Qing troops had such difficulties in pacifying the Jinchuan area.

A Study of the Relationship between the Huare (Dpa' ris) Tibetan Area and the Construction of Administrative Area: Taking the Huare Region during the Qing and the Republican Period as an Example

Feng Yuxin

(School of Tourism, Northwest Normal University, Lanzhou)

Huare (Dpa' ris) is an ethno-geographical concept that was formed in the process of the development of a Tibetan area in Gansu and Qinghai. Along with the Qing dynasty's increasing political integration of the region, the Huare ethnic region gradually came into being. The “demarcation event” of the Huare region during the Republican period further consolidated and strengthened the ethnic boundaries of Huare, and laid the foundation for the administrative divisions of the contemporary Tianzhu Tibetan Autonomous County. Through a systematic study of the process of the construction of the Huare ethnic region and its administration during the Qing and the Republican periods, this paper holds that the state's continuous political integration of ethnic minority areas had a profound impact on the formation of ethnic regional and cultural space.Once the "ethnic boundaries" had been reinforced, it would have significant influence on the construction of the local administrative zones.

A Study of Societal Harmony and Related Issues under the Constraints of Double Contradictions in Tibetan Autonomous Region

Lhorong Dradul & Peng Heng

(Social Development and Western China Development Studies, Sichuan University)

Under the influence of the "Tocqueville" effect and the "snobbish" effect of the market economy, the Tibetan Autonomous Region inevitably encountered some new contradictions and problems with the economic transition and social transformation that is taking place. However, these are basic social contradictions that can still be reconciled. After the reform and opening up of the Tibetan area, many unstable factors and discordant phenomena in society were deliberately exacerbated and exploited under the influence of the special contradiction. These in turn may evolve into political, ethnic and religious problems and evolve even into an appeal to violence. The authors conducted field work in Tibet over a long period of time and carried out research of social harmony under the constraints of double contradictions in Tibet with accumulated materials and cases. The authors argue that it is the best way to develop modern education vigorously in order to achieve long-lasting peace and stability in Tibet.

Journal of Tibetology (Vol.15)

Edited by

Center for Tibetan Studies of Sichuan University
Chengdu, China

ISBN 978-7-5211-0024-2
First Published in December 2016
China Tibetology Publishing House
Beijing, China

图书在版编目(CIP)数据

藏学学刊．第15辑／四川大学中国藏学研究所主编．
—北京：中国藏学出版社，2016.12
ISBN 978-7-5211-0024-2

Ⅰ．①藏… Ⅱ．①四… Ⅲ．①藏学－文集 Ⅳ．①K281.4-53

中国版本图书馆CIP数据核字（2018）第050231号

藏学学刊〔第15辑〕 四川大学中国藏学研究所 主编

责任编辑 张荣德
藏文责编 南加才让
装帧设计 翟跃飞
出版发行 中国藏学出版社
印　　刷 中国电影出版社印刷厂
版　　次 2016年12月第1版第1次印刷
开　　本 787毫米×1092毫米 1/16
字　　数 300千字
印　　张 16
定　　价 46.00元
书　　号 ISBN 978-7-5211-0024-2／K·516

图书如有质量问题，请与本社联系
E-mail: dfhw64892902@126.com 电话：010-64892902

Call for Contributions

Founded in 2004, the Journal of Tibetan Studies (བོད་རིག་པའི་དུས་དེབ། 藏学学刊) is a peer-reviewed bilingual scholarly journal dedicated to publishing papers in the field of Tibetan Studies. Featuring articles and reviews in either Chinese or English, the journal is published biannually by the Center for Tibetan Studies of Sichuan University, Chengdu, PRC. The *Journal of Tibetan Studies* welcomes the submission of academic and unpublished (and original) work, including the Chinese translation of foreign research and serious, critical reviews of books or review articles, in any area of research that deals with the Tibetan cultural area.

Essential Guidelines:

1. The manuscript should contain information on the total number of words/characters and author's details, including the following information: (1) full name and institutional affiliation; (2) academic title; (3) contact information, (4) the primary field of research.

2. The *Journal of Tibetan Studies* has a zero-tolerance plagiarism policy.

3. Essays and reviews should be submitted electronically in Microsoft Word file and PDF format, using Unicode, to zangxuexuekan@163.com and conform to the style sheet of the *Journal of Tibetan Studies* that is found at the website of the institute. If this is not done, they will automatically be not considered for publication. There is no limit on the length of the manuscript, but we strongly encourage the manuscript to be concise with approximately 10,000 words in English or Chinese.

4. The deadline for the submission of articles and reviews is June 30 of each year. Articles and reviews received and accepted for publication after this date will be considered for the next issue.

5. The *Journal of Tibetan Studies* uses a double-blind review process. Each manuscript is sent to two or three referees for double-blind peer review. Based on their recommendations, the editor then decides whether the manuscript will be accepted as is, whether it needs to be revised, or whether it will be rejected.

6. The views and opinions expressed in the articles and reviews are those of the author alone and do not reflect the views or opinions of the editor(s) or the editorial board. The author is responsible for his/her own views.

7. The journal is already part of the digital network of Chinese journals. If any author does not want to have his or her article published online, please note this upon submitting the manuscript. Otherwise, the editor will take it as tacitly granting permission to do so.

8. The manuscript should be directly submitted to the editor. If one has not received a notice of acceptance for publication within two months since the day the manuscript was submitted, it is within one's discretion to submit the manuscript elsewhere for publication. Excepting the originals of maps, charts or photographs the editor will not return the manuscript to the author.

9. The journal will pay remuneration to the author and send five copies of the issue of the journal in which his or her article appears.

10. Scholars or editorial boards in China and abroad are warmly welcomed to establish a growing network of exchanging copies of journals with the editor of the *Journal of Tibetan Studies*.

Correspondence should be addressed to:
Dr. Zhang Changhong
Center for Tibetan Studies of Sichuan University
Chengdu, Sichuan Province
P.R. China
610064
Email : zangxuexuekan@163.com
Tel/Fax: +86-28-8541 2567
Website: http://www.zangx.com

《藏学学刊》稿约

《藏学学刊》（བོད་རིག་པའི་དུས་དེབ། *Journal of Tibetan Studies*）系中国教育部普通高等学校人文社会科学重点研究基地四川大学中国藏学研究所主办的藏学类专业性学术刊物，CSSCI（2014–2018）来源集刊，创刊于2004年，旨在搭建藏学研究的学术交流平台。从2014年开始，本刊由年刊改为半年刊，接受中、英文稿件，设有论文、书评、译文等栏目，热忱欢迎国内外藏学研究者惠赐稿件。来稿时请注意以下事项：

1. 来稿请注明字数并提供作者简介，包括姓名、出生年月、性别、民族、籍贯、职称、学位、工作单位、联系方式和主要研究方向等，其中姓名和工作单位名称请提供正确的英文译名。

2. 来稿必须为原创性作品，此前未经公开发表。严禁抄袭、剽窃和一稿多投，如有发现，将永不刊用该作者来稿。

3. 为保证文稿的准确性，电子版来稿须同时提供word和pdf两种文档格式并遵循本刊用稿规范（详见本所网页）。来稿字数不限，提倡言简意赅，以一万字左右为宜。

4. 本刊每期收稿截止日期为每年六月三十日和十二月三十日。该日期以后收到的稿件将纳入下一期的编辑工作。

5. 本刊取舍稿件惟以学术为标尺，并实行2–3名专家匿名审稿制度，根据专家审稿意见决定稿件取舍。本刊在尊重原作的前提下，有权对拟刊用稿件作必要的删改并告知作者，作者如果不同意对文稿作文字性修改或适当删节，请在来稿时予以说明。

6. 本刊所刊文章均为作者个人观点，不代表编辑部意见，文责由作者自负。

7. 本刊已加入期刊数字化网络系统，作者若无此意愿，请在来稿时注明，否则视为默许。

8. 稿件请直接投寄本刊编辑部。自寄稿之日起，若二个月内未接到用稿通知，可自行处理。来稿除图版原件外，一律不退稿，敬请作者谅解。

9. 本刊对刊用文稿将支付作者稿酬，并赠送样刊五册。

10. 本刊热诚欢迎国内外学者或编辑部与本刊建立资料互赠交流关系。

地　　址：中国四川省成都市望江路29号

四川大学中国藏学研究所《藏学学刊》编辑部

邮　　编：610064

电子邮件：zangxuexuekan@163.com

电话／传真：+86–28–8541 2567

网　　址：http://www.zangx.com